yellowTAB GmbH

ZETA – Das Handbuch

FRANZIS

yellowTAB GmbH

ZETA

Das Handbuch

Unter Mitwirkung von:
Manuel Gloda
Rene Gollent
Karsten Heimrich
Bernd Korz
Markus Maier
Ringo Malack
Jonathan Mühlichen
Frank Paul Silye
Florian Thaler

Mit 295 Abbildungen

FRANZIS

Bibliografische Information der Deutschen Bibliothek
Die Deutsche Bibliothek verzeichnet diese Publikation in der Deutschen Nationalbibliografie; detaillierte Daten sind im Internet über **http://dnb.ddb.de** abrufbar.

Wichtiger Hinweis

Alle Angaben in diesem Buch wurden vom Autor mit größter Sorgfalt erarbeitet bzw. zusammengestellt und unter Einschaltung wirksamer Kontrollmaßnahmen reproduziert. Trotzdem sind Fehler nicht ganz auszuschließen. Der Verlag und der Autor sehen sich deshalb gezwungen, darauf hinzuweisen, dass sie weder eine Garantie noch die juristische Verantwortung oder irgendeine Haftung für Folgen, die auf fehlerhafte Angaben zurückgehen, übernehmen können. Für die Mitteilung etwaiger Fehler sind Verlag und Autor jederzeit dankbar.
Internetadressen oder Versionsnummern stellen den bei Redaktionsschluss verfügbaren Informationsstand dar. Verlag und Autor übernehmen keinerlei Verantwortung oder Haftung für Veränderungen, die sich aus nicht von ihnen zu vertretenden Umständen ergeben.
Evtl. beigefügte oder zum Download angebotene Dateien und Informationen dienen ausschließlich der nicht gewerblichen Nutzung. Eine gewerbliche Nutzung ist nur mit Zustimmung des Lizenzinhabers möglich.

Satz: G&U e.Publishing Services, Flensburg
art & design: www.ideehoch2.de
Druck: Bercker, 47623 Kevelaer
Printed in Germany

ISBN 3-7723-**7537-5**

Vorwort

Beinahe täglich reagiert der Computer nicht so, wie man will. Oder aber man versteht erst gar nicht, was er gerade wieder angestellt hat. Zwei wesentliche Dinge sind hier verantwortlich: zum einen ist es die Software, die man verwendet, und zum anderen wir – die Anwender selbst. Trotz der rasanten Entwicklung der Software-Branche gelingt es wenigen, ein intuitiv bedienbares System bereitzustellen, das den Anwender nicht gleich als Nichtkönner abstempelt. Die »Großen« dieser Branche suggerieren immer wieder, ihre Produkte seien im Grunde »anwenderfreundlich«, der Anwender habe aber oftmals einfach zu wenig »Vorwissen«, um sich im jeweiligen System schnell zurechtzufinden.

Was bedeutet es, von Marktführern abhängig zu sein? In der Computerbranche wird uns das so klar wie kaum irgendwo anders. Hier wird Macht ausgeübt; Anwender werden gezwungen, viel Geld für teilweise sehr schlecht durchdachte Software zu bezahlen. Der Anwender hat kaum eine Chance, etwas dagegen zu unternehmen, da der Markt von sehr wenigen Mitspielern wesentlich beeinflusst wird. Die Hersteller gehen oft nicht auf den Anwender ein, sondern bieten Produkte an, die sie selbst für gut und richtig halten. Große Firmen geben dem Endanwender kaum die Chance, Kontakt zu ihnen zu suchen und seine Bedürfnisse darzulegen. Angeblich steht Marktforschung und das entsprechende Reagieren auf die Anwenderbedürfnisse bei allen Firmen ganz oben auf der Liste. Spätestens beim Thema Sicherheit und Stabilität wird jedoch sehr schnell klar, dass es dem Hersteller selten wirklich um die Belange des Anwenders geht. Für ihn sind Self-Marketing und Profit ausschlaggebend.

Sicherlich ist es wichtig für eine Firma zu expandieren, Gewinne zu erzielen, zu wachsen und Sicherheit innerhalb des Unternehmens zu schaffen. Jedoch wird dies ausnahmslos für Aktionäre »gemanaged«, und der Kunde, der als »König« angesprochen wird, ist sehr schnell das »Bauernopfer«.

Als ich damals die Vision hatte, etwas zu bewegen und BeOS sah, wusste ich, was ich zu tun hatte. Sicherlich haben wir Fehler gemacht, aber wir sind immer kundenorientiert gewesen und versuchen alles Mögliche, damit unsere Kunden uns erreichen können und uns ihre Wünsche nahe bringen. Vor fünf Jahren als »One-Man-Show« angefangen, sind heute mehr als 40 Menschen direkt und mehr als 200 indirekt dabei, ZETA täglich zu verbessern und den Anwendern eine Alternative zu vergleichbaren Produkten aufzuzeigen. Wir haben immer Wert darauf gelegt, es dem Anwender so leicht wie möglich zu machen, in ZETA einzusteigen. Heute ist ZETA schon so vielfältig, dass wir uns entschlossen haben, ein Buch darüber zu schreiben. Zwei Jahre haben wir die Entwicklung (un)mittelbar verfolgt und alles niedergeschrieben, was wir für wichtig genug angesehen haben, um in dieses Buch aufgenommen zu werden.

Wir haben versucht, auch Details ans Tageslicht zu befördern und eine Mischung zwischen »Einstieg« und »Aha-Effekt« zu erzielen. Ebenso war es uns wichtig, dass viele Mitarbeiter an diesem Buch mitgewirkt haben, damit der Text nicht eintönig wird und viele Erfahrungen in das Projekt eingebracht werden.

Als ich damals beschloss, meine Vision zu realisieren, war mir nicht klar, dass das ganze Unternehmen einmal solche zumindest für mich unglaublichen Ausmaße annehmen würde. Aber dieses Buch legt beeindruckend dar, was wir geschaffen haben und lässt wage darauf schließen, was alles möglich ist und was man erreichen kann, wenn man es nur will. Ich möchte, dass Sie mit ZETA genauso umgehen können wie die Menschen, die täglich daran arbeiten, um es zu verbessern. Denn so macht es auch Spaß, täglich am Rechner zu sitzen und endlich effizient sowie effektiv zu arbeiten.

Scheuen Sie bitte nicht davor zurück, uns zu kontaktieren, um Anregungen zu geben, wie wir dieses Buch verbessern können. Wir haben dafür extra eine E-Mail-Adresse eingerichtet: Unter *literatur@yellowtab.com* werden all die E-Mails gelesen und beantwortet, die Fragen rund um dieses Buch stellen. Denken Sie daran: Nach dem Druck ist vor dem Druck, und auch dieses Buch wird immer wieder verbessert, von Auflage zu Auflage. Legen Sie also jetzt erst einmal die CD ein, starten Sie Ihr eigenes ZETA, und lernen Sie, erfolgreich mit dem Computer umzugehen.

Ich wünsche Ihnen viel Spaß und viele AHA- und OHH-Effekte.

Bernd Thorsten Korz

Inhaltsverzeichnis

ZETAs Vorgeschichte 1

Um zu verstehen, was ZETA ist, müssen Sie wissen, was BeOS ist. Daher beantworten wir diese Frage zuerst, um Verwirrung gar nicht erst aufkommen zu lassen.

1.1 Was ist BeOS?

BeOS ist eines der viel versprechenden Betriebssysteme, die in den 1990er Jahren aufkamen. Es hat so viele Stärken, dass sich das kaum in wenigen Worten zusammenfassen lässt.

Die Entwicklung von BeOS

Das Betriebssystem BeOS wurde von der Firma Be Incorporated entwickelt und vertrieben. Es zeichnet sich dadurch aus, dass das Betriebssystem besonders für Multimedia-Anwendungen optimiert wurde und eine komplette Neuentwicklung darstellte. Daher enthält es nicht den Ballast vieler anderer Betriebssysteme wie z. B. Windows oder verschiedene Unix-Derivate.

Abb. 1.1: Das Logo von Be Inc. stellt ein Ohr und ein Auge als Bezeichnung für die entsprechenden Sinne dar

Jean-Louis Gassée gründete die Firma *Be Incorporated* 1990. Vorher leitete er die Entwicklungsabteilung bei Apple Computer Incorporated. Einige Entwickler dieser Abteilung folgten ihm und wechselten von Apple zu Be.

Die erste Maschine dort basierte auf von AT&T entwickelten Prozessoren, die als *Hobbit* bekannt wurden. Von Anfang an wurde Multiprozessorbetrieb forciert. Die AT&T *BeBox* wurde für zwei Hobbit-Prozessoren und 3 DSPs (*digitale Signalprozessoren*) entworfen. Da dadurch fünf Prozessoren in der BeBox vorhanden waren, wurde es immer komplizierter, das Betriebssystem zu programmieren; ebenso war die Performance alles andere als das, was man sich davon versprach. Erschwerend kam noch hinzu, dass AT&T nicht viel Erfahrung mitbringen konnte, also kein sinnvoller Partner war, um eine intensive Entwicklung der BeBox voranzutreiben.

Die erste Version von BeOS (*Be Operating System*) lief nur auf der BeBox, einem speziell für dieses Betriebssystem entwickelten Rechner; in der zweiten Generation auf Basis eines PowerPCs, der parallel zu BeOS entwickelt und ständig verbessert wurde. Dies zeigt noch die Nähe zu Apple, da diese in ihren Computern ebenfalls als Prozessor PowerPCs einsetzen.

Die renommierte EDV-Fachzeitschrift c`t schrieb bei der Vorstellung der BeBox in der Dezemberausgabe 1995: »Wer heutzutage einen Rechner vorstellt, der zu nichts kompatibel ist und der ohne eine einzige fertige Applikation ausgeliefert werden soll, muss entweder nicht bei Trost oder eine Visionär sein.« Die BeBox sei zwar technisch recht viel versprechend, aber ohne Verkaufschance auf dem EDV-Markt.

Im Sommer 1996 stellte Be schließlich auf der MacWorld Expo eine BeOS-Version vor, die auf einem Macintosh-Clone lief. Daraufhin lizensierten einige Firmen erstmals BeOS. Zunächst wurde öfters spekuliert, dass Apple BeOS übernehmen wolle, um den Kernel und die vorhandenen Komponenten in das neue Mac OS zu integrieren.

Die Verhandlungen zwischen Be und Apple platzten jedoch, als Apple schließlich die Firma *Next* mit dem Betriebssystem *NextStep* kaufte, um dieses in das neue Apple-Betriebssystem mit dem Codenamen *Rhapsody* einfließen zu lassen.

Ab 1997 auch für Intel-PCs

Am 31. Januar 1997 stellte Be die BeBox ein, nachdem weltweit nur ca. 1.600 Stück verkauft werden konnten. Die Firma konzentrierte sich verstärkt auf die Entwicklung von BeOS und veröffentlichte eine kostenlose Preview-Version für den Power Macintosh von Apple. In der Folgezeit begeisterten sich nun mehr Benutzer für das Betriebssystem.

Am 4. August 1997 demonstrierte Be erstmal BeOS für Intel-PCs. Am 7. Oktober 1997 wurde die Preview Release 2 für den Macintosh vorgestellt. Im ersten Quartal 1998 stellte Be die Release 3 für Intel-PCs und eine kommerzielle Version von BeOS für den Macintosh vor. Das Betriebssystem sollte nach einer Einführungsphase sowohl für Intel-PCs als auch für Macintosh 99 US Dollar kosten.

Anfang 2000 kündigte Be eine neue Software-Plattform, BeIA (*Be Internet Appliances*) auf Basis von BeOS an. BeIA war eine unabhängige Plattform für Multimedia- und Internetanwendungen zur Integration in Subsysteme wie z. B. Set-Top- bzw. Internetboxen. Als erste große Firma lizensierte der Mainboard-Hersteller *FIC* BeIA.

Populär auch mit Version 5

Die Version 5 von BeOS machte im Februar 2000 endlich von sich reden. Sie kommt in diesem Jahr als Professional und kostenlose Personal Edition auf den Markt. Die Personal Edition wird millionenfach heruntergeladen und auf Magazin-CDs bereitgestellt. Viele Fehler werden behoben und ein erheblich erweitertes Hardware-Repertoire unterstützt. Alles scheint sich mehr und mehr mit BeOS zu beschäftigen. Namhafte Firmen wie Macromedia, Adobe, Steinberg (und viele mehr) lassen sich als Entwicklungsfirmen bei Be registrieren und beginnen, ihre Produkte auf BeOS neu zu schreiben.

Folgenschwere Fehlentscheidung

Doch Be entschied sich zu einem *Focus Shift*, der Be im wahrsten Sinne des Wortes das Genick brach. Man entschied sich nämlich dafür, BeOS nicht mehr offiziell zu unterstützen und konzentrierte seine gesamten Ressourcen auf BeIA. Nur kurze Zeit später waren die großen Firmen Stück für Stück vom »Zug der neuen Betriebssysteme« abgesprungen, man sah schließlich keine Weiterentwicklung mehr von BeOS. Be selbst legte den Grundstein zu seinem Ruin. In kürzester Zeit wurde die Europazentrale in Paris geschlossen, wenige Mitarbeiter fanden eine Weiterbeschäftigung in den USA, die meisten jedoch mussten ihren Hut nehmen. Auch die Hauptzentrale in Menlo Park kam nicht um Entlassungen herum und kämpfte jeden Monat aufs Neue ums pure Überleben. Doch jeder Versuch, neue Investoren zu finden, war zum Scheitern verurteilt. Die Konkurrenz von Be war zu groß. Als dann auch noch Intel (die 30% von Be Inc. besaßen) ihren Rückzug bekannt gaben, war der Rest ganz deutlich abzusehen. Be versuchte mit letzten Kräften, einen Käufer für die Technologien zu finden und führte viele Gespräche mit Aktionären, Hauptinvestoren und möglichen Käufern.

Technologieübernahme durch Palm

Palm war die Lösung für Be selbst: Alle Technologien wurden an Palm zum Spottpreis von 11 Mio. US Dollar verkauft. Den Aktionären wurde 10 Cent/Aktie zugesichert. Die Realität zeigt allerdings, dass Be nicht einem einzigen Kleinanleger (bis ca. 100.000 Aktien) einen Cent bezahlt hat, das Geld war sofort andersweitig vergeben.

Die BeOS-Gemeinde hatte nun weder ein neues BeOS, noch eine Firma, die BeOS weiterentwickeln würde (Palm hatte eine Weiterentwicklung von vorne herein strickt verneint) noch Personal für Support, Konfektionierung oder Vertrieb. Das Kind mit dem Namen BeOS war nun also definitiv gestorben.

Eine kleine deutsche Firma

Währenddessen gab es eine Firma in Deutschland, die neben dem einzigen je realisierten Printmagazin »Inside BeOS« auch BeOS weiterentwickelte und viel versprechende Verhandlungen mit Be Inc und Palm sowie allen Firmen rund um das BeOS-Netzwerk führte: yellowTAB.

yellowTAB hatte sich schon seit Mai 2000 mit dem Thema BeOS und dessen Zukunft sehr intensiv auseinander gesetzt und dabei geholfen, systematisch ein BeOS nach BeOS R5 aufzubauen: ZETA.

Welche Versionen von BeOS gab es bis heute?

- HOBBIT: BeBox mit AT&T HOBBIT-CPU.
- REVISION 4:BeBox der ersten Generation mit 2 × 66 MHz Motorola-PPC.
- REVISION 5: Erste BeBox, die Entwicklern mit 2 × 66 MHz Motorola-PPC ausgeliefert wurde.
- REVISION 6: BeBox wurde nun auch mit 2 × 133 MHz Motorola ausgeliefert.
- REVISION 7: Die BeBox wurde im Jahre 1997 getauscht und mit der Version 1.1d8 ausgeliefert.
- 1997: BeBox-Entwicklung wird eingestellt.
- DR6: Erste BeOS, die mit der BeBox ausgeliefert wurde.
- DR7: Neuere Version für die BeBox.
- DR8: Erstmals Version für den PowerPC (Apple) und BeBox.
- DR8.1: Gefixte Version für Entwickler.
- PR: Erste Perview Release.
- PR2: Verbesserte Preview Release.
- AA: Advanced Access (Vorversion vor der zu produzierenden Version).
- R3: Erste öffentliche Version, die auch für Intel zu erhalten war.
- R3.2: Bug Fixes zur Version 3.1.
- R4: Intel-basierendes BeOS mit geändertem Compiler.
- R4.5: Diverse Verbesserungen und Erweiterungen.
- R5: Letzte aktuelle Version, die auch als PE (kostenlose Personal Edition) herauskam.
- R5.0.1 – R5.0.3: Kleinere Bug Fixes und Änderungen.
- BeIA 1.0: Internet Appliance-Betriebssystem, basierend auf einer komplett abgespeckten Version von BeOS.

Abb. 1.2: Die BeBox besitzt Kultstatus. Lediglich ~1.800 Stück wurden damals von Be verkauft

1.2 Die einzelnen BeOS-Derivate

Es gibt derzeit etliche Alternativen, an denen gearbeitet wird, um BeOS zu ersetzen bzw. am Leben zu erhalten.

BlueEyed OS

BlueEyedOS geht einen ganz anderen Weg: Dort nutzt man den aktuellen Kernel von Linux, hat darauf aufgebaut und seine eigene BeOS-Oberfläche entwickelt. Derzeit arbeitet das Team an der Implementierung des *OpenTrackers* und an den einzelnen Bibliotheken wie *libbe.so*. Ziel ist es, B.E.OS (wie es abgekürzt genannt wird) später genauso zu installieren und zu bedienen wie das alte BeOS. Allerdings hat man durch die Nutzung der Kernel-Ebene (Linux-Kernel) schon alles, was man braucht, um B.E.OS auf allen möglichen Plattformen und mit jeder erdenklichen Hardware laufen zu lassen.

Abb. 1.3: BlueEyed OS, kurz BEOS, baut auf einem Linux-Kernel auf

AtheOS – ehemaliger Entwickler auf Solofahrt

AtheOS wurde schon vor Jahren von einem ehemaligen Entwickler von Be Inc. begonnen und machte bisher immer einen sehr viel versprechenden und vor allem stabilen und gut durchdachten Eindruck. Da der Entwickler meistens jedoch alleine arbeitet, geht es seit ca. einem Jahr nur noch sehr schleppend voran.

Abb. 1.4: Der Hauptentwickler von AtheOS ist Kurt Skauen

Ableger von AtheOS

Aus AtheOS heraus haben sich Cosmoe und SyllableOS entwickelt. Diese nutzen AtheOS als Grundlage und haben begonnen, BeOS-Interna wie *libbe.so*, *Tracker* und die *Deskbar* zu implementieren. Bei Cosmoe geht man dabei den Weg, immer mehr auf den Linux-Kernel zu setzen (wie auch bei B.E.OS).

Haiku OS

Das Team um das Haiku OS, früher OpenBeOS, versucht, BeOS 5 von Grund auf neu zu schreiben. Dabei wird auf dem NewOS-Kernel von Travis Geiselbrecht aufgebaut. Ein viel versprechendes Team von Entwicklern auf der ganzen Welt arbeitet an diesem unter MIT-Lizenz stehenden Open-Source-Projekt. yellowTAB arbeitet mit vielen Entwicklern des Haiku-Pojektes zusammen.

Abb. 1.5: Haiku, früher OpenBeOS, soll eine komplette Nachbildung von BeOS 5 werden

Was ist nun ZETA? 2

Be Inc. hat in der ganzen Zeit, in der es an BeIA gearbeitet hat, auch weiterhin an einer Entwicklerplattform gearbeitet, die den Codenamen DanO trug. DanO war eigentlich auch als die BeOS Version 5.1 geplant, jedoch hat man alle noch verfügbaren Ressourcen im eigenen Haus auf BeIA konzentriert, sodass nur ein sehr elitärer Kreis an DanO weitergearbeitet hat. Es wurde so viel im Vergleich zu BeOS geändert, dass man eine Version R6 schnell hätte realisieren können (oder zumindest eine R5.1). Leider wurde dies aus den schon genannten Gründen komplett vernachlässigt. ZETA baut genau darauf auf. yellowTAB nutzt für ZETA DanO als Grundlage und hat ebenso die Arbeiten von Haiku (*http://www.haiku-os.org*), BlueOS (*http://www.blueeyedos.com*) sowie das Beste aus R4, R4.5 und R5 zusammengeführt, viele Bug Fixes durchgeführt und erhebliche Neuerungen und Verbesserungen vorgenommen. So wird seit der aktuellen ZETA R1 jede neue Prozessorgeneration unterstützt; auch alle neuen Grafikkarten finden sehr gute Unterstützung unter ZETA.

Bevor wir uns genauer mit dem Betriebssystem ZETA befassen, wollen wir zunächst einen groben Überblick zum Produkt geben. ZETA ist ein modernes, objektorientiertes Betriebssystem.

Mit diesem Buch versucht das Software-Unternehmen yellowTAB, die Kapazitäten und Möglichkeiten von ZETA aufzuzeigen. Das Buch versucht dabei, soweit wie möglich alle Aspekte einzubeziehen. Wir möchten, dass der Anwender versteht, wie ZETA funktioniert und dessen Stärken kennen lernt. Diese beziehen sich auf das System und die dazugehörigen Anwendungen.

yellowTAB gibt auch einige Tipps zu Programmen, die nicht direkt mit ZETA ausgeliefert werden.

Bitte berücksichtigen Sie dabei, dass yellowTAB keinen Support für Programme geben kann, die nicht direkt mit ZETA ausgeliefert werden. Bei vielen der mitgelieferten Programme sollten Sie sich direkt mit den Entwicklern in Verbindung setzen, da diese schneller und ganz gezielt Unterstützung geben können. Hierzu sollten Sie immer das *About/Über*-Fenster im Menü des jeweiligen Programms aufrufen, um die Kontaktdaten zu erhalten.

2.1 ZETA ist schnell und leicht bedienbar

Eines der ersten Dinge, die Sie bei ZETA feststellen werden, ist seine Geschwindigkeit. Schon der Startvorgang (*Boot-Vorgang*) mit seinen 15-30 Sekunden (abhängig von der Hardware auf Ihrem Rechner) ist beeindruckend. ZETA ist ein Multithreading-Betriebssystem, was bedeutet, dass es mehrere Aufgaben simultan abarbeiten kann. Alle Anwendungen werden in verschiedene Instanzen aufgeteilt und geladen. Mediaoperationen werden schneller erledigt als mit jedem anderen Betriebssystem. Jeder Prozess hat direkten Zugriff auf den Kernel, auch wenn der Prozessor unter voller Last steht. Um das zu testen, starten Sie einmal mehrere Videos gleichzeitig, während Sie eine MP3- und eine Audio-CD abspielen. Sie können Ihren Desktop mit so vielen Fenstern füllen, wie Sie wollen und dabei noch eine Festplatte formatieren. Wie schnell ist Ihr System? Haben Sie Probleme, jetzt noch ein Menü zu öffnen? Egal, wie viele Prozesse bearbeitet werden, ZETA wird immer schnell genug bleiben, um Menüs zu öffnen: Es wird kein Cursor »einfrieren«, das System wird nicht abstürzen. Sicherlich stimmt es, dass auch andere Betriebssysteme Multithreading bieten, aber keines arbeitet so zügig wie ZETA.

ZETAs Bedienoberfläche ist sauber und schlicht gehalten und wirkt sehr aufgeräumt. Der Grundgedanke ist, ZETA einfach und selbsterklärend darzustellen. Sollten Sie noch nie einen Computer verwendet haben, können Sie sich sehr schnell in ZETA zurechtfinden. Es ist sehr einfach, mit Workspaces, Ordnern, Menüs und Dateien umzugehen.

ZETA ist individuell anpassbar

Wie auch immer Sie ZETA verwenden wollen, Sie können es komplett Ihren eigenen Bedürfnissen anpassen und etwa Farben, Menüs, Schriften, Dekors usw. anpassen. ZETA ist mit einer kompletten mausbedienbaren Oberfläche ausgestattet.

Posix mit ZETA

Viele Anwender, besonders aus dem Unix-Bereich, wollen und können aber nicht ohne ihre *Shell* (*Terminal*-Fenster, vom Aussehen vergleichbar mit dem DOS-Fenster) auskommen. ZETA hält sich an den Posix-Standard, der schon seit vielen Jahren etabliert ist. Dies garantiert Entwicklern, mit wenig oder gar keinem Aufwand Unix-basierende Werkzeuge und Programme nach ZETA zu portieren. Hunderte von Posix-Programmen sind bereits in ZETA enthalten, und viele weitere können Sie von *www.bezip.de* herunterladen.

ZETA ist auch für Mehrprozessorsysteme geeignet

ZETA unterstützt symmetrisches Multiprocessing (*SMP*). yellowTAB hat in den Lizenzbestimmungen keine Beschränkung der möglichen Anzahl verwendbarer CPUs formuliert. Das Betriebssystem unterstützt derzeit bis zu acht simultan laufende CPUs in einem Computer. Dabei sind sehr viele Programme unter ZETA darauf ausgelegt, jeden im Computer befindlichen Prozessor möglichst effizient auszunutzen. Dazu bedarf es keiner speziellen Programmiertechniken, da der Kernel diese Aufgabe weitgehend selbst übernimmt. Ein besonders hervorzuhebendes Merkmal ist, dass Sie jederzeit einen Prozessor mit einem Mausklick aus- bzw. dazuschalten können.

ZETA ist objektorientiert

ZETA ist ein objektorientiertes Betriebssystem, das dem Prinzip der Client/Server-Philosophie folgt. Die Clients sind normalerweise Anwendungen, die Server Systemobjekte. Beispiele für Server sind *media_server, app_server, print_server* etc. Ein weiteres Beispiel der Objektorientierung in ZETA ist die Verwendung von *Translators*. Das sind Objekte, die genau festlegen, welche Dateien wie und durch welches Programm gestartet/unterstützt werden.

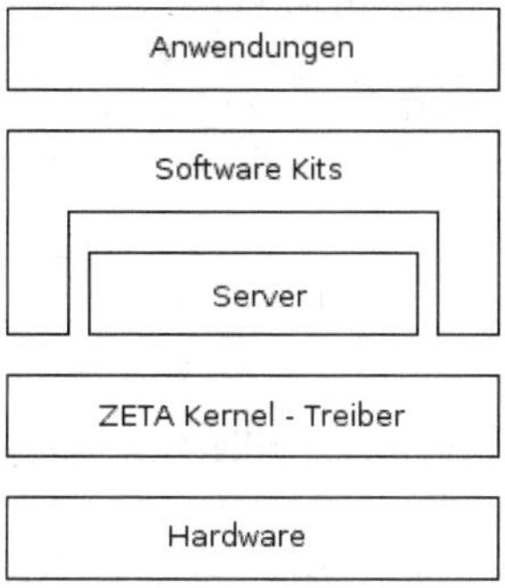

Abb. 2.1: ZETA ist von Grund auf objektorientiert aufgebaut

Echtes Multitasking

Um das Multitasking und Multithreading in ZETA in vollem Umfang nutzen zu können, ist ZETA nicht auf einen einzigen Workspace (*virtuellen Arbeitsplatz*) beschränkt. Kein anderes Betriebssystem kann so effizient mehrere Workspaces verwalten wie ZETA. Wenn Sie unter Windows diverse Programme gestartet haben, werden Sie sehr schnell feststellen, dass der Bildschirm voll mit Fenstern ist und damit an Übersichtlichkeit verliert. ZETA erlaubt es Ihnen, bis zu 32 Workspaces zu verwenden. Sie können sehr einfach zwischen den ersten 12 Workspaces wechseln, indem Sie die Tastenkombination [Alt]+[F1]-[F12] verwenden (z. B. [Alt]+[F2] für Workspace 2). Einige Anwendungen wie *Beam* (E-Mail-Client) erlauben es Ihnen, beim Starten von ZETA festzulegen, in welchem Arbeitsplatz diese gestartet werden sollen. Außerdem lassen sich die Workspaces auch in Skripten (z. B. im UserBoot-Skript) mit den zwei Zeichen *&x* wechseln (x steht für den Workspace, in dem Sie ein Programm öffnen wollen).

Ein eigenes Dateisystem

ZETA verwendet das Be File System (*BFS*), das entworfen wurde, um sehr gut mit großen Dateien umgehen zu können. Dies ist vor allem im Bereich Multimedia sehr entscheidend. Das Dateisystem ist ein modernes 64-Bit-Journaling-Dateisystem, das sehr einfach und unkompliziert mit Dateien bis zum Petabyte-Bereich umgehen kann. Eine weitere Stärke durch das Journaling: BFS ist ein datenbankähnliches Dateisystem, das auch komplett als Datenbank verwendet werden kann. ZETAs Dateitypen basieren auf den Internet-Standard-MIME-Typen.

ZETA lässt Sie Queries (*Suchanfragen*) erzeugen, wie auch in jeder herkömmlichen Datenbank. Da alle Attribute einer Datei mit einem Index versehen werden, erscheinen die Suchresultate sehr schnell. Durch das Journaling-Feature im Dateisystem werden alle auf der Festplatte befindlichen Daten optimal gesichert, ein Datenverlust ist kaum möglich. Sollte einmal ZETA nicht so arbeiten, wie Sie es erwartet haben, oder nicht mehr auf Ihre Tastatureingaben reagieren, so werden nach einem Neustart weder das Dateisystem noch die darin befindlichen Daten beeinflusst.

Hohe Absturzsicherheit

ZETA ist mit einem kompletten Speicherschutz (*Memory protection*) ausgestattet. Alle gestarteten Programme laufen ausschließlich in einem geschützten Bereich des Speichers ab. Wenn nun ein Programm gestartet wird und einfriert, wird kein weiteres Programm in Mitleidenschaft gezogen. Sie können einfach das Programm stoppen und wieder neu starten. Einzig Daten, die noch nicht gesichert waren, gehen verloren. Speichern Sie deshalb bei großen Projekten Ihre Arbeiten regelmäßig ab.

Keine Treiberabhängigkeit

Eine besondere Eigenschaft von ZETA ist, dass ein einmal auf einer Festplatte installiertes System in jeden anderen Computer eingebaut und wieder gestartet werden kann. ZETA wird sich niemals dabei über Treiber oder eine komplett andere CPU oder ein neues Mainboard beschweren. Wenn Ihre Hardware von ZETA unterstützt wird, funktioniert Ihr System auch beim nächsten Start. Sollten Sie eine neue Festplatte eingebaut haben, können Sie auch mit dem *ZETA-Installer* eine 1:1-Kopie des bestehenden Systems auf eine neue Festplatte ziehen. Auf der neuen Festplatte werden Sie keinen Unterschied feststellen. Sie können ZETA auch einfach per Drag & Drop auf eine neue Festplatte verschieben, es funktioniert auch dann.

Die ZETA-Installation 3

Sie können ZETA auf Ihrem Computer installieren, indem Sie die ZETA-Installations-CD einlegen und den Rechner starten.

Falls Sie zwei Betriebssysteme, zum Beipiel ZETA und Windows, einrichten wollen, sollten Sie zuerst Windows installieren, da Windows sonst den ZETA-Boot-Manager überschreiben würde. Wenn das andere Betriebssystem Linux ist, sollten Sie zuerst ZETA installieren. Später verwenden Sie den GRUB-Boot-Manager (*Linux*) oder *BootMan* (ZETA), um den Master Boot Record (*MBR*) anzupassen. Dieser ist dafür zuständig, ein Betriebssystem zu starten.

Wenn Sie nur eine Partition (virtuelles Laufwerk) haben, auf der Windows installiert ist, können Sie ZETAs eigenes Partitionierungs-Tool verwenden, um eine weitere Partition für ZETA anzulegen. Jedes Betriebssystem benötigt eine eigene Partition.

Unterstützte Hardware Bevor Sie ZETA installieren, sollten Sie prüfen, ob die Hardware Ihres Systems unterstützt wird. Stellen Sie sicher, dass Ihr Motherboard, die CPU, Grafikkarte, Soundkarte, Netzwerkkarte, der Drucker etc. oder der Großteil davon mit ZETA kompatibel sind.

3.1 Wird meine Hardware unterstützt?

ZETA unterstützt einen großen Bereich an Hardware. Auf der Webseite von yellowTAB (*http://www.yellowtab.com/support/hardware/)* werden Sie eine Liste ZETA-kompatibler Hardware sowie weiterführende Informationen über viele bekannte Probleme finden. Falls Sie sicher gehen möchten, dass ZETA korrekt auf Ihrer Hardware läuft, nutzen Sie die Suchfunktion. Es kann durchaus sein, dass Ihre Hardware unter ZETA funktioniert, obwohl sie nicht auf der Seite erscheint. Geben Sie uns über solche Hardware Bescheid, damit wir sie zu unserer Datenbank fügen können. ZETA startet normalerweise auch dann, wenn nicht alle Komponenten unterstützt werden. Sollte zum Beispiel die Grafikkarte nicht funktionieren, können Sie mit Hilfe des VESA-Modus immer noch in Farbe arbeiten.

3.2 Die Installation starten

Bevor Sie ZETA installieren, sollten Sie sicher stellen, dass Sie alle wichtigen Daten, die sich auf Ihrem Rechner befinden, gesichert haben. Falls Sie ein falsches Ziellaufwerk wählen, werden alle Daten, die sich darauf befinden, gelöscht. Nachdem Sie Ihre Daten gesichert haben, legen Sie die ZETA-CD in Ihr Laufwerk ein. Starten Sie den Rechner neu. Sollte Ihr Rechner nicht von CD starten, stellen Sie Ihr BIOS so ein, dass als erstes von Ihrem CD-Laufwerk gebootet wird. Sie gelangen in das BIOS-Setup, wenn Sie nach dem Einschalten des Rechners mehrmals die [Entf]-(oder [F2]-) Taste drücken. Wenn Sie sich nicht mit Ihrem BIOS auskennen, lesen Sie im Handbuch des Mainboard-Herstellers (auch: Motherboard) nach. Wenn ZETA hochfährt, erscheint ein Ladebildschirm mit Symbolen.

Abb. 3.1: Der Boot-Vorgang – die Symbole leuchten von links nach rechts auf

Info Als *Boot-Vorgang* wird das Starten des Rechners bezeichnet. Dabei wird zuerst das BIOS (*Basic Input Ouput System*) geladen. Das BIOS ruft den MBR (*Master Boot Record*) auf. Aus diesem wird entweder direkt ein Betriebssystem geladen, oder ein Boot-Manager erscheint, der eine Auswahl zwischen mehereren installierten Betriebssystemen ermöglicht.

Die Symbole des ZETA-Startbildschirms

Abb. 3.2: Die Boot-Symbole, wie sie beim Booten der Reihe nach von Grau in Farbe wechseln: Atom, Steckkarte, Blitz, Oszilloskop, Festplatten, Lupe, BeBox

Atom: Übergabe vom Boot-Manager zum ZETA-Kernel.

Steckkarte: Alle PCI-Geräte wurden initialisiert.

Blitz: Erscheint, bevor bei Mehrprozessorsystemen die restlichen Prozessoren aktiviert werden.

Oszilloskop: Alle Prozessoren wurden nun aktiviert.

Festplatten: Alle Boot-Treiber und Module wurden initialisiert.

Lupe: Das Boot-Laufwerk wurde gemountet.

BeBox: Das Boot-Skript wurde in den Arbeitsspeicher geladen und wird jetzt gestartet.

Wenn diese sieben Symbole aufleuchten, wird der Desktop geladen, und ZETA funktioniert. Sollte der Rechner während des Boot-Vorgangs einfrieren, starten Sie den Rechner neu, und drücken Sie sofort, wenn der Ladebildschirm erscheint, die [   ]-Taste. Sie haben nun Zugriff auf das Boot-Menü und können verschiedene Boot-Optionen einstellen. Lesen Sie mehr zu den Optionen im Abschnitt *Fehlerbehebung beim Ladeprozess* (s. Seite 38). ZETA unterstützt mehrere Sprachen, standardmäßig ist Englisch (US) eingestellt.

3.3 Der ZETA-Installer

Der *ZETA-Installer* ist der Installationsassistent von ZETA. Um die Installation so einfach wie möglich zu machen, wurden Partitionierungs- und Installationsprozess in einzelne Schritte unterteilt: Sprachauswahl, Lizenzbedingungen, Partition Guide, Installation.

Sprache festlegen

Wenn Sie ZETA von CD gestartet haben, können Sie beim ersten Fenster, das erscheint, Ihre gewünschte Sprache auswählen. Sie können die Sprache nach der Installation mit wenigen Klicks ändern oder auch mit der Tastatur auswählen. Drücken Sie zum Beispiel die [D]-Taste, um direkt zu *Deutsch* zu gelangen. Sie können auch mit den Cursor-Tasten durch die Sprachen navigieren.

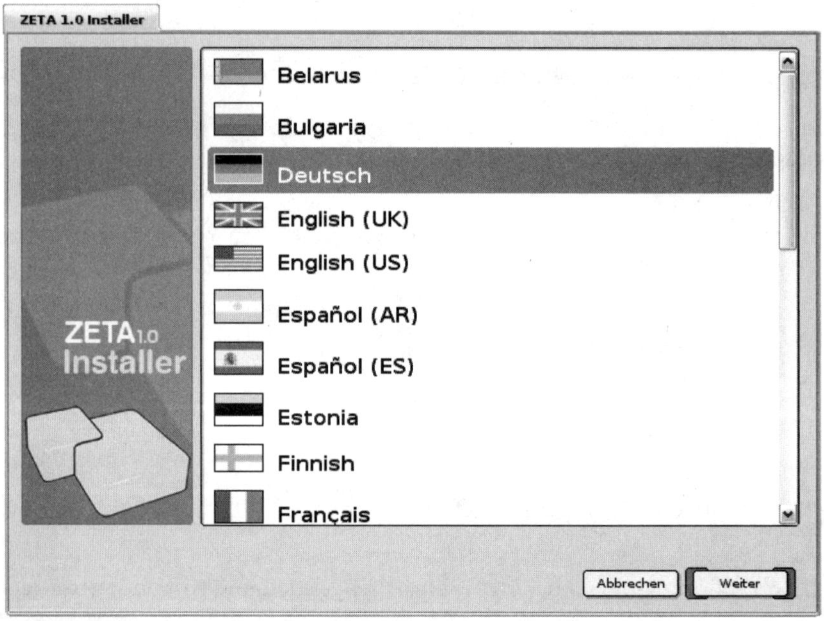

Abb. 3.3: Im ersten Fenster des Installers können Sie zwischen verschiedenen Sprachen wählen

Lizenzvereinbarungen für die Installation

Das nächste Fenster, das erscheint, beinhaltet die yellowTAB-Endnutzer-Lizenzvereinbarung. Lesen Sie bitte den Text genau durch. Markieren Sie dann die Checkbox *Ich stimme den Lizenzvereinbarungen* zu, und klicken Sie auf *Weiter*, wenn Sie der Vereinbarung zustimmen. Wenn Sie nicht einverstanden sind, klicken Sie auf *Abbrechen*. Die Installation wird dann abgebrochen.

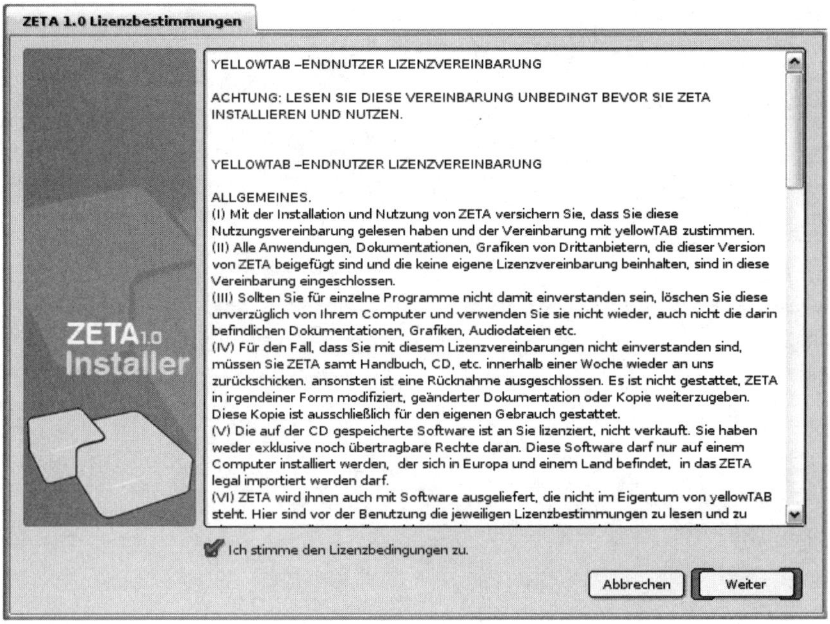

Abb. 3.4: Setzen Sie den Haken, wenn Sie mit yellowTABs Lizenzvereinbarungen einverstanden sind

Der Partition-Guide

Info Eine *Partition* ist ein Bereich einer Festplatte. Jedes Betriebssystem benötigt eine eigene Partition. Jede Festplatte hat mindestens eine, kann aber auch mehrere Partitionen besitzen.

Dieser Guide ist sehr nützlich, wenn Sie nur eine Partition und dort ein Betriebssystem installiert haben. Sie können mit einem Schieberegler die bestehende Partition verkleinern und auf dem freigewordenen Platz ZETA installieren. yellowTAB legt sehr viel Wert darauf, dass der Benutzer die Installation schnell und leicht durchführen kann. Der Guide beginnt mit einem *Willkommen*-Fenster. Wenn Sie auf *Weiter* klicken, werden die Festplatten und jeweiligen Partitionen angezeigt.

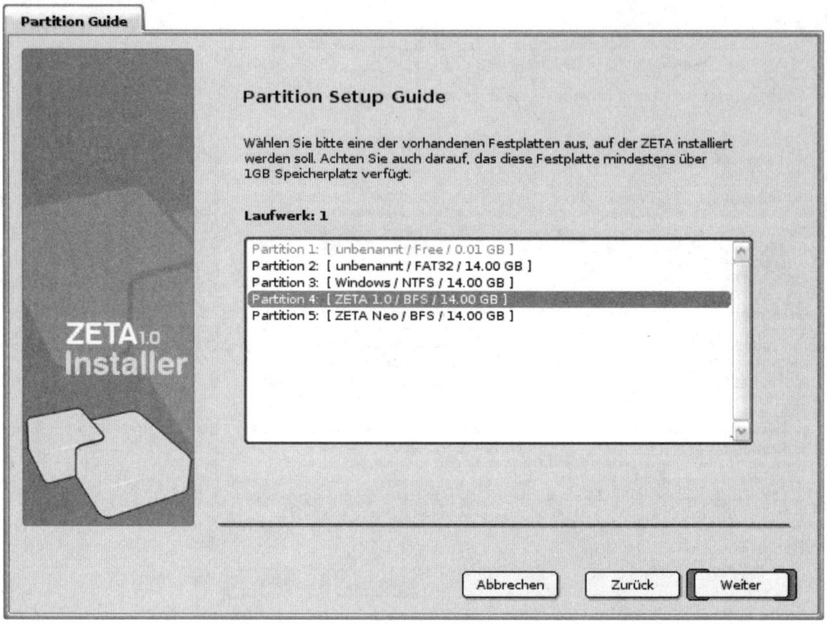

Abb. 3.5: Die Festplatte dieses Computers wurde in vier Partitionen zu jeweils 14 GB aufgeteilt

Klicken Sie auf die Partition, die für die ZETA-Installation verwendet werden soll. Sollten Sie hier nur einen Eintrag finden, haben Sie wahrscheinlich nur eine Partition. Wenn Sie dort Windows installiert haben, ist dies nicht weiter schlimm, ZETA kann diese Partition teilen, sodass Sie beide Betriebssysteme parallel benutzen können. Windows wird somit auf der Festplatte bleiben. Eine Sicherung Ihrer persönlichen Daten sollten Sie aber vor der Installation trotzdem vornehmen.

Klicken Sie nun auf die Schaltfläche *Weiter*. Im nächsten Fenster können Sie die bestehende Partition verkleinern und einen Bereich für das ZETA-Betriebssystem einstellen. Der Bereich der Partition, der von Daten oder einem anderen Betriebssystem belegt ist, wird in Rot dargestellt. Der blaue Balken stellt die zukünftige Partition für ZETA dar. Wenn Sie nur Windows installiert haben, sehen Sie entweder eine oder drei Partitionen.

Info Wenn sich nur Windows auf Ihrem Rechner befindet, wählen Sie eine Partition, auf der sich genügend freier Speicherplatz befindet, und erstellen Sie mit dem *ZETA Partition Guide* eine neue Partition. Sollte sich nicht genügend freier Speicher auf der gewählten Partition befinden, werden Sie im folgenden Fenster darauf hingewiesen.

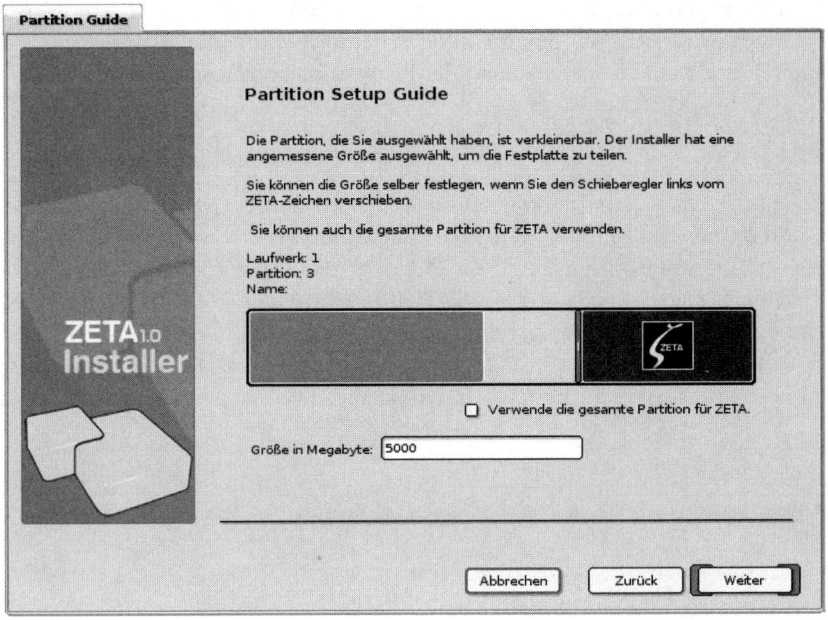

Abb. 3.6: Stellen Sie den Schieberegler ein, oder geben Sie eine Zahl in das enstprechende Feld ein

Ziehen Sie einfach den Schieberegler nach rechts oder links, um die gewünschte Partitionsgröße zu verkleinern bzw. zu vergrößern. Die minimale Größe liegt bei 1080 MB, das Maximum ist die Größe des freien Platzes minus ~1 GB.

Sie können die gesamte Partition für ZETA nutzen, allerdings werden dabei alle bereits bestehenden Daten von der Festplatte gelöscht.

Klicken Sie nun auf *Weiter*. Sie werden dazu aufgefordert, einen Namen für die ZETA-Partition einzugeben. Wählen Sie einen eigenen Namen, oder belassen Sie *ZETA* in dem Textfeld.

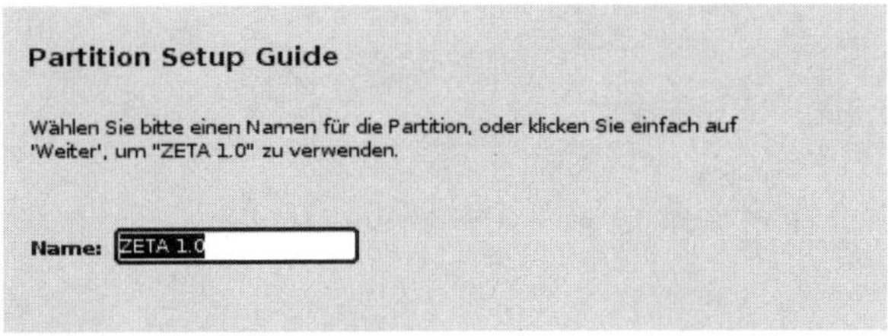

Abb. 3.7: Sie können den Namen der Partition frei wählen

Klicken Sie danach auf *Weiter*.

Im letzten Fenster finden Sie den Hinweis, dass die Partitionierung beim Klicken auf die *Fertig*-Schaltfläche vorgenommen wird. Klicken Sie auf diese Schaltfläche, um die Partition für die Installation vorzubereiten und zum nächsten Schritt der Installation zu gelangen.

Installationsmodi

Im letzten Fenster können Sie zwischen drei Installationstypen auswählen: *Standardinstallation*, *Minimalinstallation* und *Installation konfigurieren*. Die *Standardinstallation* ist yellowTABs empfohlene Installationskonfiguration für Benutzer, die ZETA noch nicht so gut kennen. Dabei wird die Software installiert, die Sie jeden Tag benötigen. Die *Minimalinstallation* sollten Sie nur auswählen, wenn Sie eine sehr kleine Partition haben oder die aktuellste Software selbst aus dem Internet laden und installieren möchten. *Installation konfigurieren* wird für die erfahrenen Benutzer empfohlen. Lesen Sie dazu mehr im nächsten Abschnitt. Die Installation startet, sobald Sie auf Installieren klicken.

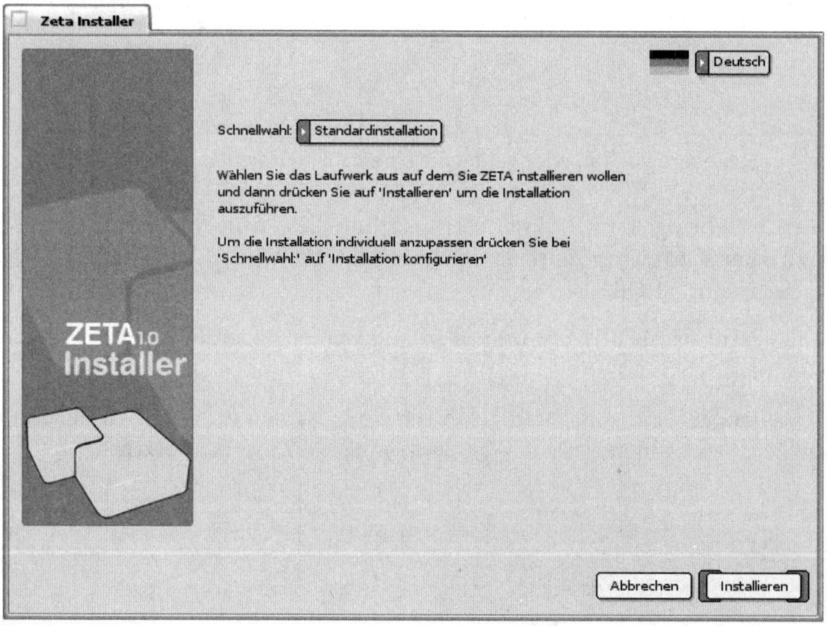

Abb. 3.8: Klicken Sie auf *Installieren*, wird der Kopiervorgang, also die eigentliche Installation, gestartet

Die Installation konfigurieren

Wenn Sie *Installation konfigurieren* gewählt haben, erhalten Sie links eine Liste der Programme, die installiert werden können. yellowTAB hat zu vielen Programmen in dieser Liste eine Kurzbeschreibung hinzugefügt. So können Sie entscheiden, welches Programm Sie installieren wollen.

Zu einigen Programmen gibt es einen Screenshot als Vorschau. Wenn Sie ein Bild anklicken, wird es in voller Größe angezeigt.

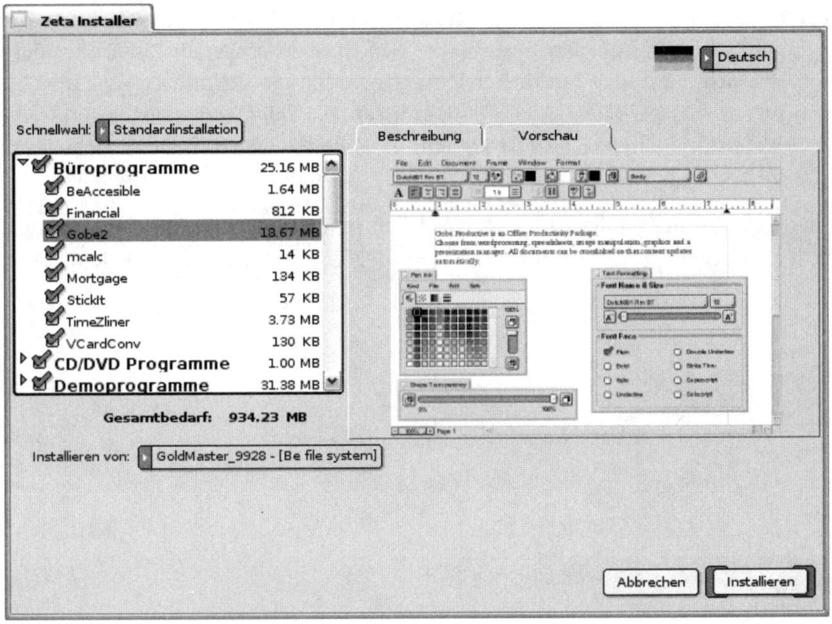

Abb. 3.9: Wählen Sie die Software aus, die Sie installieren möchten

Klicken Sie auf *Installieren*, und ZETA wird nach Ihren Einstellungen installiert. Abhängig von der Auswahl und der Hardware kann die Installation zwischen 10 und 30 Minuten dauern. Ein Fortschrittsbalken wird angezeigt, der Ihnen mitteilt, wie viel Prozent des Systems und der Programme bereits installiert wurden.

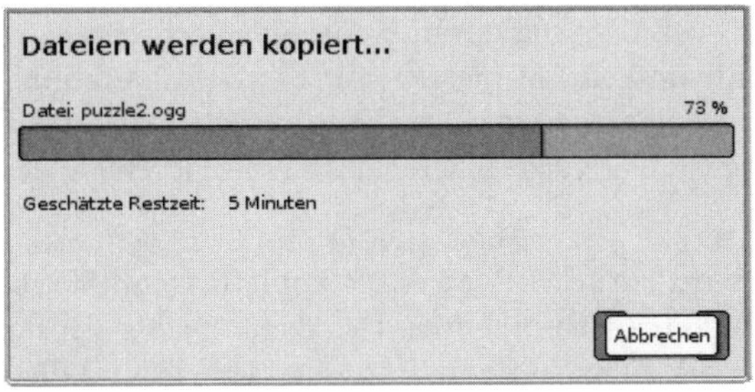

Abb. 3.10: Die Installationszeit hängt von Ihrer Hardware ab, dauert durchschnittlich aber zwischen 10 und 30 Minuten

3.4 Die Installation des Boot-Managers

BootMan ist der Boot-Manager von ZETA. Sie lernen *BootMan* entweder während der ZETA-Installation oder später, wenn Sie die Boot-Einstellungen ändern, kennen. Gegen Ende der Installation fragt Sie ZETAs Installationsassistent, ob Sie den Boot-Manager installieren möchten. Wenn auf Ihrem Rechner bereits mehrere Betriebssysteme parallel installiert sind und Sie einen Boot-Manager verwenden (*GRUB* oder *LILO*), müssen Sie *BootMan* nicht installieren. Wenn Sie *BootMan* trotzdem installieren, ist es möglich, dass Sie Ihr Linux-System nicht mehr booten können.

Der *BootMan* wurde als Assistent erstellt, durch den Sie sich fortlaufend durchklicken können. Im ersten Dialog-Fenster werden Sie gefragt, ob Sie das Boot-Menü installieren oder deinstallieren möchten.

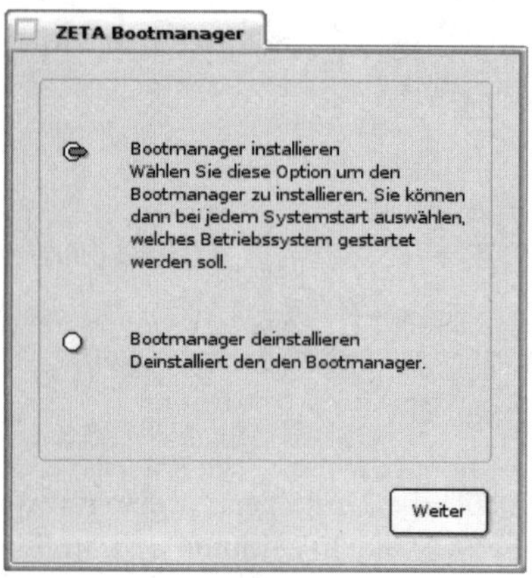

Abb. 3.11: Das erste Fenster des Boot-Manager-Guides

Wählen Sie *Bootmenü installieren*: Nach Auswahl der Schaltfläche *Weiter* gelangen Sie ins nächste Dialog-Fenster. In diesem wird Ihnen mitgeteilt, dass die Konfiguration, die Sie durchführen, im Master Boot Record (*MBR*) auf der Startfestplatte und eine Kopie der alten Startkonfigurationsdatei (*MBR-Datei*) im folgenden Verzeichnis gespeichert wird: */boot/home/config/settings/bootman*. Es ist möglich, diese in einem anderen Verzeichnis zu speichern, doch wir empfehlen, den vorgegebenen Pfad beizubehalten.

Die Kopie der alten MBR-Startkonfiguration wird zurück in den MBR kopiert, wenn Sie die Installation von ZETAs Boot-Manager rückgängig machen möchten. Das dritte Dialog-Fenster teilt Ihnen mit, dass das System eine Sicherung der alten Konfigurationsdatei erstellt und diese unter dem Dateinamen *MBR* (*Master Boot Record*) speichert. Als zusätzliche Sicherheit können Sie, wenn Sie ein Diskettenlaufwerk in Ihrem Computer besitzen, eine Rettungsdiskette erstellen. Diese kann benutzt werden, um den MBR zurückzusetzen, falls während der Installation Fehler auftreten. Wenn Ihr Computer andere Betriebssysteme enthält, empfehlen wir, vor der Installation auch mit diesen jeweils eine Rettungsdiskette zu erstellen.

Das nächste Dialog-Fenster ist ebenfalls sehr wichtig, da Sie hier einstellen können, welche Partitionen in das Boot-Menü eingebunden werden.

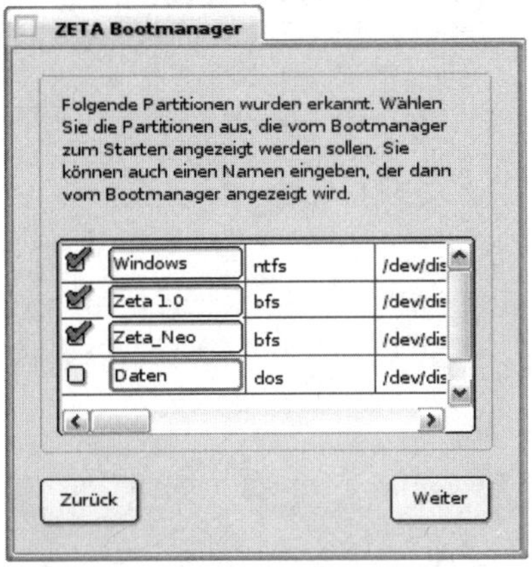

Abb. 3.12: Wählen Sie nur Partitionen aus, die auch ein Betriebssystem enthalten

BootMan listet automatisch alle Partitionen auf. Oft befinden sich auf der Festplatte auch nicht startbare Partitionen. Sie sollten nur startbare Partitionen einbinden. Sie können die Namen der einzelnen Partitionen im Boot-Menü verändern. Das Dateisystem der Partitionen wird ebenfalls angezeigt.

Im fünften Dialog-Fenster können Sie die Startpartition, die *BootMan* starten soll, festlegen.

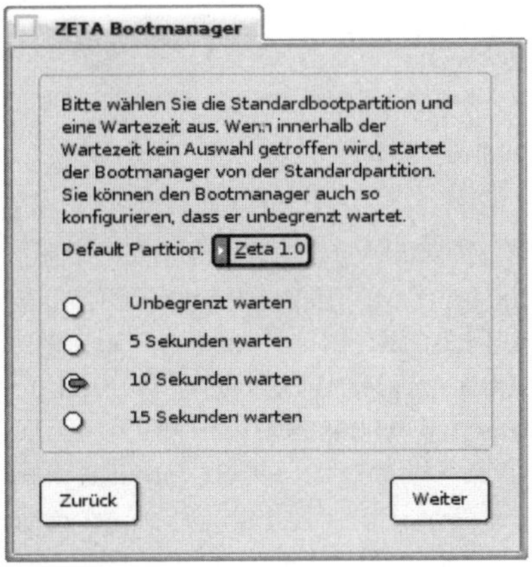

Abb. 3.13: Wählen Sie ein Standardbetriebsystem und eine Wartezeit aus

Wenn Sie während des Starts von *BootMan* keine andere Partition aus der Liste wählen, wird die voreingestellte Partition gestartet. Sie können außerdem die Zeitdauer einstellen, die *BootMan* auf Ihre Eingabe warten soll. Wählen Sie den obersten Punkt, wenn Sie ohne Zeitdruck Ihre Auswahl vornehmen wollen.

Das sechste Dialog-Fenster zeigt die ausgewählten Partitionen, die in das Boot-Menü integriert werden sollen.

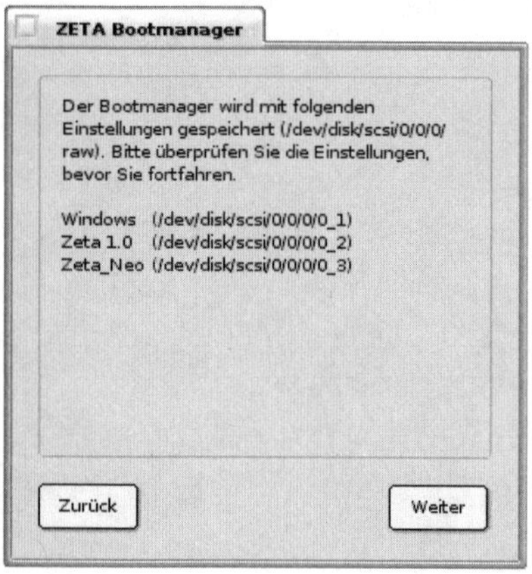

Abb. 3.14: Hier sehen Sie die Partitionen, die in das Boot-Menü eingebunden werden

Wenn Sie fälschlicherweise auch nicht startbare Partitionen eingebunden haben, klicken Sie auf *Zurück*, und korrigieren Sie die Einstellungen. Nun lesen Sie die Frage, ob Sie wirklich die Werte in den Startsektor schreiben wollen. Klicken Sie auf *Ja*, wenn Sie die Änderungen in den Startsektor schreiben wollen oder auf *Nein*, wenn Sie sich nicht sicher sind.

Sie haben einen neuen MBR erzeugt. Starten Sie den Computer neu, um die neue Konfiguration zu testen.

ZETA mit dem GRUB-Boot-Manager starten

Sie können den *LILO*- oder auch den *GRUB*-Boot-Manager anstelle des *ZETA BootMan* benutzen. Im Folgenden wird unter Fedora und Red Hat 9 (Linux-Derivate) gezeigt, wie ZETA zum *GRUB*-Menü hinzugefügt wird. Wenn Sie Linux mit dem Red Hat Installer *Anaconda* installiert haben, erscheint eine Liste Boot-barer Partitionen von ZETA und anderen Betriebssystemen. Sie können im Boot-Loader-Konfigurationsmenü ZETA hinzufügen. Um das Betriebssystem einzustellen, das am häufigsten hochgefahren werden soll, wählen Sie *Default* bei Ihrem gewünschten Betriebssystem.

Sie können auch ZETA hinzufügen, nachdem Sie ZETA installiert haben. Loggen Sie sich als *root* auf Ihrem System ein. Vom Programmmenü gehen Sie auf *Zubehör* und wählen *Text-Editor.* Dort wählen Sie *Datei* (File) und dann *Öffnen* (Open). Gehen Sie zu /, dann wählen Sie den *boot*-Ordner. Wählen Sie den *grub*-Ordner. Im *grub*-Ordner wählen Sie die Datei *grub.conf* und öffnen diese.

Am Ende der Liste können Sie folgende Informationen hinzufügen, sodass GRUB auch ZETA hochfährt:

```
title ZETA
rootnoverify (hd0,4)
chainloader +1
```

`(hd0,4)` ist die Festplatte und Partition, auf der ZETA sich befindet, in diesem Beispiel die erste IDE-Festplatte und die vierte Partition.

Erweiterte Boot-Loader-Konfiguration

Wenn Sie Linux nach ZETA installieren, können Sie auswählen, dass der Linux-Boot-Loader nicht in den MBR installiert werden soll, sondern in die Partition, in der sich Linux befindet. Es ist somit auch möglich, mit ZETAs Boot-Manager Linux-Installationen zu starten.

ZETA mit dem LILO-Boot-Manager starten

Wenn Sie *LILO* auf Ihrem Rechner installiert haben, empfehlen wir, den installierten Boot-Manager beizubehalten.

Diese Anleitung zeigt Ihnen, wie Sie ZETA zum *LILO*-Boot-Manager hinzufügen; das wurde mit Slackware 9.1 getestet.

Loggen Sie sich als *root* auf Ihrem System ein. Im Anwendungsmenü gehen Sie auf *System Tools* und wählen *Boot*. In dem erscheinenden Fenster klicken Sie in der linken unteren Ecke auf *Weitere Optionen*. Klicken Sie auf *Hinzufügen …*, um die Boot-bare ZETA-Partition hinzuzufügen.

Ein kleines Installationsprogramm hilft Ihnen, eine neue Partition hinzuzufügen. Klicken Sie auf *Weiter*.

In dem Feld *Name:* tragen Sie einen Namen für die Partition ein. In diesem Fall sollte es ZETA sein. Ändern Sie nichts im Feld *Operating system*: Belassen Sie es auf *Unknown*. Klicken Sie auf *Weiter*.

In diesem Fenster können Sie die gewünschte Partition zum Boot-Manager hinzufügen. In dem Drop-Down-Menü können Sie die Partition auswählen, auf der Sie ZETA installiert haben. Auf dem Rechner des Autors war es `/dev/hda7`. Klicken Sie wieder auf *Weiter*.

3.5 Abschluss der Installation

Nach der Installation des Boot-Managers wird die ZETA-CD ausgeworfen. Entfernen Sie sie aus dem Laufwerk. Nach dem Hochfahren werden nun einige Abschlussarbeiten vorgenommen. Dabei wird die MIME-Datenbank geschrieben, Symbole werden zugewiesen und Pfade eingerichtet. Wenn Sie ZETA nach der Installation das erste Mal starten, wird das Fenster zum Einstellen der Bildschirmauflösung angezeigt. Stellen Sie hier die gewünschte Auflösung ein. Schließen Sie dann das Fenster links oben mit einem Klick auf das gelbe Rechteck. Nun wird Ihnen ein PDF-Dokument angezeigt (*Einführung.pdf*), das Ihnen bei den ersten Schritten in ZETA hilft.

3.6 Fehlerbehebung beim Ladeprozess

Wenn Sie Probleme beim Hochfahren des Computers haben oder Ihr Monitor keine Farbe anzeigt, sollten Sie die hier beschriebenen Optionen *Safe mode* oder *Use fail-safe video mode* ausprobieren.

Um in das Boot-Menü zu gelangen, drücken Sie beim Ladebildschirm die Leer-Taste. Das muss geschehen, bevor oder wenn das erste Symbol aufblinkt.

Hier können Sie die Optionen *Safe mode* oder *Use fail-safe video mode* ausprobieren:

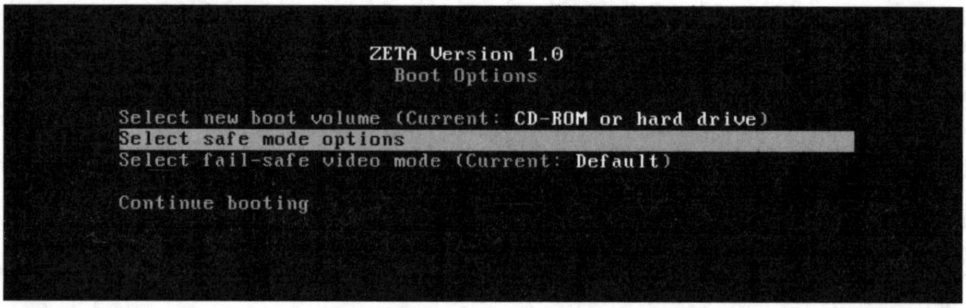

Abb. 3.15: Wählen Sie den Eintrag *Select safe mode options,* und drücken Sie die [↵]-Taste

Safe Mode-Einstellungen

Wählen Sie *Select safe mode options* aus, und drücken Sie die [↵]-Ttaste. Dann gelangen Sie in das *Safe Mode*-Menü. Wählen Sie für den Anfang *Safe Mode* aus. Diese Option wählt automatisch alle anderen Optionen aus. Sie können später zum *Safe Mode*-Menü zurückkehren und individuell einzelne Optionen auswählen. Sie sollten versuchen, mit so wenig Einstellungen wie möglich zu starten. Im *Safe Mode* ist ZETA per Voreinstellung grau dargestellt.

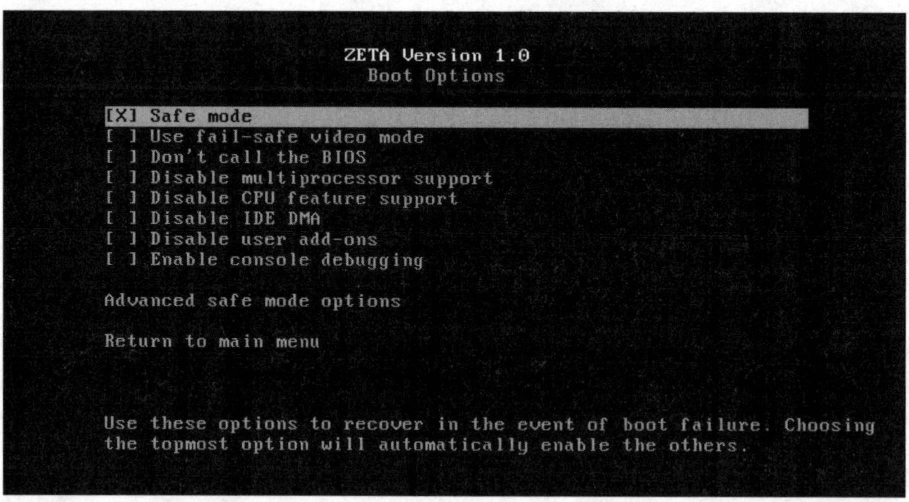

Abb. 3.16: Versuchen Sie, mit so wenig Einstellungen wie möglich zu starten

Fail-safe Video Mode

Wenn Ihr Monitor alles nur in Grau zeigt, kann es sein, dass Ihre Grafikkarte nicht unterstützt wird. Um alles in Farbe und in einer hohen Auflösung zu sehen, können Sie ZETA im *VESA-Modus* starten. Gehen Sie wieder beim Hochfahren mit der Leer-Taste beim Ladebildschirm in das Boot-Menü. Wechseln Sie in das zweite Menü, *Select safe mode options,* und markieren Sie *Use fail-safe video mode* aus. Mit der Zeile *Return to main menu* kehren Sie in das Hauptmenü zurück. Wechseln Sie auf *Select fail-save video mode,* und drücken Sie die [↵]-Taste. Es erscheint eine Liste mit Bildschirmauflösungen, Sie sollten hier eine Auflösung auswählen. *800 × 600 × 15* und *1024 × 768 × 16* (Breite × Höhe × Farbtiefe) ist ideal. Je höher die Auflösung, desto langsamer das System. Nachdem Sie eine Auflösung ausgewählt haben, gehen Sie auf *Continue booting.* Ihr System ist nun langsamer als mit dem erforderlichen Treiber, aber es ist schneller als im Graumodus, und das ist möglicherweise schon ausreichend. Um den *VESA-Modus* dauerhaft einzusetzen, starten Sie das Tool *VesaConfig* unter *Software/Systemprogramme.* Als letzte Lösung können Sie nach einen Treiber unter *http://www.bebits.com* suchen oder sich an den telefonischen Support von yellowTAB wenden. Der Support für die ZETA-Version, die diesem Buch beiliegt, ist allerdings nicht kostenlos (Telefonnummer: 0900 142 3040, 0,89 _ die Minute).

VESA-Konfigurator

Wenn Sie Hardware besitzen, die Probleme verursacht und Sie deswegen bei jedem Hochfahren im Boot-Menü die Einstellungen ändern müssen, können Sie die Einstellungen auch dauerhaft speichern.

Für nicht unterstützte Grafikkarten stellt yellowTAB ein Tool bereit, mit dem Sie ganz einfach die Auflösung und Farbtiefe einstellen können: *VesaConfig.* Sie finden es unter *ZETA/Software/Systemprogramme.*

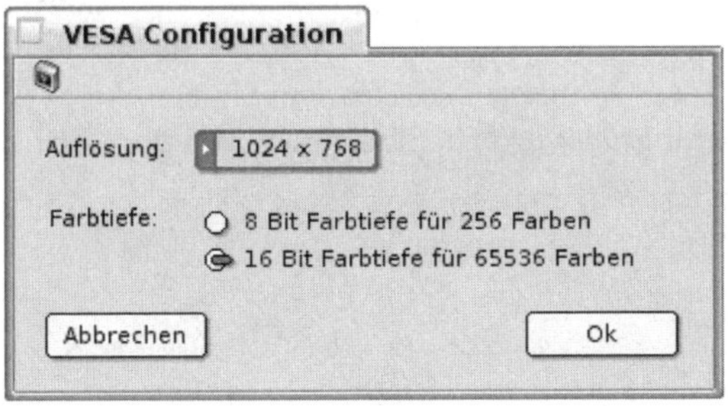

Abb. 3.17: *VESA Configuration*: Ein Tool, mit dem Sie fast immer Farbe ins Spiel bringen

Sie können folgende Auflösungen einstellen:

Auflösung	Monitorgröße
640 × 480	14" oder weniger
800 × 600	15"
1024 × 768	17"
640 × 480	14" oder weniger
800 × 600	15"

Sie können auswählen, ob Sie 256 oder 65.536 Farben haben wollen. Wenn Sie *OK* drücken, wird das Programm die Datei *vesa* unter */boot/home/config/settings/kernel/drivers/* mit den Einstellungen speichern.

Wiederherstellen des Microsoft Masterbootrecords

Wir von yellowTAB hoffen, dass Sie diesen Teil des Buches nicht lesen müssen. Wenn Ihre ZETA-Installation (oder der Versuch, den Boot-Manager zu installieren) schief gegangen ist, kann es passieren, dass Ihr anderes Betriebssstem (z. B. Windows) nicht mehr geladen werden kann. Das Durchlesen des Installationsteils in diesem Buch sollte solche Probleme vermeiden. Wenn Ihr System nicht startet oder Sie den ZETA Boot-Loader entfernen wollen, erstellen Sie den Microsoft Masterbootrecord mit `fdisk /mbr` in der DOS-Kommandozeile. Das hilft allerdings nur, wenn Sie auch ein Microsoft-Betriebssystem installiert haben. Dieser Befehl legt keine Sicherheitskopie des alten Boot-Sektors an, sondern überschreibt ihn. Wenn Sie ZETA und *BootMan* installiert haben und Sie ein Windows installieren, wird der MBR von Windows überschrieben, und Sie können ZETA nicht mehr starten. In diesem Fall legen Sie einfach die ZETA-Installations-CD ins Laufwerk ein und drücken im Ladebildschirm die Leer-Taste. Wählen Sie *Select new boot volume* und dann Ihre ZETA-Partition auf Ihrer Festplatte aus. Drücken Sie nun die [↵]-Taste, und setzen Sie den Boot-Vorgang mit *Continue booting* fort. Sie können nun über *ZETA/Software/Systemprogramme* den *BootMan* neu einrichten.

ZETA – das System 4

4.1 Grundlegendes zum Gebrauch von Maus und Tastatur

Die Maus wird gebraucht…

ZETA ist ein Betriebssystem, das sich am komfortabelsten mit der Maus bedienen lässt. Es folgt nun ein kurzer Überblick über die diversen Maustechniken, die Sie zum optimalen Umgang mit ZETA benötigen.

…zum Zeigen…

Wenn Sie die Maus bewegen, bewegt sich die Hand (der so genannte *Mauszeiger*) auf dem Bildschirm. Die Geschwindigkeit sowie die Beschleunigung des Zeigers können Sie einstellen. Lesen Sie mehr dazu im Abschnitt *Einstellungen/Maus*. Bei einigen Objekten wie Symbolen, Schaltflächen, Bildern oder Ähnlichem erhalten Sie durch das Daraufzeigen einen Hilfetext, die so genannten *ToolTips*.

…zum Klicken…

Die Maus verfügt je nach Ausführung über zwei oder mehrere Tasten. Alte Mäuse haben nur zwei Tasten, neuere meist zwei und ein Scroll-Rad. Es gibt auch Ausführungen mit mehreren Tasten, allerdings können diese meist seitlichen Tasten auch etwas störend sein. Die Tasten sowie das Rad einer Maus können gedrückt werden. Das Klicken mit der linken Maustaste wird verständlicherweise als Linksklick bezeichnet, das Gegenstück dazu als Rechtsklick. Das Drehen am Rad bezeichnen wir als Scrollen (*Screen rolling, Verschieben des Bildschirms*). Auf das Rad kann auch gedrückt werden. Dass das Drücken der Taste als Klick bezeichnet wird, ergibt sich aus dem entsprechenden Geräusch. ZETA bzw. das aktuell aktive Programm kann verschieden auf Linksklicks, Rechtsklicks oder Doppelklicks reagieren. Programme wie *Gobe Productive* behandeln sogar 3-fach- oder 4-fach-Klicks. Während Linksklicks meist etwas aktivieren oder markieren, rufen Rechtsklicks häufig ein Kontextmenü auf. Es kommt äußerst selten vor, dass ein mehrfaches Klicken mit der rechten Maustaste eine spezielle Funktion hat.

Wenn Sie die Tasten `Strg`+`Alt` gedrückt halten und mit der linken Maustaste klicken, wird dies als Rechtsklick interpretiert.

...zum Drag & Drop (Ziehen und fallenlassen)...

Drag & Drop ist ein Begriff aus der Compterbranche, der schlecht zu übersetzen ist. Jeder etwas erfahrenere Anwender wird aber mit dem Begriff etwas anfangen können. Mit Drag & Drop ist die Technik gemeint, Objekte wie Dateien, Ordner, markierte Texte, Bildausschnitte und Ähnliches mit der Maustaste anzuklicken, diese gedrückt zu halten und sie auf einen anderen Platz des Bildschirms, ggf auch in ein anderes Programm zu ziehen. ZETA bzw. viele Anwendungen unter ZETA bieten diese Technik an. Drag & Drop kann mit der rechten und mit der linken Maustaste ausgeführt werden. Ein gutes Beispiel für die Drag & Drop-Unterstützung ist die Anwendung *ShowImage* in Verbindung mit dem *Tracker*. Lesen Sie dazu die Kapitel zu den jeweiligen Anwendungen.

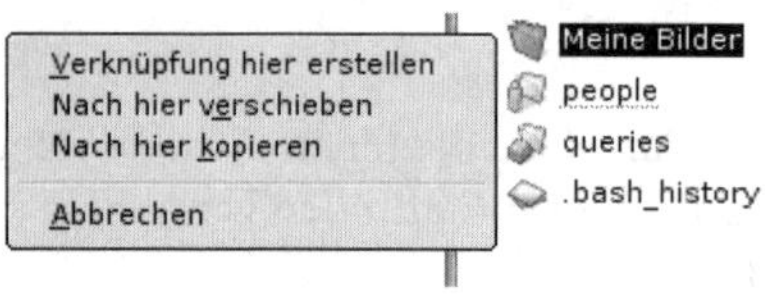

Abb. 4.1: Ein Kontextmenü erscheint, wenn Sie eine Datei oder einen Ordner mit der rechten Maustaste per Drag & Drop verschieben

Die Tastatur

Die Tastatur ist neben der Maus das Haupteingabegerät. Die Tastatur wird dazu benutzt, Buchstaben, Zahlen und Zeichen einzugeben. Einen großen Vorteil bieten Tastaturkürzel, so genannte *Shortcuts*, die dem Anwender das Leben sehr erleichtern. So ist ein Griff zur Maus wegen eines Klicks oft überflüssig. Viele Programme bieten zu den wichtigsten Befehlen Tastaturkürzel mit an. So ist das Tastaturkürzel [Alt]+[S] sehr oft zuständig für das Speichern eines Dokuments. Ob nun die [Alt]- oder die [Strg]-Taste als Teile des Tastaturkürzels gelten soll, können Sie einstellen. Da verschiedene Sprachen verschiedene Zeichen und Buchstaben benötigen, kann unter ZETA das Tastaturlayout ausgewählt werden. Normalerweise wird mit der Sprache des Systems das Tastaturlayout angepasst. Man kann das System aber auch auf Englisch benutzen und trotzdem die deutsche Tastatur wählen. In ZETAs Einstellungen können auch die Wiederholrate und die Eingabegeschwindigkeit für die Tastatur eingestellt werden.

Einige Tasten der Tastatur werden in unterschiedlichen Sprachen unterschiedlich bezeichnet. Manchmal gibt es hier Unstimmigkeiten, da Tasten mehrere Bezeichnungen haben. So wird die Eingabetaste [↵] auch als Enter-Taste oder als Return-Taste bezeichnet. Die [ ]-Taste ist die längste Taste und wird auch Space-Taste genannt. Die Steuerungstaste ist die Taste mit dem [Strg]-Aufdruck, zu sehen links und rechts unten auf der Tastatur. Die Tabulator-Taste ist die Taste links von [Q] ([↹]) und dient in Anwendungen zum Wechseln zwischen Bedienelementen wie Textfeldern, Schaltflächen und Einträgen. Zu beachten ist unter ZETA auch, dass Sie das @-Zeichen nicht mit der Tastenkombination [Strg]+[Alt]+[Q] eingeben, sondern mit [AltGr]+[Q]. Das hängt damit zusammen, dass [Alt]+[Q] ein Tastaturkürzel für das Schließen von Anwendungen ist. Die [Druck]-Taste rechts oben auf der Tastatur wird benutzt, um einen Screenshot zu schießen. Die Menü-Taste [Menü] dient zum Aufrufen des *ZETA*-Menüs. Dabei springt der Mauszeiger schon automatisch mit.

Tipp Eine Reihe von Tastaturkürzeln finden Sie im Folgekapitel.

Mit ZETA optimal arbeiten 5

Dieses Kapitel führt Sie in die wichtigsten Aspekte des ZETA-Betriebssystems ein. Es zeigt Ihnen, wie Sie die *Deskbar* und den *Tracker* einstellen und benutzen, und wie Sie Suchanfragen durchführen können. Auch die Ordnerstruktur wird erklärt.

Die Deskbar

- Das ZETA-Menü
- Die Schnellstartleiste
- Der Replikantenbereich
- Die Anwendungsliste
- Verschieben der Deskbar

Der Desktop

- Das Kontextmenü
- Die Laufwerke
- Das Home-Verzeichnis
- Der Papierkorb
- Einbinden und Aushängen von Laufwerken

Replikanten

- Anwendungen, die in anderen Anwendungen laufen
- Replikanten erstellen
- Tastaturkürzel
- Desktop
- Tracker
- Fenster, Eingabefelder
- Anwendungen
- Menüs

Der Tracker

- Das Fenster
- Die geöffneten Fenster anzeigen
- Die Größe des Tracker-Fensters ändern
- Eine Datei öffnen
- Eine Datei per Drag & Drop öffnen
- Verknüpfung erstellen
- Ausschnitte, Schnipsel erstellen
- Navigieren im *Tracker*-Fenster
- Öffnen mit…
- MIME-Registrierung
- Symbole anzeigen lassen
- Symbole sortieren
- Zusatzmodule

Dateien und Inhalte suchen

- Speichern und Editieren von Suchanfragen
- Suche nach Attributen

Der Team Monitor

Der Twitcher

Die Workspaces

- Erweitertes Nutzen von Workspaces

Die Ordnerstruktur in ZETA

Wenn Sie ZETA benutzen, werden Sie Ähnlichkeiten mit Ihrem vorherigen Betriebssystem feststellen. So können Sie ZETA wie gewohnt mit der Maus und der Tastatur benutzen.

5.1 Die Deskbar

Die *Deskbar* ist eine wichtige Schnittstelle zwischen Benutzer und System. Sie befindet sich standardmäßig in der rechten oberen Ecke des Bildschirms. Die *Deskbar* ist in vier Bereiche gegliedert: Das *ZETA*-Menü (die Schaltfläche mit dem *ZETA*-Logo), die *Schnellstartleiste*, der *Replikantenbereich* (der dunklere Teile mit der Uhr), und die *Anwendungsliste* (dieser Teil zeigt die Liste der laufenden Programme an).

Info Lesen Sie mehr über die Replikanten im übernächsten Kapitel, *Replikanten: Anwendungen, die in anderen Anwendungen »laufen«.*

Abb. 5.1: Die *Deskbar* nach der Installation von ZETA (ab Werk in der rechten oberen Ecke, kann aber auch an einem anderen Ort des Bildschirms platziert werden)

Alle Betriebssysteme haben ein Menü zur einfachen Bedienung des Systems. Unter ZETA ist dies das *ZETA*-Menü. Die meisten grafischen Anwendungen werden über dieses Menü aus den einzelnen Ordnerkategorien gestartet. Die Ordnerkategorien sind: Büroprogramme, CD-Tools, Emulatoren, Entwicklung, Grafikbearbeitung, Internet, Musik, Netzwerk, Spiele, Systemprogramme, Tools, Video.

Das ZETA-Menü

Klicken Sie auf das *ZETA*-Logo in der *Deskbar*, um das *ZETA*-Menü zu öffnen.

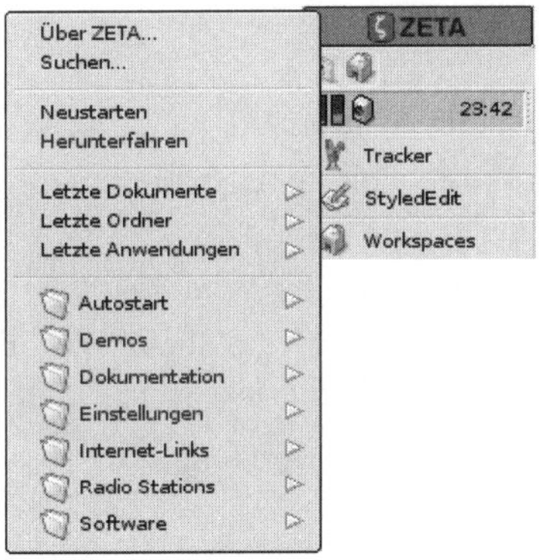

Abb. 5.2: Standardmäßig sieht das *ZETA*-Menü so aus

Das *ZETA*-Menü zeigt sich gut strukturiert und bietet dem Benutzer einen schnellen Zugriff auf Einstellungen und Anwendungen.

Über ZETA

Klicken Sie hier, und ein Fenster öffnet sich, das Ihnen Informationen zum System und Dankesworte an die Entwickler anzeigt.

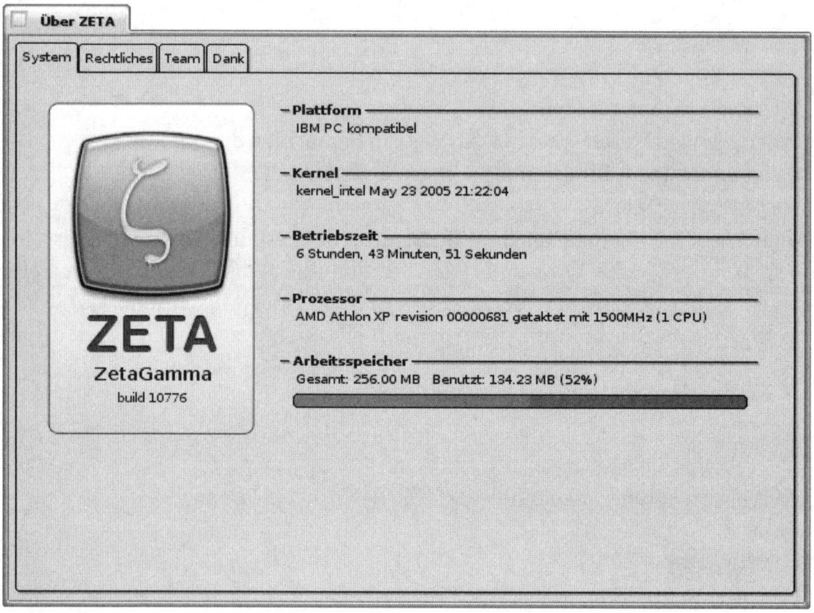

Abb. 5.3: Im *Über ZETA*-Fenster finden Sie Informationen zum System, Dankesworte und rechtliche Infos

Suchen

Klicken Sie hier, um das Suchsystem von ZETA aufzurufen. Genaueres über die Suchfunktion und wie Sie diese bedienen finden Sie unter dem Kapitel *Mit ZETA optimal arbeiten* im Unterpunkt *Dateien und Inhalte suchen* (s. Seite 74).

Neustarten und Herunterfahren

Mit *Neustarten* wird der Rechner neu gestartet. Mit *Herunterfahren* werden alle Server und Anwendungen von ZETA beendet. Sie erhalten dann eine Meldung, dass der Computer heruntergefahren wurde und Sie ihn ausschalten können. Mit diesen Funktionen können Sie nicht direkt in ein anderes Betriebssystem booten. Hin und wieder kommt es vor, dass sich ein Programm nicht durch den *Herunterfahren*-Befehl beenden lässt und im *Herunterfahren*-Status die Anwendung lange angezeigt wird. Dies kann zum Beispiel vorkommen, wenn Sie eine Datei geöffnet haben und das Programm erst wissen möchte, ob Sie vor dem Schließen die Datei speichern wollen. Speichern oder verwerfen Sie dann Änderungen an der Datei, um den Rechner herunterzufahren. Reagiert ein Programm nicht mehr, bleibt auch manchmal der Prozess stehen. Klicken Sie in diesem Fall auf die Schaltfläche *Beenden* im *Herunterfahren*-Fenster. Sollte dies auch nichts nützen, können Sie mit der Tastenkombination `Strg`+`Alt`+`Entf` den *Team Monitor* aufrufen. Halten Sie nun diese Tastenkombination für vier Sekunden gedrückt, um ZETA neu zu starten. Dies sollten Sie nur vornehmen, wenn es wirklich erforderlich ist. Einige

Einstellungen in ZETA werden nämlich beim Herunterfahren gespeichert. Solche Einstellungen würden bei dieser Art von Neustart verloren gehen.

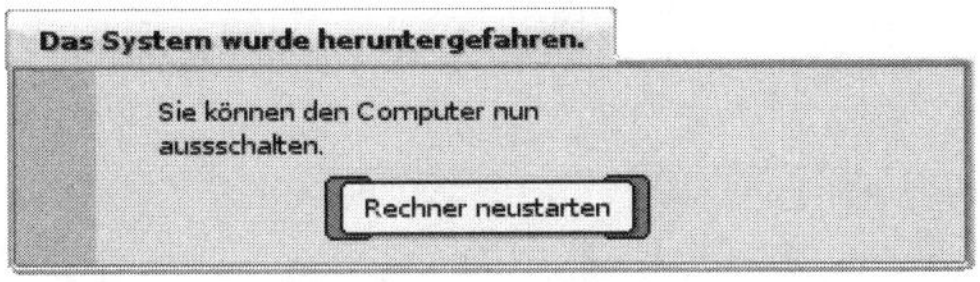

Abb. 5.4: Wenn Sie diese Nachricht sehen, können Sie den Computer ausschalten. Bei neueren Computern kommt es häufig vor, dass man den Schalter mehrere Sekunden gedrückt halten muss, damit sich der Rechner ausschaltet

Letzte Dokumente, Letzte Ordner und Letzte Anwendungen

Diese Einträge enthalten Listen der zuletzt verwendeten Dateien und Anwendungen. Wenn Sie Dateien oder Anwendungen öffnen, wird jeweils eine neue Verknüpfung in den entsprechenden Ordnern angelegt. Über die entsprechenden Einträge können Sie schnell Ihre zuletzt geöffneten Dokumente, Ordner und Anwendungen erreichen. In den Einstellungen der *Deskbar* (*ZETA/Einstellungen/ZETA-Menü*) können Sie die Anzahl der Einträge in der Liste festlegen.

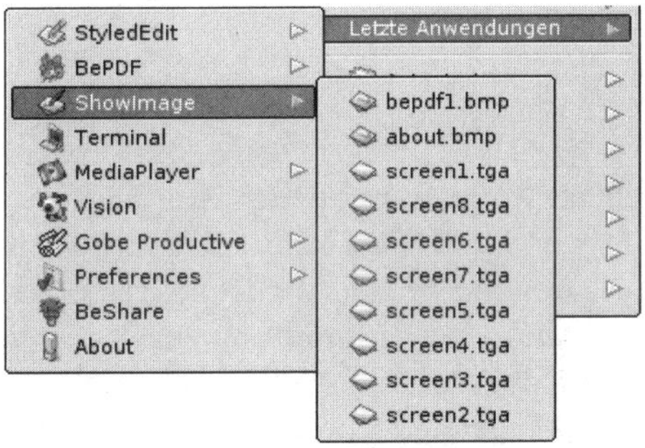

Abb. 5.5: Unter *Letzte Anwendungen* finden Sie nicht nur die Programme, die als letztes geöffnet wurden, sondern auch die Dateien, die mit diesem Programm geladen wurden

Die nun aufgeführten Ordner sind dazu da, favorisierte Anwendungen aufzulisten und hier so schnellen Zugriff zu gewährleisten. Die Standardliste, wie im Bild unten gezeigt, ist voll von Ordnern mit wohlsortierten Links für ZETA. Man kann ganz einfach Ordner und Dateien in diese Liste einzufügen. Ziehen Sie dazu die gewünschte Datei / den Ordner auf das *ZETA*-Logo. Die Liste öffnet sich. Zeigen Sie auf einen Ordner, und lassen Sie dort das Objekt fallen, um eine Verknüpfung zu erstellen. Das ursprüngliche Objekt bleibt natürlich vorhanden. Eine Favoritenliste kann man auch im *ZETA*-Menü unter dem Punkt *Schnellstartleiste* erstellen. Die Links werden unter dem Ordner */boot/home/config/ZetaMenu* abgelegt. Sie können auch dort neue Ordner anlegen, löschen und umbenennen.

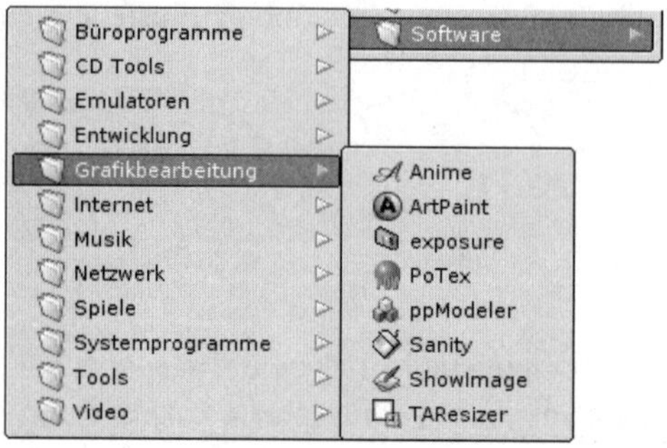

Abb. 5.6: Die Anwendungen sind kategorisch in einzelnen Unterordnern sortiert. Der Benutzer kann so schnell die gewünschten Anwendungen aufrufen

Je nach Größe und Typ der Anwendung dauert es etwas, bis das Programm geladen ist. Die meisten nativen Programme starten in wenigen Sekunden, während portierte Anwendungen um einiges mehr Zeit benötigen. Sollte nichts passieren, wenn Sie ein Programm aufrufen möchten, könnte ein Problem mit der Anwendung bestehen, oder die Installation derselben wurde nicht einwandfrei durchgeführt. Wenn sich nach einem erneuten Versuch des Aufrufs des Programms nichts tut, starten Sie das Programm aus dem *Terminal*, oder sehen Sie in der Dokumentation der Anwendung nach.

Die Schnellstartleiste

Die *Schnellstartleiste* gibt Ihnen die Möglichkeit, schnell auf Programme zuzugreifen. Fügen Sie hier Verknüpfungen zu Programmen hinzu, die Sie oft benötigen. Diese kann im *ZETA*-Menü unter *Einstellungen/ZETA-Menü* aktiviert werden. Ziehen Sie das Symbol, von dem Sie eine Verknüpfung wünschen, in die *Schnellstartleiste*. Dort wird dann eine Verknüpfung angelegt. Mit einem Rechtsklick darauf können Sie die Verknüpfung wieder entfernen. Sollten Sie mehr als sechs Links in die Leiste ziehen, wird ein Erweiterungspfeil angezeigt. Klicken Sie darauf, erreichen Sie die weiteren Links.

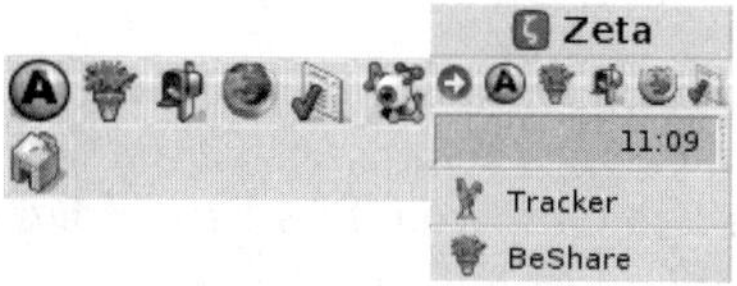

Abb. 5.7: Werden mehr als sechs Links in der *Schnellstartleiste* erstellt, erscheint ein Pfeil anstelle des sechsten Symbols. Mit einem Klick darauf haben Sie Zugriff auf die restlichen Links

Der Replikantenbereich

Dieser Bereich zeigt Symbole und Informationen über den Zustand bestimmter Systemkomponenten an. Ein System-Service oder eine Anwendung von Drittherstellern kann ein Symbol in der Statusleiste der *Deskbar* anlegen. Über dieses Symbol kann man Befehle an die jeweilige Anwendung übergeben.

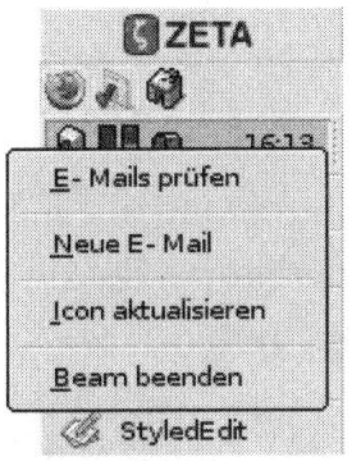

Abb. 5.8: Hier sehen Sie einen Bereich, in dem wir bereits diverse Programme / Replikanten hinterlegt haben. Das Kontextmenü erscheint hier, da auf das *Beam*-Symbol rechtsgeklickt wurde. *Beam* ist ein Mailclient unter ZETA

Außerdem kann das Symbol den Zustand des Programms darstellen. Als Beispiel können Sie einen Linksklick auf die Uhr vornehmen, um sich das aktuelle Datum anzeigen zu lassen. Mit einem Rechtsklick auf die Statusleiste können Sie die Uhr ein- und ausblenden. Wenn Sie die Zeit einstellen möchten, klicken Sie mit der rechten Maustaste auf die Uhr und wählen *Zeit ändern...* aus. Alternativ erreichen Sie das *Einstellungen*-Fenster auch über *ZETA/Einstellungen/Zeit*. Klicken Sie einmal mit der linken Maus auf die Zeit, wird das aktuelle Datum angezeigt. Nach wenigen Sekunden wird automatisch wieder die Uhrzeit angezeigt.

Die Anwendungsliste

Der untere Teil der *Deskbar* dient dazu, laufende Anwendungen anzuzeigen. Startet man eine Anwendung, wird eine Schaltfläche mit deren Namen der Liste hinzugefügt. Klickt man nun auf die Anwendung in dieser Liste, öffnet sich ein Seitenmenü, in dem Sie die einzelnen Fenster der Anwendung sehen. Klicken Sie auf ein bestimmtes Fenster, um es in den Vordergrund zu bringen. Mit diesem Menü können Sie auch alle Fenster verstecken, anzeigen und schließen. Halten Sie die `Strg`-Taste gedrückt, wenn Sie auf eine Schaltfläche klicken, wird sofort das erste Fenster geöffnet. Die Fenster-Symbole in diesem Anwendungsmenü erscheinen grau, wenn das Fenster versteckt ist.

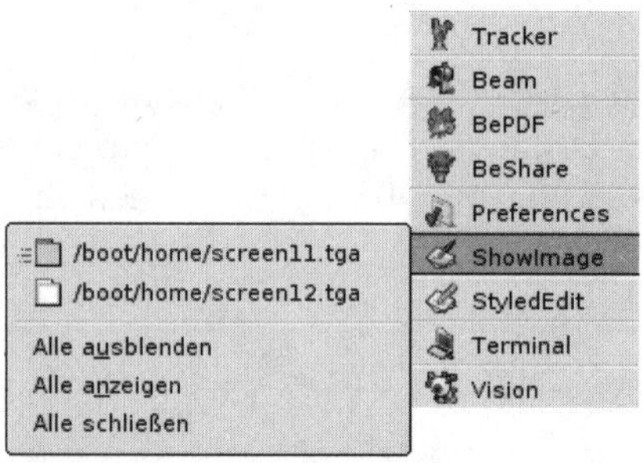

Abb. 5.9: Das *ZETA*-Menü, nachdem einige Anwendungen bereits geöffnet wurden. Klickt man auf die Anwendung, erhält man eine Liste der Fenster, die das Programm geöffnet hat. Ein *ShowImage*-Fenster haben wir ausgeblendet in einem anderen Workspace, eines sichtbar im aktuellen geöffnet.

Info Das Symbol von versteckten Fenstern wird grau angezeigt, von nicht versteckten Fenstern Sollten sich im Anwendungsmenü links vom Symbol des Fensters horizontale Linien befinden, bedeutet das, dass das Fenster in einem anderen Workspace ist.

Ein verstecktes Fenster kann angezeigt und in den Vordergrund gestellt werden, wenn Sie es in der Anwendungsliste anwählen. Um ein Fenster zu verstecken, doppelklicken Sie mit der linken Maustaste auf die Titelleiste bzw. den Rahmen des Fensters.

Wenn man auf das Symbol eines Fensters klickt, kommt das Fenster in den Vordergrund, und es wird gegebenenfalls in den passenden Workspace gewechselt.

Wenn Sie eine Datei in einer bereits geöffneten Anwendung laden möchten, können Sie die Datei einfach auf die Schaltfläche der Anwendung im *ZETA*-Menü ziehen und dort fallen lassen. Die Datei wird dann mit diesem Programm geöffnet. Es kann aber nicht jede Datei von jeder Anwendung geöffnet werden. Sollte die Anwendung die Datei öffnen können, so wird die Schaltfläche der Anwendung in der Liste nicht verdunkelt dargestellt.

Verschieben der Deskbar

Um das *ZETA*-Menü zu verschieben, klicken Sie mit der linken Maustaste auf den gepunkteten Rand rechts der Uhrzeit und ziehen das *ZETA*-Menü in eine der vier Ecken oder auf die obere bzw. untere Seite des Bildschirms.

Abb. 5.10: Hier haben wir das *ZETA*-Menü an die Unterseite des Bildschirms gelegt. Diese Ausrichtung wird Ihnen von Windows her bekannt vorkommen

Wenn man das *ZETA*-Menü oben links oder oben rechts platziert, kann es erweitert und kompakt angezeigt werden, in den unteren Ecken nur kompakt. Normalerweise ist das *ZETA*-Menü bereits erweitert angezeigt, wie man in den vorherigen Bildern sehen kann. Den kompakten

Modus kann man ebenfalls dadurch aktivieren, indem man die gepunktete Linie rechts bzw. links des Replikantenbereiches greift und sie ein wenig nach oben zieht. In diesem Fall wird die Anwendungsliste in der Ecke als Tafel dargestellt. Klickt man auf diese Schaltfläche mit der Tafel, erscheint die Anwendungsliste.

5.2 Der Desktop

Die Symbole auf dem *ZETA*-Desktop sind nach der Installation übersichtlich angeordnet. Außerdem wurde bereits ein Hintergrundbild eingestellt, um den Desktop ansprechender zu gestalten.

Abb. 5.11: Der Desktop wirkt nach der Installation sehr aufgeräumt. Als Erstes sollten Sie nun die Bildschirmauflösung ändern

Das erste, was Ihnen auffallen wird, ist die scharfe Darstellung der Symbole in ZETA. yellowTAB hat eine SVG-Unterstützung eingebaut, die die Symbole in nahezu jeder Größe darstellen lässt, ohne dass die bei Grafikvergrößerungen bekannten Treppeneffekte auftauchen. yellowTAB fand die SVG-Unterstützung angesichts größerer Monitore angebracht, da dort die Symbole im Verhältnis zu den immer höheren Bildschirmauflösungen kleiner werden und damit schwerer zu erkennen sind.

Der Desktop ist ein spezielles *Tracker*-Fenster. Sie können Dateien auf ihm ablegen, Hintergrundbilder hinzufügen und Verknüpfungen zu Programmen erstellen. Im Unterschied zum *Tracker* arbeitet die Arbeitsfläche immer im Symbol-Modus, d. h. die Verknüpfungen zu Programmen und abgelegten Dateien werden immer durch Bilder (Symbole) repräsentiert.

Die Symbole können Ihre Festplatte, Ihr *Home*-Verzeichnis, Ordner, Anwendungen, Dateien, Verknüpfungen und eingebundene Laufwerke (wie CD-ROMs und Disketten) sein.

Das Kontextmenü

Wenn Sie auf einem freien Platz auf dem Desktop kurz die rechte Maustaste drücken, erscheint ein Kontextmenü. Das Menü enthält folgende Befehle:

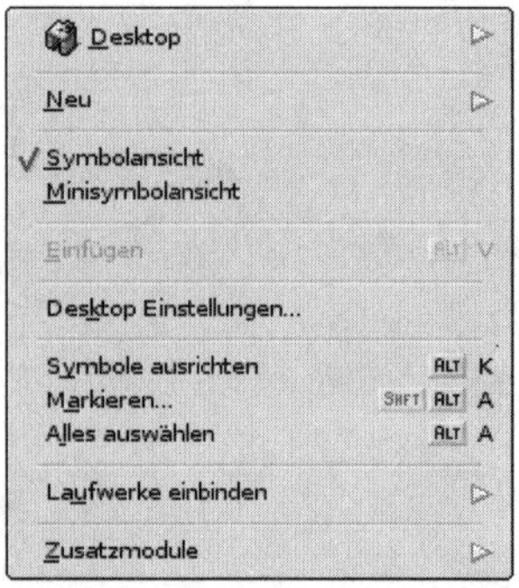

Abb. 5.12: Das Kontextmenü des Desktops

- *Desktop*: Repräsentiert den Ordner, der alle Einträge auf dem Desktop auflistet. Bewegen Sie den Mauszeiger darüber, erscheint ein neues Untermenü mit Einträgen. Wenn Sie nun auf einen Eintrag klicken, öffnet sich die Datei oder, falls es sich um einen Ordner handelt, ein *Tracker*-Fenster.

Abb. 5.13: So navigieren Sie zu verschiedenen Unterordnern

- *Neuer Ordner*: Dieser Befehl erstellt einen neuen Ordner auf dem Desktop. Sie können gleich einen neuen Namen eingeben. Sie dürfen außer dem Schrägstrich (/) alle Zeichen in einem Ordnernamen verwenden. Der Name darf bis zu 255 Zeichen enthalten. Unter diesem Menüpunkt können Sie auch neue Vorlagen hinzufügen. Wenn Sie zum Beispiel neben *Neuer Ordner* noch *Neues Textdokument* sehen möchten, gehen Sie folgendermaßen vor: Klicken Sie unter *Neu* auf *Vorlagen bearbeiten....* Ein *Tracker*-Fenster mit dem Verzeichnis */boot/home/config/settings/Tracker/Tracker New Templates* wird geöffnet. Legen Sie nun ein leeres Textdokument in dieses Verzeichnis. Ab sofort können Sie aus jedem *Tracker*-Fenster die neue Vorlage über das Menü *Neu* erreichen.

- *Symbolansicht und Minisymbolansicht*: Weisen Sie den Desktop an, kleine oder große Symbole darzustellen. Der aktuell ausgewählte Modus ist mit einem Häkchen versehen.
- *Desktop Einstellungen*: Enthält Einstellungen für den *Tracker* und die Symbole (*SVG-Symbole*).
- *Symbole ausrichten/Symbole in einer Reihe ausrichten*: Richtet die Symbole, die auf dem Desktop liegen, an einem unsichtbaren Raster aus, sodass sie sich alle in einer Linie befinden. Halten Sie die [↑]-Taste gedrückt, und klicken Sie dann auf den Desktop, erhalten Sie die zweite Option, *Symbole in einer Reihe ausrichten.* Dieser Befehl ordnet alle Symbole der Reihe nach auf dem Desktop an.
- *Alle auswählen*: Markiert alle Symbole auf dem Desktop. So können alle Symbole gleichzeitig verschoben werden.
- *Laufwerke einbinden*: Öffnet ein Menü der Laufwerke, die von ZETA erkannt wurden. Bei CD-ROM-Laufwerken ist darauf zu achten, dass ein Medium im Laufwerk liegt. Ansonsten kann es natürlich nicht angezeigt werden. Wenn Sie eine CD oder eine DVD einlegen, kann es einige Sekunden dauern, bis diese im Menü erscheint.
- *Zusatzmodule*: Ein Menü mit Modulen, die eine Vielzahl von Operationen durchführen können. Sie erlauben es, Drittherstellern von Software (und natürlich ZETA selbst), die Funktionalität des Desktops und andere Bereiche von ZETA zu erweitern. Zusatzmodule werden dynamisch angezeigt. Eine Datei hat andere Zusatzmodule als z. B. der Desktop. Lesen Sie genaueres zu den Zusatzmodulen im Kapitel *Tracker/Zusatzmodule* (s. Seite 71).

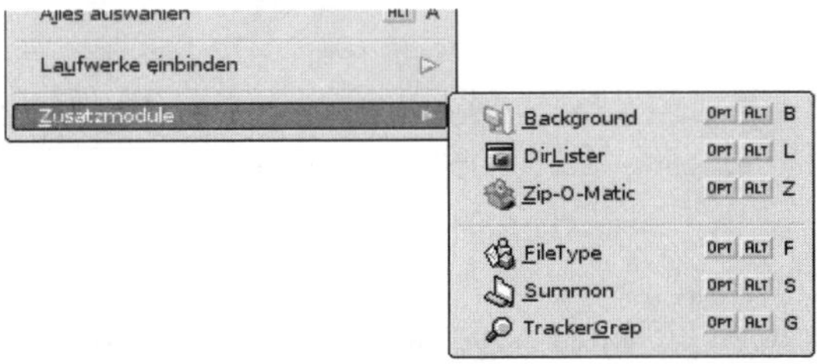

Abb. 5.14: Die Zusatzmodule des Desktops lernen Sie im alltäglichen Gebrauch schätzen

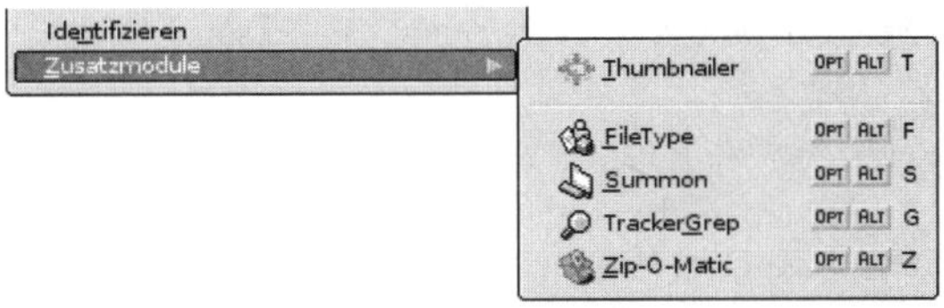

Abb. 5.15: Eine Grafikdatei hat ein spezielles Zusatzmodul, den *Thumbnailer.* Mit diesem können Sie das Symbol der Grafik in eine Bildvorschau verwandeln

Jedes der Symbole auf dem Desktop hat sein eigenes Kontextmenü. Diese Kontextmenüs sind identisch mit denen des *Trackers*. Das Kontextmenü für ein Laufwerk beinhaltet nur grundlegende Optionen wie *Öffnen*, *Info anzeigen*, *Namen ändern*, und den Befehl, das Laufwerk aushängen zu können.

Die Laufwerke

Das ist die Festplatte (oder Partition), auf der Sie ZETA installiert haben. Dieses Symbol kommt immer nur einmal vor und besitzt eine entsprechende Markierung, das Symbol *ZETA*. Sie können sich andere Festplatten, die für ZETA oder andere Betriebssysteme formatiert wurden, anzeigen lassen, indem Sie wie unter *Einbinden und Aushängen von Laufwerken* beschrieben vorgehen.

Die Laufwerke, die auf dem Desktop eingebunden sind, stellen einen grafisch unterstützten Weg dar, um Speichermedien zu öffnen, zu durchsuchen oder um dort Dateien abzulegen.

Das Home-Verzeichnis

Das *Home*-Verzeichnis ist für die Dateien und Ordner reserviert, die Sie erstellen. Es enthält einen Ordner für Ihre E-Mails (*mail*), einen Ordner für Kontakte (*people*) und einen für Suchanfragen (*queries*), in dem von Ihnen ausgeführte Suchanfragen gespeichert werden. Weiter finden Sie hier einen Ordner *config*, in dem unter anderem Einstellungen für Programme gespeichert werden. Um weitere Informationen über Systemverzeichnisse zu erhalten, lesen Sie auch den Abschnitt *Die Ordnerstruktur in ZETA* unter *Mit ZETA optimal arbeiten* (s. Seite 80).

Der *Home*-Ordner ist der voreingestellte Ort für alle Ihre Dokumente. Immer, wenn Sie ein Dokument abspeichern wollen (wie in *Gobe Productive*) und *Save* aurufen, wird der *Speichern*-Dialog automatisch das *Home*-Verzeichnis anzeigen.

Alle Dateien einfach in diesen Ordner hineinzukopieren ist keine gute Idee, da so die Übersicht schnell verloren geht. Legen Sie hierfür besser Unterordner an.

So funktioniert's

Aus dem *Tracker* (Menü des *Home*-Ordners) wählen Sie *Datei/Neu* und dann *Neuer Ordner*. Sie können auch über das Kontextmenü einen neuen Ordner erstellen oder mit der Tastenkombination `Alt`+`N` arbeiten.

Der neue Ordner hat den Standardnamen (*Neuer Ordner*) ausgewählt, Sie können Ihn nun ändern, indem Sie `ich` eintippen. Bestätigen Sie den neuen Namen mit der `↵`-Taste.

Der Papierkorb

Der *Papierkorb* ist ein wichtiger Teil der grafischen Benutzeroberfläche von ZETA. Wenn Sie eine Datei in den Papierkorb ziehen, Dateien auswählen und mit dem Kommando `Alt`+`T` oder durch Drücken der `Entf`-Taste löschen, werden diese Dateien in einen speziellen Ordner verschoben. Der Papierkorb ist der letzte Ort, an dem Dateien gespeichert werden, bevor sie endgültig gelöscht werden.

Die Dateien im Papierkorb können endgültig gelöscht werden, wenn Sie mit der rechten Maustaste auf den Papierkorb klicken und aus dem Menü den Eintrag *Papierkorb leeren* wählen. Es erscheint eine Fortschrittsanzeige. Sie enthält eine Pause- und eine Stop-Taste, mit der Sie den Löschvorgang anhalten oder beenden können. Bereits gelöschte Dateien sind jedoch endgültig gelöscht. Wenn das Fenster des Papierkorbs geöffnet ist, können Sie ihn auch über das Menü *Datei/Papierkorb leeren* leeren.

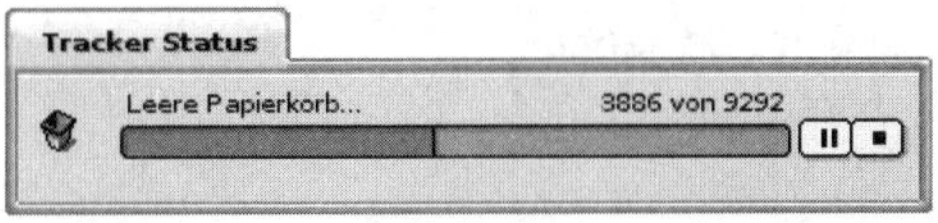

Abb. 5.16: Je nachdem wie viele Dateien sich im Papierkorb befinden, benötigt dessen Leeren mehr oder weniger Zeit

Dateien aus dem Papierkorb wiederherstellen

Um eine Datei wiederherzustellen, klicken Sie doppelt auf das Symbol des Papierkorbs auf Ihrer Arbeitsfläche. Markieren Sie die Datei, die Sie wiederherstellen möchten, mit der linken Maustaste. Halten Sie diese gedrückt, und ziehen Sie die Datei auf Ihre Arbeitsfläche oder in ein beliebiges anderes Verzeichnis. Über das Kontextmenü mit der rechten Maustaste auf die Datei können Sie sie ebenfalls wiederherstellen.

Einstellungen im Tracker

Einige Einstellungen zum Löschen von Dateien wurden in die Einstellungen des *Tracker*s integriert.

Dateien vom Terminal aus löschen

Wenn Sie Dateien mit Hilfe des *Terminals* löschen, haben Sie keine Möglichkeit, dies rückgängig zu machen. Die Dateien werden ohne jede Warnung endgültig gelöscht. Der Befehl, um Dateien zu entfernen lautet: `rm <Dateiname>`. Mehr über das *Terminal* finden Sie im gleichnamigen Kapitel (s. Seite 305).

Sicheres Löschen Ihrer Dateien

Für Unternehmen, die mit sensiblen Daten arbeiten, bietet das Löschen der Dateien über den Papierkorb nicht die nötige Sicherheit, da die Daten, die auf der Festplatte gespeichert sind, mit speziellen Methoden wiederhergestellt werden können.

Shredder ist ein sicheres Programm zum Löschen von Dateien unter BeOS, das auch unter ZETA läuft. Es überschreibt gelöschte Dateien bis zu 25 Mal und bietet auch die rekursive Vernichtung von Dateien an.

Shredder können Sie im Internet unter BeZip: *http://bezip.de/app/1444/* herunterladen.

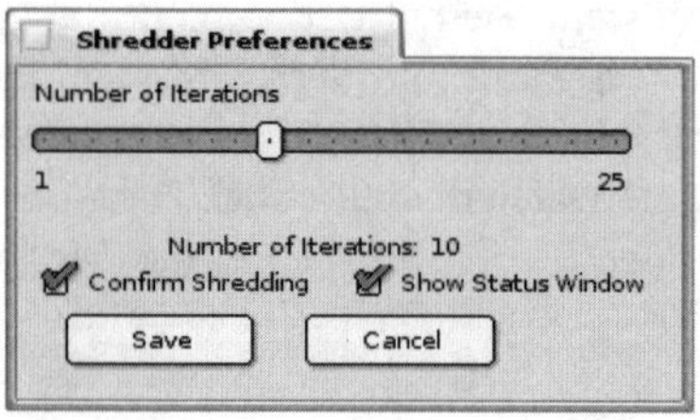

Abb. 5.17: Wählen Sie die Anzahl der Überschreibungen und das Bestätigen von Löschvorgängen. *Show Status Window* zeigt den Löschstatus an

Einbinden und Aushängen von Laufwerken

Wenn Sie ein Laufwerk einbinden, machen Sie den Inhalt für ZETA verfügbar.

Laufwerke sind Festplatten (interne und externe), oder Teile von Festplatten (Partitionen), CDs, DVDs, Disketten, Zip-Laufwerke, USB-Sticks und verschiedene Speicherkarten. Auch Digitalkameras melden sich oft als Laufwerk.

Um ein Laufwerk einzubinden, klicken Sie auf den *Laufwerke einbinden…*-Befehl im Kontextmenü des Desktops. Dieser Punkt öffnet ein Menü, in dem angezeigt wird, welche Laufwerke eingebunden werden können:

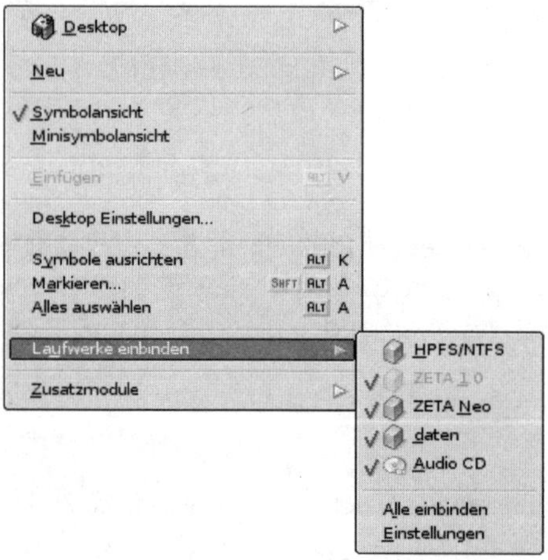

Abb. 5.18: Auch USB-Laufwerke werden eingebunden. In den *Einstellungen* können Sie *Automatisches Einbinden* aktivieren. Diskettenlaufwerke müssen immer von Hand eingebunden werden

Die bereits eingebundenen Laufwerke werden mit einem Haken versehen. Das Laufwerk, von dem gebootet wird, können Sie nicht aushängen (hellgrauer Eintrag). Wenn Sie ein Laufwerk einbinden, erscheint ein Laufwerkssymbol auf dem Desktop. Um alle Laufwerke einzubinden, klicken Sie im Kontextmenü auf *Alle einbinden*. *Einstellungen…* gibt Ihnen die Möglichkeit, einige Feineinstellungen vorzunehmen.

Wie erwähnt kann ZETA auch Laufwerke anderer Betriebsysteme einbinden. Die Windows-Partition zum Beispiel beinhaltet Dateien für Windows. Sie können Dateien auf anderen Dateissystemen anschauen (abhängig vom Datei-Typ), allerdings können Sie keine Anwendungen von anderen Betriebssystemen ausführen.

Um ein eingebundenes Laufwerk auszuhängen, öffnen Sie das Kontextmenü auf dem Symbol des Laufwerks und wählen dort *Aushängen* aus.

Sie können auch Ihr Laufwerk aushängen, indem Sie dieselbe Prozedur wie für das Einbinden ausführen: Öffnen Sie das *Desktop*-Kontextmenü, wählen Sie *Laufwerke einbinden...*, und klicken Sie dann auf das ausgewählte, eingebundene Laufwerk.

Mit dem *CIFS-Mounter* können Sie auch Netzlaufwerke einbinden. Um eingebundene Netzlaufwerke auch auf dem Desktop anzeigen zu lassen, aktivieren Sie die enstprechende Option in den *Desktop*-Einstellungen.

5.3 Replikanten: Anwendungen, die in anderen Anwendungen leben

ZETA erlaubt Anwendungen, andere Anwendungen zu »hosten«. Diese Funktion ist einzigartig unter den Betriebssystemen. Man muss sich das als Wirt/Gast-Beziehung vorstellen.

Unter ZETA unterscheiden wir zwischen zwei Arten von Replikanten: die, die in anderen Anwendungen laufen und die, die im Replikantenbereich in der *Deskbar* »wohnen«.

Replikanten, die in anderen Anwendungen laufen

Anwendungen können optional selbst definieren, ob sie Container (*Wirte*) oder Replikanten (*Gast*) sind. Das Interessante an Replikanten ist, dass Kopien der Anwendungen erstellt werden können und diese auch dann weiter existieren, wenn die »Ur-Anwendung« geschlossen wird. Es ist auch so, dass Replikanten weiterarbeiten, wenn der Computer neu gestartet wird.

Replikanten erstellen

Zuerst muss man *Replikanten anzeigen* einstellen; das geschieht in den *ZETA-Menü-Einstellungen* (*ZETA/Einstellungen/ZETA-Menü*). Startet man nun eine replikantenfähige Anwendung, z. B. die Uhr (*Clock*) unter *Software/Systemprogramme*, so erscheint in dem Fenster eine kleine Hand in der rechten unteren Ecke. Diese Hand kann man mit der linken Maustaste auf den Desktop ziehen, und schon ist ein Replikant erstellt. Replikanten haben weder Fensterränder noch Titelleiste.

Als Benutzer kann man einen Replikanten in eine Host-Anwendung oder einen Container ziehen. Der Desktop zum Beispiel ist so ein Container.

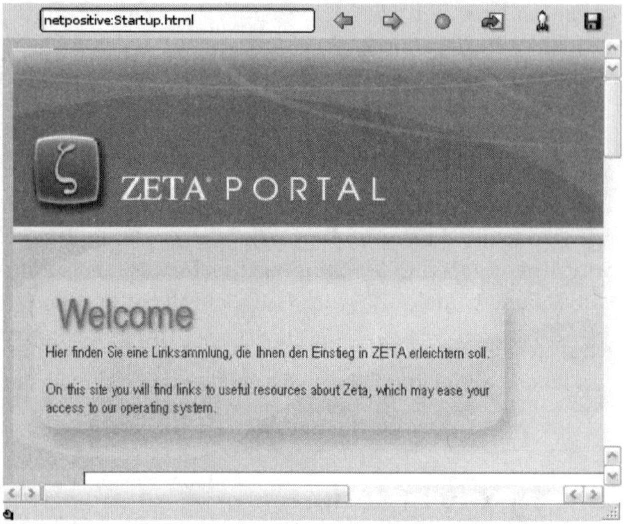

Abb. 5.19: So sieht ein Replikant von *NetPositive* auf dem Desktop aus. Desktop-Replikanten erscheinen in allen Workspaces

Was ist nun der Sinn der Replikanten? *NetPositive* kann Replikanten erzeugen. Da der Desktop ein Container ist, kann dort ein Browser-Fenster eingebettet werden. Stellen Sie die Homepage des Replikanten auf Ihre Lieblingsseite, und Sie kommen ganz ohne Umwege und Suchen immer direkt dorthin. Replikanten werden beim Herunterfahren des Systems gespeichert und nach einem Neustart wieder geladen.

Replikanten entfernen

Da Replikanten keinen Fensterrahmen besitzen, können sie auch nicht über die Fenstersymbole geschlossen werden. Replikanten werden weder im *Team Monitor* noch im *Process Controller* (siehe *Systemprogramme*) angezeigt. Sie können Replikanten entfernen, indem Sie auf das kleine Händchen im Replikanten einen Rechtsklick vornehmen und *Delete* auswählen. Replikanten in der *Deskbar* können Sie normalerweise über einen Rechtsklick mit dem entsprechenden Befehl schließen.

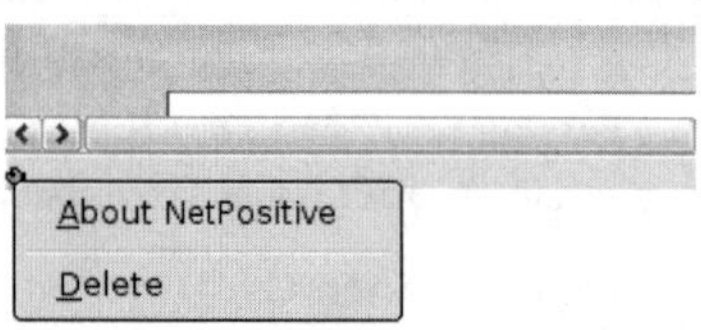

Abb. 5.20: Mit *Delete* können Sie einen Replikanten wieder entfernen

Der Replikantenbereich im ZETA-Menü

Im *ZETA*-Menü befindet sich eine Ablage (*Replikantenbereich*), in der verschiedene, laufende Programme angezeigt werden. Die Replikantenablage akzeptiert aber nicht alle Arten von Replikanten, sondern nur die, die speziell dafür programmiert wurden.

Die Replikanten im *ZETA*-Menü stellen oft ein Menü zur Verfügung, mit denen Sie Befehle für das Hauptprogramm ausführen können. Das *Beam*-Symbol (ein kleiner Briefkasten) lässt Sie zum Beispiel den Mailserver auf neue E-Mails überprüfen und eine neue E-Mail erstellen. Sie können *Beam* auch über dieses Menü schließen. Der Vorteil: Sie müssen nicht jedes Mal in den Workspace wechseln, wo *Beam* geöffnet ist, um E-Mails abzurufen und anzuschauen. Anhand des Symbols können Sie auch sehen, ob sich ungelesene E-Mails in Ihrem Posteingangsordner befinden.

5.4 Tastaturkürzel

Die folgenden Tabellen beinhalten einen Auflistung der verschiedenen Tastatur- und Mausfunktionen, die Ihnen die Navigation auf der Arbeitsfläche, in den Menüs, im *Tracker* und in anderen Programmen erleichtern. Die [↑]-Taste wird oft benutzt, um deaktivierte Funktionen freizuschalten.

Tastaturkürzel: Arbeitsfläche (Desktop)

- [Strg]+[⇆] (1 Sekunde lang drücken) öffnet das Programm *Twitcher*.
- [Strg]+[⇆] wechselt zwischen den aktuell laufenden Anwendungen des aktuellen Workspaces hin und her.
- [Strg]+[Alt]+[Entf] ruft den *Team Monitor* auf.
- [Alt]+[F1], [F2], ... wechselt auf die entsprechende Arbeitsfläche. Die Workspaces von 13-32 erreichen Sie nur über das entsprechende Programm *Workspaces* unter *Software/Systemprogramme.*

Tastaturkürzel: Tracker

- [Alt]+[O], [↵] oder ein Doppelklick auf dsas jeweilige Symbol öffnet dieses.
- [Alt]+[D] dupliziert die Auswahl und fügt »*Kopie*« bzw. bei weiteren Kopien »*Kopie 2*«, »*Kopie 3*« usw. an.
- [⊞]+ Doppelklick auf einen Ordner öffnet ein neues *Tracker*-Fenster mit dem angeklickten Ordner.
- [⊞]+ Drag & Drop kopiert eine Auswahl an einen anderen Ort.
- [Alt]+[↑]wechselt in den übergeordneten Ordner.
- [Alt]+[N] erstellt einen neuen Ordner.

- [Alt]+[Esc] und [Strg]+[J] bewirken dasselbe wie das Drücken der Eingabetaste; [Alt]+[F] öffnet das Fenster *Suchen* (siehe auch *Dateien und Inhalte suchen*).
- [Alt]+[Y] passt die Fenstergröße an den Inhalt an.
- Klicken Sie mit der Maus auf einen Eintrag, um diesen auszuwählen.
- Mehrere Einträge markieren Sie, wenn Sie mit gedrückter linker Maustaste einen Rahmen über die Dateien ziehen.
- Geben Sie den oder die Anfangsbuchstaben des gesuchten Eintrags ein. Die Markierung springt automatisch an den Punkt in der Liste, der mit diesem Buchstaben beginnt. Die Pfeil-Taste wählt das nächste Listenelement aus, je nach Pfeilrichtung das vorhergehende oder nachfolgende.
- Per [↑]+ Klick oder durch Ziehen mit gedrückter linker Maustaste können zusätzliche Einträge markiert oder demarkiert werden. Um die Auswahl zu beenden, lassen Sie die Maustaste los.
- [Alt]+[A] markiert alle Einträge der Liste.
- [Alt]+[←] springt zurück; Sie gelangen in den Ordner, in dem Sie zuletzt waren.
- [Alt]+[→] springt vor; Sie gelangen in den Ordner, in dem Sie gerade waren, den Sie aber mit der Zurück-Funktion verlassen haben.
- [↵] oder [ ] aktiviert markierte Einträge.
- [↹]-Taste bewegt die Auswahl zum nächsten Eintrag (alphabetische Reihenfolge).
- [↑]+[↹]-Taste bewegt die Auswahl zum vorherigen Eintrag.

Tastaturkürzel: Fenster, Eingabefelder ohne Maus

- Mit [Alt]+[↹] navigieren Sie mit der Tastatur zum nächsten Bedienelement eines Fensters oder Eingabe-Fensters.
- Mit der [↹]-Taste springen Sie in Eingabemasken zum nächsten Objekt.
- Mit der Tastenkombination [↑]+[↹] springen Sie in den Eingabemasken ein Objekt zurück.
- Die [↵]-Taste aktiviert das standardmäßig festgelegte Eingabeelement.
- Die [ ]-Taste aktiviert das aktuelle Bedienelement oder (Schaltflächen, Auswahlmenüs, etc.)

Tastaturkürzel: Anwendungen

- [Esc] schließt das gesamte Fenster oder bricht eine aktuelle Operation ab.
- [Alt]+[N] öffnet ein neues Anwendungs-Fenster.
- [Alt]+[O] öffnet ein Dialog-Fenster zum Öffnen von Dateien.
- [Alt]+[S] speichert Änderungen in der aktuellen Datei.
- [Alt]+[↑]+[S] öffnet einen Dialog, um Änderungen in einer neuen Datei zu speichern.
- [Alt]+[Z] widerruft die letzte Änderung im aktuellen Dokument.
- [Alt]+[↑]+[Z] wiederholt die letzte *Rückgängig*-Funktion.

- [Alt]+[W] schließt das aktuelle Fenster.
- [Alt]+[↑]+[P] öffnet den Dialog zur Seiteneinrichtung, zu Einstellungen oder zum Drucken.
- [Alt]+[P] ruft den Druckerdialog auf.
- [Alt]+[Q] beendet die Anwendung.

Tastaturkürzel: Menüs

- [Alt]+[Esc] wechselt in die Menüleiste; durch Tastatureingaben lösen Sie durch vordefinierte Tastaturkürzel festgelegte Standardoperationen aus.
- Mit den Cursor-Tasten navigieren Sie in den Menüs.
- [Alt] beendet die Auswahl des Menüs.

5.5 Der Tracker

Der *Tracker* ist der *Datei-Manager* und das Navigationswerkzeug von ZETA, das Ihnen eine grafische Oberfläche bietet, um das System sowie eigene Dateien darzustellen. Haben Sie erst einmal einen Ordner geöffnet, so können Sie in dem sich öffnenden *Tracker*-Fenster durch den Ordner und das restliche System navigieren.

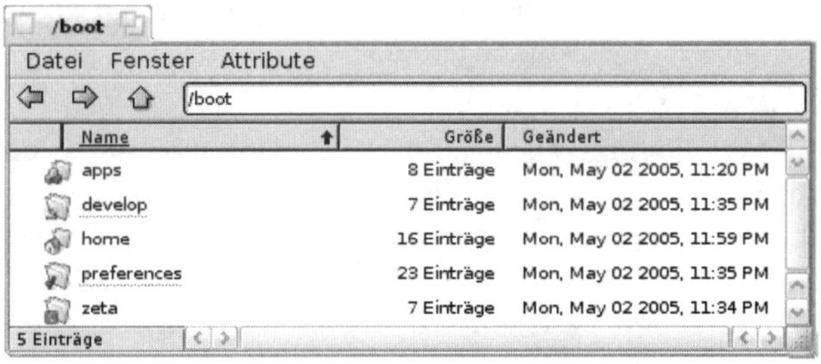

Abb. 5.21: Das *Tracker*-Fenster, wenn Sie auf die Boot-Partition doppelklicken

Klicken Sie auf den orangefarbenen Pfeil, der nach oben zeigt. Sie gelangen in das übergeordnete Verzeichnis (also in den Ordner, in dem sich der aktuelle Ordner/Datei befindet). Sind Sie im obersten Verzeichnis angelangt, ändert der Pfeil seine Farbe in Grau. Der *Zurück*-Knopf bringt Sie dorthin zurück, wo Sie zuletzt waren.

Info Es gibt auch einige alternative *Datei-Manager* für ZETA: *BeCommander, BeTree* und *Genesis Commander.* Sie finden diese unter *www.bezip.de.*

Um eine Datei zu öffnen, doppelklicken Sie einfach darauf. Doppelklicken Sie auf einen Ordner oder ein Laufwerksymbol, wird der Inhalt des Ordners oder des Laufwerks darin aufgelistet.

Die meisten Operationen, die Sie mit einer Datei oder einem Ordner durchführen können, finden Sie im *Datei*-Menü. Wählen Sie einen Eintrag im *Tracker*-Fenster, dann können Sie im Menü verschiedene Aktionen auführen.

- *Suchen*: Dieser Befehl öffnet ein Such-Fenster, mit dem Sie Dateien im ganzen System suchen und finden können. Lesen Sie mehr zu Suchanfragen im nächsten Kapitel, *Dateien und Inhalte suchen* (s. Seite 74).
- *Neuer Ordner*: Erstellt einen neuen Ordner in diesem Fenster.
- *Öffnen*: Öffnet die Datei mit der Standardanwendung, der Anwendung, die am besten mit den Daten des Eintrags umgehen kann.
- *Öffnen mit*: Öffnet ein Fenster, das alle Anwendungen zeigt, die mit den Daten der markierten Datei umgehen können.
- *Info anzeigen*: Zeigt weitere Informationen über den Eintrag in einem separaten Fenster.
- *Name bearbeiten*: Wählt den Namen des Eintrages aus, sodass Sie ihn ändern können. Der Text wird auch ausgewählt, wenn Sie einmal auf den Namen des Eintrags im *Tracker*-Fenster klicken. Ein Name kann bis zu 255 Zeichen lang sein. Alle Zeichen außer einem Schrägstrich (»/«) sind erlaubt. Wenn Sie es sich anders überlegen und Sie während des Änderns eines Namens den ursprünglichen Namen wiederherstellen möchten, drücken Sie die [Esc]-Taste. Sie können einen Ordner/eine Datei auch umbenennen, indem Sie einmal auf den entsprechenden Namen klicken.
- *Duplizieren*: Legt eine Kopie der Datei im selben Ordner an, allerdings wird dem Originalnamen ein »*Kopie*« (oder »*Kopie 2*«, »*Kopie 3*«, usw.) hinzugefügt.
- *In den Papierkorb*: Verschiebt den Eintrag in den Papierkorb.
- *Verschieben nach, Kopieren nach,* und *Verknüpfung erstellen*: Öffnet ein Untermenü, das die ganze Dateihierarchie anzeigen kann. So gelangen Sie über dieses Menü an jeden beliebigen Ordner des Systems. Klicken Sie auf einen Ordner, um die gewählte Datei/gewählten Dateien dorthin zu kopieren, zu verschieben, oder um dort eine Verknüpfung zu erstellen. Verschieben Sie Dateien oder Ordner auf eine andere Partition, wird das Objekt trotzdem »nur« kopiert.
- *Identifizieren* teilt dem *Tracker* mit, dass er herausfinden soll, welche Art von Daten die gewählte Datei enthält. Normalerweise benötigen Sie diese Funktion nicht, da der *Tracker* die Dateien automatisch identifiziert, wenn sie erstellt werden oder zum System hinzukommen. Wie auch immer, es ist möglich, dass beim Entpacken eines Archivs dem *Tracker*-Mechanismus eine Datei entgeht.
- *Zusatzmodule*: Öffnet eine Liste von Modulen, die Operationen mit der ausgewählten Datei ausführen können. ZETA liefert ein paar nützliche Zusatzmodule mit, weitere können installiert werden. Lesen Sie Genaueres über die mitgelieferten Zusatzmodule unter *Tracker/ Zusatzmodule* (s. Seite 71).

Das Fenster

Im *Tracker*-Fenster werden alle Informationen der Datei in Tabellenform angezeigt.

Die Spalten in dem Fenster geben die Eigenschaften für jede Datei aus. Wenn Sie auf eine Spalte klicken, werden die Dateien nach den Eigenschaften der Spalte angeordnet, per Voreinstellung in absteigender Reihenfolge. Wenn Sie auf den Spaltenkopf klicken, ändert sich die Sortierreihenfolge automatisch. Wenn Sie das System nach zwei Eigenschaften sortieren wollen, Sie also z. B. zwei Dateien mit demselben Attribut haben, halten Sie die [↑]-Taste gedrückt, und klicken Sie auf ein anderes Eigenschaftsfeld. Eine gepunktete Linie signalisiert das zweite Attribut. Klicken Sie ein zweites Mal auf die Spalte, um sie andersherum anzeigen zu lassen.

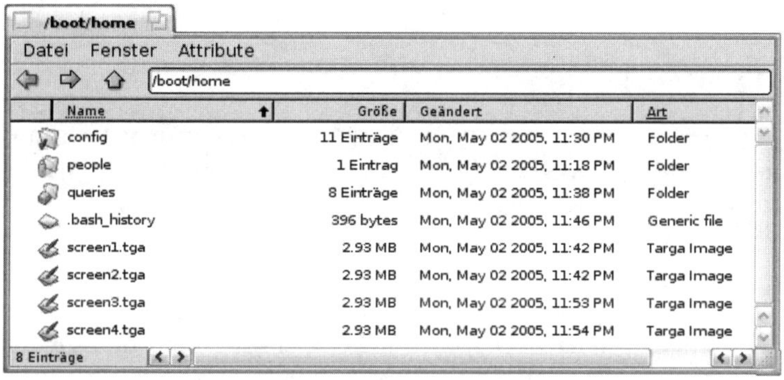

Abb. 5.22: Hier haben wir zuerst nach *Art*, dann nach *Name* sortiert

Wenn die Information einer Datei nicht vollständig dargestellt wird, können Sie die Spalte vergrößern, indem Sie den Mauszeiger in die obere Ecke der Spalte bewegen, einmal klicken und dann den Pfeil nach links oder nach rechts ziehen.

Wenn Sie *Attribute* im Menü auswählen, können Sie zusätzliche Spalten einblenden lassen.

Die Liste der Eigenschaften hängt vom Typ der Dateien ab. Allerdings sind bestimmte Attribute bei allen Dokumenten (*Name, Erstellt, Verändert...*) verfügbar.

Um die Reihenfolge der *Attribute* zu verändern, klicken Sie einfach auf den Spaltenkopf und ziehen das Feld in einen anderen Spaltenkopf. Um ein Attribut zu entfernen, klicken Sie wieder auf den Spaltenkopf und ziehen den Titel aus der Attributsanzeige heraus.

Die geöffneten Fenster anzeigen

Aus der *Deskbar* kann man leicht zu den einzelnen *Tracker*-Fenstern wechseln, auch wenn sie ganz am Rand des Bildschirms oder auf einem anderen Workspace liegen. Sollte das Fenster ausgeblendet sein, wird dieses beim Auwählen über das *ZETA*-Menü an der ursprüglichen Stelle wiederhergestellt. Mit einem Doppelklick auf den Rand werden Fenster minimiert. Um Fenster zu verschieben, können Sie den gesamten Rahmen verwenden.

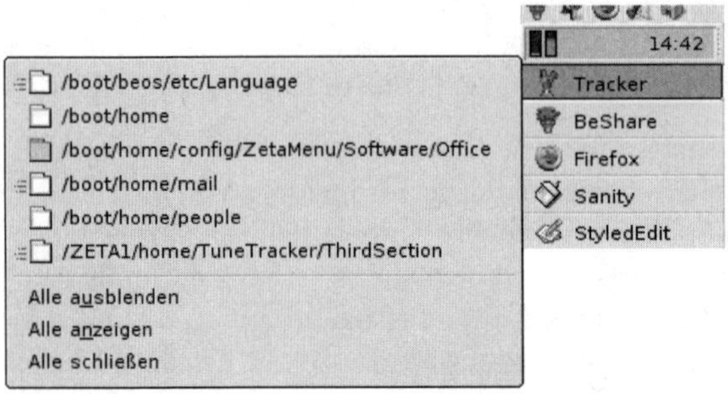

Abb. 5.23: Hier haben wir sechs *Tracker*-Fenster göffnet, die sich in verschiedenen Workspaces befinden

Die Größe des Tracker-Fensters ändern

Sie können ein *Tracker*-Fenster vergrößern oder verkleinern, indem Sie es an einer von drei Ecken (links unten, rechts unten, rechts oben) größer und kleiner ziehen. Ein anderer Weg ist, *Größe automatisch anpassen* zu wählen (Schnellwahl: [Alt] + [Y]).

Verknüpfungen erstellen

Es ist nicht sinnvoll, für immer wieder verwendete Dateien und Verzeichnisse Suchanfragen einzurichten. ZETA bietet Ihnen stattdessen die Möglichkeit, Verknüpfungen (auch *Links* genannt) zu erzeugen. Diese Verknüpfungen zeigen auf das Original, von dem sie erzeugt wurden. Sie erkennen Verknüpfungen daran, dass ihre Namen gepunktet unterstrichen sind. Eine Verknüpfung erzeugen Sie, indem Sie mit der rechten Maustaste auf das Original klicken und im Kontextmenü auf *Verknüpfung erstellen* klicken. Wählen Sie einen Zielort, und klicken Sie dort mit der linken Maustaste. Sie können auch Verknüpfungen von Verknüpfungen erstellen. Davon ist allerdings abzuraten, da die neue Verknüpfung dann nicht zu der Originaldatei verlinkt, sondern auf die erste Verknüpfung.

Eine Verknüpfung sollte an einer leicht auffindbaren Stelle (also vorzugsweise auf dem Desktop) abgelegt werden. Sie können auch die Schnellstartleiste benutzen, um Verknüpfungen effektiver einzusetzen. Verknüpfungen können natürlich auch zu Ordnern und Suchanfragen erstellt werden.

Eine Datei per Drag & Drop öffnen

Sie können Dateien öffnen, indem Sie das Symbol der Datei auf das Symbol einer Anwendung ziehen. Wenn das Programm das Dateiformat »versteht«, wird sein Symbol grau gefärbt. Drag & Drop ist nützlich, wenn Sie z. B. ein Dokument nicht mit der voreingestellten Anwendung öffnen möchten. Wenn Sie beispielsweise eine HTML-Datei bearbeiten wollen, nehmen Sie keinen Doppelklick darauf vor (das würde ja den Webbrowser öffnen), sondern Sie ziehen die HTML-Datei auf einen Editor wie *Globe*. Wenn Sie eine Datei auf ein Programm ziehen, das den Dateityp nicht unterstützt, wird sein Symbol nicht hervorgehoben. Sie können das Programm aber zwingen, die Datei zu öffnen, indem Sie die [Strg]-Taste gedrückt halten, während Sie die Datei auf das Symbol ziehen.

Eine Verknüpfung per Drag & Drop neu setzen

Wenn Sie eine Verknüpfung neu setzen wollen, also ein anderes Original zuweisen wollen, rufen Sie über den Rechtsklick das *Info*-Fenster zu der Verknüpfung auf. Ziehen Sie das neue Original in dieses Fenster, zeigt die Verknüpfung zu der neuen Datei.

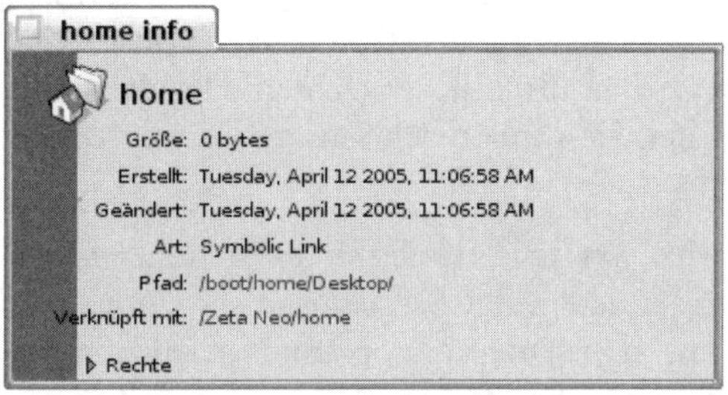

Abb. 5.24: Um der Verknüpfung ein anderes Ziel zuzuweisen, müssen Sie lediglich eine Datei oder einen Ordner in dieses Fenster ziehen

Ausschnitte, Schnipsel

Eine der Funktionen, die Sie als erste schätzen lernen werden, ist das »Ausschneiden« von Inhalten aus Dokumenten, eine Funktion, mit der Sie Daten direkt aus einer laufenden Anwendung heraus als richtige Dateien (*Schnipsel*) erzeugen und speichen können. Es spielt keine Rolle, ob die Daten aus Textdokumenten, Bildern oder gar PDF-Dokumenten »ausgeschnippelt« werden.

Abb. 5.25: Um nur einen Bereich eines Bildes zu erhalten, müssen Sie lediglich den gewünschten Bereich markieren und diesen auf den *Tracker* (Desktop, *Tracker*-Fenster) oder in eine andere Anwendung ziehen

Um Dateien aus Dateien zu erhalten, wählen Sie als Erstes den Bereich, den Sie ausschnippeln wollen mit der Maus aus bzw. selektieren einen Text. Halten Sie dann die Auswahl mit der linken Maustaste fest, und ziehen Sie sie auf den Desktop, in ein anderes *Tracker*-Fenster oder in eine andere Anwendung. Es entsteht ein neuer, unbenannter Clip (*Bildausschnitt*), den Sie wie eine Datei handhaben können. Wenn Sie die Auswahl mit der rechten Maustaste auf den Desktop ziehen, erscheint ein Kontextmenü, in dem Sie das Zielformat für den Schnipsel auswählen können. Die Auswahl hängt von der Art des Programms ab, aus dem Sie den Clip erstellen. Mit *ShowImage* markieren Sie den gewünschten Bereich und ziehen ihn mit der rechten oder der linken Maustaste auf den Desktop oder auf ein *Tracker*-Fenster. Sie können den Schnipsel auch direkt in eine andere Anwendung wie *Gobe Productive* ziehen.

Es ist Sache der Anwendung, wie der Clip benannt wird. Typische Namen sind »*Bildausschnitt...*« oder »*Bitmap 1*«. Eine Clip-Datei verhält sich wie jede andere Datei: Sie lässt sich per Doppelklick öffnen, umbenenennen, verschieben, löschen usw. Benutzen Sie Drag & Drop, um Dateien zu kopieren, zu verschieben und zu verknüpfen. Drag & Drop spart sehr viel Zeit.

Sie können Daten von einem Verzeichnis in ein anderes bewegen (*Verschieben*), indem Sie das Symbol der Datei oder des Verzeichnisses mit der linken Maustaste festhalten, in das Fenster des Zielverzeichnisses ziehen und dann die Maustaste loslassen. Wenn Sie die Daten lieber kopieren möchten, halten Sie die Taste [Strg] während des Verschiebens der Datei gedrückt. Sobald Sie die Maustaste loslassen, wird ein kleines Menü angezeigt. Wählen Sie den Eintrag *Nach hier kopieren*. Sie können in dem Menü auch auswählen, was Sie mit der Datei anstellen wollen. Sie können sie kopieren, verschieben oder eine Verknüpfung erstellen.

Verknüpfung hier erstellen erstellt am Zielort eine Verknüpfung der Datei. Sie können dieses Menü auch aufrufen, indem Sie anstatt der [Strg]-Taste die rechte Maustaste beim Verschieben benutzen.

Navigieren im Tracker-Fenster

Sobald Sie ein *Tracker*-Fenster öffnen, können Sie im System navigieren. Im Speziellen können Sie übergeordnete und untergeordnete Ordner öffen. Wenn Sie die [⊞]-Taste gedrückt halten, öffnet sich der Ordner in einem neuen Fenster.

Übergeordnete Ordner

Es gibt mehrere Wege, übergeordnete Ordner zu öffnen. Klicken Sie auf *Übergeordneten Ordner öffnen* im *Fenster*-Menü, drücken Sie die Tastenkombination [Alt]+[↑]; klicken Sie auf den orangefarbenen Pfeil, oder klicken Sie unten links in die Ecke des Fensters, um eine Liste mit übergeordneten Fenstern aufzurufen.

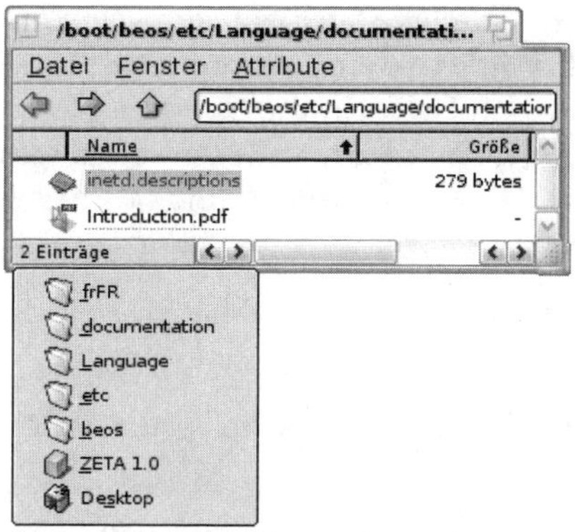

Abb. 5.26: Die Navigation unter ZETA ist schnell und einfach. In dieser Liste sehen Sie den Pfad als einzelne Ordner angezeigt. Klicken Sie links unten neben die Scroll-Leiste auf den grauen Bereich, um schnell zu einem dieser Ordner springen zu können

Untergeordnete Ordner

Durch einen Doppelklick auf einen Ordner können Sie diesen öffnen. Wenn Sie einen Ordner öffnen möchten, der sich in einem tieferen Verzeichnis befindet, können Sie Ihren Zielordner über das Kontextmenü erreichen. Klicken Sie auf den *Ausgangs*-Ordner (dies kann auch ein Laufwerkssymbol sein) mit der rechten Maustaste, so öffnet sich das Kontextmenü. Der erste Menüpunkt ist ein hierarchisches Ordnermenü. Durch dieses Menü können Sie bis zu Ihrem *Ziel*-Ordner navigieren.

Unter ZETA können Sie sehr einfach eine Datei in einen Unterordner verschieben. Wenn Sie beispielsweise eine Datei vom Desktop nach */boot/home/config/settings* kopieren wollen, können Sie folgendermaßen vorgehen: Halten Sie die zu verschiebende Datei (oder den zu verschiebenden Ordner) mit der linken Maustaste fest, und zeigen Sie über den *Home*-Ordner auf dem Desktop. Nun öffnet sich das Kontextmenü des *Home*-Ordners. Navigieren Sie über das Kontextmenü zum Ordner */home/config/settings*. Lassen Sie die Maustaste darüber los, und die Datei/der Ordner wird dort hin verschoben.

Drücken Sie zudem die `Strg`-Taste, können Sie auswählen, ob die Datei (der Ordner) verschoben, verknüpft oder kopiert werden soll.

Der Tracker: Öffnen mit

Wenn Sie im *Tracker* auf eine Datei doppelklicken, wird sie mit der für diese Datei bevorzugten Anwendung geöffnet, die die Inhalte der Datei anzeigt. Diese Funktionalität reicht für die meisten täglich anfallenden Arbeiten aus, doch es wird auch Situationen geben, in denen Sie Dateien mit einer anderen Anwendung öffnen möchten. Wenn Sie z. B. eine Grafikdatei mit *Firefox* aus dem Internet geladen haben, wird diese Datei standardmäßig mit dem Programm *ShowImage* geöffnet. Wenn Sie dieses Bild mit einer anderen Anwendung wie etwa *Refraction* editieren möchten, müssten Sie normalerweise mehrere Schritte durchführen:

ZETA verwaltet eine Liste aller Anwendungen, die einen bestimmten Dateityp bearbeiten können. Um eine Liste dieser Anwendungen anzeigen zu lassen, wählen Sie eine entsprechende Datei aus, klicken diese mit der rechten Maustaste an und wählen den Listeneintrag *Öffnen mit...* im angezeigten Kontextmenü. Es wird ein Untermenü eingeblendet, in dem alle Anwendungen angezeigt werden, von denen das System »annimmt«, dass sie die Datei öffnen und bearbeiten können.

Die Anwendungen werden in maximal vier Kategorien unterteilt angezeigt, abhängig von der Fähigkeit, den Dateityp optimal bearbeiten zu können.

Die erste Kategorie enthält immer nur die bevorzugte Anwendung. Das ist die im System festgelegte Standardanwendung für den Dateityp.

Die zweite Kategorie zeigt alle Anwendungen, die diesen spezifischen Dateityp (z. B. ein Bitmap-Bild) bearbeiten können. Diese »alternativen« Programme sind genauso gut für die Bearbeitung dieser Dateien geeignet wie die Standardanwendung.

Die dritte Kategorie zeigt Programme an, die »wissen«, wie man allgemeine Dateitypen bearbeitet. So können z. B. bestimmte Video-Player jede MPEG-Datei öffnen, oder es gibt Anwendungen, die jede Art von Textdateien öffnen, egal ob es sich um eine Datei im Format einer Textverarbeitung oder einen Programm-Code handelt.

In der vierten Kategorie werden Anwendungen angezeigt, die in der Lage sind, jede Art von Datei zu öffnen. Diese Kategorien sind anhand der MIME-Spezifikation angeordnet. Programme, die den kompletten Text der Datei anzeigen/bearbeiten können (z. B. *text/plain, image/png*), Programme, die die Gruppe (z. B. Text/Bild) der Datei anzeigen/bearbeiten können (*text/...*) und die Dateien, die jeden Dateityp bearbeiten können (.../...). Die vier Kategorien werden grafisch getrennt dargestellt. Eines der Programme können Sie zum Öffnen der Datei auswählen. Allerdings werden die Bearbeitungsmöglichkeiten ab der dritten Kategorie geringer.

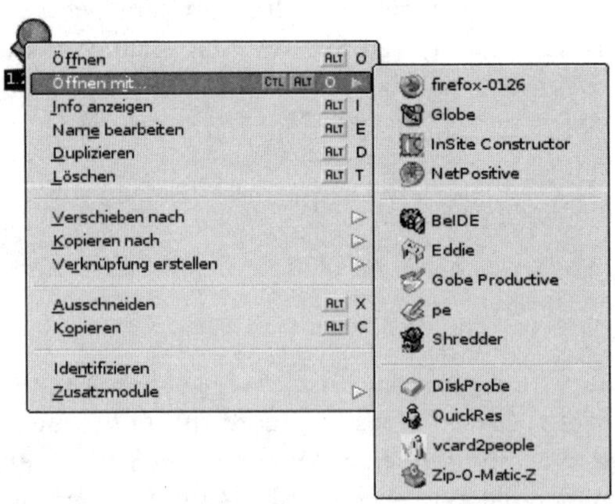

Abb. 5.27: Hier werden die Programme angezeigt, die mit einer HTML-Datei umgehen können. Die Anwendungen sind in den einzelnen Kategorien alphabetisch sortiert

Eine neue Standardanwendung festlegen

Wenn Sie ein anderes Standardprogramm zum Öffnen der Datei auswählen möchten, klicken Sie auf den Eintrag *Öffnen mit* im Kontextmenü. Sie erhalten nun eine Liste mit allen ausführbaren Programmen auf der *ZETA*-Installation. Sie erhalten auch Informationen dazu, ob das Programm mit der Datei umgehen kann oder nicht.

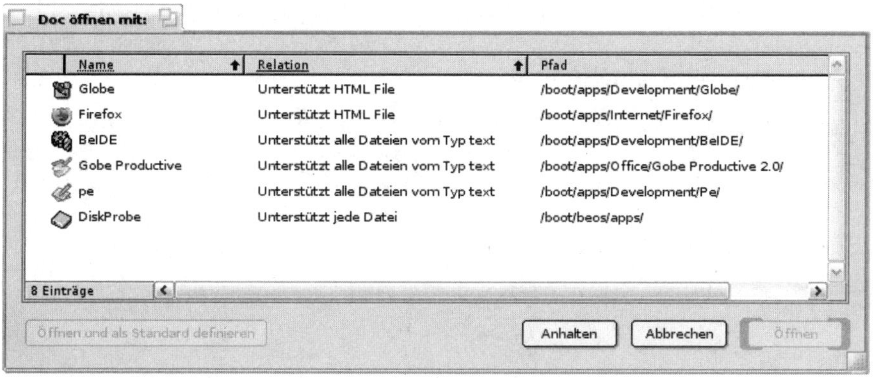

Abb. 5.28: Nach einem Klick auf *Öffnen mit* erhalten Sie eine Reihe von Anwendungen, die mit der Datei umgehen können. Hier können Sie z. B. den HTML-Editor *Globe* als Standardanwendung für HTML-Dateien einstellen. HTML-Dateien werden dann in Zukunft immer, wenn Sie darauf doppelklicken, mit *Globe* geöffnet

Wenn Sie eine Anwendung in der Liste wählen und die Schaltfläche *Öffnen* anklicken, wird die Datei in dieser Anwendung geöffnet, ohne die bevorzugte Anwendung zu ändern. Wählen Sie eine dieser Anwendungen aus, erscheint eine Warnmeldung, dass diese Anwendung den zu öffnenden Dateityp nicht unterstützt. Wenn Sie *Öffnen und als Standard* definieren wählen, wird die Datei in Zukunft standardmäßig mit dem ausgewählten Programm geöffnet.

Der Tracker: MIME-Registrierung

ZETA hat standardmäßig bereits mehr als 100 MIME-Typen (*Multipurpose Internet Mail Extensions*) registriert. MIME-Typen bestehen aus zwei Teilen: dem Gruppentyp wie z. B. *Bild*, *Text* oder *Video*, und den Untertypen, z. B. *JPEG*, *HTML* oder *AVI*. Die Typen werden getrennt durch einem Schrägstrich angegeben und kennzeichnen so jede einzelne Datei. Eine Bilddatei im JPG-Format besitzt beispielsweise den MIME-Typ *image/jpeg*, eine PDF-Datei den Typ *application/pdf*. Wenn Sie neue Programme herunterladen, kaufen und installieren, wird diese Liste gegebenenfalls erweitert und wächst somit ständig. Andere Betriebssysteme benutzen MIME nur für Internet-Programme, wie Browser, E-Mail-Server und Clients. ZETA aber hat eine zentrale Datenbank für MIME-Datentypen und Programme. Diese Anwendung heißt *Registrar*. Der *Registrar* läuft immer im Hintergrund, und jedes Mal, wenn man eine Anwendung startet, wird der *Tracker* in Zusammenarbeit mit dem *Registrar* überprüfen, ob der MIME-Typ in der Datenbank registriert ist. Sollte das nicht der Fall sein, wird der *Registrar* einen Eintrag dafür hinzufügen. Wenn man eine Datei öffnet, wird der *Registrar* die Attribute der Datei auslesen, in der MIME-Datenbank nachschauen, mit welchem Programm die Attribute verknüpft sind und die Datei mit der richtigen Anwendung öffnen. Sollte man eine Datei aus einem anderen Betriebssystem importieren, dürfte normalerweise kein MIME-Typ angehängt sein. ZETA schaut dann nach der Endung, denn jeder MIME-Typ kann einen Eintrag in der Dateitypen-Datenbank besitzen.

Sollte keine Anwendung für eine Endung oder einen MIME-Typ definiert sein, ist auch das kein Problem. ZETA versucht dann, der Datei einen passenden MIME-Typen zuzuweisen und die Datei automatisch mit einer Anwendung öffnen.

So zum Beispiel mit einer Textdatei: Der *Tracker* versucht, einen Teil der Datei zu lesen. Wenn er erkennt, dass es sich um Text handelt, »vermutet« er, dass die Datei ein Textdokument ist und weist ihm den passenden MIME-Typ zu.

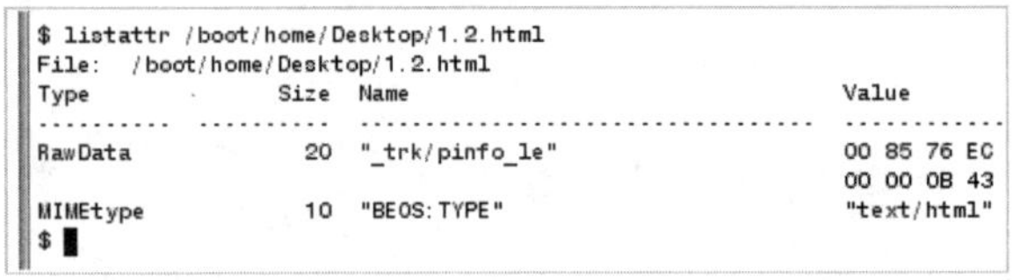

Abb. 5.29: Mit dem Befehl `listattr` wird auch der MIME-Typ angezeigt. Öffnen Sie dazu ein *Terminal* (*ZETA/Software/Systemprogramme*), geben Sie `listattr` gefolgt von einem Leerzeichen ein und dann die Datei, deren Attribute Sie sehen möchten

Der Tracker: Symbole anzeigen lassen

Der *Tracker* gibt Ihnen drei verschiedene Ansichtsmöglichkeiten: *Symbolansicht*, *Minisymbolansicht* und *Komplette Ansicht*. Sie können leicht zwischen den drei Möglichkeiten wechseln, wenn Sie ins *Fenster*-Menü klicken. In allen drei Modi können Sie per Doppelklick durch die Ordner navigieren.

Symbolansicht und *Minisymbolansicht*: Per Voreinstellung zeigt der *Tracker* die Symbole in der *Kompletten Ansicht*. In der *Symbolansicht* und der *Minisymbolansicht* können Sie Symbole hin- und herschieben. Wenn Sie mehrere Symbole ausgewählt haben, werden alle markierten verschoben. Sie können den Ordnern Hintergrundbilder zuweisen, sodass Sie verschiedene Ordner leicht unterschieden können und bestimmte schnell wiederfinden.

Einige Befehle ordnen die Symbole an einem Raster an. Beim *Symbole ausrichten* werden die Symbole an der nächsten Position des Rasters angeordnet. Wenn Sie die [⇧]-Taste drücken und dann auf das Menü klicken, verändert sich das Feld von *Symbole ausrichten* zu *Symbole der Reihe nach ausrichten*, und alle Dateien werden alphabetisch geordnet und am Raster ausgerichtet dargestellt.

Der Tracker: Symbole sortieren

Die Symbole im *Tracker*-Fenster können aus dem Fenstermenü heraus sortiert werden. Wählen Sie einfach die Option *Inhalte sortieren nach…* aus dem Untermenü. Abhängig davon, wie Sie das Fenster in dem Verzeichnis anzeigen wollen lassen, wählen Sie zwischen:

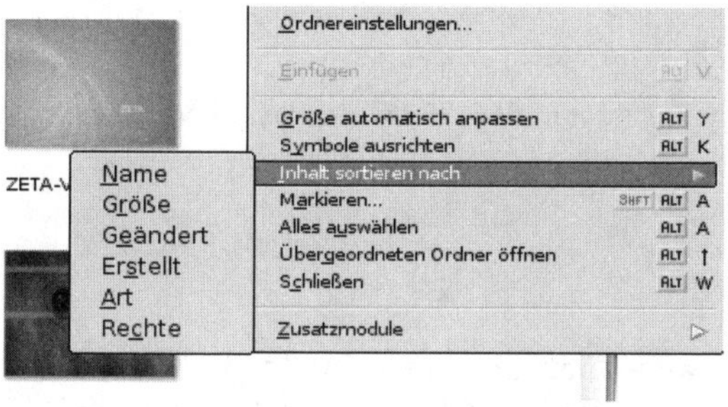

Abb. 5.30: Sortieren Sie den Inhalt von Ordnern nach gewünschten Attributen

- *Name:* Sortiert die Dateien nach alphabetischer Reihenfolge (von A-Z).
- *Größe:* Sortiert die Dateien absteigend von der größten bis zur kleinsten Datei.
- *Verändert:* Sortiert die Datei oder das Verzeichnis nach dem letzten Zugriff.
- *Erstellt:* Sortiert die Datei oder das Verzeichnis nach Erstellungsdatum.
- *Art:* Sortiert alle Objekte nach Dateityp.
- *Berechtigung:* Sortiert die Objekte nach der Berechtigung des Zugriffs.

Der Tracker: Zusatzmodule

Der *Tracker* arbeitet wie viele andere Anwendungen unter ZETA mit Zusatzmodulen. (Im *Firefox* werden übrigens Zusatzmodule *Erweiterungen* genannt.) ZETA unterstützt Zusatzmodule durch das System selbst. Der Desktop und der *Tracker* bieten Zugriff auf die System-Zusatzmodule über ihre Kontextmenüs, wie im Kapitel *Das Kontextmenü* erklärt wird (s. Seite 52).

Tracker-Zusatzmodule sind Anwendungen, die auf eine bestimmte Datei oder eine Auswahl von Dateien angewendet werden können. *Tracker*-Zusatzmodule werden dateiabhängig angezeigt. Eine Reihe von Zusatzmodulen wird immer geladen, andere erscheinen nur, wenn man sie auch auf die gewählte Datei anwenden kann. Das Zusatzmodul *DirLister* erscheint nur, wenn man auf ein Verzeichnis/Ordner rechtsklickt. Die *Tracker*-Zusatzmodule, die mit ZETA geliefert werden, sind im Ordner */boot/beos/system/add-ons/Tracker* gespeichert. Wir empfehlen, eigene Zusatzmodule im folgenden Ordner zu speichern: */boot/home/config/add-ons/Tracker.*

Abb. 5.31: Die Zusatzmodule des Desktops. Weitere Zusatzmodule können nachinstalliert werden

ZETA bringt einige Zusatzmodule mit, darunter:

Background

Das *Background*-Zusatzmodul ist sehr praktisch, wenn man ein Hintergrundbild oder eine Hintergrundfarbe für einen Ordner oder einen Desktop einstellen will.

File Type

Mit dem *File Type*-Zusatzmodul kann man eine Standardanwendung für eine einzige Datei einstellen, anstatt die Standardanwendung für den Dateitypen systemweit zu ändern.

Summon

Summon ist ein Zusatzmodul, mit dem man sehr schnell auf das *Terminal* zugreifen kann, und zwar aus jedem beliebigen Ordner oder Desktop heraus. Außerdem wird der aktuelle Pfad an das *Terminal* übergeben.

Thumbnailer

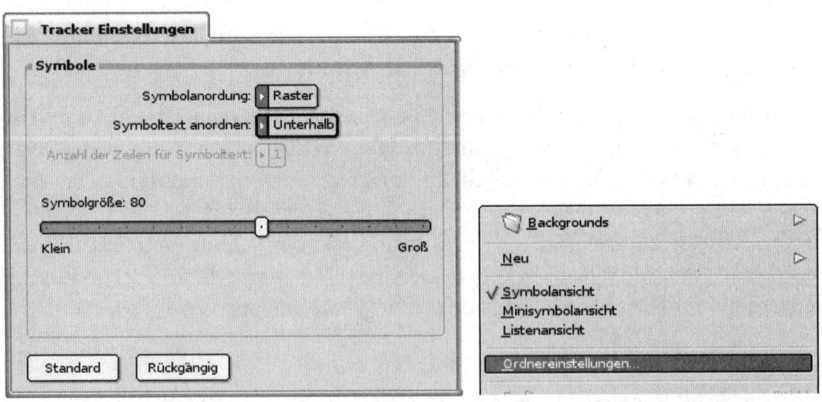

Abb. 5.32: Über die *Ordner*-Einstellungen können Sie die Größe der *Thumbnails* einstellen

Ein Zusatzmodul, das man schnell benutzen wird, ist der *Thumbnailer*. Dieses Tool erstellt eine kleine Vorschau eines ausgewählten Bilds oder einer Bildergruppe. Auf dem Screenshot kann man sehen, dass alle Bilder im Ordner in einer Vorschau dargestellt werden. Seit sich Digitalkameras immer mehr verbreiten, schießen Menschen massenweise Fotos und speichern sie auf dem Computer. Deshalb bieten heute die meisten Betriebssysteme, auch ZETA, Unterstützung für so eine Bildvorschau, um einen Überblick über die gesammelten Bilder und Fotos zu behalten. In den *Tracker*- bzw. *Ordner*-Einstellungen kann man die Größe der Bildvorschau verändern. Diese Einstellungen rufen Sie über einen Rechtsklick auf einer freien Stelle im *Tracker*-Fenster auf. Setzen Sie die Darstellung auf *Raster*, können die *Thumbnails* größer dargestellt werden.

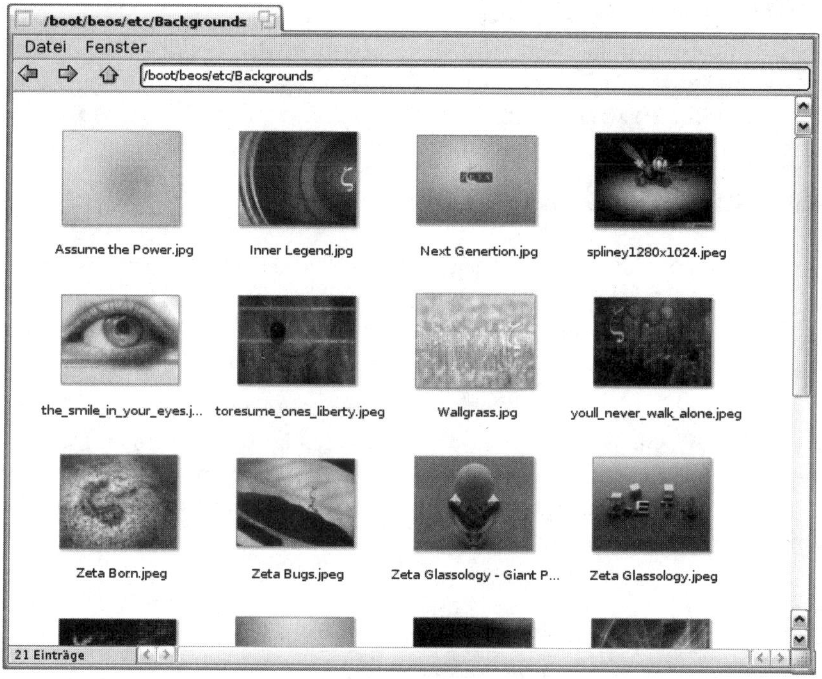

Abb. 5.33: Dieses Zusatzmodul ist bei Ordnern, die viele Bilder enthalten, sehr nützlich

Zip-O-Matic

Zip-O-Matic ist wahrscheinlich das am meisten benutzte *Tracker*-Zusatzmodul. Es wird dazu verwendet, eine oder mehrere Dateien zu einer Datei zu komprimieren. Um *Zip-O-Matic* zu benutzen, markieren Sie einfach die Datei/en oder den/die Ordner, die/den Sie in eine *zip*-Datei umwandeln möchten. Führen Sie dann einen Rechtsklick darauf aus, um das Kontextmenü des *Trackers* zu öffnen. Klicken Sie nun unter dem Menüpunkt *Zusatzmodule* auf den Eintrag *Zip-O-Matic*. Die Anwendung wird nun die Dateien/Ordner in ein Archiv packen. Bei mehreren Dateien/Ordnern entsteht eine Datei mit dem Namen *Archive.zip*. Bei nur einer Datei oder einem Ordner ensteht eine Datei mit dem Namen der Datei/dem Ordner und der Endung *.zip*.

Die *zip*-Datei wird in dem Ordner abgelegt, in dem die Ausgangsdatei liegt. *Zip-O-Matic* kann auch eigenständig aufgerufen werden. Es bietet dann ein kleines Fenster, in das Sie Dateien ziehen, die zu einem Archiv gepackt werden:

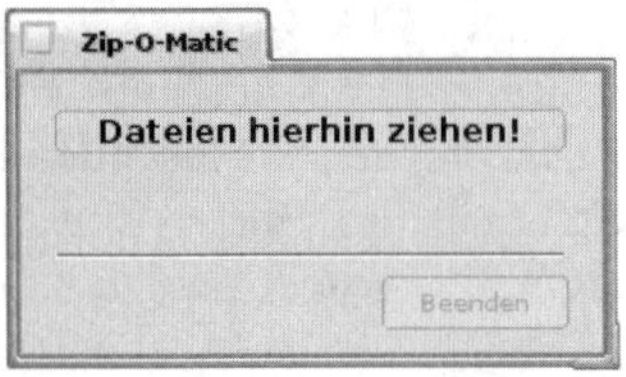

Abb. 5.34: Platz für die Datei, die gepackt werden soll

Es gibt eine Reihe weiterer Zusatzmodule von Drittherstellern unter BeBits *(http://www.bebits.com/browse/29)*, um solche Dinge wie Komprimieren, Archive anschauen, Dateiattribute auslesen und Inhalte der Datei auslesen zu erledigen.

5.6 Dateien und Inhalte suchen

Zusätzlich zum organisierten Verwalten von Dateien gibt es die Möglichkeit, nach Dateien zu suchen. Mit diesem Programm können Sie Anwendungen und Dokumente anhand von Dateinamen oder Inhalten finden. Sie können auch die Suche nutzen, um zum Beispiel E-Mail-Adressen und Audio-Dateien zu finden.

Das *Suchen*-Fenster rufen Sie im Menü der *Deskbar* auf. Auch im *Terminal* können Sie eine Suche starten. Die entsprechenden Befehle heißen `find` oder `query`, gefolgt vom gesuchten Dateinamen. Geben Sie `query-info` ein, um zusätzliche Parameter für die Suche anzugeben. Wenn Sie *Suchen* über das *ZETA*-Menü auswählen, öffnet sich das Such-Fenster, in dem Sie die Attribute über die Datei, die Sie suchen, eingeben können.

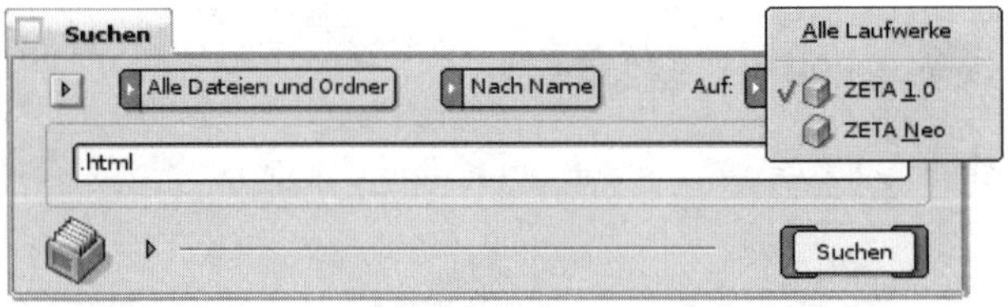

Abb. 5.35: Sie können wie Sie es von Windows gewöhnt sind auch nach Dateiendungen suchen. Wählen Sie außerdem das Laufwerk aus, auf dem gesucht werden soll

Das *Suchen*-Fenster gibt Ihnen die Möglichkeit, nach einer beliebigen Datei oder einem Ordner zu suchen, die/der das Wort, das Sie eingeben, beinhaltet. Sie können auswählen, auf welchem Laufwerk Sie suchen wollen. Bei der Suchabfrage müssen Sie nicht auf Groß- und Kleinschreibung achten. Der *Tracker* erlaubt Ihnen Dateien namens *Screen, screen* und *SCREEN* im selben Ordner zu speichern – die Suche zeigt dann alle drei an.

Das *Suchergebnis*-Fenster sieht aus wie ein *Tracker*-Fenster, ist aber nur im *List Mode* verfügbar. Die Geschwindigkeit, mit der Ihnen Resultate angezeigt werden, wird Sie überraschen. Die Resultate können aus dem Abfrage-Fenster mit einem Doppelklick gestartet werden. Sie können die Dateien auch aus dem Feld direkt in einen Ordner oder auf den Desktop ziehen. Dass ZETA ein Echtzeit-System ist, können Sie an der Suchabfrage erkennen. Hat ZETA eine Suche abgeschlossen, und löschen oder benennen Sie eine Datei um, so wird diese aus der Liste entfernt, ohne dass Sie die Suche nocheinmal durchlaufen lassen müssen.

Verändern Sie die Suche im oberen linken Fenster, können Sie die Art der zu suchenden Dokumente wählen (*Alle Dateien und Ordner, Bookmark, E-Mail, Person*, etc.). In dem mittleren Feld können Sie zwischen drei Sucharten wählen: nach *Namen*, nach *Attribut*, oder nach einer *Formel*.

Die *Attributsuche* ist die erfolgreichste; dort können Sie die Größe und den gewünschten Typ angeben. Die *Formelsuche*, in der Sie nach einem logischen Ausdruck suchen können, ist die flexibelste.

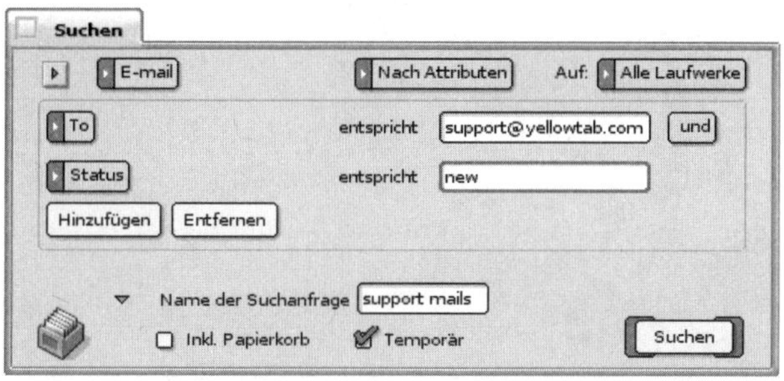

Abb. 5.36: Unter ZETA können Suchanfragen sehr präzise definiert werden. Hier suchen wir alle ungelesenen (*new*) E-Mails, die an die E-Mail-Adresse *support@yellowtab.com* gesendet wurden

Wenn Sie wissen, dass die Datei nicht auf CD oder auf Diskette ist, müssen Sie nicht *Alle Laufwerke* durchsuchen. Wenn Sie auf das graue Dreieck unter dem Eingabefeld drücken, erhalten Sie weitere Möglichkeiten, die Suche zu verfeinern.

Name der Suchanfrage: In diesem Feld können Sie der Suche einen Namen geben, sodass Sie dieselbe Suche später schnell wiederholen können. Sie müssen Ihre Suche natürlich nicht benennen; wenn Sie allerdings öfters eine identische Suche wiederholen, bietet sich diese Funktion an.

ZETA bringt einige vordefinierte Suchanfragen mit. Diese befinden sich im *Home*-Ordner *(/boot/home/queries)*. In der letzten Abbildung haben Sie gesehen, wie wir einen Namen für die Suchanfrage vergeben haben: *support mails*. Sollten Sie eine Suchanfrage öfters benötigen, können Sie diese auch abspeichern. Ziehen Sie dazu einfach das braune Symbol eines Karteikastens auf den Desktop. Jedes Mal, wenn Sie auf das Symbol auf dem Desktop doppelklicken, sucht ZETA alle passenden Dateien und zeigt diese in einem *Tracker*-Fenster an. Sie können die Suchanfrage jederzeit verändern.

Inkl. Papierkorb: Mit dieser Funktion wird auch der Mülleimer durchsucht.

Temporär: Das bedeutet, dass die Suchanfrage nur bis zum Neustart von ZETA gespeichert wird. Entfernen Sie den Haken, so bleiben die Anfragen im Verzeichnis */boot/home/queries* gespeichert. Entfernen Sie den Haken, wenn Sie die Suche dauerhaft speichern wollen.

Speichern und Editieren von Suchabfragen

Die Suchabfragen werden in dem Ordner */boot/home/queries* gespeichert, entweder unter dem Namen, der angegeben wird oder per voreingestelltem Namen, den das Suchprogramm zuweist. Wenn Sie nun einen Doppelklick auf die Suchdatei ausführen, wird die Suche wiederholt, genauso, als würden Sie das *Suchen*-Feld öffnen, die Kriterien eingeben, und auf *Suchen* klicken.

Um eine Suchabfrage zu verändern, wählen Sie die Datei im */boot/home/queries*-Fenster und klicken auf *Query bearbeiten* aus dem Kontextmenü. Dieser Befehl öffnet das Such-Fenster, das mit den jeweiligen Sucheinstellungen angezeigt wird. Die Einstellungen, die angezeigt werden, können auch verändert werden. Das *Suchergebnis*-Fenster hat auch die *Query bearbeiten*-Funktion im Dateimenü. Damit können Sie direkt aus diesem Fenster eine vorhergehende Suche bearbeiten.

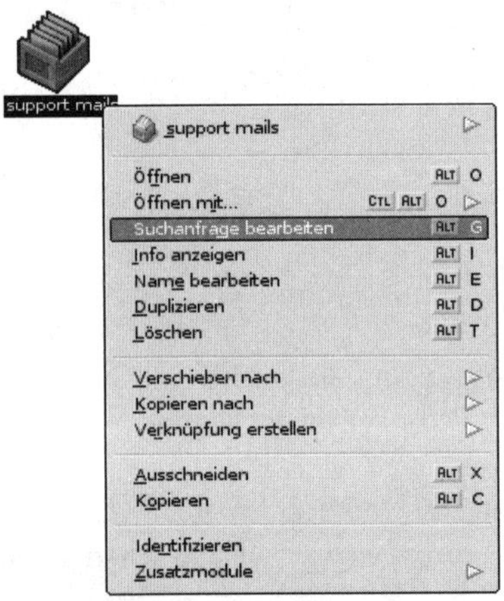

Abb. 5.37: Eine angelegte Suchanfrage kann wieder verändert werden

Suche nach Attributen

Wenn Sie nach Dateien suchen wollen, können Sie im Menü verschiedene Dateitypen auswählen. Wenn Sie allerdings nach Personen suchen, verändern sich die Attribute nach *Telefonnummer*, *Fax*, und so weiter. Bei E-Mails finden Sie dann die Attribute: *From:*, *To:*, *Subject:*, *Status* usw.

Auch hier können Sie sich per Drag & Drop das Arbeiten vereinfachen. Wenn Sie eine Suchanfrage starten, können Sie, bevor Sie auf *Suchen* klicken, das *Query*-Symbol (das Symbol mit dem Karteikasten) per Drag & Drop auf den Desktop ziehen. Nun wird die Suchanfrage als solche abgespeichert und kann je nach Belieben immer wieder aufgerufen werden. Die Suchanfrage wird dabei immer neu durchgeführt, damit das Ergebnis immer auf dem aktuellsten Stand ist. Nutzen Sie diese Möglichkeit, um z. B. immer eine aktuelle Übersicht über Ihre mp3-Dateien zu haben. Sie können Ihre mp3-Dateien verteilt über das gesamte System gelagert haben: Mit dieser Option sind immer alle Dateien in einer Suchanfrage aufgelistet.

5.7 Team Monitor: Programmschließungen erzwingen

Von Zeit zu Zeit werden Sie eine spezielle Anwendung von ZETA benötigen: den *Team Monitor*. Ein Beispiel: Sie testen eine neue Anwendung, die sich noch im Entwicklungsstadium befindet, und diese reagiert nicht mehr, sie lässt sich auch auf normalem Weg nicht beenden.

Den *Team Monitor* von ZETA öffnen Sie mit der Tastenkombination [Strg]+[Alt]+[Entf]. Er listet alle laufenden Anwendungen und Server auf. Alle Server und Anwendungen, die vom System gestartet werden, sind in Blau dargestellt. Diese sollten Sie nie beenden. Applikationen, von denen ZETA keine Antwort erhält, werden in Rot angezeigt. Um eine Anwendung oder einen Server zu zwingen, sich zu beenden, wählen Sie diese(n) in der Liste aus und klicken auf *Anwendung beenden*. Wenn mehrere auf diese Art beendete Anwendungen das System nicht deutlich stabiler laufen lassen, wählen Sie *Neustart erzwingen* oder drücken erneut [Strg]+[Alt]+[Entf], um einen Neustart zu veranlassen. Dies ist allerdings nicht zu empfehlen und sollte auch nie nötig sein.

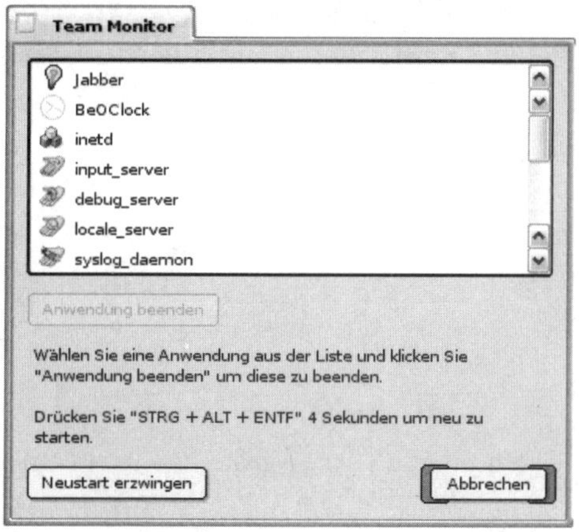

Abb. 5.38: Sollte der *Tracker* oder die *Deskbar* nicht gestartet sein, erscheint zwischen den beiden unteren Schaltflächen eine dritte mit der Beschriftung *Desktop neustarten*

5.8 Der Twitcher – zwischen Anwendungen wechseln

Die wahre Stärke einer grafischen Benutzeroberfläche liegt in der Möglichkeit, schnell und einfach mit verschiedenen geöffneten Anwendungen gleichzeitig zu arbeiten. Das funktioniert selbstverständlich auch mit ZETA. Wenn Sie verschiedene Fenster in ZETA geöffnet haben, wird der jeweilige Status in der Titelleiste der Anwendung angezeigt. Die Anwendung wird in der *Deskbar* angezeigt. Sie können nur Aufgaben im aktiven Fenster ausführen; die inaktiven Fenster sind im Ruhezustand, bis Sie diese anklicken oder das Fenster aus der *Deskbar* aufrufen. Inaktive Fenster werden Grau dargestellt.

In den meisten Betriebssystemen gibt es eine Tastenkombination, um schnell zwischen den laufenden Anwendungen wechseln zu können. In ZETA ist diese Kombination [Strg]+[⇆].

Jedes Mal, wenn Sie die ↹-Taste drücken, wird eine andere laufende Anwendung aktiviert. Um rückwärts in der Anwendungsliste zu navigieren, halten Sie Strg+↑ gedrückt. Die ↹-Taste ruft dann die jeweils vorhergehende Anwendung auf.

Doch ZETA bietet noch mehr. Wenn Sie Strg und ↹ gleichzeitig gedrückt halten, startet eine sehr nützliche Anwendung, der *Twitcher* (kurz für *Task-Switcher*).

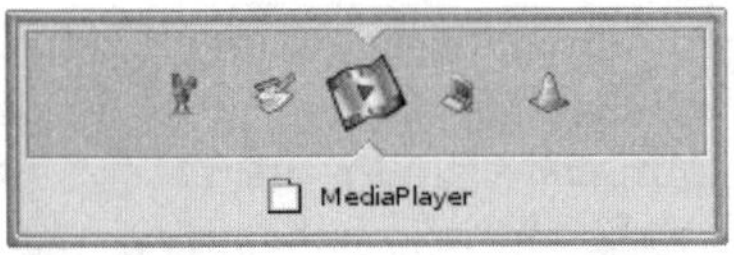

Abb. 5.39: Der *Twitcher* dient zum Umschalten zwischen laufenden Programmen

Wenn Sie Strg gedrückt halten, können Sie durch Drücken der ↹-Taste (oder der ←- bzw. →-Taste) zwischen den offenen Anwendungen wechseln. Sie können auch mit der Maus eine bevorzugte Anwendung auswählen. Mit den Cursor-Tasten ↑ und ↓ können Sie zwischen den in einer Anwendung geöffneten Fenstern wechseln. Die Fenster werden im unteren Teil des *Twitchers* angezeigt.

Abb. 5.40: Hat eine Anwendung mehrere Fenster geöffnet, kann ausgewählt werden, welches davon geöffnet wird

Um zu der ausgewählten Anwendung zu wechseln, lassen Sie die Strg-Taste los. Jetzt öffnet sich das Anwendungs-Fenster; wenn es auf einer anderen Arbeitsfläche aktiviert wurde, wird es automatisch auf dieser geöffnet.

5.9 Workspaces: Arbeiten mit mehreren virtuellen Arbeitsplätzen

Sie können mehrere Workspaces benutzen, um die offenen Anwendungen besser zu verwalten. Es empfiehlt sich nämlich, mehrere Anwendungen gleichzeitig laufen zu lassen. Wenn Sie nun einige Anwendungen auf einem Workspace gleichzeitig haben, wird die Oberfläche schnell unübersichtlich. ZETA hat per Voreinstellung neun Workspaces aktiviert. Sie können allerdings alles von einem bis zu 32 Workspaces einstellen. Für jeden einzelnen Workspace können die Bildschirmauflösung und die Farbtiefe festgelegt werden. Jeder Workspace behält die Einstellung der Fenster, mit denen Sie gearbeitet haben. Mit mehreren Workspaces können Sie viele Anwendungen öffnen und diese auf den verschiedenen Workspaces verteilen. Sie können einfach zwischen den Workspaces wechseln, indem Sie folgende Tasten drücken: Alt+F1 bis Alt+F12 für die ersten 12 Workspaces.

Sie sollten verschiedene Arbeitsflächen nutzen, um Ihre Arbeit besser zu organisieren. Beispielsweise können Sie die Internet-Anwendungen wie E-Mail-Programm und Webbrowser in einem Workspace starten, während die produktiven Anwendungen wie Textverarbeitung und Tabellenkalkulation in einem anderen Workspace gestartet werden. Im E-Mail-Programm *Beam* können Sie einfach den Workspace einstellen, in dem das Programm starten soll. Sie können ein Fenster von einem Workspace in einen anderen verschieben. Halten Sie dazu das Fenster der Anwendung mit der linken Maustaste fest, und wechseln Sie dann per Tastenkombination in den gewünschten Workspace. Wenn Sie das Programm *Workspaces* starten (Sie finden es unter *Systemprogramme*), steht Ihnen noch ein zusätzliches Feature zur Verfügung. Ziehen Sie das Fenster der Anwendung in der Miniaturübersicht von einem Quadrat (Workspace) in das gewünschte Quadrat. Wenn das Fenster, das Sie ziehen, ein Bild beinhaltet, und die Farbtiefe der verschiedenen Workspaces nicht gleich ist, wird das Bild sofort mit der neuen Farbtiefe dargestellt.

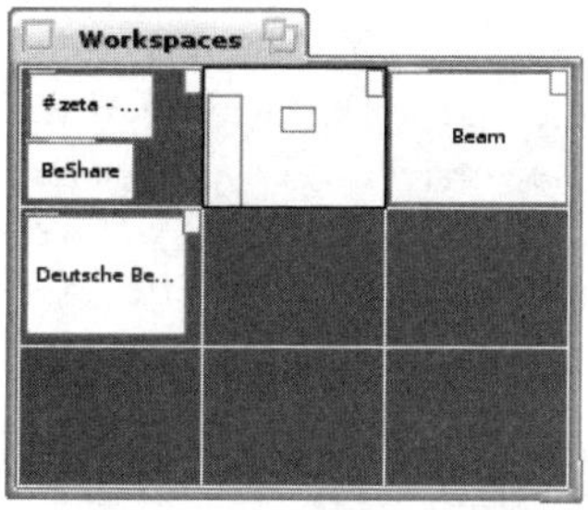

Abb. 5.41: *Workspaces:* Organisieren leicht gemacht. Jedes Quadrat stellt einen Workspace dar

Wenn Sie ein Fenster aus der *Deskbar* auswählen, gelangen Sie direkt in den Workspace, in dem sich die Anwendung befindet.

Erweitertes Nutzen der Workspaces

Sie können *Workspaces* mit ZETA starten lassen. Dazu müssen Sie das UserBoot-Skript *(/boot/home/config/boot/UserBoot-Skript)* einstellen.

Zu dem Skript müssen Sie diese Zeile hinzufügen:

```
/boot/zeta/apps/Workspaces &
```

Sie können auch verschiedene Anwendungen in den einzelnen Workspaces starten.

Beispielsweise:

- `Workspace 4` (wechselt zum fünften Workspace)
- `Terminal &` (ein *Terminal*-Fenster wird geöffnet)
- `sleep 2` (das Skript wird 2 Sekunden angehalten)
- `Workspace 3` (nun wird in den vierten Workspace gewechselt)
- `Beam &` (*Beam* wird nun geöffnet)
- `sleep 2` (jetzt wird wieder 2 Sekunden gewartet)
- `Workspace 0` (hier wird wieder der erste Workspace aufgerufen)

Info Das Zählen der Workspaces beginnt bei `0`, wir haben also in dem Skriptbeispiel keinen Fehler gemacht, sondern `Workspace 4` bezeichnet tatsächlich den fünften Workspace.

Beachten Sie, dass das Hinzufügen vieler Anwendungen zum Startskript den Systemstart verlangsamt.

Sie können von einem Workspace zum anderen wechseln, indem Sie einfach den Befehl und die Instanznummer eingeben:

```
Workspaces 4
```

5.10 Die Ordnerstruktur in ZETA

Die Dateiorganisation ist die Grundlage, um mit dem Computer effizient arbeiten zu können. Wenn Sie bisher nur Windows benutzt haben, werden Sie zuerst die Laufwerksbuchstaben vermissen. Diese gibt es unter ZETA nicht, da der Benutzer so eine falsche Vorstellung davon bekäme, wie Laufwerke an den Computer angeschlossen sind. ZETA zeigt Ihnen Laufwerke in der Verzeichnisstruktur an. So ist der *Home*-Ordner für den Benutzer dasselbe wie ein USB-Stick oder eine Partition der Festplatte. Unter ZETA beginnt die Verzeichnisstruktur mit einem Schrägstrich (*/*). Danach stehen alle Geräte und alle Ordner der ZETA-Installation zur Verfügung.

Beispiel:

/boot/home/ ist der *Home*-Ordner der ZETA-Installation, die gerade gestartet ist.

Unter */dev* z. B. werden alle angeschlossenen Geräte wie Festplatten, Soundkarten, Grafikkarten, Netzwerkkarten usw. angezeigt.

Ihre Festplatte wird als Datenarchiv benutzt, in dem sich alle Dateien in verschiedenen Ordnern befinden. Sie sollten also beispielsweise nicht die privaten Dokumente in einem Ordner, der nur für das System vorgesehen ist, speichern.

ZETA hat eine optimierte logische Dateistruktur. Viele Ordner in ZETA haben Systemfunktionen, sodass Sie vorsichtig sein sollten, wenn Sie Ordner umbenennen oder sogar löschen. Wenn Sie das Festplatten-Symbol aus dem Desktop öffnen, sehen Sie, dass ZETA die Ordner folgendermaßen organisiert: (*/boot/* ist die Partition, auf der ZETA installiert und die gerade ist):

/boot/apps

Alle installierten Anwendungen befinden sich in Kategorien unterteilt in diesem Verzeichnis, sind installiert oder durch einen Shortcut in der Software vertreten. Anwendungen, die Teil der Installation von ZETA sind, befinden sich in */boot/beos/applications*. Wenn Sie Ihr *Home*-Verzeichnis vor einer Neuinstallation sichern, können Sie bei einer Neuinstallation die zusätzliche Software bequem und schnell installieren.

/boot/zeta

Die Basisinstallation von ZETA ist in diesen Unterordnern. Sie sollten hier sehr sorgsam mit Umbenennen und Verschieben umgehen, da ZETA möglicherweise dann nicht mehr startet.

/boot/zeta/etc

Hier finden Sie eine Reihe von Ordnern, in denen verschiedene Einstellungsdateien liegen. Sie finden hier die mitgelieferten Beispielbilder, Dekors, Schriften (Fonts), Tastaturlayouts, Lizenzen usw.

/boot/develop

Software-Entwickler finden hier Entwicklungsprogramme, Zubehör und Dokumentationen. Weiter befindet sich im Ordner *SampleCodes* eine Menge an Beispiel-Quell-Code, um den Einstieg in die Programmierung zu erleichtern.

/boot/home

Der *Home*-Ordner ist der Ordner, in dem Sie alle Dateien, Dokumente, Videos oder Musikdateien lagern können. Diese Dateien sollten Sie dann allerdings in den entsprechenden von Ihnen erstellten Unterordnern speichern:

/boot/home/config

Dieser Ordner beinhaltet Einstellungen von ZETA und den Anwendungen. Er hat auch einen Unterordner mit SVG-Symbolen.

/boot/home/config/settings

Hier legen ZETA und Anwendungen Dritter die Einstellungsdateien ab. Wenn Sie in den Einstellungen der jeweiligen Programme Veränderungen vorgenommen haben, werden diese Informationen gespeichert, um beim nächsten Starten der Anwendung wieder geladen werden zu können. Viele dieser *settings-files* werden als reine Textdateien abgespeichert, andere als generische Dateien (Rohdaten).

/boot/home/config/lib

Eine *lib-Datei* (Bibliothek) beinhaltet viele Informationen für Programme. Der Vorteil: Die Programme müssen nicht immer selbst alle *libs* mitbringen, da viele davon schon auf dem Basis-System vorhanden sind. Programme nutzen diese *libs* und sind somit kleiner als auf anderen Plattformen.

/boot/home/Bilder

Hier finden Sie einen Link zu den mitgelieferten Hintergrundbildern. Außerdem befindet sich hier ein Translator, *Scan-A-Picture*. Lesen Sie über dieses Tool mehr ab Seite 199.

/boot/home/Downloads

Alle Dateien, die Sie mit *NetPositive* herunterladen, werden automatisch in diesem Ordner gespeichert. Im *Firefox*-Browser kann ebenso eingestellt werden, dass heruntergeladene Dateien in diesem Ordner gespeichert werden sollen. Per Voreinstellung ist im *Firefox* das *Home*-Verzeichnis eingestellt. Lesen Sie mehr zum *Firefox* ab Seite 215.

/boot/home/mail

Dieser Ordner wird erstellt, wenn Sie Ihr Mail-Programm konfigurieren. Die In- und Out-Ordner sind selbsterklärend. Selbstverständlich können Sie hier auch eigene Ordner anlegen.

/boot/home/people

Alle Kontakte mit dem *People*-Dateiformat sollten in diesem Ordner abgespeichert werden. Mit den Listen oder den Suchanfragen behalten Sie den Überblick. Mehr über *People*-Dateien finden Sie ab Seite 138.

/boot/home/public_html

Dieser Ordner wird erstellt, wenn Sie einen Web-Server mit *PoorMan* laufen lassen.

/boot/home/queries

Hier liegen bereits einige vorgefertigte Suchanfragen (*Queries*) vor. Wenn Sie weitere Suchanfragen starten, wird auch hier eine Verknüpfung angelegt.

ZETA perfekt einrichten 6

Sie können ZETA durch das *Einstellungen*-Fenster Ihren Bedüfnissen anpassen. In diesem Fenster können verschiedene Bereiche geladen und deren Einstellungen dann verändert werden. Solche Bereiche sind z. B. Bildschirm- und Druckereinstellungen. Die einzelnen Einstellungen können von der *ZETA*-Schaltfläche erreicht werden. Der jeweilige Bereich wird dann direkt in das *Einstellungen*-Fenster geladen. Wenn Sie einmal das *Einstellungen*-Fenster geöffnet haben, können Sie dort bequem über die Scroll-Leiste zwischen den Bereichen hin- und hernavigieren.

6.1 ZETAs Aussehen einstellen

Unter *Aussehen* können Sie diverse Einstellungen vornehmen, die das Aussehen Ihrer ZETA-Installation verändern. So können Sie beispielsweise ein Dekor auswählen. Klicken Sie auf *Dekor*, um dieses zu ändern. Änderungen werden sofort übernommen, auch von geöffneten Fenstern.

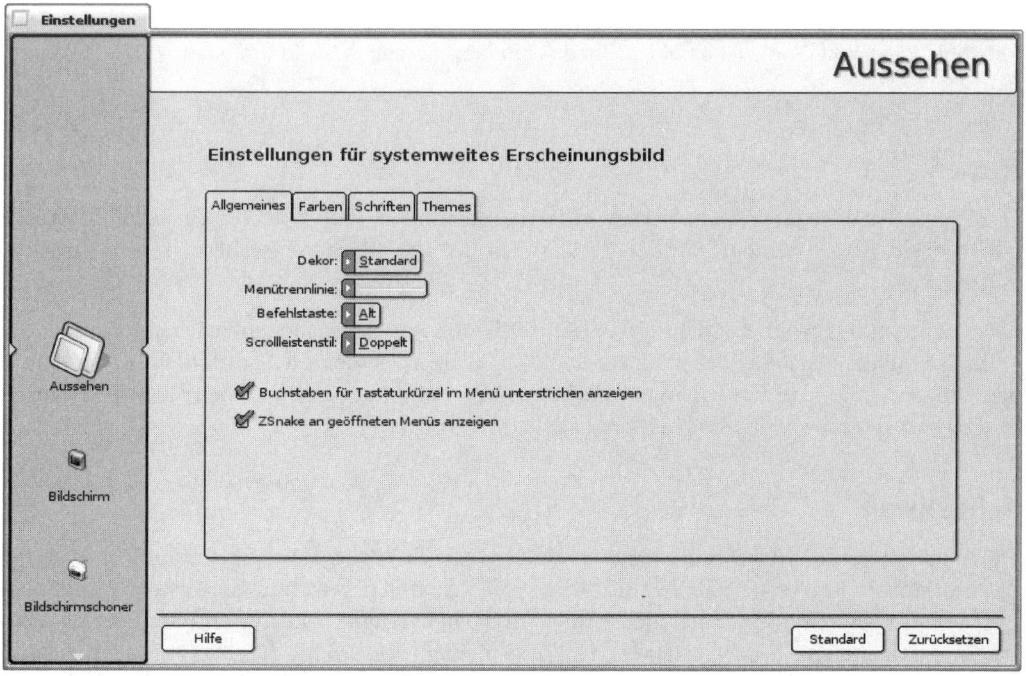

Abb. 6.1: Passen Sie ZETA Ihren Wünschen an

Trennlinienstil

Dieser Eintrag ändert das Aussehen der Linien, die die verschiedenen Unterpunkte in den Menüs trennen. Probieren Sie aus, welche Ihnen am besten gefallen.

Die Option *Buchstaben für Tastaturkürzel im Menü unterstrichen anzeigen* lässt Sie auswählen, ob die Buchstaben unterstrichen werden sollen, die in den Menüs der Anwendungen die Tastenkürzel repräsentieren.

ZSnakean geöffneten Menüs anzeigen ist ein optisches Feature von *ZETA*-Menüs. Wenn Sie diese Option einschalten, werden Sie bei allen Untermenüs in Anwendungen, in der *Deskbar* und im *Tracker* eine farbige Schlange (*Snake*) sehen, die dem Mauszeiger am Rand des Menüs folgt. Die Farbe dieser Schlange ändern Sie unter *Menu Selected Background* im Einstellungsbereich *Farben*.

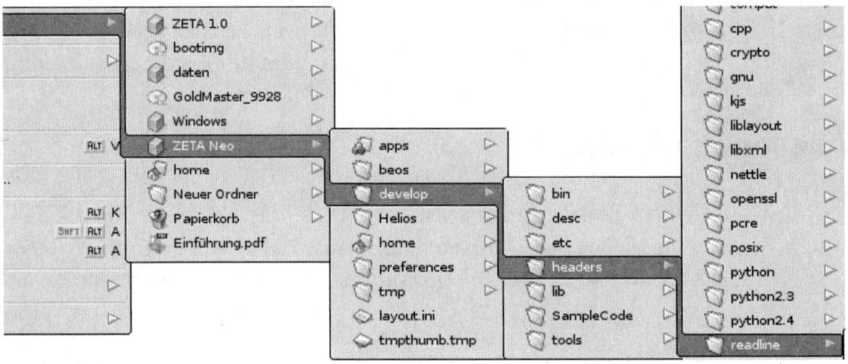

Abb. 6.2: *ZSnake* heißt die Funktion, die Ihnen beim Navigieren durch die Ordnerstruktur den Weg deutlich zeigt

Farben

In ZETA können Sie die meisten Farben mit dem interaktiven RGB-Schieber einstellen. Wenn Sie auf das Feld *Farben* klicken, können Sie den Teil der Oberfläche auswählen, dessen Farbe Sie ändern wollen.

Sie verändern die Farben mit den *Rot-*, *Grün-* und *Blau*-Schiebern. Sie sehen das Ergebnis auf der rechten Seite des Fensters. Wenn Sie auf *Standard* klicken, werden die Standardeinstellungen für alle Dinge, die Sie geändert haben, wiederhergestellt. Die Änderungen an den Farbeinstellungen wirken sich systemweit aus, das heißt auf alle Anwendungen.

Schnellwahl

Diese Option darf nicht mit den Menükürzeln verwechselt werden. Wenn Sie unter Windows mit Tastaturkürzeln gearbeitet haben, sind Sie es wahrscheinlich gewohnt, die Tastenkombination `Strg`+`X` zu verwenden. Unter ZETA ist `Alt` die bevorzugte Taste in Kombination mit anderen Tasten. Sollten Sie lieber bei der `Strg`-Taste bleiben, können Sie dies hier einstellen. Macintosh-Benutzer werden die `Alt`-Taste bereits gewöhnt sein.

Themes

Unter *Themes* können Sie ZETA verschiedene Themen zuweisen. Dabei ändern sich Einstellungen wie der Hintergrund des *Trackers*, die Position der *Deskbar*, das Dekor, zugewiesene Töne, Systemschriften und Farben, *Terminal*-Eigenschaften und Bildschirmschoner.

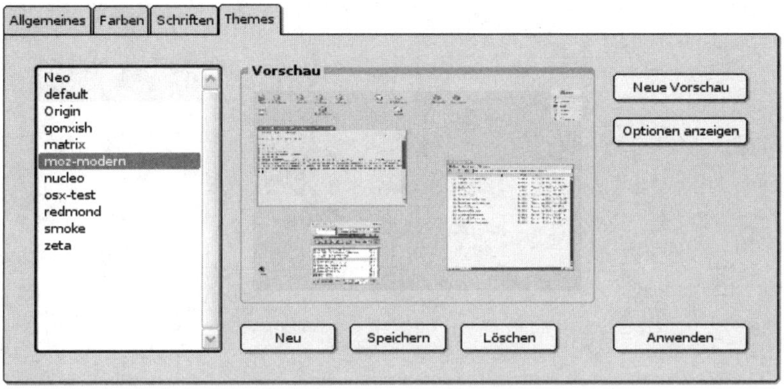

Abb. 6.3: Erstellen Sie selbst *Themes*, und tauschen Sie sich hier mit anderen ZETA-Benutzern aus

Sie sehen jeweils einen Screenshot im Miniaturformat auf der rechten Seite, wenn Sie ein *Theme* auswählen. Klicken Sie auf die Schaltfläche *Optionen anzeigen*, erhalten Sie eine Liste der Optionen, und Sie können entscheiden, welche Eigenschaften des *Themes* beim Aktivieren übernommen werden sollen und welche nicht. Entfernen Sie dazu einfach den Haken bei *Anwenden* für die nicht gewünschten Einstellung.

Sie können natürlich auch selbst neue *Themes* erstellen. Klicken Sie dazu auf die Schaltfläche *Neu*. Geben Sie einen Namen für das *Theme* ein, und klicken Sie anschließend auf *Anwenden*.

Sie können jetzt zum Bereich *Aussehen des Einstellungen-Fensters* wechseln, um das Dekor umzustellen. Positionieren Sie auch das *ZETA*-Menü, wie Sie es dem *Theme* zuweisen wollen. Stellen Sie alle Optionen, die unter *Optionen* aufgelistet sind, nach Ihren Wünschen ein. Wenn Sie dann auf *Speichern* klicken, werden die aktuellen Einstellungen dem aktiven *Theme* zugewiesen. Die *Themes* werden unter */boot/home/config/settings/UIThemes* gespeichert.

6.2 Den Bildschirm richtig einstellen

Ihr Computer benutzt eine Grafikkarte oder einen Grafikchip, der Informationen an den Monitor sendet. In den *Bildschirmeinstellungen* können Sie die Eigenschaften der Grafikkarte einstellen. Wenn Sie ZETA installiert haben und Sie es das erste Mal starten, sollten Sie als direkt Ihren Bildschirm einstellen. Wählen Sie eine angenehme Auflösung und Bildwiederholfrequenz. Sofern Ihre Grafikkarte 32 Bit-Farbtiefe unterstützt, sollten Sie diese auf jeden Fall auch benutzen. Die *Wiederholrate* sollten Sie auch schnell erhöhen, es sei denn, Sie haben einen TFT-Monitor (Flachbildschirm). Sollten Sie einen Röhrenmonitor besitzen, empfehlen wir eine Frequenz von 85 Hz, sofern der Monitor das zulässt. Je niedriger die Wiederholrate eingestellt ist, umso mehr werden Sie ein Flimmern auf dem Bildschirm bemerken.

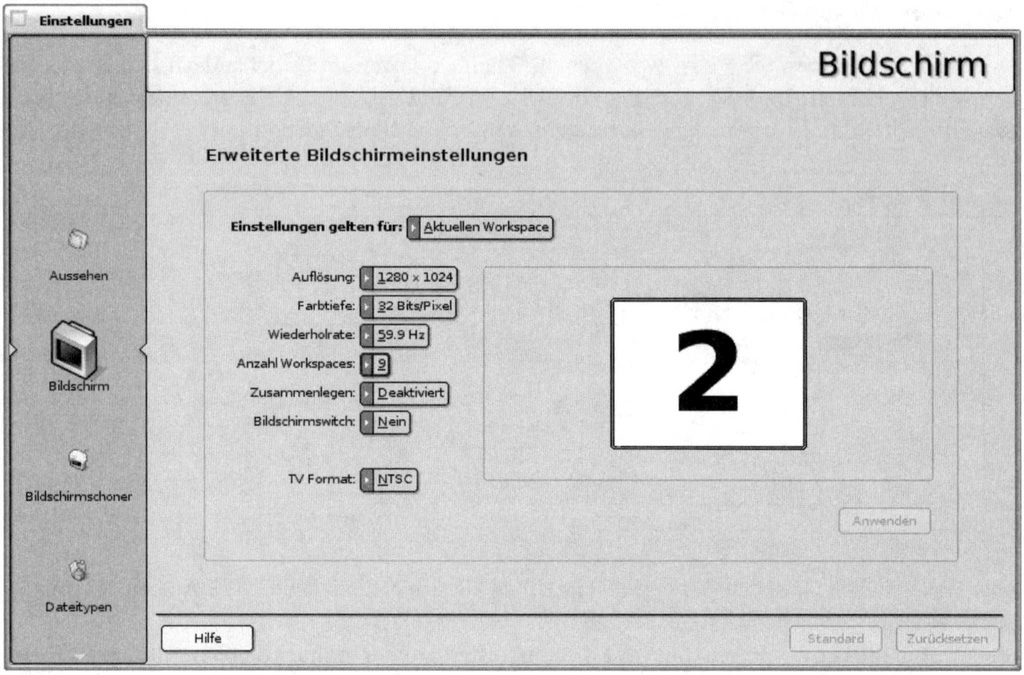

Abb. 6.4: Optionen wie *Zusammenlegen, Bildschirmswitch und TV-Format* stehen Ihnen nur zur Verfügung, wenn die Grafikkarte dies auch unterstützt

Die Anzahl der Workspaces

In ZETA können Sie auf bis zu 32 Workspaces zugreifen. Per Voreinstellung sind 12 davon aktiviert.

Einstellung der Auflösung, Farbtiefe und Bildwiederholfrequenz

Diese Einstellungen, die Sie hier vornehmen, gelten entweder für den aktuellen oder für alle Workspaces.

Nachdem Sie die Veränderungen durchgeführt haben, müssen Sie den Computer nicht neu starten. Sie haben nun einige Sekunden Zeit, um die neu angezeigte Auflösung zu bestätigen. Sollte der Monitor die Auflösung nicht unterstützen, wird nach ein paar Sekunden wieder die alte Auflösung gestartet.

Empfohlene Auflösungen

Monitorgröße	Auflösung CRT	Aulösung TFT
14" oder weniger	640 × 480	600 × 800
15"	800 × 600	1024 × 768
17"	1024 × 768	1280 × 1024
19"	1280 × 1024	1280 × 1024
21"	1280 × 1024	1600 × 1200

Das sind die empfohlenen Auflösungen. Die meisten Monitore unterstützen auch höhere Auflösungen. Für jeden Workspace können Sie eine andere Auflösung einstellen. So können Webdesigner sofort sehen, wie die Arbeit in den verschiedenen Auflösungen aussieht.

Wenn Sie die *Farbtiefe* auf *8 Bit* stellen, sehen Sie 256 verschiedene Farben, bei *16 Bit* 65.536 Farben und bei *32 Bit* sind 16.777.216 Farben (+ 8 Bit zur Erzeugung echter Transparenz) zu sehen. Die meisten modernen Grafikkarten unterstützen eine Farbtiefe von *32 Bit*.

Bevor Sie die Wiederholfrequenz verändern, sollten Sie in Ihrem Handbuch die maximale Bildwiederholfrequenz nachlesen. Eine zu hohe Frequenz kann den Monitor beschädigen. Viele Grafikkarten können größere Wiederholfrequenzen senden als der Monitor verarbeiten kann.

Zusammenlegen heißt die Funktion, die Sie aktivieren sollten, wenn Sie zwei Bildschirme benutzen möchten. Diese Funktion ist nur sichtbar, wenn die Grafikkarte diese Funktion auch unterstützt. *Horizontal* wählen Sie, wenn die Bildschirme nebeneinander stehen, *Vertikal*, wenn sich ein Bildschirm über dem anderen befindet.

Bildschirmswitch ermöglicht Ihnen, zwischen den zwei Ausgängen der Grafikkarte zu wechseln. Diese Funktion bieten nicht alle Grafikkarten an.

6.3 Schriften

Bei *Schriften* können Sie die Systemschriftart und deren Größe einstellen. Es gibt drei Arten von Systemschriften: *Normal*, *Dick* und *Fester Zeichenabstand*. Eigene Schriftarten können auch andere Einstellungen zur Auswahl haben. Sie sollten die Größe von *9* bis *12* Punkte einstellen. Wählen Sie eine größere Schrift, werden die Menüs zu groß bzw. die Schrift wird größer als die Schaltflächen. Je höher die Bildschirmauflösung ist, desto kleiner werden die Menüs. Um den Text einfacher zu lesen, ändern Sie die Schriftgröße.

Ändern Sie zuerst die Schriften, die für das Menü eingestellt sind. Sie können zwischen allen vorhandenen Schriften wählen und auch aus denen, die zusätzlich installiert wurden.

Sie können auch aus praktischen Gründen die Standardschriften ändern, wenn Sie z. B. die Schrift zum besseren Lesen farbig gestalten wollen oder aus ästhetischen Gründen etwas anderes wünschen. ZETA erscheint mit einigen Schriftarten; jede einzelne hat dabei ihre eigene Größe und Style. Die Größe der Schriftart wird in Punkten angegeben.

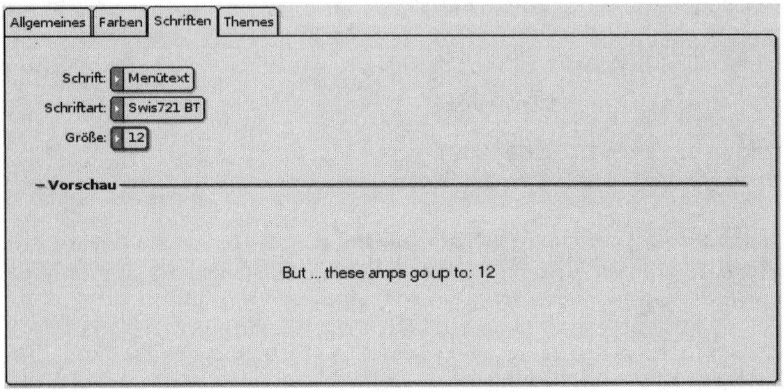

Abb. 6.5: Wählen Sie *Schriftart* und *Größe*, wie es Ihnen beliebt. Änderungen werden übernommen, sobald Sie ein Programm aufrufen

6.4 Der Bildschirmschoner

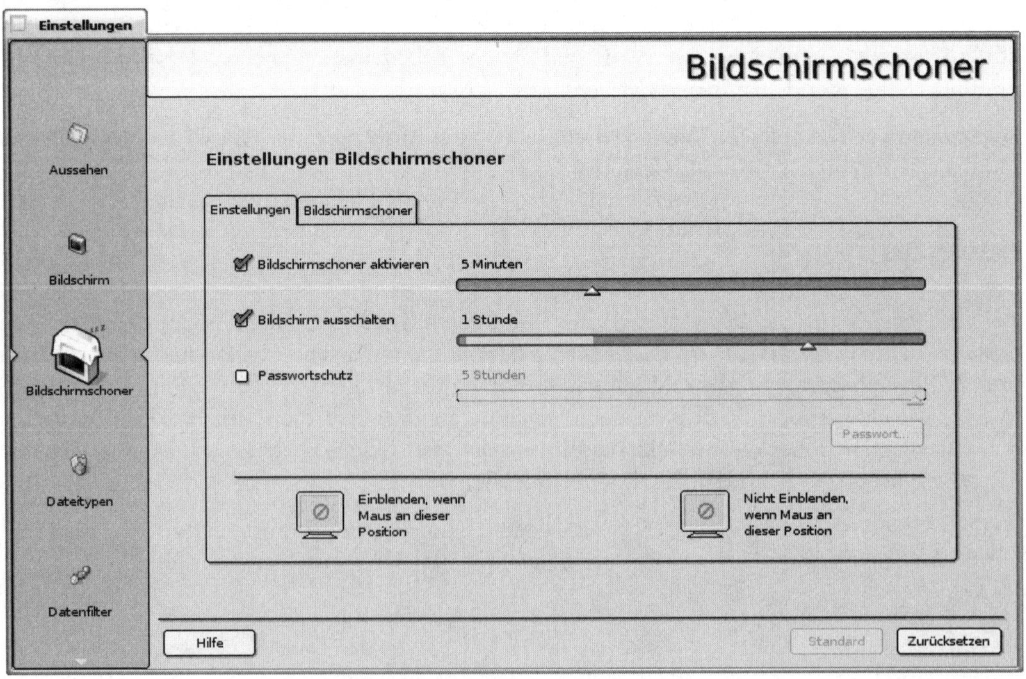

Abb. 6.6: Konfigurieren Sie Ihren Bildschirmschoner nach Belieben

Hier können Sie einen Bildschirmschoner einstellen. Standardmäßig ist der Bildschirmschoner deaktiviert. Der Bildschirmschoner zeigt Animationen oder Bilder auf dem Bildschirm, wenn dieser länger nicht gebraucht wird. Wenn Sie den Bildschirmschoner aktivieren, können Sie eine Zeit einstellen, nach der der Bildschirmschoner anfängt, ein ausgewähltes Modul zu starten. Sie können den Bildschirmschoner auch mit einem Passwort versehen.

Die zwei kleinen Monitore am unteren Rand des Fensters bieten zwei zusätzliche Funktionen. Klicken Sie in eine Ecke eines kleinen Monitors, so erscheint dort ein Pfeil. Setzen Sie den Pfeil des linken Monitors auf links oben, so wird der Bildschirmschoner unabhängig von der eingestellten Zeit nach drei Sekunden gestartet. Mit dem rechten Monitor haben Sie die Möglichkeit, eine Mausposition auszuwählen, sodass der Bildschirmschoner nie gestartet wird, wenn sich die Maus dort befindet. Die vier Möglichkeiten sind *rechts oben, links oben, rechts unten* oder *links unten.*

Sie können ZETA dazu veranlassen, den Bildschirm nach einer bestimmten Zeit auszuschalten. Sie reaktivieren den Bildschirm dann durch Bewegen der Maus oder durch Antippen einer Taste.

Wechseln Sie oben auf den zweiten Reiter *Module*, können Sie einen Schoner aus einer Liste auswählen. Viele Bildschirmschoner können konfiguriert werden. In dem Mini-Monitor wird Ihnen eine Vorschau des Schoners angezeigt. Mit der Schaltfläche *Testen* können Sie den Schoner ausprobieren.

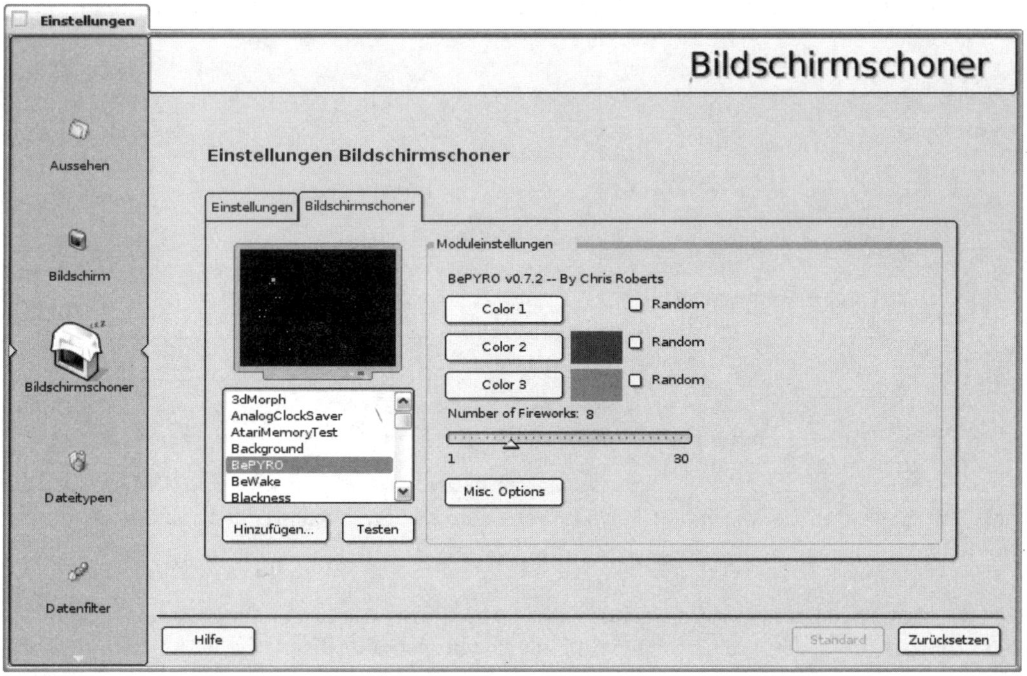

Abb. 6.7: Viele Module bieten zusätzliche Einstellungen. Mit einem Klick auf den Knopf *Testen* aktivieren Sie den Bildschirmschoner sofort

Über die *Hinzufügen*-Schaltfläche können Sie neue Schoner einbinden. Sie finden weitere Schoner unter *www.bezip.de.*

6.5 Dateitypen: Welches Dateiformat funktioniert bei welcher Anwendung?

Der Dateityp einer Datei beschreibt den Inhalt der Datei. Dateitypen werden von ZETA und im Speziellen vom *Tracker* dazu benutzt, herauszufinden, wie mit der entsprechenden Datei umgegangen werden soll.

So bestimmt zum Beispiel der Dateityp, mit welchem Programm die Datei nach einem Doppelklick geöffnet wird, oder ob die Datei gar selbst ein Programm ist. Dieses Einstellungsfeld erlaubt es Ihnen, die Charakteristik, die auf einen bestimmten Dateitypen zutrifft, zu verändern und den Dateityp einer bestimmten Datei zu setzen. Wenn Sie *ZETA/Einstellungen/Dateitypen* wählen, sehen Sie folgendes Fenster:

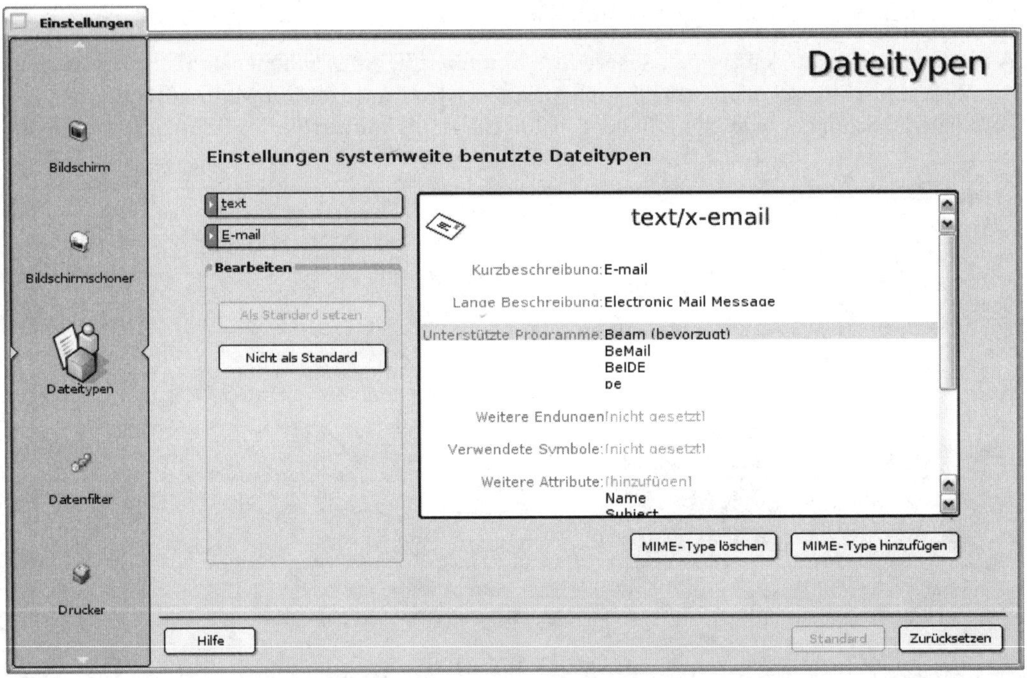

Abb. 6.8: Hier sehen Sie, wie gerade *Beam* (s. Seite 204) als Standardanwendung für E-Mails gesetzt wurde

Auf der linken Seite des Fenster finden Sie zwei Drop-Down-Menüs, in denen Sie den gewünschten Dateityp auswählen können. Hier sind alle Dateitypen aufgelistet, die dem System bekannt sind. Dateitypen sind grob in Kategorien geteilt (*application, audio, image* usw....). Ihr System legt automatisch neue Dateitypen an, wenn Sie neue Anwendungen installieren.

Sie können Dateitypen aber auch manuell durch die Schaltflächen *MIME-Type hinzufügen* bzw. *MIME-Type löschen* einstellen.

Suchen Sie einen bestimmten Dateityp (*MIME-Typ*) aus, um mehr Informationen über ihn zu erhalten und ihn gegebenenfalls zu verändern. Wir nehmen als Beispieltyp das Bildformat PNG (*Portable Network Graphic*). Wählen Sie dazu im oberen Drop-Down-Menü *image* und dann darunter *png*.

Sie können nun die bevorzugte Anwendung festlegen, mit der png-Dateien geöffnet werden sollen, das Symbol solcher Bilddateien verändern und weitere Endungen und Beschreibungen eingeben.

Der Bereich *Weitere Endungen* zeigt den Namen der Dateiendungen (wie *.html*, *.gif*, usw. ...), die ebenfalls mit einem Dateitypen assoziiert werden an. Wenn eine Datei noch keinen Dateityp besitzt, versucht ZETA anhand der Dateiendung herauszufinden, um welchen Dateityp es sich handeln könnte.

Nachdem ein passender Typ gefunden und zugewiesen wurde, wird die Dateiendung (vom Dateitypensystem) ignoriert. Die *Dateitypenbeschreibung* ist eine verständliche Beschreibung des Dateityps. Die *Kurzbeschreibung* wird unter anderem angezeigt, wenn Sie in einem *Tracker*-Fenster das Attribut *Art* anzeigen lassen.

Der Bereich *Weitere Attribute* listet alle zusätzlichen Attribute auf, die mit dem Dateityp assoziiert sind. Ein *Tracker*-Fenster kann diese anzeigen, wenn es sich in der Listenansicht befindet. Obwohl Sie diese Attribute selbst hinzufügen oder löschen können, sollten Sie das am besten den Programmen und ZETA überlassen.

Das Zusatzmodul FileType

Ein anderer Weg, auf die Dateitypen zuzugreifen, ist das Zusatzmodul *FileType* im *Tracker*. Dies ist eine bequeme Möglichkeit, um den Dateityp einer einzelnen Datei zu ändern oder einzustellen.

Um das Zusatzmodul zu starten, öffnen Sie ein Fenster im *Tracker*, markieren eine oder mehrere Dateien und wählen *Zusatzmodule/FileType* aus dem Kontextmenü. Als Beispiel wollen wir aus einer normalen Textdatei eine HTML-Datei herstellen.

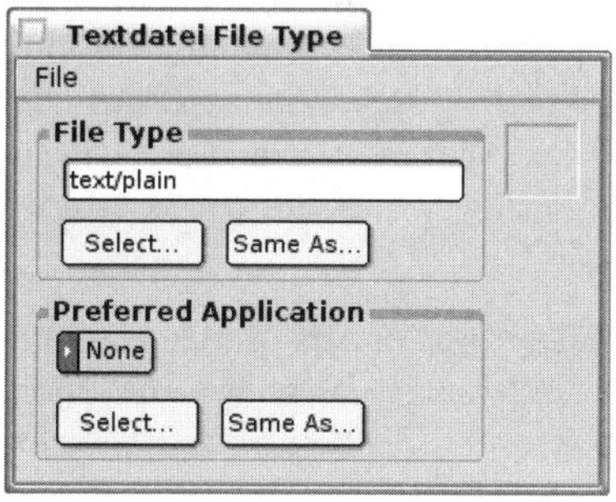

Abb. 6.9: Setzen Sie mit wenigen Klicks einen neuen Dateityp oder eine neue Standardanwendung für eine bestimmte Datei. Das AddOn stammt von einem Dritthersteller und ist zurzeit nur in Englisch verfügbar

Im Bereich *File Type* ist der Dateityp der Datei (oder den Dateien) zugewiesen. Es gibt vier Wege, den Typ zu ändern:

Geben Sie den Dateityp im Klartext in das Textfeld *File Type* ein. In unserem Fall ändern wir den Typ von *text/plain* in *text/html*.

Klicken Sie *Select...* an, und wählen Sie einen Dateityp aus der Liste aller im System verfügbaren Dateitypen aus.

Sie können auch *Same as...* anklicken, um den Typ dieser Datei mit dem Typ einer beliebigen anderen Datei abzugleichen (die Sie dann im folgenden Dialog angeben).

Bewegen Sie eine beliebige Datei per Drag & Drop in den *File Type*-Bereich; der Dateityp der Datei, die Sie in diesen Bereich gezogen haben, setzt den Typ für die ausgewählte Datei. Der Bereich *Preferred Application* lässt Sie die gewünschte Anwendung auswählen, mit der sich die Datei (die Dateien) standardmäßig öffnet/öffnen. Dafür gibt es wieder vier Möglichkeiten:

Wählen Sie eine Anwendung aus dem Aufklappmenü.

Klicken Sie auf *Select...*, um den *Öffnen*-Dialog anzuzeigen und eine Anwendung auszuwählen.

Wählen Sie dieselbe Anwendung, mit der sich eine andere Datei öffnet, indem Sie die Datei unter *Same as...* angeben.

Ziehen Sie die gewünschte Anwendung (bzw. das Symbol) per Drag & Drop in den *Preferred Application*-Bereich.

Die Box rechts im Fenster zeigt das Symbol der Datei (falls diese eines hat) an. Um ein neues Symbol anzulegen oder das bestehende zu verändern, öffnen Sie das Programm *Icon-O-Matic* durch einen Doppelklick in die Symbol-Box.

6.6 Datenfilter: Welches Dateiformat kann ich auswählen?

Mit jedem Programm, das eine *Speichern Als*-Funktion hat, haben Sie die Möglichkeit, eine Datei in einem anderen Format zu speichern. Üblicherweise ist diese Funktion in Bildbearbeitungsprogrammen (mit denen Sie TIFF-Dateien als PNG oder JPG speichern) oder Text-Editoren (mit den Sie RTF-Dateien als TXT speichern) vorhanden. In anderen Betriebssystemen muss der Code für diese Funktionen in jede Anwendung eingebaut werden. Dadurch werden die Anwendungen größer, und wenn ein Dateiformat bei der Programmierung vergessen wurde, können Sie in dem Dateiformat keine Datei abspeichern.

Wie Sie bereits erfahren haben, funktionieren die Dinge in ZETA etwas anders, und zwar einfacher. Alle unterstützten Dateiformate, *Translators* genannt, sind in zentralen Systemordnern abgelegt:

/boot/zeta/system/add-ons/Translators

/boot/home/config/add-ons/Translators

Der erste Pfad sollte für die *Translators* benutzt werden, die bei ZETA mitgeliefert werden. Wenn Sie selbst weitere *Translators* hinzufügen wollen, sollten Sie den zweiten Pfad als Speicherort wählen. Einige *Translators* haben eigene kleine *Einstellungen*-Menüs. Beim JPG-Format haben Sie immer die Möglichkeit, den Kompressionsgrad einzustellen.

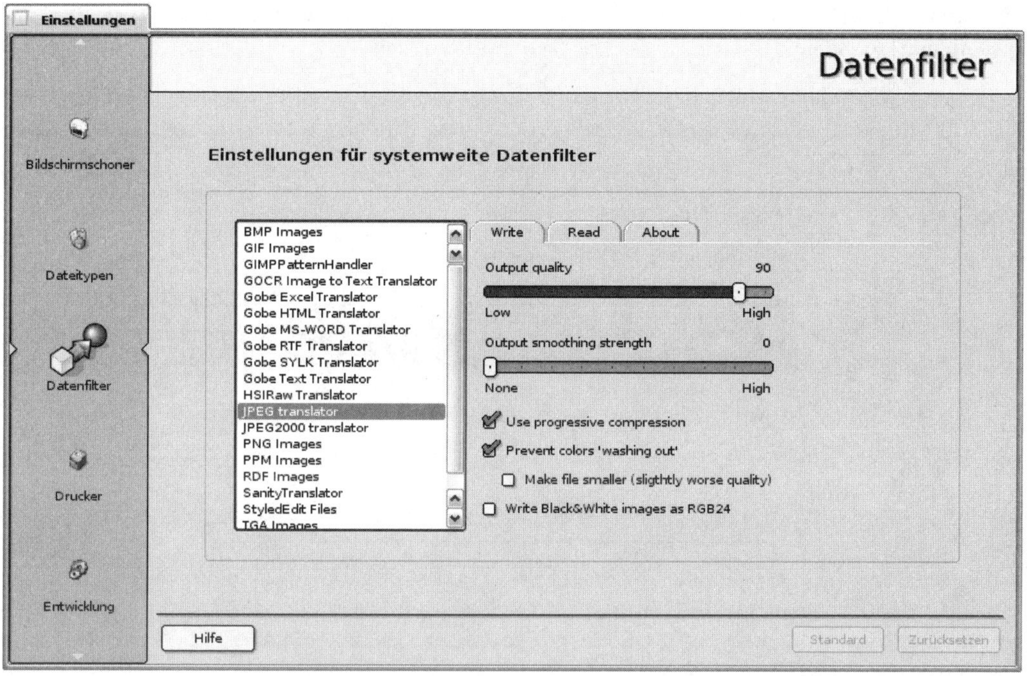

Abb. 6.10: Unter *Datenfilter* können Sie Einstellungen zu den Dateifiltern vornehmen

6.7 Drucker

Mit dem *Drucker-Einstellungen*-Fenster können Sie Drucker hinzufügen, entfernen, als Standarddrucker festlegen und einrichten.

Um einen Drucker hinzuzufügen, klicken Sie auf *Drucker hinzufügen* (vgl. Abb. 6.11).

Nun öffnet sich der Dialog des *Drucker-Guide*, der Sie beim Einrichten eines neuen Druckers Schritt für Schritt begleitet.

Im ersten Dialog-Fenster werden Sie dazu aufgefordert, einen Profilnamen einzugeben. Wählen Sie einen passenden Namen, am besten den Ihres Druckers. Klicken Sie auf *Weiter*, um zum nächsten Dialog-Fenster zu gelangen. Hier können Sie den Hersteller des Druckers und das Druckermodell aus einer Druckerliste auswählen. Klicken Sie nach der Auswahl auf *Weiter*. Nun müssen Sie den Anschluss angeben, an dem sich Ihr Drucker befindet. Neuere Drucker werden meist über USB angesteuert, ältere über Parallel. Danach klicken Sie auf *Weiter*. Im vierten Fenster haben Sie jetzt die Möglichkeit, die Optionen des Druckertreibers zu verändern. Stellen Sie hier das Papierformat und andere Druckoptionen ein. Diese Optionen können später wieder beliebig verändert werden. Das nächste Fenster ist das letzte des *Drucker-Guides*. Hier können Sie, wenn gewünscht, eine Testseite ausdrucken lassen. Beenden Sie den *Guide* mit der Schaltfläche *Fertigstellen*, wenn die Testseite ordnungsgemäß ausgedruckt wurde. Nach dem Einrichten eines neuen Druckers können Sie diesen als *Standarddrucker* festlegen. Um einen Drucker zu entfernen, markieren Sie den Drucker und klicken auf *Entfernen*.

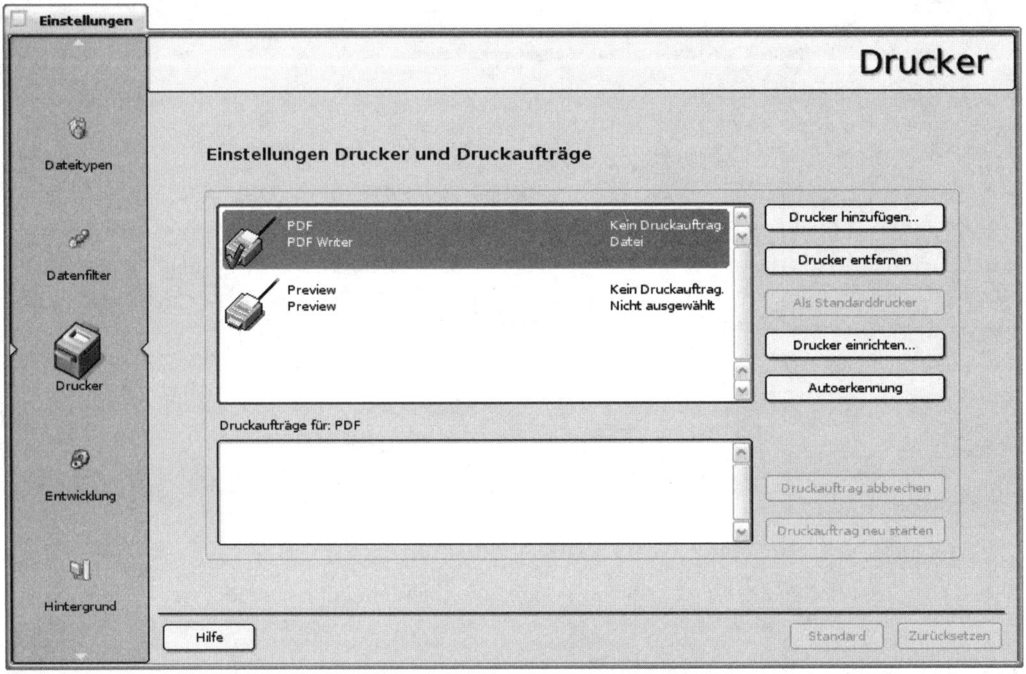

Abb. 6.11: Die Vorschau (*Preview*) und der PDF-Drucker werden bereits bei der Installation eingerichtet

Wenn Sie nun auf einen Drucker klicken, können Sie im unteren Teil sehen, wie viele Druckaufträge der Drucker zu verarbeiten hat. Möglicherweise nutzen Sie die Option *In Datei drucken*. Diese lässt Druckdateien direkt als Datei ausgeben.

Klicken Sie auf der rechten Seite auf *Drucker einrichten*, um verschiedene Optionen für den Drucker auszuwählen.

Der *PDF Writer* lässt Sie aus jedem Programm, das eine Druckfunktion besitzt, ein PDF-Dokument ausdrucken – ideal, um Dokumente zu verteilen, die auf verschiedenen Plattformen gelesen werden sollen oder gar müssen.

Preview ist ein virtueller Bildschirmdrucker, der Ihnen das Ergebnis auf dem Bildschirm als Vorschau darstellt. So können Sie schnell Entscheidungen über die Schrift, Layout und vieles mehr treffen, ohne Papier zu verschwenden.

Eigenschaften des PDF-Druckers

Wählen Sie den *PDF Writer* aus der Liste aus. Klicken Sie auf den Knopf *Drucker einrichten ...*. Es erscheint das *Einstellungen*-Fenster. Klicken Sie die Schaltfläche *Seitenformat...* an. Im folgenden Fenster können Sie die *Margins* (Seitenränder) bestimmen. Außerdem können Sie die Kompression für Grafiken (*Compression*), die Seitengröße und die PDF-Version, in der das PDF ausgegeben werden soll, einstellen. Klicken Sie auf *Ok*. Nun können Sie aus jeder Anwendung, die drucken kann, Dokumente als PDF abspeichern.

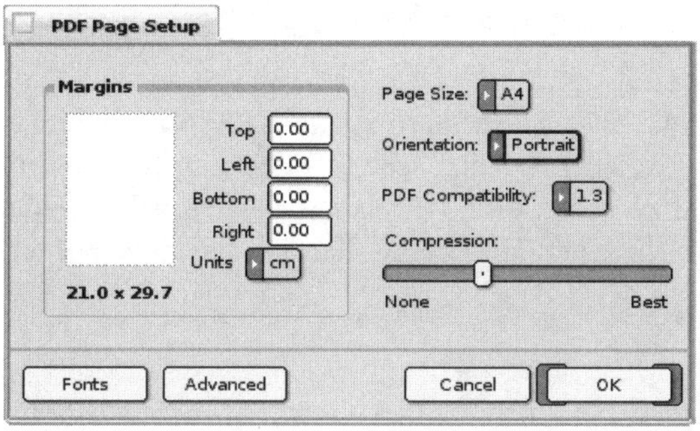

Abb. 6.12: Einstellungen für den PDF-Drucker

6.8 Entwicklungs-Kit einstellen

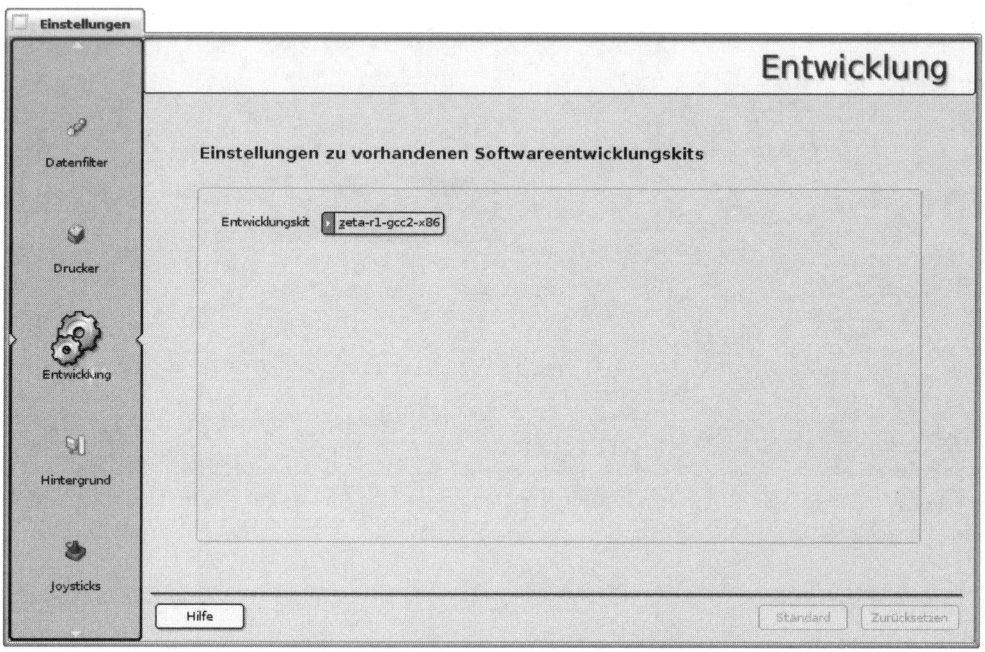

Abb. 6.13: Sie können sehr einfach weitere Entwicklungskits hinzufügen

Dieser Bereich ist nur für Entwickler interessant. Hier können Sie den *GCC Compiler* einstellen, den Sie für Ihr Projekt benötigen: *BeOS* oder *ZETA*. Wenn Sie *BeOS* auswählen, wird der Code für BeOS 5 kompiliert. ZETA hat neue und eigene Bibliotheken. Daher muss das Programm anders kompiliert werden.

6.9 Hintergrundbilder verwenden

Die freie Wahl der Hintergrundbilder lässt Sie das Aussehen von ZETA ganz nach Ihren persönlichen Vorlieben gestalten. Dabei haben Sie die Wahl zwischen den mit ZETA gelieferten und Ihren eigenen Bildern.

Die Auswahl des Hintergrundbildes ist mehr als eine Verschönerung der *ZETA*-Arbeitsumgebung. Es hilft Ihnen, sich besser zu merken, auf welcher Arbeitsfläche (*Workspace*) Ihre Anwendungen laufen. Das ist wichtig, da Sie die Wahl zwischen bis zu 32 Arbeitsflächen haben. Jeder dieser Arbeitsflächen können Sie durch Einstellen einer Hintergrundfarbe oder eines Hintergrundbildes ein eigenes Aussehen geben.

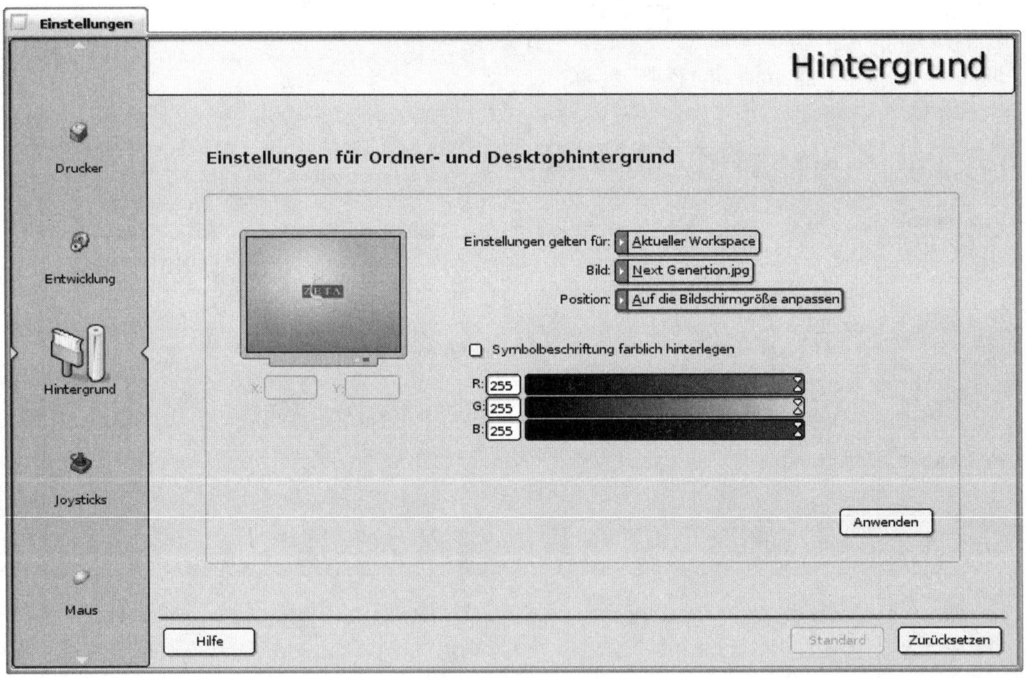

Abb. 6.14: Verschönern Sie Ihren Desktop-Hintergrund oder einen Ordner mit einem Bild, oder ändern Sie einfach seine Farbe

Nicht nur für die Arbeitsflächen können Hintergründe eingestellt werden, sondern auch für jedes Fenster des *Trackers*.

Das Auswahlmenü rechts neben dem Vorschau-Fenster dient der Auswahl, wessen Hintergrund Sie ändern möchten. Die zwei Auswahlmöglichkeiten weisen die Einstellungen entweder der aktuellen Arbeitsfläche (*Aktueller Workspace*) oder allen Arbeitsflächen (*Alle Workspaces*) zu. Die Einstellung *Standard-Ordner* weist die Einstellungen allen *Tracker*-Ordnern zu. Der Menüpunkt *Anderer Ordner* lässt Sie einen speziellen Ordner auswählen. Wenn Sie einem speziellen Ordner einen Hintergrundbild zuweisen, wird der Ordnername der Ordnerliste in diesem Fenster hinzugefügt (am Ende der Liste), damit Sie die Änderungen später wieder abrufen können.

Tipp Sie können ein Bild einfach per Drag & Drop in das *Einstellungen*-Fenster ziehen, um es als Hintergrund zu setzen. Dies spart Ihnen die alternative Suche im *Öffnen*-Dialog.

Wählen Sie im Auswahlmenü *Bild* den Eintrag *Nicht ausgewählt* aus. Die Hintergrundfarbe stellen Sie mit den drei Schiebereglern ein (*Rot, Grün* und *Blau*). Um einen Hintergrundbild einzustellen, gibt es zwei Möglichkeiten: Entweder Sie wählen mit der Maus im Auswahlmenü *Bild* den Menüpunkt *Andere...* aus. Dann öffnet sich ein Dialog-Fenster. Sie können jetzt ein Hintergrundbild aus dem voreingestellten Ordner oder ein eigenes Bild aus einem anderen Ordner auswählen. Alternativ können Sie auch einfach ein Bild aus einem *Tracker*-Fenster in den *Einstellungen*-Bereich ziehen.

Nachdem Sie das gewünschte Bild hinzugefügt haben, ist noch die Positionierung des Bildes auf dem Hintergrund anzugeben. Dazu wählen Sie aus dem Auswahlmenü einen der Menüpunkte (die Optionen *Mittig auf dem Bildschirm*, *Auf die Bildschirmgröße anpassen* sind nur für Hintergrundbilder auf der Arbeitsfläche, nicht für Ordner einstellbar). Wenn Sie die manuelle Einstellung (Menüpunkt *Manuell* aus dem Menü *Position*) über die X- und Y-Koordinaten angeben, wird das Bild ausgehend von diesen Koordinaten (Ausgangspunkt: linke obere Ecke) auf dem Bildschirm angeordnet.

Durch Setzen des Hakens bei *Symbolbeschriftung farblich hinterlegen* wird die ausgewählte Farbe für die Beschriftung der Desktop-Symbole verwendet. Bleibt dieser Menüpunkt deaktiviert, ist die Hintergrundfarbe der Desktop-Symbolbeschriftung transparent. In diesem Fall ist die Textfarbe *Schwarz* oder *Weiß*, je nachdem welche Farbe sich besser von der Hintergrundfarbe abhebt.

Wenn Sie eine Hintergrundfarbe für die Arbeitsfläche einstellen, ist der Menüpunkt *Symbolbeschriftung farblich hinterlegen* deaktiviert, die Hintergrundfarbe ist dann automatisch auf *Transparent* eingestellt. Die Hintergrundfarbe der Desktop-Symbolbeschriftung wird nach Gesichtspunkten der Lesbarkeit ausgewählt.

6.10 Joystick

In diesem Fenster können Sie den Joystick konfigurieren, den Sie an Ihrem Computer angeschlossen haben. Unter *Schnittstelle* werden die Gameports aufgelistet, die am Computer installiert sind. Mit *Autoerkennung* können Sie die Ports nach einem Joystick absuchen. Wenn die *Autoerkennung* Ihren Joystick nicht finden kann, können Sie auch einen Joystick manuell aus der Liste wählen. Nachdem Ihr Joystick erkannt wurde, klicken Sie auf *Kalibrieren*, um ihn einzustellen. Der Text über dem Fenster zeigt Ihnen die Anleitung (die Textanzeige hängt vom Typ des Joysticks ab).

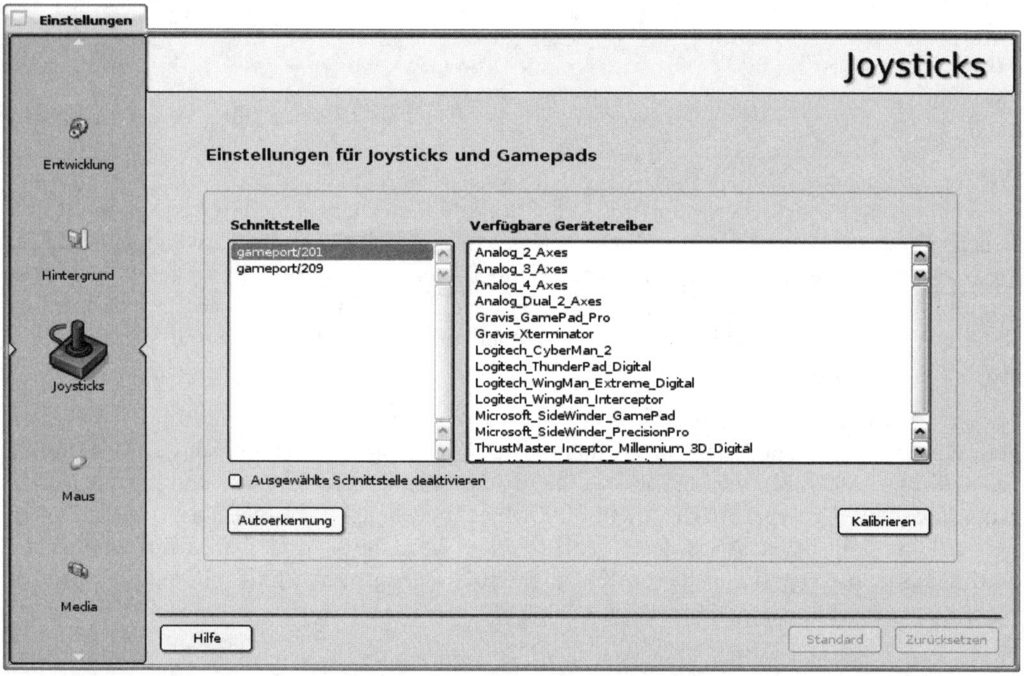

Abb. 6.15: Benutzen Sie zuerst die *Autoerkennung*, um sich eventuell die manuelle Konfiguration zu ersparen

6.11 Die Laufwerksverwaltung mit DriveSetup

Das Programm *DriveSetup* kann mit allen Laufwerken, die von ZETA unterstützt werden umgehen. Sie können die Laufwerke einbinden/aushängen, formatieren, partitionieren, auswerfen und initialisieren.

Das *DriveSetup*-Fenster zeigt die Laufwerke an, die an das System angeschlossen sind, ob diese *gemounted* (in das Dateisystem *eingebunden*) sind oder nicht. Das Fenster darunter zeigt die Laufwerke an, die mit dem Computer verbunden sind: in diesem Fall ein Diskettenlaufwerk, eine Festplatte und zwei CD-Laufwerke.

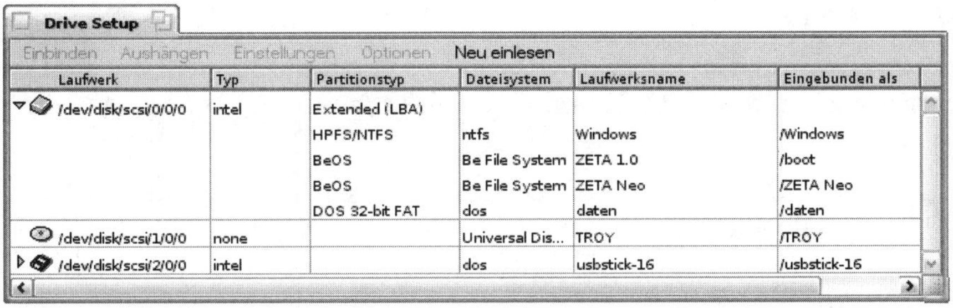

Abb. 6.16: In diesem Computer sind ein Diskettenlaufwerk, eine Festplatte mit ~40 GB-Kapazität und zwei CD-ROM-Laufwerke eingebaut. In einem CD-ROM-Laufwerk befindet sich eine Audio-CD

Ein kleines Dreieck vor dem Laufwerk zeigt Laufwerke mit mehreren Partitionen an. Wenn Sie nun auf das Dreieck klicken, sehen Sie die vorhandenen Partitionen.

Die Tabelle darunter enthält nähere Informationen zu dem Laufwerk.

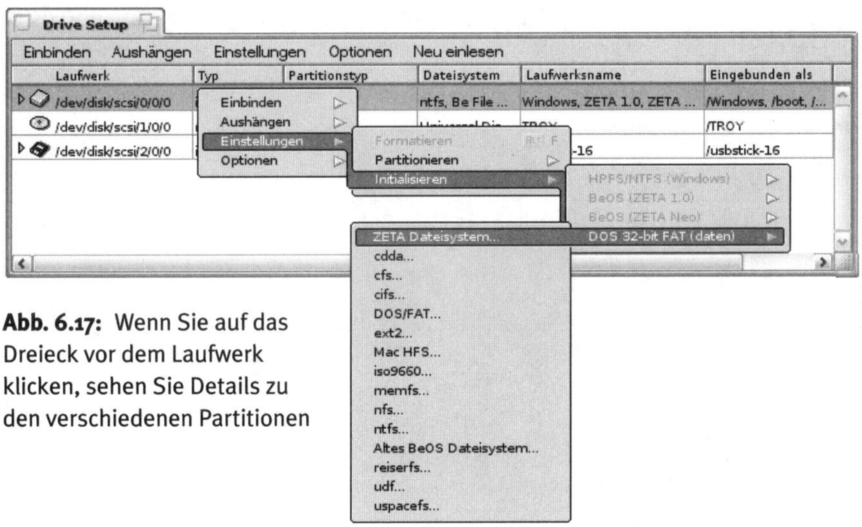

Abb. 6.17: Wenn Sie auf das Dreieck vor dem Laufwerk klicken, sehen Sie Details zu den verschiedenen Partitionen

- *Gerät:* Listet SCSI, IDE, USB und Diskettenlaufwerke auf, die Sie an Ihrem Computer einbinden können.
- *Partitionstyp:* Zeigt die Partitionen der entsprechenden Laufwerken an. ZETA unterstützt Be File System- (*BFS*), DOS-16-Bit- und -32-Bit-, ISO 9660- und OFS- (*Old Be File System*) Partitionen.
- *Dateisystem:* Zeigt die spezifischen Dateisysteme für jedes Laufwerk an.
- *Laufwerksname*: Zeigt den Namen für jedes Laufwerk oder jede Partition an.
- *Eingebunden als*: Zeigt den Pfad eines Laufwerkes an, das gemountet ist.
- *Größe*: Zeigt die Größe für jede Partition bzw. Laufwerk an.

Laufwerke partitionieren

Mit der *Laufwerksverwaltung* können Sie mehrere Partitionen erstellen, ausgenommen auf Disketten, da sie zu klein sind. DVDs und CDs können auch nicht partitioniert werden, da sie nur lesbare Medien sind.

Wenn Sie nur eine Partition haben und ZETA neben einem anderen Betriebssystem installieren möchten, müssen Sie die Festplatte partitionieren.

Erstellung von Partitionen

Sichern Sie alle Daten, die auf der Festplatte vorhanden sind; sie gehen nämlich durch die Partitionierung mit *DriveSetup* verloren.

Wählen Sie das zu partitionierende Laufwerk mit einem Linksklick aus. Wählen Sie dann *Partition* aus dem Menü *Einstellungen*. Sie können bis zu vier Partitionen erstellen. Stellen Sie in dem oberen Bereich den Partitionstyp ein, indem Sie auf *Type* klicken und in der sich öffnenden Liste *Beos* auswählen oder alternativ dazu die Nummer eingeben. Markieren Sie *Active Option* auf der Partition, die Sie aktivieren möchten. Eine Partition muss aktiviert sein. Es ist nicht möglich, mehrere zu aktivieren.

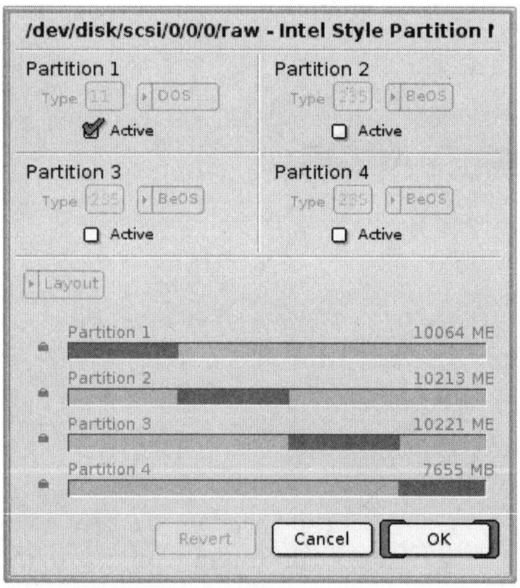

Abb. 6.18: Unter Layout können Sie die Festplatte in bis zu vier Partitionen aufteilen. x86-kompatible PCs können maximal vier erweiterte Partitionen besitzen.

Stellen Sie das *Layout* der Partitionen im unteren Bereich des Fensters ein. Klicken Sie auf den *Layout*-Knopf, um aus vier Partitionskonfigurationen zu wählen. Sie können auch die Partitionsgröße per Regler einstellen. Die minimale Größe für ZETA sollte jedoch 500 MB betragen.

Das Schlosssymbol links vor jedem Balken bewahrt Sie davor, zu schnell eine Partition zu verändern und damit Daten zu löschen. Klicken Sie mit der linken Maustaste auf dieses Symbol, um das Schloss zu öffnen. Ein Dialog-Fenster warnt Sie nun, dass Daten verloren gehen können. Ein weiterer Schutz vor Datenverlust ist die Farbe des Partitionsbalkens. Wenn die Farbe sich von Blau nach Rot verändert, ist die Größe der Partition so groß, dass sie andere Daten löscht. Nachdem Sie nun die Partition eingestellt haben, klicken Sie auf *OK*, um das Laufwerk zu partitionieren. Um die Partitionen zu benutzen, müssen Sie die Laufwerke einbinden.

Initialisierung einer Festplatte

Um Daten auf einem Laufwerk speichern zu können, muss es initialisiert werden, z. B. als DOS oder BFS. Sie sollten die gewünschte Partition mit *ZETAs Dateissystem* initialisieren, bevor Sie ZETA installieren können:

Um eine Festplatte zu inititalisieren, müssen Sie die Festplatte erst aushängen.

Wählen Sie nun *Initialisieren* aus dem *Einstellungen*-Menü. Ihre Möglichkeiten sind nun unter anderem *ZETAs Dateisystem, DOS (Intel machines), Mac HFS, ISO 9660*, oder *Old Be File System*.

Nun können Sie im folgendem Dialogfeld den Namen eingeben und die Dateisystemblockgröße einstellen. Die optimale Einstellung liegt bei *1024*.

Formatierung einer Festplatte

Die Formatierung kann sehr viel Zeit in Anspruch nehmen. Sie sollten das nur vornehmen, wenn der Initialisierungsvorgang fehlschlägt.

Um eine Festplatte zu formatieren, müssen Sie sie aushängen und dann *Format* aus dem *Setup*-Menü wählen. In dem nun folgendem Warnfeld müssen Sie *Format* wählen, um fortzufahren. Dabei werden alle Daten von der Festplatte gelöscht.

6.12 Die Maus einstellen

Das *Maus*-Fenster gibt Ihnen die Möglichkeit, dem System mitzuteilen, wie viele Tasten sich auf Ihrer Maus befinden. Eine Maus mit einer Taste kann aber auch eine 3-Tasten-Maus emulieren: Drücken Sie [Strg]+[Alt], während Sie mit der Maustaste klicken, um die zweite Maustaste zu emulieren und [Strg]+[AltGr]+[,], während Sie mit der Maustaste klicken, um die dritte Maustaste zu emulieren.

Aktuelle Mäuse besitzen mindestens drei Tasten, wobei das Rad in der Mitte auch als Taste zählt. Unter *Maustyp* sehen Sie ein Bild einer Maus. Wenn Sie dort auf eine Taste klicken, können Sie festlegen, welche Taste wie emuliert werden soll. So kann man beispielsweise den Rechtsklick mit dem Linksklick vertauschen. Die linke Maustaste ist Nummer 1, rechts Nummer 2 und die mittlere Taste Nummer 3.

Unter der Maus sehen Sie ein *Testfeld*. Doppelklicken Sie dort auf ein Wort, sollte dieses ganz markiert werden. Ansonsten müssen Sie schneller klicken oder die *Doppelklickgeschwindigkeit* heruntersetzen.

Mit den drei Reglern *Doppelklickgeschwindigkeit*, *Mausgeschwindigkeit* und *Mausbeschleunigung* können Sie das Mausverhalten festlegen.

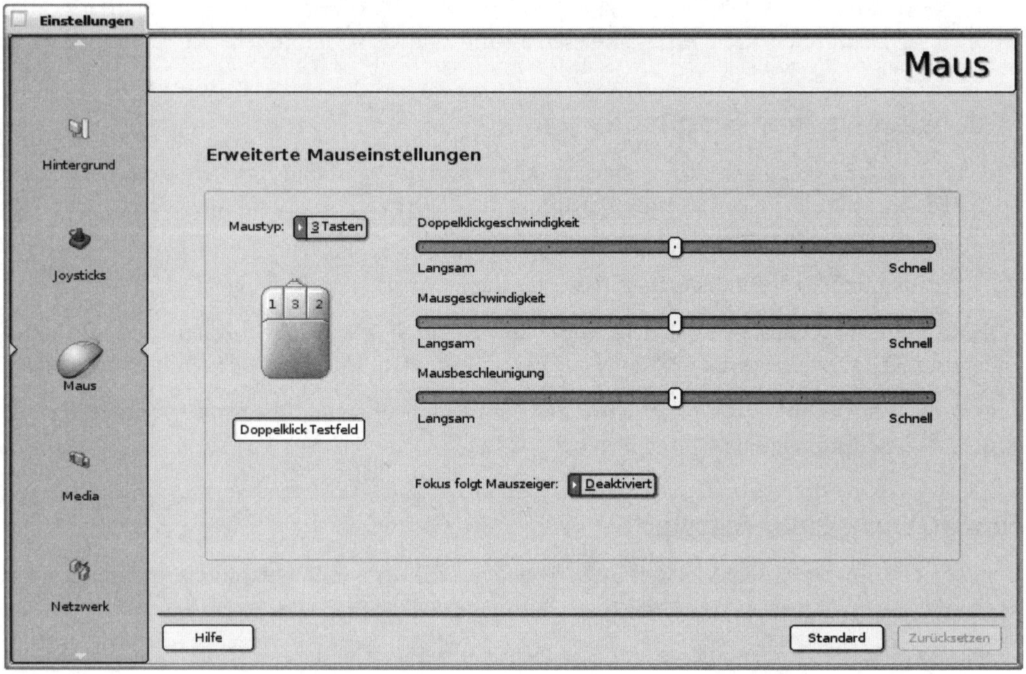

Abb. 6.19: Verändern Sie das Mausverhalten, und testen Sie die *Doppelklickgeschwindigkeit* in dem Testfeld

Mauszeiger folgen

Die Einstellung bezieht sich auf den Mauszeiger in Bezug zu den Fenstern auf dem Desktop:

- *Deaktiviert* (Voreinstellung) bedeutet, dass das aktuelle Fenster aktiviert bleibt, auch wenn Sie den Mauszeiger auf ein anderes Fenster schieben. Wenn Sie auf ein anderes Fenster klicken, rückt dieses in den Vordergrund und wird zum aktuellen Fenster.
- *Aktiviert* bedeutet, dass das Fenster, über das der Mauszeiger zeigt, aktiv wird. Sie müssen allerdings auf die Titelleiste des anderen Fensters klicken, um es in den Vordergrund zu holen.
- *Maus ins Fenster folgen* bedeutet, dass wenn Sie mit dem *Twitcher* ([Strg]+[⇆]-Taste) ein anderes Fenster aufrufen, die Maus in dieses Fenster folgt. Die Maus »fährt« alleine ins Fenster.
- *Maus schnell ins Fenster folgen* bedeutet dasselbe wie oben, nur dass hier die Maus nicht »fährt«, sondern springt.

6.13 Media-Einstellungen festlegen

Mit dem *Media-Einstellungen*-Fenster können Sie Ihre Video- und Audio-Einstellungen verändern. Wenn Sie *Media* sehen, erscheint ein Fenster, das links die »Geräte« (*Audio-Einstellungen*, *Video-Einstellungen*, etc.) darstellt und rechts ein Fenster mit den Einstellmöglichkeiten. Wenn Sie ein Gerät auswählen, haben Sie Zugriff auf die passenden Funktionen. Die Geräteliste hängt von den Geräten und Karten ab, die auf Ihrem Computer installiert sind. Einige Geräte, die Sie in der Geräteliste auswählen können, haben mehr Funktionen als andere. Der folgende Bereich zeigt die typischen Geräte und die damit verbundenen Funktionen.

Audio-Einstellungen

Das *Audio-Einstellungen*-Fenster sieht so aus:

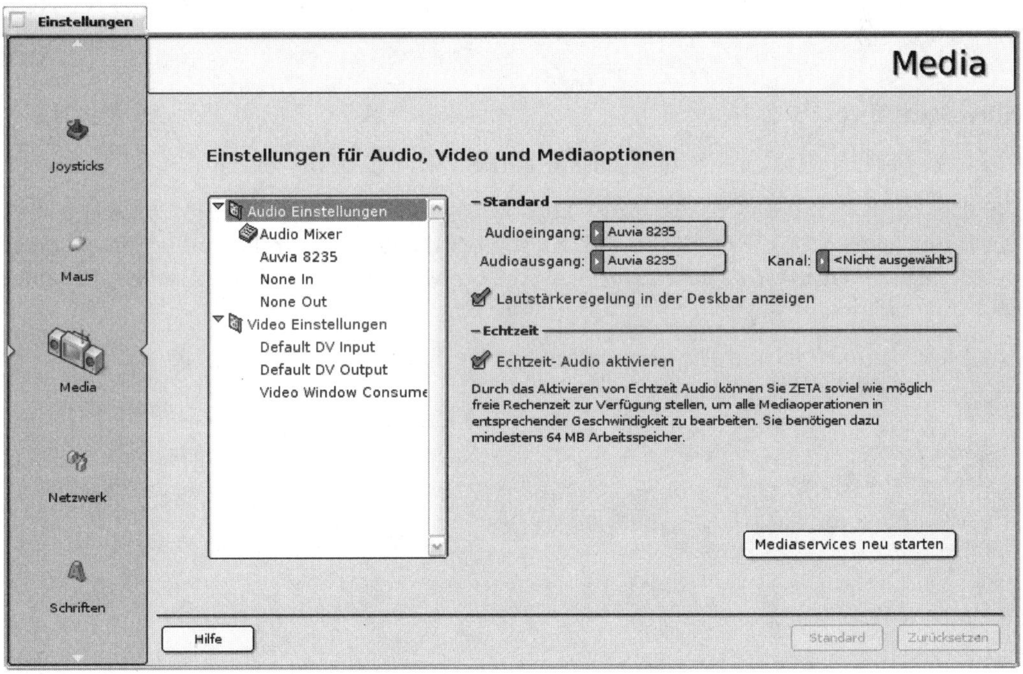

Abb. 6.20: Aktivieren Sie *Echtzeit-Audio*, wenn Sie genügend Arbeitsspeicher besitzen

Die *Audioeingang-* und *Audioausgang-*Menüs zeigen die verfügbaren Geräte für Audioeingang und Audioausgang an.

Das *Kanal*-Menü erscheint nur, wenn Sie eine Mehrkanal-Sound-Karte besitzen. Klicken Sie das Feld *Echtzeit-Audio aktivieren* an, wenn Sie die Audio-Performance verbessern wollen. Das funktioniert nur mit genügend Arbeitsspeicher. Ihr Rechner sollte dafür mindestens 128 MB Arbeitsspeicher besitzen.

Wenn Sie *Lautstärkeregelung in der Deskbar anzeigen* aktivieren, wird ein Media-Symbol in der *Deskbar* im Replikantenbereich (s. Seite 49) angezeigt. Sie können nun mit der rechten Maustaste auf das Symbol klicken. Es erscheint ein Fenster mit den Media- und Sound-Einstellungen und der MediaPlayer-Anwendung.

Klicken Sie auf *Mediaservices neu starten*, um die Veränderungen zu übernehmen. Auch nach einer nachträglichen Installation von Audio-Treibern genügt ein Neustart der *Mediaservices* – ZETA muss also nicht neu gestartet werden.

Audio Mixer

Der *Audio Mixer* gibt Ihnen die Möglichkeit, die Lautstärke einzustellen. Für jeden unterstützten Kanal vergibt der *Audio Mixer* einen Regler bei *Mono* und zwei bei *Stereo*.

Der *Alte Programme-Regler* steht für die Anwendungen, die im Kompatibilitätsmodus arbeiten. Der *Systemton*-Regler erscheint erst, wenn Sie unter *Töne* einem Systemereignis einen Ton zugewiesen haben.

Audioeingang

Wenn Sie bei den Geräten auf *Audioeingang* klicken, wird das Kontrollfeld für das Audiogerät angezeigt.

Mit *Source* können Sie die Quelle auswählen, von der die Programme Ton aufnehmen können. In dem Menü können Sie zwischen *Line In*, *Mic*, *CD* und anderen möglichen Quellen auswählen (die Konfiguration ist von Hardware zu Hardware verschieden).

Mit *Analog Record level* und *Mic Boost* bestimmen Sie die Stärke des Eingangssignals.

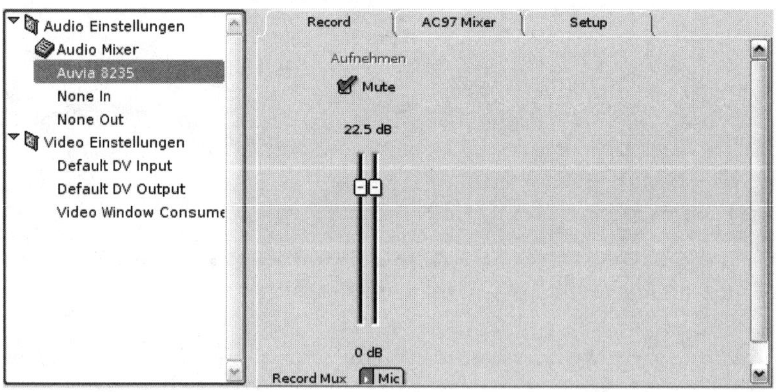

Abb. 6.21: *Mute* heißt stumm; entfernen Sie den Haken, wenn Sie etwas über das Mikrophon aufnehmen möchten

Audioausgang

Klicken Sie auf *Audioausgang*, um das Funktions-Fenster für dieses Gerät aufzurufen.

Die Regler sind für jedes Signal extra vorhanden. Der Regler *Mixer* ist für das Ausgangssignal des *ZETA Audio Mixers* zuständig.

Video

Das *Videoeinstellungen*-Fenster in den *Media*-Einstellungen sieht wie folgt aus:

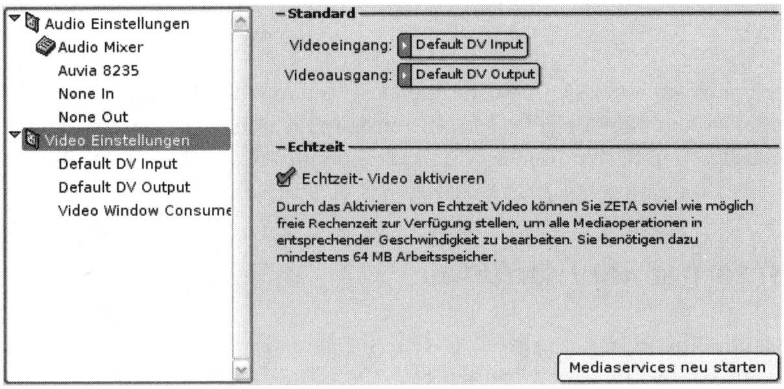

Abb. 6.22: Die im Computer vorhandene Firewire-Schnittstelle wurde erkannt und steht nun als *Videoeingang* zur Verfügung

Mit den *Videoeingang*- und *Videoausgang*-Menüs lassen sich die Geräte und Karten auswählen, die für den Videoeingang und Videoausgang benutzt werden können. Es können nur Geräte ausgewählt werden, die auch in diesem Fenster zu sehen sind.

Markieren Sie *Echtzeit-Video aktivieren,* wenn Sie die Grafikkarten-Performance verbessern wollen. Diese Funktion sollte nur aktiviert werden, wenn Sie genügend Arbeitsspeicher besitzen. Sie ist auf *off* voreingestellt. Ihr Computer sollte dabei mehr als 128 MB Arbeitsspeicher besitzen.

Wenn Sie die Einstellungen beendet haben, klicken Sie auf *Mediaservices neu starten,* um Ihre Einstellungen zu aktivieren.

Videoeingang

Mit dem *Videoeingangs*-Fenster können Sie das Videosignal einstellen. Die Konfiguration hängt immer von den Videocapture-Karten ab. Das Steuerungsmenü bietet *Videoeingang* und *Audioeingang* zur Auswahl an. Wenn der *Videoeingang* auf *Tuner* eingestellt ist, können Sie außerdem den *Kanal* auswählen, den Sie sehen wollen. Das Options-Fenster bietet die Möglichkeit, die Bilddarstellung einzustellen. Die vier Auswahlmöglichkeiten sind:

Filter für das Bild:

- *Luma Coring* (*luminance*): Reduziert Anti-Aliasing-Artifakte.
- *Chroma Comb* (*chrominance*): Erhöht Farbkonsistenz.

- *Gamma*: Automatische Helligkeitskorrektur.
- *Error Diffusion*: Versucht, visuelle Fehler zu entfernen. Diese Dinge sind per Voreinstellung auf *on* gestellt.

Mit dem *Input Names*-Fenster können Sie die Geräte neu zuordnen, die im *Videoeingang*- und *Audioeingang*-Menü stehen. Das sollten Sie nur vornehmen, wenn die Geräte falsch benannt sind. Die *Video 1*-Auswahl steht zuerst im *Video Input*-Menü, *Video 2* ist der zweite Punkt usw. Diese Einstellung beeinflusst weder die Hardware noch die Anwendung, vereinfacht aber die Steuerung.

Das *Hardware Setup*-Fenster fragt nach der terristischen Region und der Hardware, die Sie benutzen. Das Videoformat in den USA ist *NTSC-M,* in Europa *PAL* oder *SECAM*. Die *Tuner-Arten* werden von den meisten Herstellern unterstützt. Stellen Sie den *Tuner Locale* auf die Art ein, wie das Fernsehsignal in Ihrem Land ausgestrahlt wird.

6.14 Netzwerk/Internet konfigurieren

yellowTAB hat ein Netzwerkkonfigurationswerkzeug erstellt, mit dem Sie Schritt für Schritt eine Netzwerk- bzw. Internetverbindung einrichten können.

Um die *Netzwerkeinstellungen* zu starten, klicken Sie auf *ZETA/Einstellungen/Netzwerk*. Zuerst werden Sie nach einem Profilnamen für Ihr Netzwerk gefragt. Wenn Sie sich dauerhaft mit Ihrem Computer im Internet befinden und dabei verschiedene Orte der Provider benutzen, sollten Sie verschiedene Profile benutzen: beispielsweise eine für Ihre Internetverbindung zuhause, eine bei der Arbeit und eine kabellose Verbindung. Nachdem Sie der Verbindung einen Namen gegeben haben, klicken Sie auf *Weiter*, um zum nächsten Fenster zu gelangen.

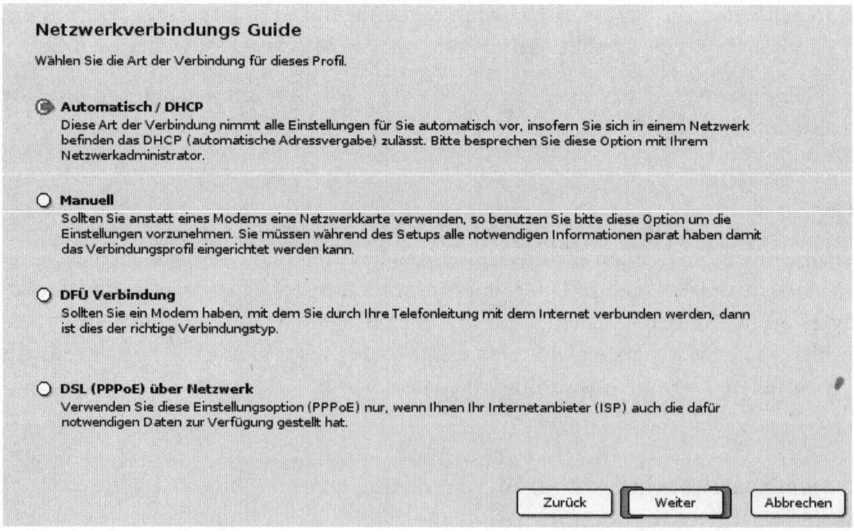

Abb. 6.23: Der *Guide* ist sehr benutzerfreundlich aufgebaut. Zu jedem Schritt werden Informationen angezeigt

Es gibt verschiedene Wege, sich mit dem Internet zu verbinden. Wir haben sie in vier Wege aufgeteilt: Der erste ist *Automatisch / DHCP*. Wenn Sie einen Router mit den entsprechenden Einstellungen besitzen, müssen Sie diese Verbindung wählen. Wenn Sie ZETA bei der Arbeit benutzen, ist die Chance, dass sich ein DHCP im Netzwerk befindet, sehr groß. Fragen Sie am besten beim Netzwerkadministrator Ihrer Firma nach.

Wenn Sie keinen DHCP-Server besitzen, aber trotzdem auf ein Netzwerk zugreifen wollen, können Sie Ihre Netzwerkverbindung auch manuell einrichten. Sie müssen dabei einige Informationen kennen. Wenn Sie sich in einem großen Netzwerk befinden, in dem alle Teilnehmer manuell zugewiesene IP-Adressen besitzen, sollten Sie sich mit dem Netzwerkadministrator in Verbindung setzen, damit Sie wissen, welche IP-Adresse Sie benutzen sollten. Der Administrator kann Ihnen dann auch die IP-Adressen für den Gateway und den Domain Name Server mitteilen. Sollten Sie zuhause ein Netzwerk mit manuell vergebenen IP-Adressen betreiben, kennen Sie diese Daten wahrscheinlich.

Möglicherweise haben Sie keine Breitbandverbindung zum Internet. Sie können sich auch per Modem mit dem Internet verbinden. Das Modem müssen Sie an die Telefonleitung anschließen. Eine solche Verbindung wird auch *Dial Up-Verbindung* genannt. Bitte fragen Sie Ihren Internetanbieter nach den Informationen, um die Verbindung herzustellen.

Der unterste Punkt zum Einrichten einer Internetverbindung wird hauptsächlich dazu verwendet, eine Internetverbindung über ein DSL-Modem einzurichten, das mit einem Netzwerkkabel an dem Computer angeschlossen ist. Diese Methode ist bei sehr vielen Kunden von DSL-Anbietern verbreitet. Dabei wird das DSL-Modem über eine Netzwerkkarte angesprochen. Die Zugangsdaten, die Sie benötigen, bekommen oder haben Sie bereits von Ihrem Provider (Internetanbieter) erhalten. Das Netzwerkverbindungsprogramm erkennt, wenn Sie mehr als eine Netzwerkkarte in Ihrem System haben. Wenn dies der Fall ist, werden Sie aufgefordert, eines der Geräte für die Verbindung auszuwählen. Das ist oft bei Notebooks der Fall, die neben dem Netzwerkanschluss noch über ein WLAN verfügen.

Eine automatische DHCP-Verbindung einrichten

DHCP steht für *Dynamic Host Configuration Protocol*. Dieses Protokoll lässt Netzwerkadministratoren zentral die Zuordnung von IP-Adressen in einem lokalen Netzwerk verwalten. Wenn ein Unternehmen einige Benutzer mit dem Internet verbinden will, muss jedem Rechner eine IP-Adresse zugewiesen werden. Ohne DHCP muss die IP-Adresse manuell an jedem Rechner eingetragen werden. DHCP lässt einen Netzwerkadministrator die Vergabe der IP-Adressen von einem zentralen Punkt administrieren. Dabei wird jedem Rechner eine IP-Adresse zugewiesen, wenn er sich mit dem DHCP-Netz verbindet.

Ein Netzwerk manuell einstellen

Diesen Punkt benötigen Sie nur, wenn Sie zuhause ein Netzwerk mit einem Router betreiben oder zwei Rechner miteinander verbinden möchten. Sollten Sie sich in einem lokalen Netzwerk befinden, müssen Sie die IP-Adresse per Hand eingeben oder per DHCP zuweisen lassen. Die IP-

Adresse identifiziert Ihren Computer im Internet oder im Netzwerk, sodass die anderen Rechner wissen, wohin die angeforderten Informationen gesendet werden sollen. Die Adressen bestehen aus vier Bytes, die für vier Zahlen (0-255) getrennt durch Punkte, beispielsweise 157.189.162.75 stehen. Nachdem Sie die IP-Adresse für Ihr System hinzugefügt haben, klicken Sie auf *Weiter*, um zum nächsten Fenster zu gelangen.

Die Netzmaske ist eine Reihe von Bits, die für die »mask« der IP-Adresse stehen. Die Standard-Netzmaske für eine Klasse-C-Netzwerk ist 255.255.255.0. Der Hauptgrund für die Verwendung von Netzmasken ist das Unterteilen eines Netzwerks in Subnetze.

Der Gateway ist ein TCP/IP Host, der auf zwei oder mehr verschiedene Netzwerke zugreifen kann. Er kann Nachrichten dorthin weiterleiten, auf die der nomale Rechner keinen Zugriff mehr hat. Dieser Host besitzt mehrere IP-Adressen, für jedes Netzwerk eine. Beispielsweise besitzt der Gateway die Adresse 192.0.1.8 und 193.0.1.8. Wenn sich die Rechner in den unterschiedlichen Netzwerken Nachrichten schicken wollen, wird der Gateway als Brücke zwischen den getrennten Netzwerken verwendet.

Wenn zum Beispiel ein Server mit der Adresse 192.0.1.33 mit einem Rechner mit der Adresse 196.0.1.58 kommunizieren will, wird ein Gateway benötigt. Das geht nur mit einem Gateway, der die Daten von 192.0.1 und 196.0.1 verteilen kann.

Der Domain Name Server (*DNS*) ist ein System, das die Namen zu IP-Adressen ordnet. Weil Domain-Namen aus Buchstaben bestehen, können wir sie uns leichter merken. Das Internet basiert auf IP-Adressen. Jedes Mal, wenn Sie eine Internet-Adresse wie *www.yellowtab.de* benutzen, übersetzt der DNS den Namen in die zugehörige IP-Adresse. Das ist ähnlich wie eine Telefonliste, nur eben für das Internet bzw. die URLs. Es empfiehlt sich (falls vorhanden), ein System mit zwei DNS-Servern einzurichten. Das reduziert die Möglichkeit, komplett vom Internet getrennt zu sein, wenn ein Server aufällt. In unserem Fall setzt dann sofort der zweite DNS-Server ein. Die URLs der DNS Ihres Providers finden Sie in Ihren entsprechenden Zugangsunterlagen.

Eine DFÜ-Verbindung (PPPoE) einrichten

Wenn Sie sich in das Internet einwählen wollen, müssen Sie ZETA »sagen«, ob Sie ein analoges oder ein DSL-Modem besitzen und über welchen Internet-Anbieter Sie ins Internet gehen wollen. Das können Sie einstellen, indem Sie auf *Netzwerk* klicken und *DFÜ-Verbindung* wählen.

Das Point-to-Point Protocol (PPP)

Dieses Protokoll erlaubt einem Computer, sich über ein Modem mit dem Internet zu verbinden.

Die meisten xDSL- (*Digital Subscriber Line*) Anbieter nutzen Point-to-Point Protocol over Ethernet (*PPPoE*), das zwei Standards beinhaltet: PPP und Ethernet. PPPoE ist ein Protokoll, das dem Benutzer erlaubt, sich mit seinem High-Speed-Modem ins Internet einzuwählen.

Wenn Sie sich bei einem Internet Anbieter (*ISP*) anmelden, erhalten Sie die Informationen, wie Sie sich anmelden können. Diese Informationen beinhalten einen Benutzernamen (*user account name*) und ein Passwort. Wenn Sie den Benutzernamen eingeben, klicken Sie auf *Weiter*, um zum nächsten Fenster zu kommen. Geben Sie dann das Passwort ein, und bestätigen Sie es.

Bei der Eingabe von Benutzernamen und Passwörtern muss bei verschiedenen Providern Folgendes beachtet werden:

T-Online

Hier setzt sich der Benutzername aus mehreren Teilen zusammen:

`<Anschlusskennung><T-OnlineNummer><Mitbenutzernummer>@t-online.de`

Die T-Online-Nr. muss mit einer Raute (#) abgeschlossen werden, wenn sie weniger als 12 Stellen besitzt. Als Passwort geben Sie einfach Ihr T-Online-Kennwort ein.

AOL

Der Benutzername wird folgendermaßen eingeben: `IhrAolNa-me@de.aol.com`. Als Passwort geben Sie Ihr Kennwort ein. Der Benutzername muss klein geschrieben werden, und das `@de.aol.com` darf nicht vergessen werden. Setzen Sie den DNS auf `195.93.70.134`.

Freenet

Der Benutzername wird hier als `frn0/freenet_login_name` geschrieben, das Kennwort setzt sich aus PIN+Passwort zusammen.

Die Einwahl funktioniert natürlich auch mit anderen Providern, wenn Sie den Ihnen zugewiesenen Benutzernamen und das dazugehörige Passwort eingeben.

Für eine Einwahl über ein analoges Modem erhalten Sie vom Anbieter eine Einwahlnummer, mit der Sie sich einwählen können. Bei T-Online gibt es nur die `0191011`, bei AOL gibt es neben `01914` noch eine alternative Einwahlnummer. Bei Freenet sind es tarifabhängige Telefonnummern. Wenn Sie das Modem im Hotel nutzen, müssen Sie manchmal eine Zahl vor der Nummer wählen, um die Amtsleitung zu erreichen.

Im nächsten Fenster werden Sie gefragt, welche Marke und welches Modell Ihr Modem ist, das Sie für das Internet verwenden. Die Informationen können Sie direkt vom Modem oder dessen Verpackung ablesen.

Nun kommen Sie ans Ende des *Netzwerksverbindungsassistenten* (vgl. Abb. 6.24). Die Internetverbindung ist jetzt eingerichtet.

Wenn Sie auf die *Netzwerkeinstellungen* zugreifen, überprüft ZETA bestehende Profile. Wenn Sie keine Profile besitzen, werden Sie zur *Willkommen-Seite* weitergeleitet. Wenn Sie schon ein Profil erstellt haben, erscheint das *Profil-Auswahl-Fenster*. Aus diesem Fenster können Sie das gewünschte Profil wählen, das Sie benutzen wollen. Klicken Sie danach auf *Aktivieren*. Sie können das Profil auch *löschen* oder *bearbeiten*.

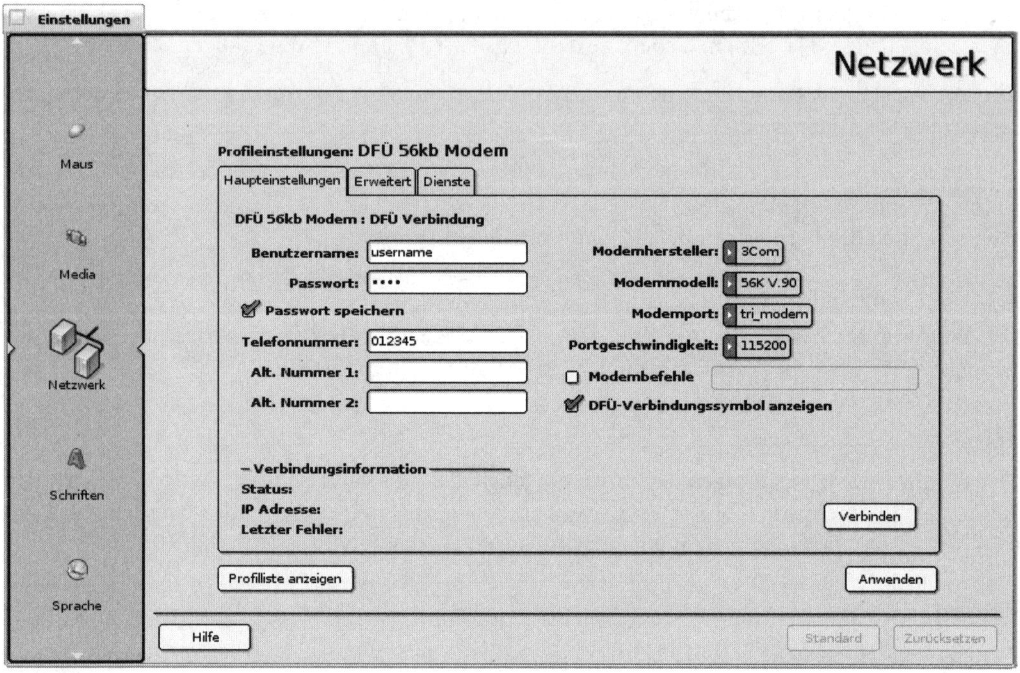

Abb. 6.24: Bearbeiten Sie nachträglich ein Profil, um Änderungen daran vorzunehmen

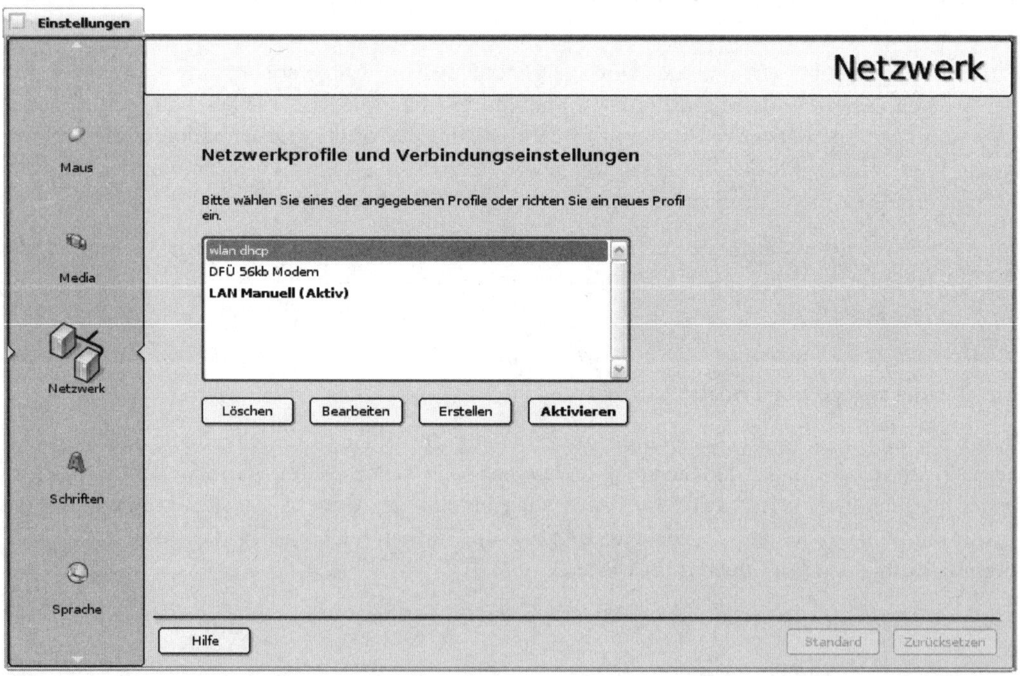

Abb. 6.25: Hier wurden bereits drei Profile angelegt: eine DFÜ-Verbindung, eine WLAN-Verbindung und ein Verbindung über die Netzwerkkarte

Bearbeiten eines Netzwerkprofils

Es gibt zwei Wege, die Einstellungen für die Verbindung zu verändern. Sie können das Profil löschen und eine neue Verbindung mit den Veränderungen erstellen. Der einfachere Weg ist, das zu bearbeitende Profil auszuwählen und dann auf *Bearbeiten* zu klicken.

Sie sehen nun ein neues Fenster mit einer Konfigurationsübersicht. Hier treffen Sie auf die Einstellungen, die Sie bereits vorgenommen haben. Es ist jetzt möglich, diese Einstellungen zu verändern.

Erweiterte Netzwerkkonfiguration

Einige Netzwerke benötigen einen DNS-Server. Da dieser Server nicht in allen Netzwerken vorhanden ist, ist diese Eingabe optional. Oft ist die DNS-IP dieselbe wie die Gateway-IP.

Einen Netzwerkdienst starten

Sie können mehrere unterschiedliche Netzwerkdienste starten. Bevor Sie ZETA als Netzwerk-Server einrichten, sollten Sie Folgendes beachten: Je weniger Netzwerkdienste gestartet sind, desto sicherer ist Ihr System. Bevor Sie einen Dienst starten, stellen Sie sich am besten erst einmal folgende Frage: Benötige ich diesen Dienst wirklich?

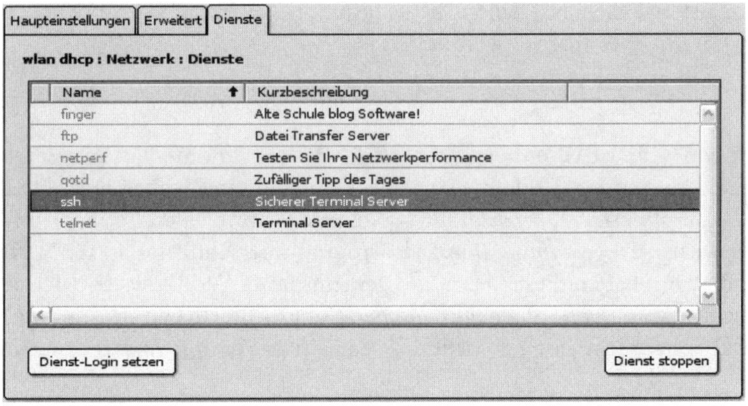

Abb. 6.26: Sollten Sie einen Dienst aktivieren, setzen Sie zur Sicherheit zuerst den *Dienst-Login*

Das *Finger-Protokoll* ist dazu da, Informationen über eingeloggte Benutzer herauszufinden. Der *Finger*-Server bietet eine Liste eingeloggter Benutzer bzw. gibt detaillierte Informationen über einen einzelnen Benutzer. Sie benötigen diesen Service, wenn Sie wollen, dass andere Benutzer mit der *Finger*-Anwendung über die Benutzer auf diesem System informieren sollen. Das ist aber selten der Fall. Der Dienst wird kaum benötigt, deshalb sollten Sie ihn am besten deaktiviert lassen.

Ein *FTP-Server* ist eine Anwendung, die auf das File Transfer Protokoll zugreift. Ein FTP-Server wird benutzt, um anderen Nutzern Dateien zur Verfügung zu stellen. Webbrowser und FTP-Clients loggen sich beim FTP-Server ein und können die Dateien herunterladen. Wenn Sie den

FTP-Dienst anbieten, ist es möglich, dass Hacker versuchen, sich bei Ihnen auf dem Rechner einzuschleichen.

netperf ist ein Benchmark, der genutzt werden kann, um die Geschwindigkeit der verschiedenen Netzwerktypen zu messen.

Der *Quote Of The Day- (qotd)* Dienst gibt täglich verschiedene inspirierende Zitate aus.

telnet ist ein Protokoll (*RFC 854*), das eine interaktive Einwahlverbindung über TCP/IP zu einem anderen Computer erlaubt. Die Befehle werden auf dem eingewählten Rechner so ausgeführt als säßen Sie vor dem Rechner. Einige Computer benötigen für diesen Vorgang ein Benutzerkonto für den Zugriff, andere Funktionen sind öffentliche Archive und so für jeden zugänglich. Seien Sie vorsichtig beim Einsatz von ZETA mit telnet, da die Zugangsdaten über das Internet im Klarttext gesendet werden und von Hackern abgefangen werden können.

Bitte lesen Sie dazu unseren Artikel über SSH (s. Seite 233).

Drahtlose Netzwerke unter ZETA

Drahtlose Netzwerke verbreiten sich immer mehr. Es gibt sie in vielen Flughäfen, Hotels, öffentlichen Plätzen, Universitäten, Büros und auch zuhause. Gewöhnlich läuft diese Verbindung über einen *Accesspoint*. Dieses Gerät vermittelt die Daten zwischen den angemeldeten Rechnern. Accesspoints sind in den meisten Fällen mit einem kabelbasierten Netzwerk verbunden, das dann wiederum z. B. über DSL mit dem Internet verbunden ist.

Unterstützte Hardware

ZETA unterstützt mit dem von yellowTAB entwickelten *NDIS Wrapper* momentan nur Intels Centrino-Technologie. Durch zukünftige Updates wird die Unterstützung weiter ausgebaut. NDIS steht für *Network Driver Interface Specification* (=Netzerk-Schnittstellen-Treiber) und besitzt eine eigene API (*Application Programming Interface*=Programmierschnittstelle) für Netzwerkkarten (*NIC*). Intel und 3Com haben diesen Standard gemeinsam für Windows entwickelt. Unter Linux gibt es seit kurzem einen *open-source ndiswrapper*. Die Quelltexte von ZETAs *NDIS Wrapper* liegen nicht offen; er sollte nicht als eine Portierung der Linux-Variante missverstanden werden.

Die Centrino-Technologie ist ein De-facto-Standard, wenn es um drahtlose Netzwerke und Laptops geht. Das ist aber nicht nur der Funknetzwerkfähigkeit zu verdanken, sondern auch den anderen Fähigkeiten der Technologie wie z. B. eine erhöhte Akkulebensdauer.

Wenn Sie die *Netzwerkeinstellungen* das erste Mal aufrufen, wird ZETA die Centrino-minipci-Karte automatisch erkennen. Sollten Sie nun eine Netzwerkverbindung einrichten und das Profil bearbeiten, erscheint ein weiteres Tab, in dem alle verfügbaren Funknetzwerke aufgelistet sind. Wenn das gesuchte Netzwerk nicht erscheint, können Sie nochmal nach Netzwerken scannen.

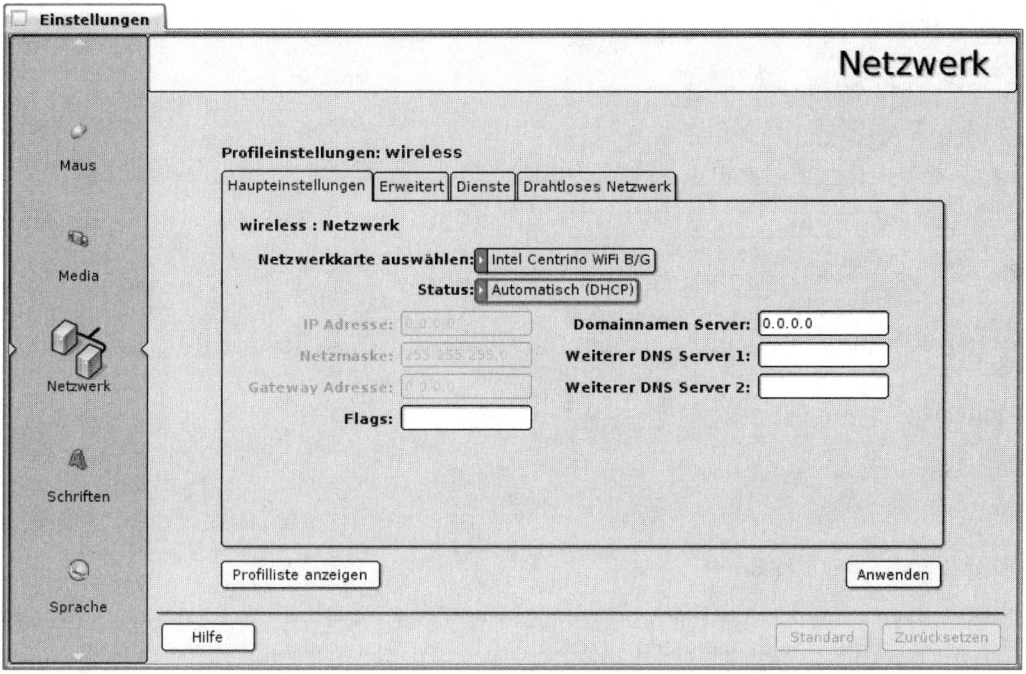

Abb. 6.27: Ein zusätzlicher Tab erscheint, wenn als Netzwerkkarte ein WLAN-Gerät ausgewählt wird

Um Funknetzwerke in der Umgebung zu erkennen, wertet der *NDIS Wrapper* die empfangenen Pakete aus und stellt die Ergebnisse in den *Netzwerkeinstellungen* dar. Es wird der Name des Accesspoints angezeigt, die Signalstärke, sowie ein Hinweis, ob die Verschlüsselung eingeschaltet ist. In dieser Liste erkennen Sie auch, mit welchem Netzwerk Sie sich verbinden können.

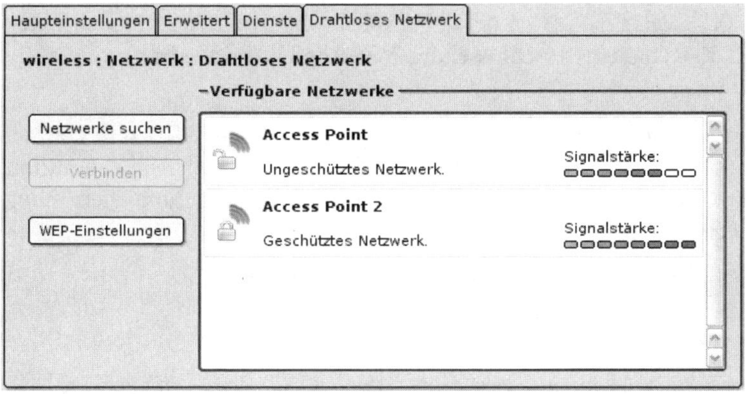

Abb. 6.28: Ein geschütztes und ein ungeschütztes WLAN-Netzwerk wurden gefunden

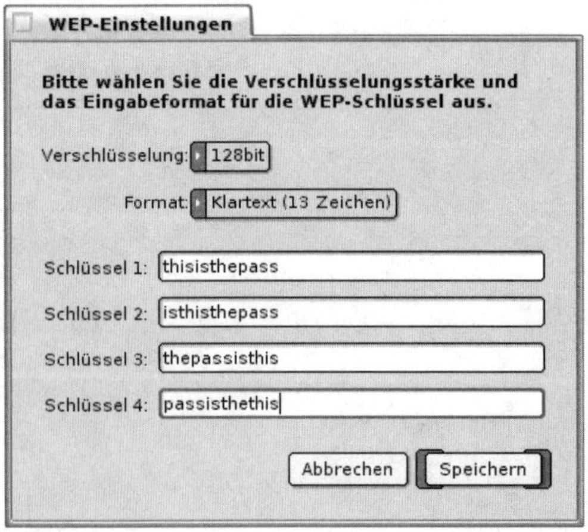

Abb. 6.29: Bei geschützten Netzwerken müssen Sie einen *WEP-Schlüssel* angeben, bevor Sie sich verbinden können

SSID (Service Set Identifier)

Der Name eines Funknetzwerkes wird SSID genannt. Alle Geräte, die sich mit dem jeweiligen Netzwerk verbinden wollen, müssen diese SSID »wissen«. Wenn Sie ungebetene Gäste aus Ihrem Netzwerk fernhalten wollen, sollten Sie die *SSID Broadcast*-Option des *Accesspoints* deaktivieren.

WEP-Verschlüsselung (Wired Equivalent Privacy)

Die WEP-Verschlüsselung wurde für den 802.11b-Standard entwickelt und wird auf MAC-Ebene realisiert. Nur Stationen, die den Schlüssel kennen, sind in der Lage, auf das Netzwerk zuzugreifen. Ohne den benötigten Schlüssel kann man mit den verschlüsselten Paketen nichts anfangen.

WEP benutzt 64- oder 128-Bit-lange Schlüssel und wurde von *RSA Data Security* entwickelt. Bei den meisten *Accesspoints* ist die Verschlüsselung bei der Auslieferung deaktiviert. Jedoch unterstützen die meisten 802.11b-Karten diese Verschlüsselung. Wir empfehlen in jedem Fall, die Verschlüsselung auch zu benutzen.

Leider ist die WEP-Verschlüsselung nicht perfekt. Andere Benutzer im selben Netzwerk könnten mit einem gültigen Schlüssel Ihre Daten mitlesen. WEP wurde nicht entwickelt, um den ultimativen Schutz zu gewährleisten. Es wurde mit dem Maßstab entwickelt, einen ähnlichen Schutz wie mit einem kabelgebundenen Netzwerk zu erreichen.

ZETA unterstützt Schlüssellängen von 64 und 128 Bit durch den *NDIS Wrapper*.

WPA 1.0 und 2.0 (Wi-Fi Protected Access)

Der IEEE 802.11g-Standard unterstützt die sog. WPA-Verschlüsselung. WPA soll WEP ersetzen, es bietet eine bessere Verschlüsselung als WEP. Die Schwächen von WEP wurden bei WPA behoben. Es werden auch keine statischen Schlüssel mehr verwendet. WPA besitzt die Schwächen von WEP nicht mehr und verwendet auch einen neuen, besseren Verschlüsselungsalgorithmus.

Filterung von MAC-Adressen

Um Computer eindeutig in Netzwerken (auch dem Internet) identifizieren zu können, besitzt jede Netzwerkkarte eine MAC-Adresse. Diese Adresse ist direkt in der Hardware festgelegt und kommt kein zweites Mal vor.

Wenn in Ihrem Accesspoint die MAC-Filterung eingeschaltet ist, wird eine MAC-Adressliste benutzt. Nur wenn die Adresse der jeweiligen Karte dort vorhanden ist, wird der Zugriff erlaubt. Bei Funknetzwerkkarten ist die Adresse oft auf dem Gerät abgedruckt und sieht z. B. so aus: 12:ab:34:cd:ef:56. Sie können die MAC-Adresse auch herausfinden, indem Sie im *Terminal* `ifconfig -a` eingeben.

Der Unterschied zwischen 802.11a/b und g

Der 802.11a-Standard unterstützt Übertragungsgeschwindigkeiten von bis zu 54 MBit und arbeitet im 5 GHz-Band. Der Nachteil des benutzten 5 GHz-Bandes ist, dass die Reichweite dadurch eingeschränkt wird. Im Gegensatz zum 2,4 GHz-Band treten allerdings bei 5 GHz weniger Störungen wie z. B. durch Mikrowellengeräte, Videoübertragungsgeräte oder Bluetooth auf. Dieser Standard wird bisher noch selten genutzt und wird auch noch nicht von ZETA unterstützt.

802.11b ist der De-facto-Standard für Funknetzwerke der letzten Jahre. Die Übertragungsgeschwindigkeit beträgt bis zu 11 MBit; es wird im 2,4 GHz-Band gearbeitet. Die Übertragungsgeschwindigkeit wird automatisch den Empfangsverhältnissen angepasst und kann 1, 2, 5,5 oder 11 MBit betragen.

Dieser Standard ist sehr verbreitet; dadurch sind die Geräte auch relativ günstig zu haben. In vielen Notebooks und PDAs ist eine Funknetzwerkkarte auch ab Werk eingebaut.

Dieser Standard wird durch einige ältere Chipsätze von ZETA unterstützt, beispielsweise der Chipsatz, der in ORiNOCO-Karten benutzt wird. Die Intersil-Chipsätze Prism 2/2.5/3 werden auch unterstützt. Es gibt dafür einen Treiber von Patrick Lafarguette auf *www.bebits.com*. Der Treiber heißt *hfa384x*. Sie finden kompatible Geräte auch in unserer Hardware-Kompatibilitätsliste.

802.11g könnte als Nachfolger von 802.11b betrachtet werden. Er arbeitet im selben Frequenzband und ist außerdem abwärtskompatibel. Dieser Standard wird auch von ZETA unterstützt.

Info Der 802.11b-Standard sieht 14 verschiedene Kanäle zur Nutzung vor. In den USA dürfen nur die Kanäle 1 bis 11 benutzt werden. In Europa dürfen zwei zusätzliche Kanäle benutzt werden, in Japan alle 14.

Netzwerk-Modi

Funknetzwerke können in zwei unterschiedlichen Modi betrieben werden:

- *Ad-hoc-Modus*: Hierbei werden zwei oder mehr Computer direkt miteinander vernetzt. Es ist kein Accesspoint erforderlich.
- *Infrastructure-Modus*: Hierbei kommunizieren die Stationen über einen Accesspoint.

6.15 Schriften

Sie können unter ZETA bestimmen, wie viel Speicher beim Zeichnen von Schriften verwendet werden sollen. Klicken Sie dazu im *ZETA*-Menü auf *Einstellungen/Schriften*. Klicken Sie auf das *Cache*-Feld, um den Schrift-Cache einzustellen. Hier können Sie bestimmen, wie viel RAM dem Cache für Schrift-Bitmaps zugewiesen wird. Ein großer Cache bedeutet schnelleren Schriftaufbau, allerdings ist dann weniger RAM für andere Anwendungen verfügbar. *Druckerschriftcachegröße*: Bestimmt, wie viel RAM für Druckerschriften zur Verfügung gestellt wird. Ein großer Cache bedeutet schnelles Drucken. Sie benötigen den Druckercache auch nur, wenn Sie einen Laser Jet-Drucker besitzen.

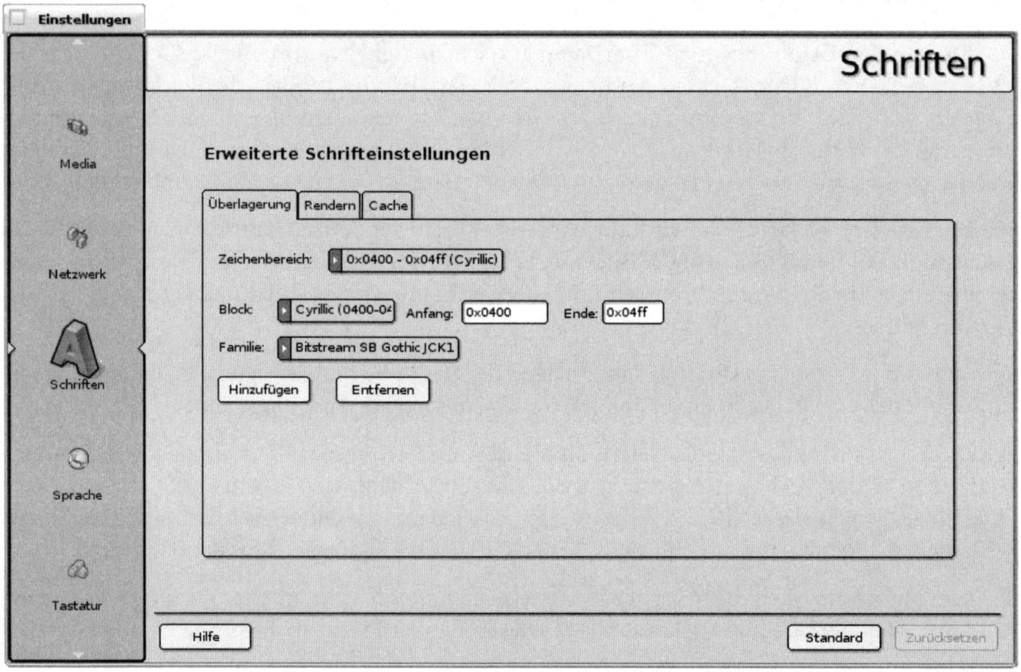

Abb. 6.30: Hier können Sie einfach Schriften hinzufügen sowie Einstellungen dazu vornehmen

Schriften hinzufügen

ZETA beinhaltet einen TrueTypeSchrift-Berechner, der TrueTye-Schriftarten in jeder Größe darstellt. Die Standardschriften sind im Verzeichnis */boot/beos/etc/fonts/ttfonts* gespeichert. Das sind Systemschriftarten, die Sie nicht verändern sollten.

Sie können zusätzlich Schriftarten im TrueType-Format kaufen bzw. downloaden und zu ZETA hinzufügen. Kopieren Sie diese Schriften unter ZETA in den Ordner */boot/home/config/fonts/ttfonts*.

Um nun die neuen Schriften anzeigen zu lassen, müssen Sie auf die *Neu einlesen*-Schaltfläche im Schrift-Fenster klicken. Auch wenn Sie ZETA neu starten, werden automatisch alle neuen Schriften geladen. Um PostScript-Schriften hinzuzufügen, müssen Sie einen neuen Ordner in */boot/home/config/fonts/psfonts* erstellen und die Dateien dorthin kopieren. Auch hier klicken Sie einfach auf die Schaltfläche *Neu einlesen*, um die Schriften benutzen zu können.

6.16 Gibt es ZETA auch in meiner Sprache?

ZETA kann in verschiedenen Sprachen eingestellt werden. Dabei ist die Möglichkeit nicht darauf beschränkt, nur vor der Installation eine Sprache auszuwählen. Sie können nach der Installation ZETA mit wenigen Mausklicks auf eine andere Sprache umstellen. Der Wechsel der Sprache erfolgt sofort nach der Auswahl. Es ist kein Neustart notwendig. Es kommt jedoch vor, dass ein Programm neu gestartet werden muss, um die neue Sprachdatei zu laden.

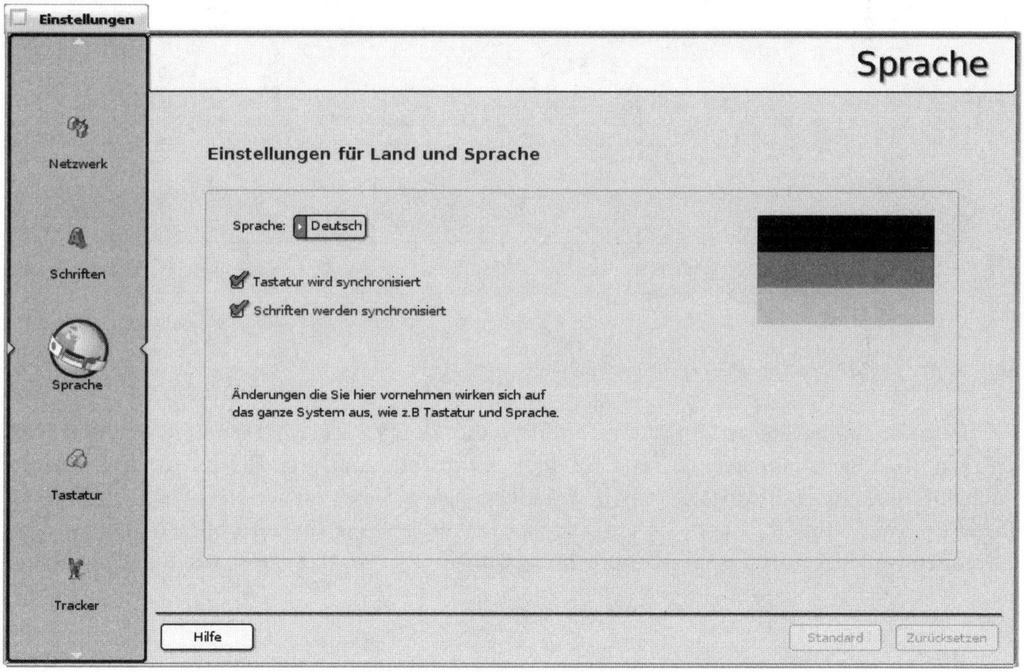

Abb. 6.31: Sie können die Sprache des Systems jederzeit nachträglich umstellen

Per Voreinstellung ändert das Programm mit der Sprache auch die Tastatur und den Zeichensatz. Wenn Sie ZETA in Englisch, das Tastaturlayout und den Standardschriftsatz aber in Deutsch haben wollen, deaktivieren Sie die Funktion *Tastatur wird synchronisiert* und/oder *Schriften werden synchronisiert.*

6.17 Einstellungen zur Tastatureingabe

Unter dem Reiter *Tastatur* können Sie einstellen, wie sich ZETA verhalten soll, wenn Sie eine Taste gedrückt halten.

Verschieben Sie die Regler, und testen Sie dann in dem Textfeld darunter die Einstellungen.

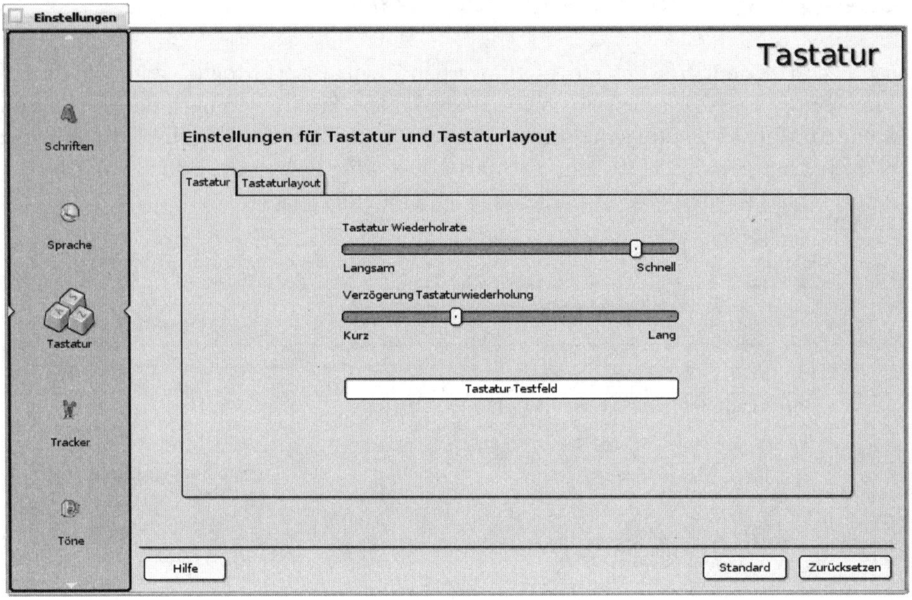

Abb. 6.32: Passen Sie die Tastatur individuell an

Wechseln Sie auf den Reiter *Tastaturlayout*, um dieses dort zu ändern. Wenn Sie jetzt eine Taste drücken, wird die entsprechende Taste auf dem Tastaturbild markiert. Der gedrückte Buchstabe erscheint auch im Testfeld über dem Bild. Links können Sie aus einer Liste länderspezifischer Tastaturlayouts wählen. Wenn Sie ein anderes Layout als das für Ihre Sprache zugewiesene anwenden wollen, müssen Sie unter Sprache *Tastaturlayout synchronisieren* deaktiviert haben.

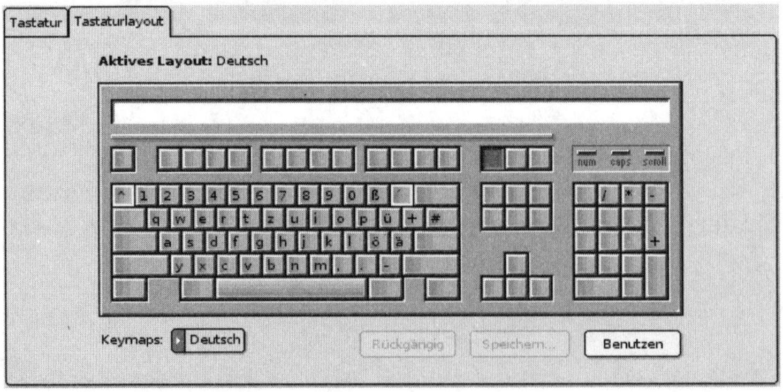

Abb. 6.33: Ändern Sie das *Tastaturlayout* nach Belieben, indem Sie die Tasten mit der rechten Maustaste verschieben

6.18 Die Tracker-Einstellungen

Der *Tracker* ist neben der *Deskbar* die wichtigste Anwendung für den Benutzer. Sie können hier viele Einstellungen vornehmen, um ZETA Ihren Bedürfnissen anzupassen. Links in der Liste können Sie den Teil auswählen, auf den sich die Einstellungen auswirken. Die Einstellungen zu den einzelnen Teilen sehen Sie rechts in der Liste.

Die Einstellungen zum Desktop

- *Laufwerksymbol anzeigen* zeigt anstatt der einzelnen gemounteten Laufwerke einen Ordner *Disks* an, in dem sich die gemounteten Laufwerke befinden.
- *Laufwerke einzeln auf dem Desktop anzeigen* ist bei ZETA voreingestellt.
- *Netzlaufwerke auf dem Desktop* anzeigen zeigt z. B. gemountete CIFS-Freigaben auf dem Desktop an. Dies sollte aktiviert werden.
- *Nicht gebootete ZETA-Desktops einbinden* zeigt Ihnen wenn aktiviert den Inhalt von Desktops anderer ZETA-Installationen auf dem aktuellen Desktop an.
- *Entfernbare Medien auswerfen* öffnet die Schublade des CD-ROM- bzw. DVD-Laufwerks, wenn Sie ein Medium aushängen, das sich darin befindet.

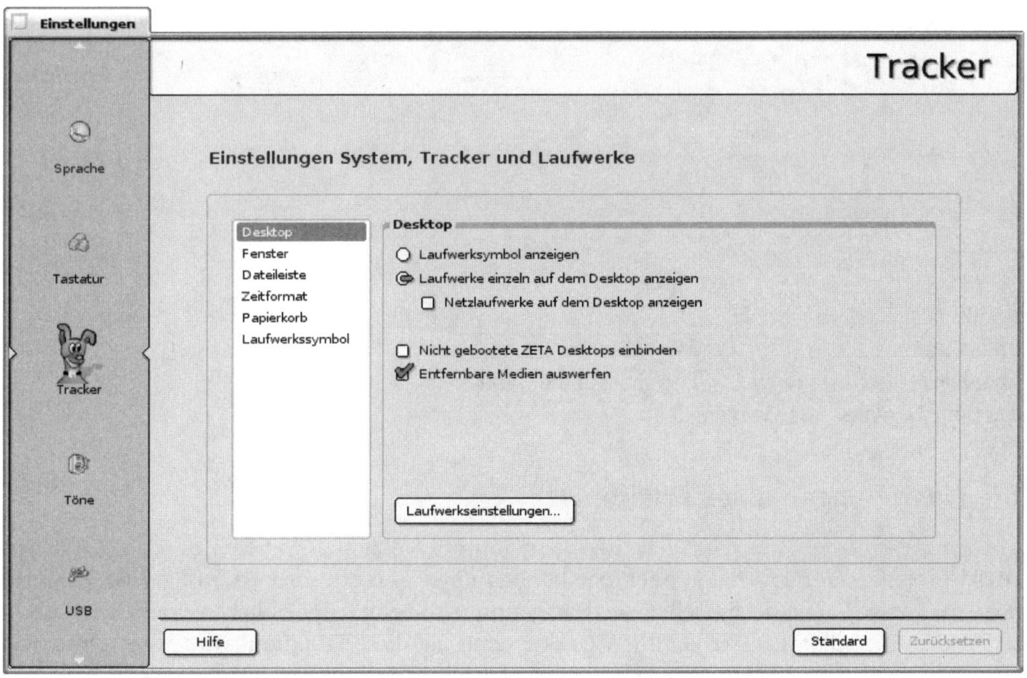

Abb. 6.34: Passen Sie den *Tracker* Ihren Wünschen an

Laufwerkseinstellungen

Klicken Sie auf *Laufwerkseinstellungen*…, wenn Sie das Verhalten von ZETA gegenüber anderen Partitionen ändern möchten:

- *Nicht automatisch einbinden* bedeutet, dass Sie jedes Laufwerk selbst einbinden müssen.
- *Alle ZETA/BeOS Laufwerke* bewirkt, dass alle Partitionen, die mit dem ZETA/BeOS-Dateissystem initialisiert werden, automatisch eingebunden werden.
- *Alle Laufwerke* bindet alle Laufwerke, auch USB-Sticks und CD-ROMs ein. Disketten müssen allerdings von Hand eingebunden werden, da das System nicht erkennt, wenn eine Diskette eingelegt wird.
- *Nur das Systemlaufwerk* bewirkt, dass nur die Partition eingebunden wird, auf der sich die gebootete ZETA-Installation befindet.
- *Vorher eingebundene Laufwerke*: Alle Laufwerke, die beim Herunterfahren von ZETA eingebunden waren, werden wieder gemountet.
- Die zwei letzten Optionen *Alle ZETA/BeOS Laufwerke* und *Alle Laufwerke* bewirken dasselbe wie oben beschrieben, beschränken sich aber auf die Zeit des Boot-Vorgangs. Bedenken Sie, dass das automatische Mounten von Laufwerken zu einer etwas längeren Boot-Zeit führt.

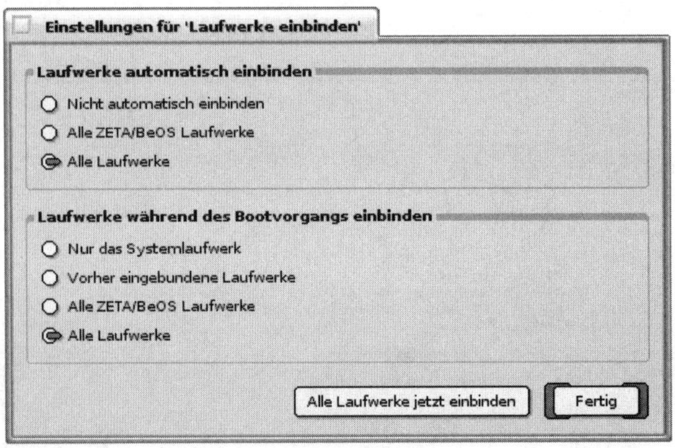

Abb. 6.35: Die Einstellungen wirken sich auf die Geschwindigkeit des Startvorgangs (Boot-Vorgangs) aus

Die Einstellungen eines Fensters

Mit Fenster sind hier die *Tracker*-Fenster gemeint, die Sie zum Navigieren durch die Ordnerstruktur von ZETA benutzen können. Sie können unter anderem den *Vollen Pfad im Titelleiste anzeigen* lassen. Durch die Einzelfenster-Navigation wird beim Doppelklicken eines Ordners dieser in dem aktuellen Fenster geöffnet. Deaktivieren Sie diese Funktion, wird jeder Ordner in einem neuen Fenster geöffnet. Der Navigator erleichtert Ihnen zudem das Navigieren zwischen den Ordnern.

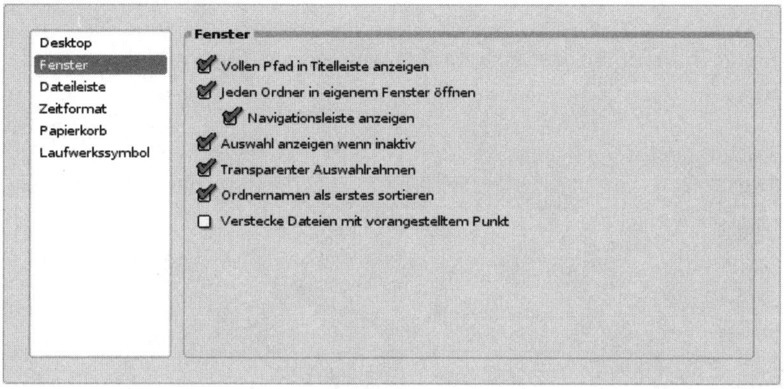

Abb. 6.36: Die Einstellungen wirken sich auf alle *Tracker*-Fenster aus

- *Auswahl anzeigen wenn inaktiv* zeigt Ihnen eine Auswahl von Ordnern/Dateien als markiert an, auch wenn das *Tracker*-Fenster nicht aktiv ist.
- *Transparenter Auswahlrahmen* färbt den Inhalt einer Markierungsbox durchsichtig grau.
- *Ordnernamen als erstes sortieren* erleichtert Ihnen ebenfalls die Navigation.

Sie können manche Dateien verstecken. Die letzte Funktion dient nicht unbedingt dazu, diese Dateien anderen Benutzern zu verwehren, sondern vielmehr, sie während der Navigation nicht versehentlich zu löschen oder zu verändern. Die Dateien stören so auch nicht während der Navigation.

Dateileiste

Hier können Sie einstellen, wie viele *Vorherige Dokumente* und *Vorherige Ordner* im *Favoriten*-Menü angezeigt werden sollen. Setzen Sie die Zahl auf *0*, werden die Ordner im Menü nicht angezeigt.

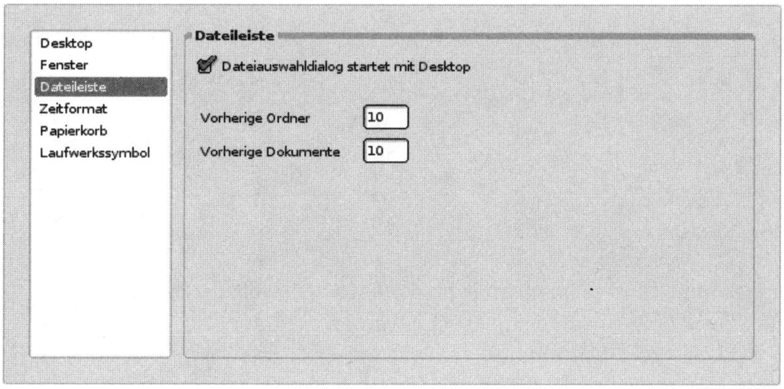

Abb. 6.37: Bei *Öffnen*- und *Speichern*-Dialogen sehen Sie einen Menüeintrag *Favoriten*. Setzen Sie hier die Anzahl der dort erscheinenden Ordner und Dateien

Zeitformat

Stellen Sie das gewünschte *Zeitformat* ein, die Reihenfolge von Monat, Tag und Jahr sowie das gewünschte Trennzeichen.

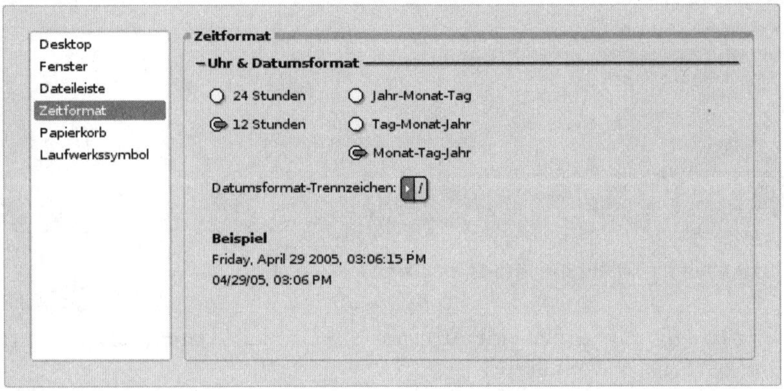

Abb. 6.38: Auch das *Zeitformat* können Sie Ihren Bedürfnissen anpassen

Papierkorb

Aktivieren Sie *Die Dateien nicht in den Papierkorb verschieben*, um die Dateien direkt zu löschen, ohne dass sie im Papierkorb zwischengelagert werden. Die Datei ist dann unwiderruflich gelöscht. Mit dem Punkt darunter können Sie dann festlegen, ob noch eine Bestätigung erscheinen soll.

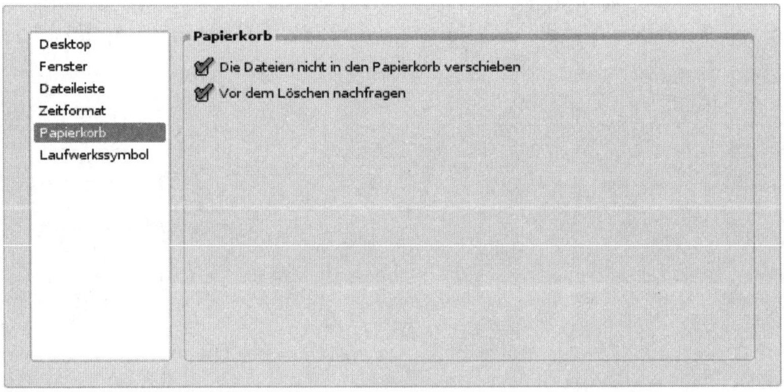

Abb. 6.39: Sollten Sie Dateien ohne Umweg über den Papierkorb löschen wollen, besteht die Möglichkeit, sich vorher mit einem Dialog-Fenster warnen zu lassen

Laufwerkssymbol

Stellen Sie hier die Farbe für den Balken neben dem Laufwerkssymbol ein. Sie können den drei Status-Balken verschiedene Farben zuweisen. Stört Sie der Balken, entfernen Sie einfach den Haken bei *Speicherverbrauch am Laufwerksymbol anzeigen.*

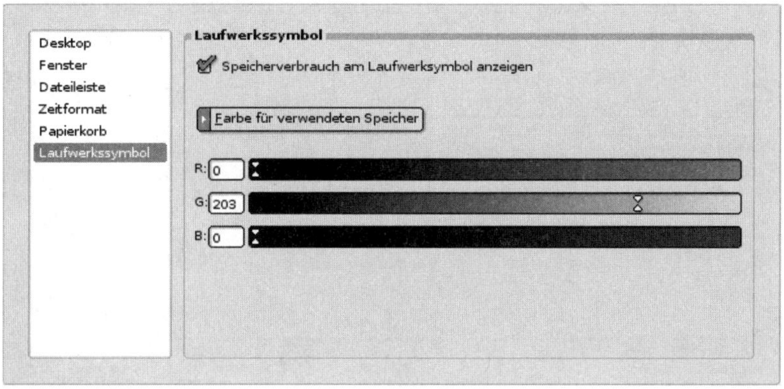

Abb. 6.40: Stellen Sie die Farbe für den Balken ein, der Ihnen den Speicherverbrauch des Laufwerks anzeigt

Haben Sie eventuell Einstellungen vorgenommen, mit denen Sie nicht zufrieden sind, können Sie mit der Schaltfläche rechts unten, *Standard*, die Ursprungswerte wiederherstellen.

6.19 Töne

Hier können Sie diversen Ereignissen in Programmen oder im System verschiedene Töne zuweisen. Neben den Systemtönen wie *Startup* (wenn ZETA hochgefahren ist) können Sie hier den einzelnen Programmen, sofern diese eine solche Funktion vorsehen, Töne zuweisen. Nehmen wir an, Sie haben *BeShare* geöffnet, arbeiten aber in einem anderen Fenster.Wenn Sie hier *BeShare-Name Said* einen Ton zuweisen, ertönt dieser, sobald Sie jemand im *BeShare* (s. Seite 213) mit Ihrem Namen anschreibt. Für die einzelnen Töne können hier auch verschiedene Lautstärken zugewiesen werden. Sie können den Sound auch anhören, indem Sie dann auf *Abspielen* klicken. Sie können Ihre eigene Sound-Dateien verwenden, indem Sie die Dateien oder Verknüpfungen davon in den Ordner */boot/home/config/sounds* kopieren. Sie werden dann automatisch angezeigt. Unterstützte Dateiformate: AIFF, RAW, MP3 und WAV.

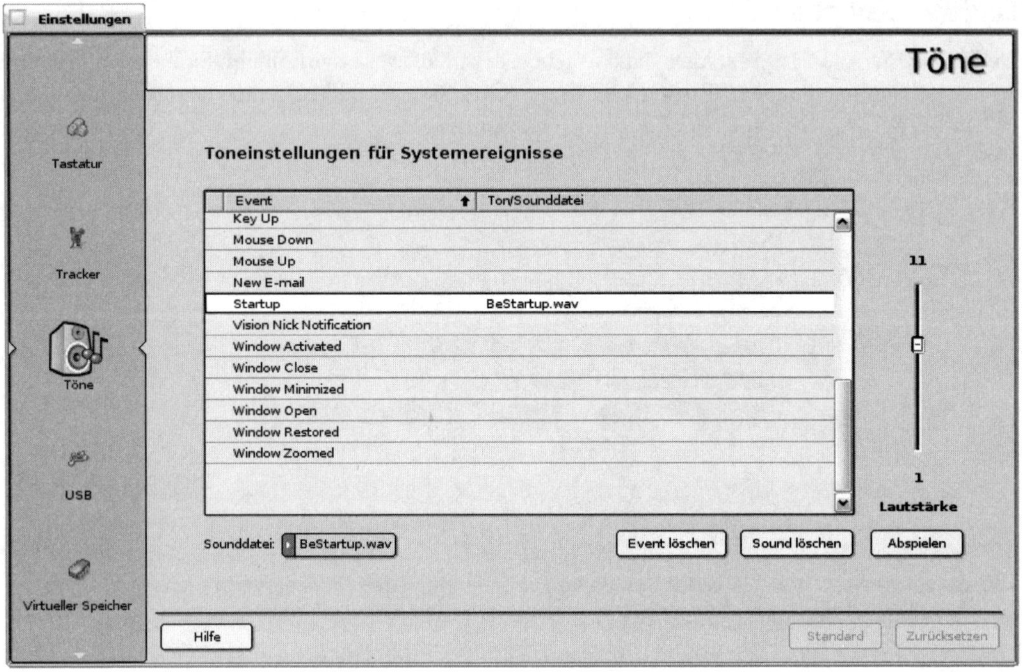

Abb. 6.41: Setzen Sie einen neuen Startton, der erklingt, wenn ZETA hochgefahren ist. Sie können für jedes Ereignis die Lautstärke separat festlegen

6.20 Der USB Commander

Der USB-Abschnitt ist gezielt für Programmierer und Entwickler von USB-Geräten und Treibern gedacht.

In diesem Bereich werden alle angeschlossenen USB-Geräte aufgelistet. Wählen Sie ein Gerät, über das Sie mehr Informationen wünschen aus, und rechts der Liste werden nähere Informationen dazu aufgelistet (vgl. Abb. 6.42).

6.21 Virtueller Speicher

ZETA benutzt virtuellen Speicher, eine Methode, bei der Teile der laufenden Anwendungen auf die Festplatte verlagert werden, sodass der Arbeitsspeicher für die wichtigen Programme freigehalten wird. Virtueller Speicher lässt Sie mehr Anwendungen gleichzeitig öffnen als es der installierte Arbeitsspeicher zulassen würde. Es ist aber zu bedenken, dass echter RAM wesentlich schneller Informationen übermittelt als die installierte Festplatte.

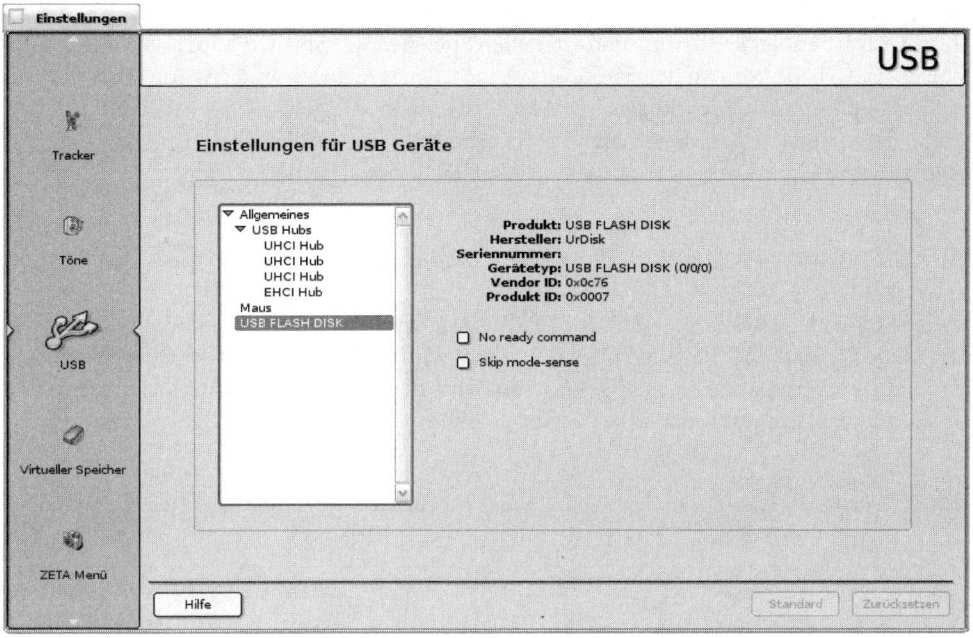

Abb. 6.42: In diesem Fenster erhalten Sie Informationen zu den angeschlossenen USB-Geräten

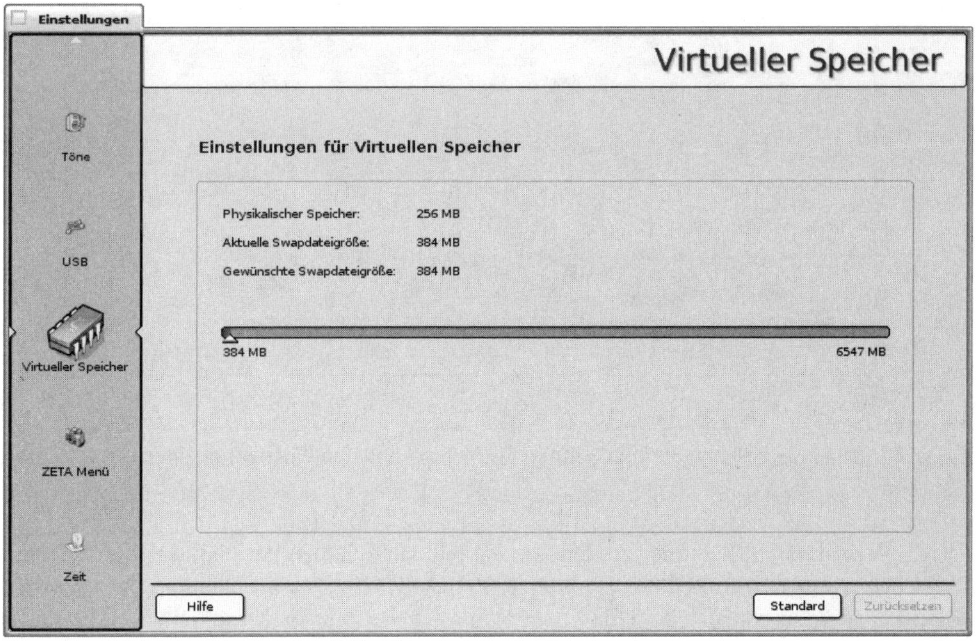

Abb. 6.43: Bei genügend Arbeitsspeicher sind hier keine Veränderungen notwendig. Im *Über*-Fenster (s. Seite 45) sehen Sie die Auslastung des Arbeitsspeichers. Wenn Sie öfters eine hohe Auslastung (über 95%) bemerken, sollten Sie den *Virtuellen Speicher* etwas erhöhen

Das Fenster in Abb. 6.43 zeigt die Größe des Arbeitsspeichers (physikalischer Speicher) und die Größe des Festplattenplatzes, der für den virtuellen Speicher beansprucht wird an (aktuelle Größe der Swap-Datei). Sie können den physikalischen Speicher nicht verändern, wohl aber den virtuellen Speicher, indem Sie den Regler in 1 MB-Schritten an die gewünschte Stelle verschieben. Die Größe des virtuellen Speichers hängt vom verfügbaren leeren Festplattenspeichers ab. Um die Veränderung wirksam werden zu lassen, müssen Sie das System neu starten.

6.22 Zeit

Hier können Sie unter anderem die Zeit für ZETA einstellen. Diese Zeit wird dann in der *Deskbar* angezeigt. Jede Datei, die Sie erstellen oder speichern, wird mit einem Zeitstempel versehen. Alle E-Mails und Chat-Protokolle werden geloggt und mit der aktuellen Zeit markiert. Achten Sie deshalb darauf, dass immer die aktuelle Zeit eingestellt ist.

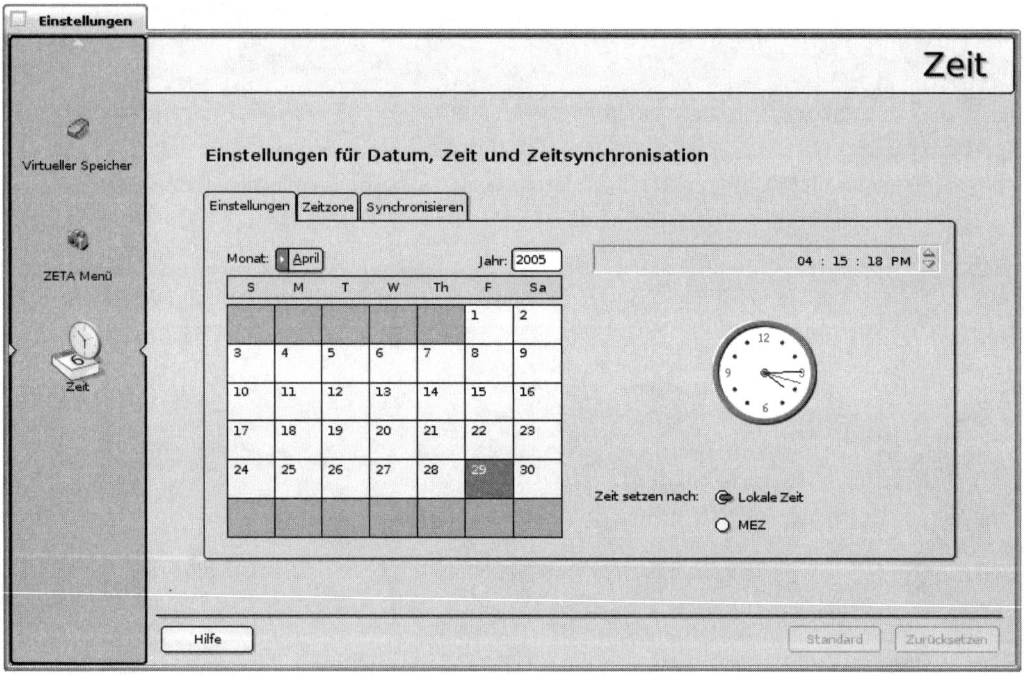

Abb. 6.44: Mit dem integrierten Kalender können Sie sich schnell den Wochentag eines Datums heraussuchen

Sie sehen außerdem einen Kalender, in dem Sie schnell nachschauen können, welcher Wochentag auf ein bestimmtes Datum fällt. Sie sollten als Erstes die Zeitzone im zweiten Reiter auswählen. Wählen Sie das Land aus, in dem Sie leben. Nun erscheint eine Liste mit Städten. Wählen Sie die davon aus, die sich am nächsten zu Ihnen befindet. ZETA wird dann automatisch Ihre Systemzeit aktualisieren. Nach dem Einstellen der Zeitzone klicken Sie auf *Setzen*. Um die Zeit zu ändern, klicken Sie im Reiter *Einstellungen* auf das Segment *Stunde, Minute* oder *Sekunde* und klicken dann rechts auf den Listenpfeil, um die Anzahl zu erhöhen oder zu senken.

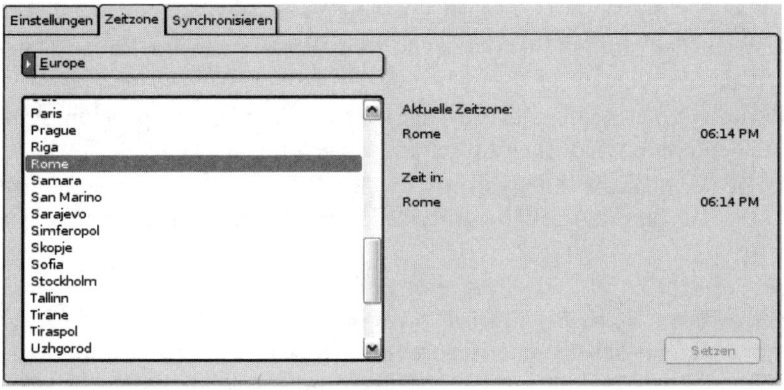

Abb. 6.45: Wählen Sie eine Stadt, die Ihrem Standort am nächsten ist

Im Reiter *Synchronisieren* können Sie die Uhr automatisch stellen lassen. Sie sparen so das manuelle Einrichten der Zeit.

Damit *Jetzt synchronisieren* funktioniert, müssen Sie eine Verbindung mit dem Internet herstellen. Die Uhr wird dann auf die *Coordinated Universal Time* eingestellt. Hier können Sie auch einstellen, dass die Zeit automatisch synchronisiert wird. Dazu müssen Sie den Haken setzen und eine gültige Zeit eingeben. Diese Funktion ist vor allem für zeitkritische Anwendungen wichtig.

Abb. 6.46: Die Systemuhr wurde nun auf den aktuellsten Stand gebracht

6.23 Konfiguration der Deskbar und des ZETA-Menüs

Das *ZETA*-Menü und die *Deskbar* sind zwei Systemkomponenten, die Sie beim Arbeiten mit ZETA immer benötigen. Stellen Sie sie daher so ein, wie es für Sie am optimalsten zum Arbeiten ist.

- Wenn Sie *Immer im Vordergrund* auswählen, bleibt das *ZETA*-Menü immer im Vordergrund, auch bei Fenstern, die in diesem Bereich des Desktops platziert werden.
- Wenn Sie *Anwendungen alphabetisch sortieren* wählen, werden die laufenden Programme in alphabetischer Reihenfolge in der Anwendungsliste angezeigt.
- *Tracker zuerst* zeigt den *Tracker* am Anfang der Anwendungsliste an, auch wenn Sie die Option *Anwendungen alphabetisch sortieren* aktiviert haben.
- *24 Stunden Uhrzeitformat* ändert das Anzeigeformat der Uhrzeit vom 12-Stunden-Modus in den 24-Stunden-Modus in der Statusanzeige.
- In der Voreinstellung zeigt ZETA in der digitalen Uhr keine Sekunden an. Das können Sie bei *Sekunden anzeigen* ändern.

- Die Voreinstellung zeigt die Uhrzeit im US-amerikanischen Datumsformat an. Die Digitaluhr kann die Uhrzeit mit der Option *Lokalisiertes Datum-Format* auch im europäischen Datumsformat anzeigen.
- *Applikation-Expander anzeigen* ermöglicht die Anzeige aller Fenster in der Anwendungsliste der *Deskbar*, die Sie in den unterschiedlichen Anwendungen geöffnet haben.
- *Schnellstartleiste anzeigen* ermöglicht Ihnen einen schnellen Zugriff zu den Anwendungen Ihrer Wahl. Diese Option ist standardmäßig voreingestellt. Auch befinden sich bereits einige Verknüpfungen darin.
- *Replikanten anzeigen:* Ein Replikant ist ein »live view«, der aus einer Anwendung heraus auf den Desktop gezogen werden kann. *Replikanten anzeigen* zwingt die Anwendungen, die Replikanten unterstützen, kleine Schaltflächen anzuzeigen. Diese können nun benutzt werden, um die »live views« auf den Desktop zu ziehen. Dieser Vorgang ist im dazugehörenden Kapitel im Detail beschrieben (s. Seite 57).
- *Historie:* Hier können Sie einstellen, wie viele bereits geöffnete Anwendungen ZETA in den Ordnern *Letzte Ordner, Letzte Anwendungen, Letzte Dokumente* anzeigen soll.

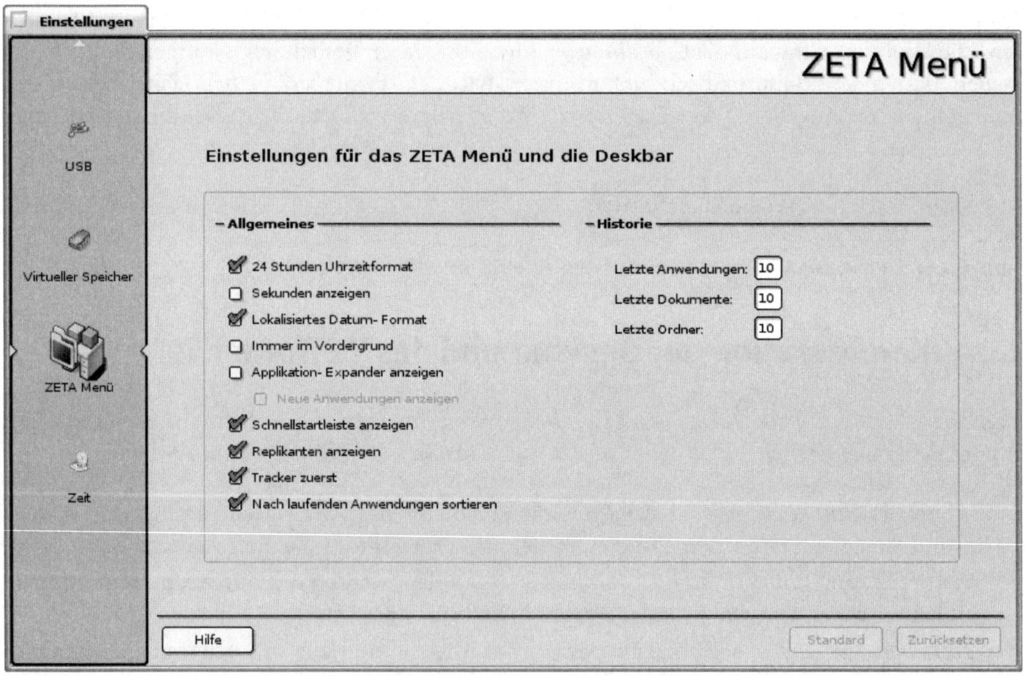

Abb. 6.47: Passen Sie die *Deskbar* so an, dass Sie sie am einfachsten bedienen können

6.24 E-Mail-Einstellungen für BeMail

Unter ZETA gibt es zwei Mail-Programme, *Beam* und *BeMail*. *BeMail* ist umständlicher zu handhaben als *Beam*: yellowTAB empfiehlt daher, *Beam* zu verwenden. Unter *ZETA/Einstellungen/Mail* werden nur die Konten für BeMail konfiguriert. Wie Sie *Beam* verwenden, lesen Sie ab Seite 204.

BeMail ist etwas gewöhnungsbedürftig, da das Verwalten von E-Mails hier eher schwierig ist. So nehmen Sie die Einstellungen zu *BeMail* unter *ZETA/Einstellungen/BeMail* vor, während Sie eingegangene Mails dann über den *Tracker* aufrufen. *BeMail* legt einen Replikanten in die *Deskbar*, von dem aus Sie dann Zugriff auf die Mail-Ordner haben. Sie können über den Replikanten auch die Einstellungen aufrufen und eine neue Mail verfassen. Die Verwaltung der Mails findet ausschließlich im *Tracker* statt. Sie können im *Tracker*-Fenster in Ihren *Mail*-Ordner wechseln (*/boot/home/mail)* und dort neue Ordner anlegen und die Mails dorthin verschicken.

Was Sie über E-Mails wissen sollten

Um E-Mails mit unterschiedlichen MUAs auf verschiedenen Plattformen zu senden, gibt es ein Standard-E-Mail-Format, RFC 2822. Der E-Mail-Header (*header* = Kopfdaten einer Datei; Name, Größe, Datum...) besteht aus seperaten Feldern: *From; To; Cc; Message-ID; Date; Received*, etc. Diese Informationen werden von den MTAs genutzt, um E-Mails zum Empfänger zu schicken. Beim Verschicken einer E-Mail passiert diese mehrere MTAs (*Mail Transfer Agents*), bis sie auf dem Rechner ankommt, wo sie hin soll. Dabei trägt jedes MTA etwas über sich in das Feld *Received* ein, sodass der Empfänger sehen kann, wie viele MTAs die E-Mail passiert hat, bevor sie ihn erreicht hat.

E-Mails werden über das TCP/IP-Protokoll gesendet und empfangen, es nutzt dabei das SMTP-, POP- und das IMAP-Protokoll. *BeMail* unterstützt POP und IMAP, *Beam* nur das POP, aber beide benutzen das SMTP zum Senden von E-Mails.

Um E-Mails zu verschicken und zu empfangen, muss man als Erstes ein E-Mail-Konto (*account*) einrichten. Diese Konten müssen Sie in jedem MUA einrichten, den Sie benutzen wollen. Es kommt vor, dass man mehrere Mail-Accounts (Postfächer) besitzt. Sowohl *BeMail* als auch *Beam* unterstützen mehrere Konten.

Info yellowTAB empfiehlt *Beam* als E-Mail-Klient, da dieser die gewohnte dreigeteilte Benutzoberfläche bietet. Lesen Sie mehr zu *Beam* und dessen Einstellungen ab Seite 204.

6.25 Das UserBoot-Skript

In den Bereich *Einstellungen* fällt auch das UserBoot-Skript, das sich im Ordner */boot/home/config/boot* befindet. Dieses Boot-Skript erlaubt Ihnen die Ausführung von Anwendungen oder Dateien schon beim Hochfahren des Rechners. Es ist eine alternative Lösung zum Erstellen von Links im *Autostart*-Ordner. Damit beim Starten des Rechners die Anweisungen in der Datei ausgeführt werden, müssen Sie die *.sample*-Endung der Datei löschen. Standardmäßig finden Sie eine Datei *UserBootscript.sample* vor. Die Datei wird aber nur ausgeführt, wenn sie *UserBootscript* heißt. Tragen Sie hier einfach die Anwendung ein, die beim Hochfahren von ZETA gestartet werden soll. Sie müssen allerdings den Pfad angeben und die Zeile mit einem kaufmännischen UND (&) abschließen. Wenn Sie beispielsweise die Anwendung *Workspaces* immer benötigen, können Sie folgende Zeile dem Skript hinzufügen:

```
/boot/beos/apps/Workspaces &
```

Sie können natürlich auch mehrere Anwendungen nacheinander starten, wenn gewünscht auch in verschiedenen Workspaces, allerdings müssen Sie dann Pausen zwischen den zu öffnenden Anwendungen einfügen.

Beispielsweise:

- `Workspaces 4` (Wechselt zum fünften Workspace.)
- `Terminal &` (Ein *Terminal*-Fenster wird geöffnet.)
- `sleep 2` (Das Skript wird zwei Sekunden angehalten.)
- `Workspaces 3` (Nun wird in den vierten Workspace gewechselt.)
- `Beam &` (*Beam* wird nun geöffnet.)
- `sleep 2` (Jetzt wird wieder zwei Sekunden gewartet.)
- `Workspaces 0` (Hier wird wieder der erste Workspace aufgerufen.)

Info Das Zählen der Workspaces beginnt bei `0`, wir haben also in dem Skriptbeispiel keinen Fehler gemacht, sondern `Workspace 4` bezeichnet tatsächlich den fünften Workspace.

Beachten Sie, dass das Hinzufügen vieler Anwendungen zum Startskript den Systemstart verlangsamt. Sie können von einem Workspace zum anderen wechseln, indem Sie einfach den Befehl und die Instanznummer eingeben:

```
Workspaces 4
```

Büroprogramme 7

Da *Gobe Productive* ein sehr umfangeiches Office-Paket ist, haben wir es als eigenes Kapitel in das Buch integriert. Lesen Sie über *Gobe* im nächsten Kapitel.

7.1 BePDF: PDF-Dateien in ZETA öffnen

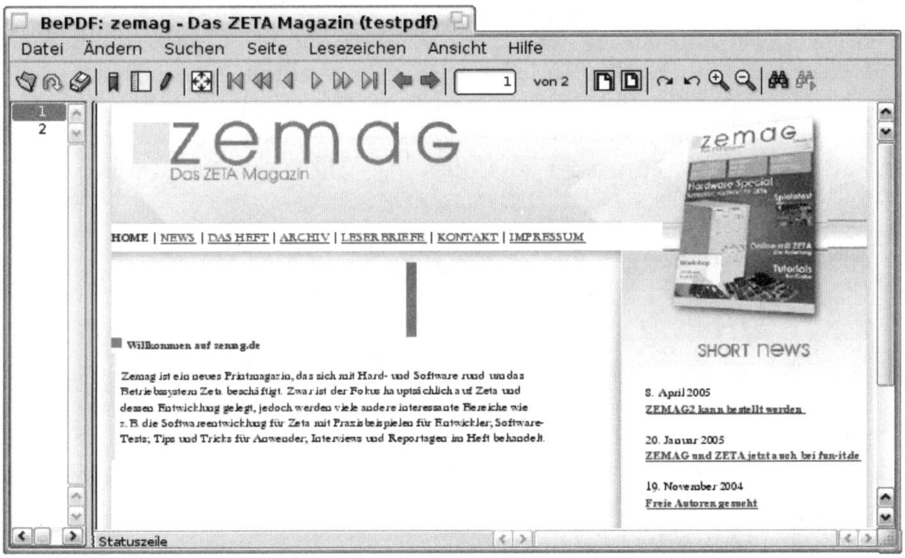

Abb. 7.1: Hier sehen Sie *BePDF*, in das gerade ein zweiseitiges Dokument geladen wurde. Um ein neues PDF-Dokument zu öffnen, können Sie dieses per Drag & Drop in *BePDF* fallen lassen

PDF-Dateien (*Portable Document Format*) sind der Standard für elektronische Dokumente geworden, da die Dateien auf demselben Weg auf den Bildschirm gelangen, wie sie gedruckt werden. Das PDF-Dateiformat kann Bilder und klickbare Lesezeichen beinhalten sowie Links für eine vereinfachte Navigation und Zugriff auf das Internet. PDF ist einer der besten Wege geworden, um Dokumente auf verschiedenen Plattformen auszutauschen. Die Leseprogramme wie *Acrobat Reader* gibt es bereits für fast jedes Betriebssystem. Viele Dokumente im WWW werden heutzutage nur noch im PDF-Format veröffentlicht. Wenn Sie *BePDF* starten, erhalten Sie als Erstes ein Dialog-Fenster, mit dem Sie die PDF-Datei auswählen können, die Sie öffnen möchten. Abhängig von der Größe und der Komplexität des Dokumentes kann das Öffnen von wenigen Sekundenbruchteilen bis zu einer Minute dauern. Sie öffnen PDF-Dokumente wie jede andere Datei: Doppelklicken Sie darauf oder ziehen Sie die Datei auf eine Verknüpfung von *BePDF*. *BePDF* ist in der Lage, den Text so zu skalieren, dass Sie schwer zu lesende Dokumente leicht vergrößern/verkleinern können.

Außerdem bietet Ihnen *BePDF* eine Möglichkeit, einfach durch das Dokument zu navigieren. In der Werkzeugleiste können Sie auf die nächste oder auf die vorherige Seite wechseln. Sie können aber auch an den Anfang oder ans Ende springen. In der Werkzeugleiste können Sie eine bestimmte Seitenzahl eingeben. Einfacher geht's nicht. Wenn Sie nach einem bestimmten Text suchen möchten, den Sie lesen wollen, können Sie einfach den Text suchen.

Die Drag & Drop-Funktion in BePDF

Wenn Sie einen Teil des Dokumentes mit der rechten Maustaste auswählen, färbt sich die Markierung blau. Ziehen Sie nun den markierten Teil mit der linken Maustaste auf den Desktop, und Sie erhalten ein Textdokument, das als Inhalt den markierten Text enthält. Sie können die markierte Fläche des PDF-Dokuments auch auswählen und auf den Desktop ziehen, während Sie die rechte Maustaste drücken. Wenn Sie nun die Taste loslassen, erscheint ein Kontextmenü:

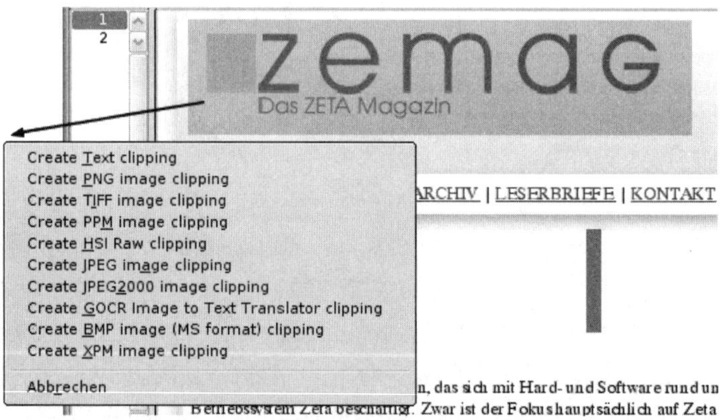

Abb. 7.2: Hier sehen Sie das Kontextmenü, das erscheint, wenn Sie einen markierten Bereich mit der rechten Maustaste aus *BePDF* per Drag & Drop auf den *Tracker* ziehen. Wählen Sie nun das gewünschtes Format, oder brechen Sie den Vorgang ab

Sie können die Auswahl auf dem Desktop speichern, indem Sie nun einfach ein Dateiformat auswählen. Wählen Sie zwischen einer Textdatei und den folgenden Bildformaten: PNG, JPEG, TIFF, BMP, PPM, HSI, JPEG und XPM.

7.2 Taschenrechner

Sie können den Taschenrechner durch Klicken auf die Buttons (*Knöpfe*) benutzen oder durch Drücken der Nummern-Tasten auf der Tastatur. Die [↵]-Taste steht auch für das =-Zeichen.

Abb. 7.3: Der Taschenrechner (*Calculator*) nimmt Ihnen die täglichen Rechenaufgaben ab. Sie können ihn sowohl mit der Maus als auch mit der Tastatur bedienen

7.3 Financial – die Finanzen im Überblick behalten

Financial ist Ihr persönlicher Finanzmanager. Wenn Sie ihn das erste Mal starten, werden Sie dazu aufgefordert, einen neuen Account anzulegen. Klicken Sie dazu in der Menüleiste auf *Konto/ Neu....* Geben Sie einen passenden Account-Namen ein, am besten Ihren Namen. Klicken Sie dann auf *Ok*. Als nächstes sollten Sie die Währung und das Datumsformat einstellen. Klicken Sie auf *Verwalten*, dann auf *Einstellungen....* Wenn Sie hier alle Veränderungen zu Ihrer Zufriedenheit vorgenommen haben, klicken Sie auf *Ok*.

Fügen Sie nun Ihr Startkapital bzw. das Geld, das Sie momentan auf dem Konto haben, unter *Konto/Einstellungen...* ein.

Jetzt können Sie damit beginnen, Aus- und Eingänge einzutragen und zu übernehmen. Dazu sind die Felder unten links vorgesehen. Tragen Sie in den Feldern die gewünschten Daten ein. Sie sehen neben jedem Textfeld auch ein Auswahlmenü, in dem Ihre Eingaben gespeichert werden, damit Sie das nächste Mal schnellen Zugriff darauf haben. Sie können einen Aus- bzw. Eingang auch teilen (*splitten*). Klicken Sie dazu nach dem Ausfüllen der Felder auf die entsprechende Schaltfläche links unten. Ein neues Fenster erscheint. Sie können den Gesamtbetrag jetzt aufteilen, für jeden weiteren Teil klicken Sie auf *Kategorie hinzufügen*. Geben Sie dann einen Namen und den Betrag ein, den dieser Teil ausmacht.

Wenn Sie Ein- und Ausgänge eintragen, werden diese sofort grafisch auf der rechten Seite des *Financial*-Fensters dargestellt. Klicken Sie auf den *Vergrößern*-Knopf, um entweder das Kreisdiagramm für die Geldausgaben oder das Balkendiagramm für die Bilanz groß abgebildet zu sehen. Sie können *Financial*-Konten als *.qif*-Dateien exportieren. Ebenso können Dateien in diesem Format importiert werden. *QIF*- (*Quicken Interchange Format*) Dateien werden von vielen anderen Finanzprogrammen wie *Quicken, Starmoney* und *WisoMeinGeld* unterstützt.

Sie können *Financial* benutzen, um Ihre monatlichen Eingänge und Ausgaben zu verwalten und so leichter die Kontrolle über Ihre Finanzen zu behalten.

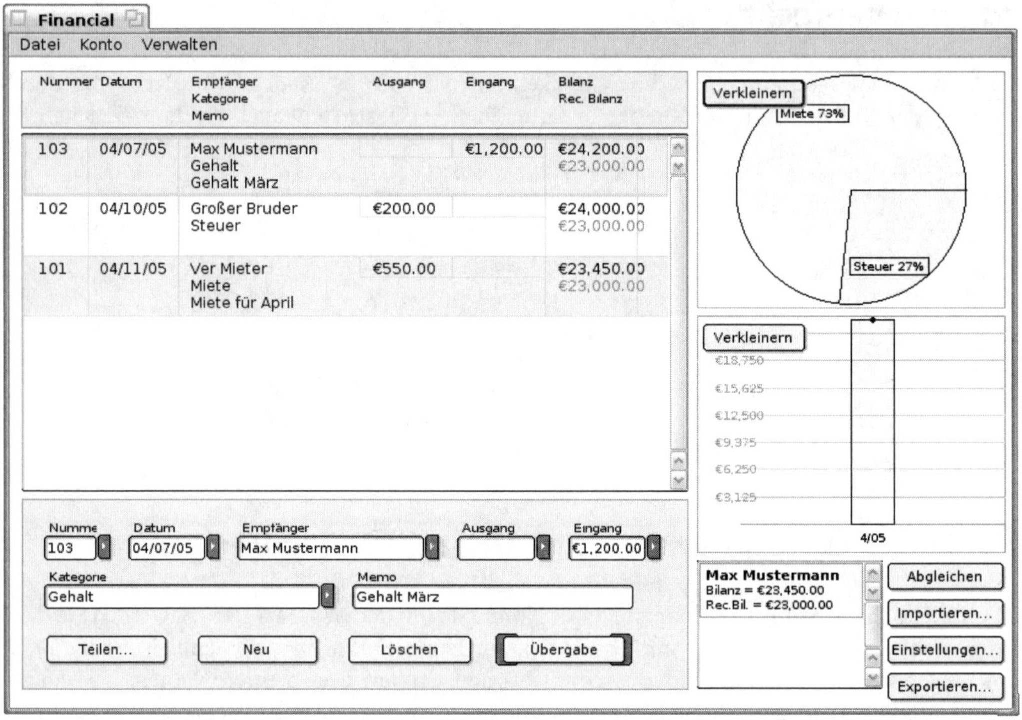

Abb. 7.4: *Financial*: Hier wurden bereits zwei Beträge bezahlt und ein Zahlungseingang verbucht. Rechts sehen Sie Schaltflächen, mit denen Sie das Kreisdiagramm bzw. das Balkendiagramm vergrößern können

7.4 StickIt! – Ihre digitalen Merkzettel

StickIt! ist die digitale Version von Post-Ists, den gelben kleinen Zetteln. Diese Anwendung benutzt kein Standard *Tracker*-Fenster. Jedes Fenster erscheint farbig und nicht durch einen Rahmen begrenzt, solange es nicht ausgewählt ist. *StickIt!*-Zettel sind keine einzelnen Dateien. Alle Zettel werden in einer Datei */boot/home/config/settings/StickIt_Settings* geschrieben. Damit Sie nicht einen realen Post-It Zettel an den Monitor kleben müssen, um daran erinnert zu werden, *StickIt!* zu starten, können Sie dieses Tool dem Boot-Skript hinzufügen oder eine Verknüpfung von *Stick-It!* in den *Autostart* legen.

Wenn Sie *StickIt!* das erste Mal starten, wird das komplette Benutzerhandbuch angezeigt.

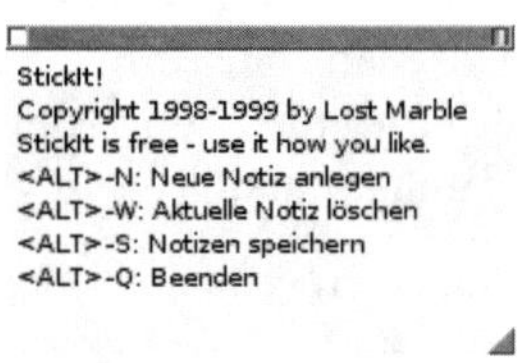

Abb. 7.5: Das Benutzerhandbuch von *StickIt!*

Es gibt vier Befehle für diese Anwendung, wie im oberen Bildschirmfoto gezeigt.

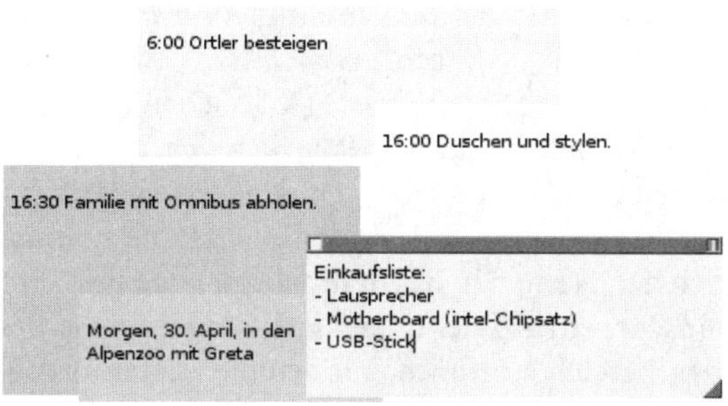

Abb. 7.6: Den »Zetteln« kann man verschiedene Größen und Farben zuweisen

7.5 TimeZLiner

TimeZLiner ist eine von der Firma Elmstreet-Soft entwickelte Projektmanagment-Software. *TimeZLiner* benötigen Firmen oder Gruppen bzw. Privatpersonen, die ein Projekt starten möchten. Mit ZETA wird standardmäßig *TimeZLiner Home* ausgeliefert. Elmstreet Soft bietet allerdings auch eine Professional-Version an, die unter anderem folgende Vorteile gegenüber der Home-Ausgabe bietet: Mehrere Tasks sind möglich, es gibt ein integriertes E-Mail-Center, d. h., Projekte können bequem über E-Mail abgeglichen und aktualisiert werden, sowie ein erweitertes Auswertungsmodul.

Mit *TimeZLiner* ist es möglich, Aufträge zu planen und deren Kapazitätsaufwand abzuschätzen, den Auftragsfortschritt festzustellen sowie zu protokollieren, wie viel Zeit und Geld benötigt wurde, um diesen Auftrag auszuführen.

Projekte planen

Wenn Sie *TimeZLiner* das erste Mal starten, ist das Programm »leer«.

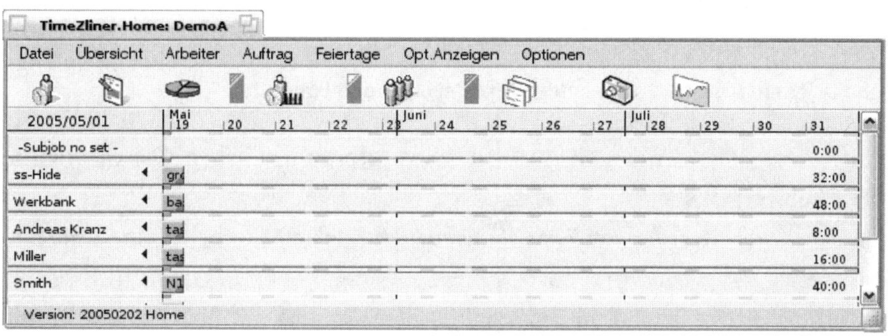

Abb. 7.7: Hier haben wir bereits einige Aufträge eingegeben

Ein neues Projekt können Sie über *Datei/Neu* oder über die Tastenkombination [Alt]+[N] anlegen. Nun erscheint ein neues Fenster, in dem Sie den Projektnamen eingeben können. Wählen Sie am besten einen aussagekräftigen Begriff. Bestätigen Sie die Eingabe mit *Annehmen*. Nun erscheint eine neue Linie im *Haupt*-Fenster. Links steht *new_001*, rechts *NewOrder_1*. Klicken Sie in der Schaltflächenleiste nun auf das Symbol ganz links. Über das Symbol (Männchen mit einer Uhr) öffnet sich ein Fenster, in dem Sie einen neuen Mitarbeiter für das Projekt anlegen können. Rechts im Fenster können Sie eine Person aus Ihren *People*-Files einfügen. Klicken Sie mit der rechten Maustaste darauf, öffnet sich ein *Tracker*-Fenster mit den *People*-Dateien. Sie können auch eine neue Person eintragen, indem Sie einfach den Namen in das dafür vorgesehene Feld einfügen. Unter *Aliase/Mail* tragen Sie, wenn gewünscht, ein Kürzel oder die E-Mail-Adresse des Mitarbeiters ein. Unter *Kostenstelle* können Sie den Bereich eintragen, auf den die Kosten entfallen. Klicken Sie links unter *Kostenstelle* auf das Dreieck, um das Fenster zu erweitern. Hier können Sie Arbeitszeiten für jeden einzelnen Mitarbeiter und Wochentag einstellen sowie das Projekt, an dem der Mitarbeiter beschäftigt ist. Ebenso können Sie, wenn Sie auf *... mehr* klicken, weitere Einstellungen vornehmen. Der Geburtstag des Mitarbeiters wird aus der *People*-Datei ausgelesen. Über das Menü können Sie weitere Mitarbeiter anlegen, löschen, deren Abwesenheitstage eintragen und Vorlagen speichern und hinzufügen.

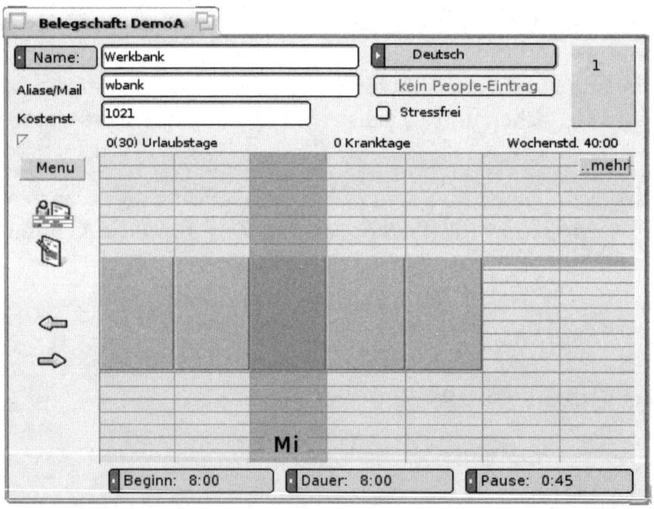

Abb. 7.8: Weisen Sie jedem Arbeiter verschiedene Arbeitszeiten und Löhne zu

Schließen Sie einfach das Fenster, wenn Sie Änderungen vorgenommen haben. Diese Änderungen werden in Echtzeit übernommen.

Nun sehen Sie in dem *Haupt*-Fenster von *TimeZLiner*, dass für jeden Mitarbeiter eine Zeile hinzugefügt wurde.

Klicken Sie nun auf das zweite Symbol in der Schaltflächenleiste, das ein Blatt mit einem Stift darstellt. Erweitern Sie das Fenster über das kleine Dreieck. Sie erhalten nun ein Raster. Klicken Sie in dieses mit der linken Maustaste, so wird ein neuer Task für diesen Auftrag angelegt. Mit einem Rechtsklick darauf können Sie den Task einem Mitarbeiter zuweisen.

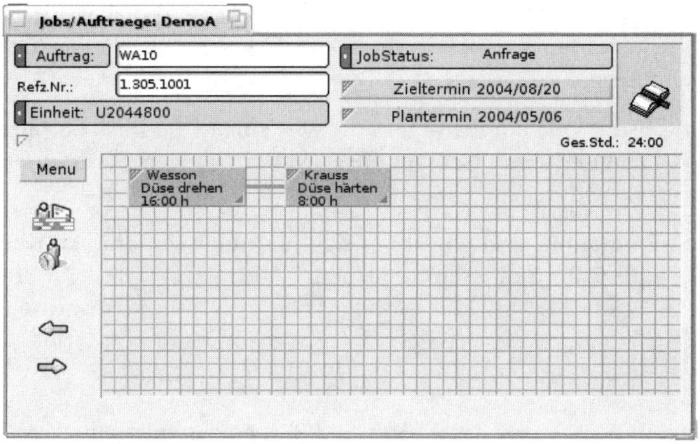

Abb. 7.9: Mit wenigen Klicks legen Sie neue Jobs an und weisen sie einem Arbeitnehmer zu

Außerdem setzen Sie hier den Status, ob der Task bereits erledigt oder noch offen ist. Klicken Sie links auf *Menu*, um einen neuen Auftrag anzulegen oder zu löschen, um Vorlagen hinzuzufügen oder die aktuellen Tasks als solche zu speichern. Setzen Sie in dem oberen Teil des Fensters den Auftragsnamen, den Status, Zieltermin und Plantermin. Die Referenznummer erleichtert Ihnen die Organisation der Aufträge. Ist ein Task markiert, so können Sie diesem im unteren Bereich des Fensters eine Stundenzahl zuweisen und eine Bezeichnung für den Task eingeben.

Unter der Schaltfläche *Menu* können Sie das *Haupt*-Fenster und das Belegschafts-Fenster aufrufen. Mit den Pfeilen navigieren Sie zum vorherigen bzw. nachfolgenden Auftrag. Klicken Sie auf den *Mülleimer*, wird der Auftrag gelöscht. Den laufenden Auftrag können Sie nicht löschen.

Im Haupt-Fenster sehen Sie als nächstes Symbol ein Diagramm. Rufen Sie das Diagramm-Fenster auf, und Sie können sich einen Überblick über die aktuellen Aufträge verschaffen.

Zurück zum Haupt-Fenster: Die nächsten drei Symbole beziehen sich auf die Darstellung der Aufträge/Tasks im Haupt-Fenster. In der ersten Ansicht sehen Sie die Tasks eines jeden Mitarbeiters. Klicken Sie auf einen Task, so wechselt *TimeZLiner* im Fenster für Aufträge auf den ausgewählten, den Sie dann bequem ändern können.

Mit dem Symbol der drei Männchen erhalten Sie einen Überblick über Ihre Mitarbeiter und deren Tasks in einer Zeitspanne. Diese Zeitspanne können Sie im Menü des Fensters bei *Übersicht* verändern. Klicken Sie mit der rechten Maustaste auf einen Task, um ihn zu verschieben. Die Spalten von Feiertagen, Samstagen und Sonntagen sind grau hinterlegt. Am Ende der Zeile eines jeden Mitarbeiters erscheint die Anzahl der verplanten Stunden.

Klicken Sie auf das sechste Symbol (drei Tafeln), erhalten Sie den Überblick über die Aufträge. Sie sehen somit, welche Personen an welchen Tagen an dem Projekt gearbeitet haben. Am Ende jeder Zeile sehen Sie die Zusammenfassung der Stunden, die für den jeweiligen Auftrag verplant wurden.

Das nächste Symbol stellt einen Fotoapparat dar. Klicken Sie auf diesen, wird die aktuelle Ansicht als Bild in die Zwischenablage kopiert. Sie können dieses Bild nun z. B. in einem *Gobe Productive*-Dokument über den Befehl *Paste* einfügen.

Das letzte Symbol in der Werkzeugleiste öffnet ein Fenster, in dem Sie einen Überblick darüber erhalten, welche Mitarbeiter wie viel Zeit und somit Geld für die Aufgabe benötigen. Sie erfahren hier natürlich auch, welcher Auftrag Sie wie viel kosten wird.

TimeZLiner ist ein sehr mächtiges Programm, und obwohl es sich hier um die Home-Edition handelt, können Sie auch schon komplexe Projekte mit ihm planen.

7.6 Die People-Anwendung

Sie rufen die Anwendung *People* im *ZETA*-Menü unter */Software/Büroprogramme/* auf. *People* speichert Informationen über Kontakte als Attribute.

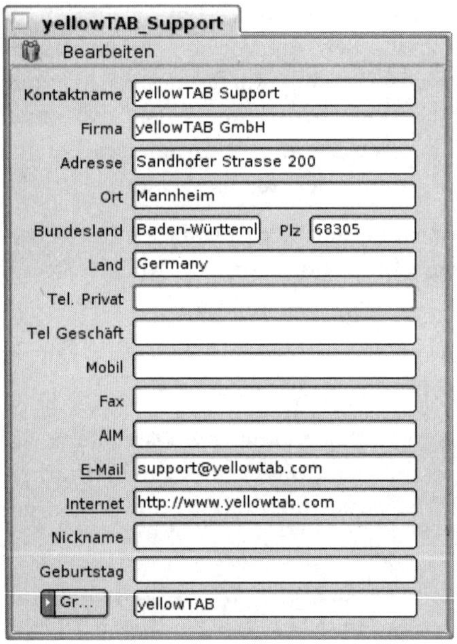

Abb. 7.10: Tauschen Sie *People*-Dateien mit Ihren Freunden!

People-Dateien werden standardmäßig mit dieser Anwendung geöffnet. Da die Datei nur aus Attributen besteht, werden Sie nach dem Anlegen eines neuen Kontakts bemerken, dass die Datei eine Größe von 0 Bytes hat, auch wenn Sie sorgfältig alle Informationen zu der Person eingetragen haben. Die Informationen sind natürlich vorhanden, wenn Sie auf die *People*-Datei doppelklicken. Wenn Sie die *People*-Datei mit *Zip-O-Matic* (in den Zusatzmodulen, s. Seite 276) packen, sehen Sie die richtige Größe der Datei. Durch den Packvorgang werden nämlich die Attribute in das Archiv gepackt. Wenn Sie also anderen ZETA-Usern Ihre *People*-Datei zukommen lassen möchten, schicken Sie sie nicht einfach als Anhang per Mail, sondern packen Sie sie zuerst in ein Archiv. Durch die Mail-Übertragung gehen ansonsten die Attribute verloren.

Info Unter dem Eintrag *AIM* (für *AOL Instant Messenger*) können Sie alle Instant Messaging-Informationen speichern. Geben Sie dabei das IM-Protokoll gefolgt von einem Doppelpunkt und dann der ID der Person an. Mehrere IM-Daten werden durch einen Strichpunkt (;) getrennt eingegeben: `AIM:Ibuddy; ICO:123456; Jabber:zetajabber`.

Es gibt weitere Anwendungen zum Editieren von People-Dateien auf *www.bezip.de* und *www.bebits.com*, die auch erweiterte Funktionen wie Fotos, mehrere E-Mail-Adressen und Felder für zusätzliche Informationen enthalten.

People-Dateien

ZETA hat zwar keinen eingebauten Personal Information Manager, dafür aber die *People*-Dateien (Kontaktpersonen). Die Anwendung zum Anlegen von *People*-Dateien heißt auch *People*. *People* speichert die Daten in dem Dateiformat *People* im Ordner */boot/home/people*. Dort sollten sie auch gespeichert bleiben. Jeder Kontakt wird in einer eigenen Datei gespeichert. Dank ZETAs Dateisystem finden Sie schnell bestimmte *People*-Dateien, weil Sie einfach eine Suchanfrage nach Attributen starten können. Wenn Sie eine E-Mail zu einem Kontakt schicken, können Sie einfach die *People*-Datei in das *To:*-Feld der Nachricht ziehen. Das E-Mail-Programm wird dann das Attribut *E-Mail* aus der Kontaktdatei übernehmen.

Gruppieren der Kontakte

Im unteren Teil der *People*-Anwendung gibt es ein Feld, das *Gruppe* heißt. Hier können Sie diverse Gruppen erstellen. Legen Sie zum Beispiel Gruppen wie Familie, Freunde und Arbeit an. Das Anlegen der Gruppen funktioniert einfach durch das Eintragen eines Namens in das Textfeld rechts des Auswahlmenüs. Vorhandene Gruppen erscheinen dann in dem Drop-Down-Menü (Auswahlmenü) und können so schnell einem neuen Kontakt zugeordnet werden.

Schnellstart der People-Dateien

Um die Möglichkeit zu haben, sehr schnell auf Kontakte zugreifen zu können, starten Sie am besten das Programm *QuickLaunchPeople* aus dem Software-Menü *Büroprogramme*. Ein kleines blaues Symbol in Form eines Männchens in der *Deskbar* erscheint.

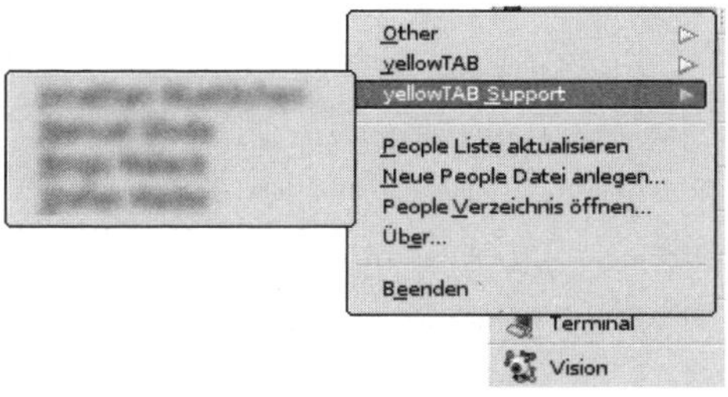

Abb. 7.11: Ein sehr nützliches Tool ist *QuickLaunchPeople*, wenn Sie mehrere *People*-Dateien angelegt haben

Wenn Sie auf dieses kleine *Deskbar*-Symbol klicken, haben Sie schnell einen Überblick über Ihre *People*-Dateien. Wenn Ihre Kontakte verschiedenen Gruppen angehören, wird die Liste auch in Gruppen unterteilt angezeigt. Klicken Sie auf einen Eintrag in dieser Liste, erhalten Sie schnell die *People*-Datei dieser Person. Sie haben hier ebenso die Möglichkeit, schnell einen neuen Kontakt anzulegen. Halten Sie die [↑]-Taste gedrückt. Wenn Sie die Maustaste auf einem dieser *People*-Einträge loslassen, erscheint eine Mail, in der die E-Mail-Adresse des Kontaktes bereits eingetragen ist. Sollte sich ein *BeMail*-Fenster öffnen, Sie aber *Beam* als Mail-Client eingerichtet haben, kann es sein, dass Sie die Standardanwendung für E-Mails noch ändern müssen. Dies nehmen Sie in den *Einstellungen* in dem Bereich *Dateitypen* vor (s. Seite 90).

Gobe Productive: OfficeSuite unter ZETA

8

Gobe Productive ist eine große und leistungsfähige Office-Software. Sie ist nicht nur für BeOS verfügbar, sondern auch für Windows und Linux. Der Kern von *Gobe Productive* ist eine kleines und flexibles, dokumentenorientiertes Design. Über Module, die *parts* genannt werden, können Sie neue Funktionen einbinden.

Über verschiedene Frames können Sie Grafiken, Text, Bilder und Tabellen in einem einzigen Dokument anordnen. Jeder Frame verhält sich wie ein grafisches Objekt. Beispielsweise kann ein Tabellen-Frame um 90 Grad gedreht und das Bild verkleinert werden, um dem Dokument einen speziellen Look zu geben. Natürlich bleibt in der Tabelle die Funktion der normalen Tabellenanwendung auch weiterhin verfügbar.

8.1 Starten von Gobe Productive

Gobe Productive startet mit dem *New Document*-Fenster, in der Sie zwischen *Graphics, Word Processing, Spreadsheet, Image Processing und Presentation* wählen können.

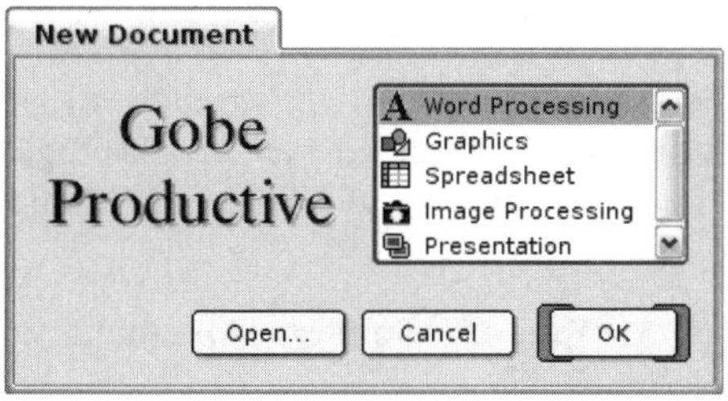

Abb. 8.1: Der Startbildschirm von *Gobe Productive*

Wenn Sie eine vorhandene Datei bearbeiten wollen, klicken Sie auf *Open…* Das bekannte *Öffnen*-Fenster erscheint. Hier können Sie die gewünschte Datei auswählen und dann auf *Open* klicken.

Alle Dokumente und Ebenen in *Gobe Productive* haben eine eigene Umgebung. Eine Umgebung enthält eine Anzahl von Werkzeugen und Features, die für die Ebene, den Frame oder den Dokumententyp verfügbar ist. Wenn Sie nun zwischen den Ebenen hin- und herspringen, verändert sich die Oberfläche mit den entsprechenden Funktionen der jeweiligen Ebenen.

Wenn Sie mit der Textverarbeitung arbeiten, ist die Textverarbeitungsumgebung verfügbar. Die Toolbars präsentieren nun alle verfügbaren Funktionen für die Textverarbeitung. Wenn Sie in die Grafikebene wechseln, verändern sich alle Funktionen derer, die bei der Grafikebene verfügbar waren.

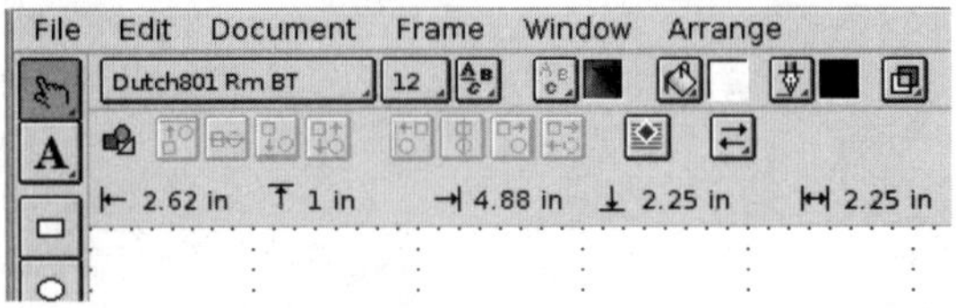

Abb. 8.2: Die Werkzeugleiste stellt zu jedem markierten Objekt die passenden Werkzeuge zur Verfügung

Dieses Kapitel gibt Ihnen nicht über jede Funktion von *Gobe Productive* 2.0 Auskunft. Vielmehr versucht es, Ihnen einen Überblick über die fünf Ebenen zu verschaffen: *Word Processing, Spreadsheet, Presentation, Graphics* und *Image Processing.*

8.2 Arbeitsumgebungen

Gobe ist in fünf verschiedene Arbeitsumgebungen unterteilt, die entwickelt wurden, um den unterschiedliche Arbeitsanforderungen gerecht zu werden:

- Die Textverarbeitung (Word Processing)
- Die Zeichenumgebung (Grafic Processing)
- Die Tabellenkalkulation (Spreadsheet)
- Die Bildbearbeitung (Image Processing)
- Die Präsentationsumgebung (Presentation)

Jede dieser Arbeitsumgebungen besitzt eine eigene Arbeitsfläche, eine übersichtlich präsentierte Werkzeugleiste und spezielle Menüpunkte, um schnell die für die verschiedenen Arbeitsumgebungen erstellten Werkzeuge und Funktionen nutzen zu können. Die Werkzeugleiste und Menüpunkte sind auch in den jeweiligen Frames verfügbar.

Durch die flexible Ausrichtung von *Gobe* gibt es mehrere Ansätze, um komplexe Dokumente zu erstellen und nachzubearbeiten.

8.3 Eine virtuelle Arbeitsmappe erstellen

Sie können verschiedene der oben genannten Dokumenttypen in einer virtuellen Arbeitsmappe zusammenfassen. Starten Sie dazu ein normales Dokument. Klicken Sie im Menü *Window* auf *Show Sheetbar.* Mit einem Klick auf die *Sheets*-Schaltfläche können Sie neue »Blätter« der Arbeitsmappe hinzufügen. So können Sie komplette Dossiers, Firmenberichte usw. thematisch sortiert speichern. Sie behalten hier leichter den Überblick.

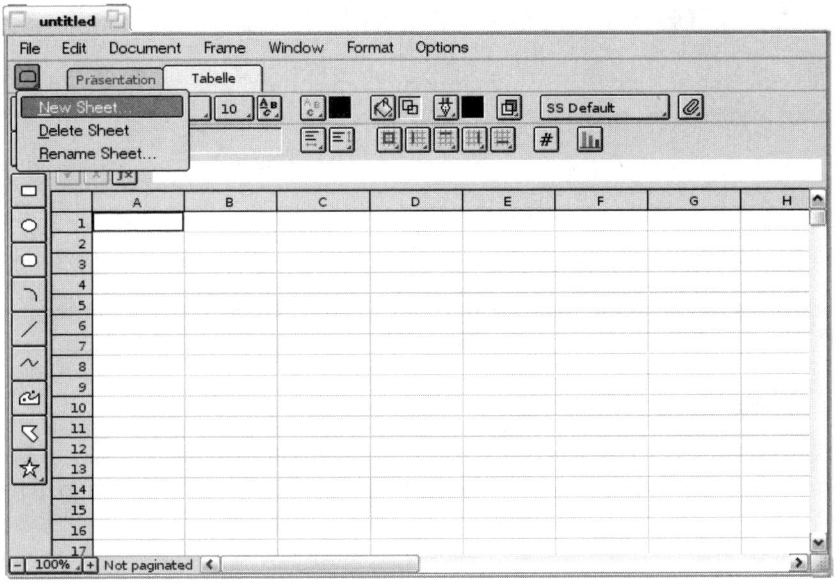

Abb. 8.3: Unser Dokument besteht nun bereits aus zwei »Blättern«, und wir fügen jetzt ein weiteres hinzu

Mit Frames arbeiten

In jeder Arbeitsumgebung können Sie jede andere der oben beschriebenen Arbeitsumgebungen einfügen. Die speziellen Werkzeuge der jeweiligen Umgebung stehen Ihnen dann zur Verfügung. Sie müssen dabei nicht das Fenster wechseln.

Jeder Frame verhält sich wie ein grafisches Objekt, dass Sie mit einer Hintergrundfarbe, einem Füllmuster und einem Farbverlauf füllen können. Der Frame lässt sich auch beliebig drehen, was noch individuellere Layouts ermöglicht.

- Spezialfunktionen von Frames: *Frame duplizieren* (Tastenkombination [Alt]+[D]. Mit dieser Funktion erstellen Sie eine exakte Kopie des Frames, alle Inhalte werden übernommen. Änderungen im Original-Frame haben keine Einfluss auf den duplizierten Frame.
- *Clone Frame*: Diese Funktion erstellt eine exakte Kopie des Original-Frames, alle enthaltenen Daten und Objekte werden kopiert. Alle Änderungen im Original-Frame werden in den geklonten Frame automatisch mitübernommen.
- *Frames miteinander verknüpfen*: Sie können Frames miteinander verknüpfen. So können Dateneingaben über mehrere Frames verteilt dargestellt werden. Wenden Sie dazu den Befehl *Make Linked Frame* auf einen Frame an.
- *Dokumentorientiertes Arbeiten*: Durch die Möglichkeit, verschiedene und beliebig viele Frames einzufügen, können Sie jede der verfügbaren Arbeitsumgebungen auch in einem einzelnen Dokument kombiniert verwenden. So können Sie z. B. direkt in einem Präsentationsdokument umfangreiche Finanzkalkulationen in einem Tabellen-Frame (*Spreadsheet Frame*) durchführen.

8.4 Dokumentübergreifende Arbeitstechniken

Mit einem Rechtsklick auf Objekte und Frames rufen Sie ein Kontextmenü auf, das Ihnen Zugriff auf weitere Funktionen und Werkzeuge bietet.

Markieren

Texte mit der Tastatur markieren

Halten Sie die [↑]-Taste gedrückt, und navigieren Sie mit den Cursor-Tasten in die Richtung des zu markierenden Textes. Der Text wird ab der aktuellen Position des Mauszeigers markiert.

Das Markieren mit der Maus

Positionieren Sie die Maus über der Textstelle, ab der Sie markieren möchten, klicken Sie die mit der linken Maustaste, halten Sie diese gedrückt und ziehen Sie die Maus über die zu markierenden Bereiche.

- Doppelklick Markiert das aktuell unter dem Mauszeiger liegende Wort.
- Dreifachklick Markiert die gesamte Zeile.
- Vierfachklick Markiert den gesamten Absatz.

Getrennte Textbereiche markieren

Markieren Sie den ersten Textbereich mit der Maus. Klicken Sie die [Alt]-Taste, halten Sie diese gedrückt, und markieren Sie die weiteren Textbereiche.

Gesamten Text im Dokument markieren

Drücken Sie die Tastenkombination [Alt]+[A], um den gesamten Text und alle Objekte und andere Inhalte des aktiven Dokumentes zu markieren.

Objekte markieren

Klicken Sie mit der Maus auf das Objekt. Sie erkennen an den Bezugspunkten um das Objekt herum, dass es ausgewählt ist. Mit diesen Bezugspunkten können Sie die Größe des Objektes ändern. Klicken Sie mit der linken Maustaste auf einen dieser Punkte, halten Sie ihn gedrückt, und ziehen Sie die Maus in die Richtung, in die das Objekt vergrößert werden soll.

Kopieren/Einfügen/Ausschneiden mit Tastenkombinationen

- [Alt]+[C] Kopiert eine Auswahl in die Zwischenablage, das Original bleibt im Dokument/Frame erhalten.
- [Alt]+[X] Schneidet eine Auswahl aus dem Dokument aus und legt diese in der Zwischenablage ab.
- [Alt]+[V] Fügt eine Auswahl aus der Zwischenablage in das ausgewählte Dokument bzw. den ausgewählten Frame ein.

Bereiche benennen

Mit dem Befehl *Name Selection* können Sie bestimmten Auswahlbereichen eindeutige Namen zuweisen. Das ist vor allem in der Tabellenkalkulation von Vorteil, um ganze Bereiche nur durch die Angabe des eindeutig vergebenen Names in eine Berechnungsformel einzubeziehen.

Stilvorlagen

Haben Sie eine individuelle Formatierung für einen Text, ein Objekt (z. B. eine Zeichnung) oder eine Zelle festgelegt, können Sie aus dieser eine Stilvorlage erstellen (*New Style...*), die Sie global zur Verfügung stellen können. Diese können Sie in jedem Dokument weiterverwenden.

Die Undo-Funktion

Gobe speichert die einzelnen Arbeitsschritte dokumentenspezifisch ab. So können einzelne Arbeitsschritte rückgängig gemacht werden. Das ist besonders nützlich, wenn Sie mit noch nicht so geläufigen Werkzeugen und Funktionen arbeiten. Sie können auch weiter zurückliegende Änderungen rückgängig machen, indem Sie den Eintrag aus der *Undo*-Historie auswählen. Alle Arbeitsschritte, die bis zu dieser Änderung ausgeführt wurden, werden dann automatisch ebenfalls rückgängig gemacht.

Laden Sie ein im *Gobe*-Format gespeichertes Dokument erneut, stehen die *Undo*-Funktionen weiterhin zur Verfügung.

Kompatibilität zu anderen Büroprogrammen

Gobe kann MS-Word- und MS-Excel-Dateien lesen, weiterbearbeiten und in diesem Format abspeichern (bis Version 2000). Jedoch können keine Dokumente mit speziellen urheberrechtlich geschützten Spezialfunktionen des MS-Office-Paketes wie Active-X-Objekte oder Makros genutzt werden. Auch mit speziellen Assistenten erstellte Dokumente können nicht ohne weiteres eingelesen werden.

Sie können in *Gobe* erstellte Dokumente außerdem im HTML- oder im RTF-Format (*Rich-Text-Format*), die von vielen Textverarbeitungsprogrammen bearbeitet werden können, abspeichern.

8.5 Die Textverarbeitung (Word Processing)

Diese Arbeitsumgebung bietet Ihnen alle Werkzeuge und Funktionen, die Sie benötigen, um auch umfangreiche Texte effizient bearbeiten zu können. Durch zahlreiche Formatierungsoptionen geben Sie jedem Ihrer Textdokumente ganz nach Ihren persönlichen Vorstellungen ein individuelles Aussehen.

Möchten Sie arbeiten, ohne sich um die Sicherheit der eingegebenen Daten sorgen zu müssen und ohne durch langsam Bearbeitungsgeschwindigkeit, z. B. beim Bearbeiten eines Textdokumentes mit mehreren Seiten und vielen Bildern oder Infografiken, ausgebremst zu werden? Dann haben Sie mit *Gobe* die richtige Wahl getroffen.

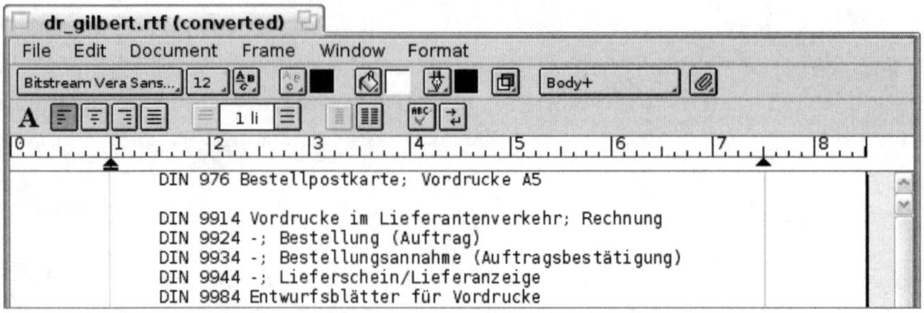

Abb. 8.4: Die Werkzeugleiste ähnelt denen bekannter Office-Pakete

Die Bedieneroberfläche

Die Textverabeitung besitzt eine klar strukturierte Programmoberfläche. Die wichtigsten Werkzeuge und Formatierungsoptionen finden Sie in der Werkzeugleiste (*ToolBar*). Einige Werkzeuge können Sie zur besseren Übersicht per Drag & Drop aus der Werkzeugleiste herausziehen:

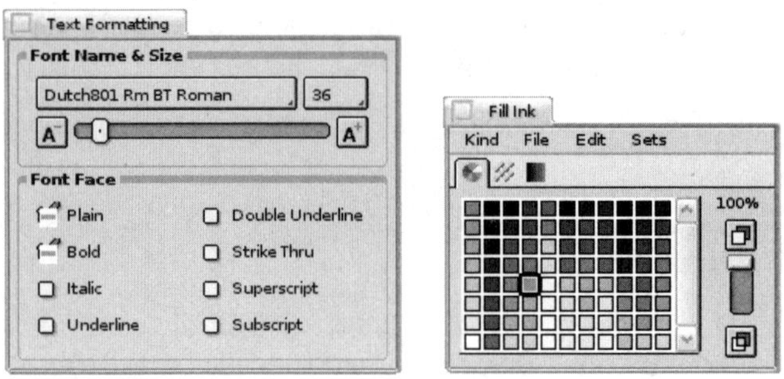

Abb. 8.5: Unter anderen können das Schriftformatierungswerkzeug und das Farbenwerkzeug aus der Werkzeuleiste herausgezogen werden

Texte formatieren

Heben Sie Schlüsselwörter, wichtige Aussagen, Merksätze durch Formatierungen hervor, um die Aussagekraft Ihrer Dokumente zu erhöhen.

Folgende Optionen stehen Ihnen zur Verfügung:

Schrifthervorhebungen

Heben Sie wichtige Textstellen durch, fett, kursiv, unterstreichen, doppelt unterstreichen, hoch-/tiefstellen hervor. Die einzelnen Optionen können natürlich miteinander kombiniert werden.

Schriftarten

Wählen Sie aus zahlreichen vorinstallierten Schriftfamilien die für Sie passende aus. Sie haben auch die Möglichkeit, Schriftarten nachzuinstallieren.

Schriftgröße

Stellen Sie die für Sie passende Größe für jedes einzelne Zeichen oder eine Textauswahl ein.

Textfarbe

Wählen Sie unterschiedliche Farben, ein vordefiniertes Muster, einen Farbverlauf und die Deckkraft für Ihre Schrift aus.

Textstile

Benutzen Sie bestimmte Textformatierungen in verschiedenen Dokumenten immer wieder, können Sie diese als Stilvorlage festlegen. Alle hier beschriebenen Optionen können in diese Vorlagen einbezogen werden.

Absatzformatierungen

Schriftausrichtung

Legt fest, wie ein Textabschnitt ausgerichtet wird. Optionen: *linksbündig, rechtsbündig, zentriert, Blocksatz.*

Zeilenabstand

Vergrößert/verkleinert den Zeilenabstand zwischen Textzeilen. Wenn Sie später von Hand Bemerkungen dazuschreiben möchten, können Sie z. B. den Abstand zwischen zwei oder mehreren Textzeilen erhöhen.

Zeileneinzüge

Diese Einzüge sind ein Relikt aus den Zeiten der Schreibmaschinen. Sie werden auf dem Zeilenlineal unter der Objektleiste als kleines schwarzes Dreieck angezeigt.

Der *Erstzeileneinzug* legt den Anfangspunkt der ersten eingegebenen Textzeile fest, von dem aus der Text angezeigt wird. Der *rechte Zeileneinzug* legt fest, ab welcher Stelle auf der rechten Blattseite der Text durch die Zeilenschaltung automatisch umgebrochen werden soll. Mit dem *linken Zeileneinzug* legen Sie fest, ab welcher Position der eingegebene Text beginnen soll (unabhängig von »weicher« oder »harter« Zeilenschaltung).

Das Spaltenwerkzeug

Formatieren Sie Ihren Text im Zeitschriftenformat mit beliebig vielen Spalten.

Absatzstile

Erstellen Sie eigene Absatzstile, indem Sie einen neuen Stil basierend auf *body* anlegen. Setzen Sie den *Style Type* auf *Paragraph* anstelle von *Basic.* Im darauf folgenden Fenster können Sie die Eigenschaften des Stils anpassen. Wählen Sie Eigenschaften wie *Textgröße, Textfarbe* und *Transparenz* bis hin zur *Ausrichtung* des Absatzes aus.

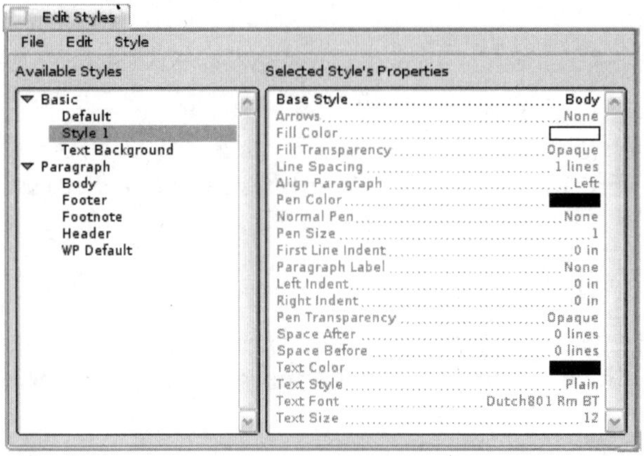

Abb. 8.6: Erstellen Sie neue Stile, um beim Arbeiten mit großen Dokumenten die Struktur besser gliedern zu können

Spezielle Formatierungsfunktionen

Frames sind einzelne Bereiche in Dokumenten. Unter *Gobe* lassen sich mit Frames auch aufwändige Präsentationen und Dokumente erstellen. Eine Reihe von *Frames* können Sie über die Menüleiste oder die *Toolbar* einfügen.

Text-Frames

Text-Frames sind Textverarbeitungsbereiche, die in jedem beliebigen *Gobe*-Dokument eingefügt werden können. Sie können individuell formatiert werden. Nutzen Sie die Spezialfunktionen wie *Duplizieren* und *Klonen*, oder verbinden Sie Text-Frames miteinander, um Text über mehrere Frames zu verteilen.

Tabellen-Frames

Eine spezielle Entwicklung für die Textverarbeitung, um Informationen wie Adressdaten oder Listen in einem Textdokument darzustellen, ohne den Text lange mit Zeileneinzügen formatieren zu müssen. Bietet alle Formatierungsoptionen der Tabellenkalkulation ohne die in der Textverarbeitung zumeist nicht benötigten Kalkulationsfunktionen.

Spezielle Funktionen der Textverarbeitung

Gobe Productive bietet Ihnen einige Spezialfunktionen zur Textverarbeitung an. Diese Funktionen können auf ein Textdokument, aber auch auf einen *Text-Frame* angewendet werden.

Rechtschreibprüfung

Kontrolliert das Textdokument automatisch auf Grammtik- und Rechtschreibfehler. Eine eingebaute Lernfunktion erlaubt es, unbekannte Wörter in das Wörterbuch zu übernehmen. So passt sich *Gobe* Ihrem persönlichen Wortschatz an.

Thesaurus

Schlägt Synonyme für ein eingegebenes Wort vor. Ein nützliches Werkzeug für professionelle Publizisten und Autoren.

Wörterbuch

Suchen Sie die Erklärung oder die Lautschrift für bestimmte Ausdrücke im integrierten Wörterbuch.

Wörter zählen

Zählt die Anzahl der Wörter und Zeichen in Ihrem Dokument. Sind Frames oder Objekte, die Text enthalten, eingefügt, werden die in diesen dargestellten Wörter und Zeichen mitgezählt. Ideal ist diese Funktion für professionelle Autoren und Redakteure, die Artikel nach vorgegebener Zeichenzahl schreiben oder für Schüler bei ihren Aufsätzen.

Suchen und Ersetzen

Ersetzen Sie ein häufig verwendetes Wort durch ein anderes. So können Sie Musterbriefe schnell neuen Bedürfnissen anpassen, indem Sie z. B. bei Verträgen nach einem Mitarbeiternamen suchen, den Sie durch einen neuen ersetzen möchten.

8.6 Die Tabellenkalkulation (Spreadsheet)

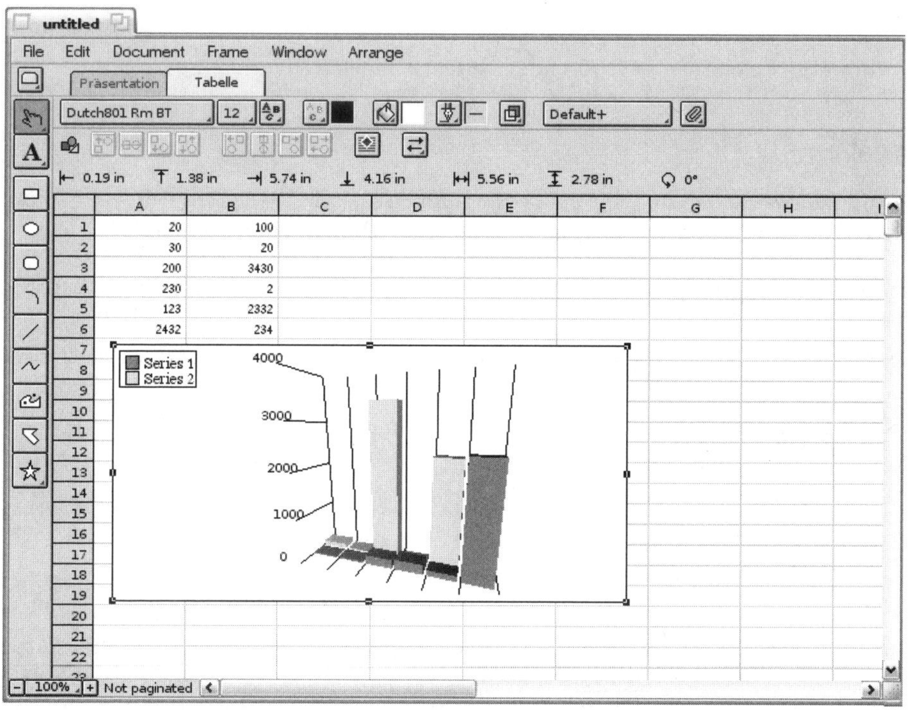

Abb. 8.7: Erstellen Sie ganz einfach Tabellen und Diagramme

Mit der *Gobe*-Tabellenkalkulation besitzen Sie ein mächtiges Werkzeug, um große Datenmengen strukturiert darzustellen, komplexe Kalkulationen zu erstellen, Geschäftsdaten grafisch aufzubereiten und mathematische Berechnungen durchzuführen.

Bearbeitungsmodi

In dieser Arbeitsumgebung gibt es zwei verschiedene Modi, in denen Sie arbeiten können.

Navigationsmodus

Der Standardmodus, in dem Sie mit der Maus oder der Tastatur (Cursor-Tasten) frei im Dokument navigieren können. In diesem Modus wählen Sie Zellen aus, die Sie bearbeiten möchten (lesen Sie dazu den Punkt *Markieren* auf Seite 144) und führen Formatierungen aus.

Dateneingabemodus

In diesem Modus geben Sie Daten in Zellen ein, erstellen Formeln oder geben Verweise auf eine andere Zelle bzw. Bereiche von Zellen ein.

Die Zelleingaben werden in der Eingabezeile unter der Werkzeugleiste eingegeben, bestehende Eingaben und Formeln können hier editiert werden. Mit dem Werkzeug *Funktion einfügen* haben Sie schnellen Zugriff auf die vordefinierten Funktionen.

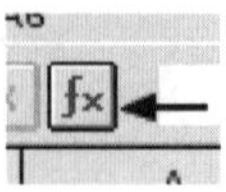

Abb. 8.8: Rufen Sie eine Liste vordefinierter Funktionen auf

Daten eingeben

In ein Tabellendokument oder ein Tabellen-Frame können Daten eingetragen werden. Es können dabei sowohl Zahlen, Buchstaben als auch Sonderzeichen eingegeben werden.

Generelle Tastenkombinationen

- [↵]-Taste Übernimmt eingegebene Daten, Formeln, setzt den Fokus auf die nächste Zeile in derselben Spalte.
- [⇆]-Taste Setzt den Fokus auf die nächste Zelle (von links nach rechts).
- Mausklick Setzen Sie den Fokus auf eine spezielle Zelle, indem Sie mit der linken Maustaste auf diese klicken.

Eingabekonventionen

Um die 16,000 Zeilen und 702 Spalten (ca. 11.500.866 Zellen/Dokument) in *Gobe* zu verwalten, wurden folgende Bezeichnungen festgelegt:

- Buchstaben (A bis ZZ) Bezeichnung der Spalten.
  Zahlen (1...16.000) Bezeichnung der Zeilen.

- Zelladresse (Spalte/Zeile) — Adressierung einer speziellen Zelle z. B. A1 für die erste Zelle in der ersten Spalte der Tabelle.
- Überlappender Text — Passt ein Text nicht vollständig in eine Zelle, kann er in folgenden Zellen »überlappend« dargestellt werden.

Zellen füllen

Mit dieser Funktion übernehmen Sie Daten aus einer Zelle in andere Zellen und kopieren eine Formel auf andere Zellen. Benötigen Sie in einer Zeile oder Spalte in jeder Zelle dieselbe Formel, müssen Sie diese nicht in jeder Zelle neu eingeben.

Zellverweis

Jede Zelle in der Tabellenkalkulation kann einen Verweis (Referenz) auf jede andere Zelle enthalten. Geben Sie beispielsweise in der Zelle A3 die Funktion = `A2` ein, so wird der Wert der Zelle A2 übernommen. Bei Verweisen werden nicht nur Werte, sondern auch Formeln übernommen. Ändern Sie einen Wert in der Originalzelle, wird der Wert in der Referenzzelle automatisch übernommen. Beim Kopieren der Formel oder der Anwendung des *Zellen-Füllen*-Befehls passt sich die Formel der neuen Zelle an. Summieren Sie Beträge, bezieht sich die Summenformel automatisch auf die der Formel zugeordneten Zellbereiche.

Absoluter Zellverweis

Um zu verhindern, dass sich beim Kopieren eines Zellverweises die Formel anpasst, stellt *Gobe* die Funktion eines absoluten Zellverweises bereit. Beispiel: Sie verweisen in der Zelle A3 mit der Formel `=A1` auf den Inhalt der Zelle A1. Kopieren Sie nun die Zelle A3 in die Zelle B3, so wird die Formel angepasst und lautet nun `=B1`. Um dies zu verhindern, gibt es absolute Zellverweise. Um auch in der Zelle B3 den Wert `=A1` beizubehalten, stellen Sie einfach ein Dollarzeichen (`$`) vor die Spalten und die Zellennummer. Die Funktion lautet nun `=$A$3`. Das bedeutet, dass beim Kopieren Spalten- und Zellenbezeichnung beibehalten werden. Man kann natürlich auch nur ein Dollarzeichen vor einen der Bezeichner setzen.

Zirkelbezug

Ein Zirkelbezug entsteht, wenn eine Formel auf einen Zellenbereich angewendet werden soll, in dem die eigene Zelle enthalten ist. *Gobe* kann diese Berechnung dann nicht durchführen und wird entsprechend eine Fehlermeldung ausgeben.

Zahlenformate

Die Tabellenkalkulation enthält die wichtigsten Zahlenformate vordefiniert:

- Zahlenformat allgemein
- Währungsformat
- Prozentformat

- Datumsformat
- Zeiformat
- Nachkommastellen
- Wissenschaftliches Zahlenformat
- Spezielles Zahlenformat (für Telefonnummern und Postleitzahlen)

Formeln und Funktionen

Gobe liefert viele Funktionen mit. Wenn Sie ein Tabellen-Frame oder ein Tabellendokument markiert haben, erscheint in der Werkzeugleiste ein Symbol (*fx*). Klicken Sie auf dieses, so haben Sie Zugriff auf die vordefinierten Funktionen. Die Funktionen werden in folgende Kategorien aufgeteilt:

- Kategorien von Funktionen
- Datums- & Zeitfunktionen
- Finanzfunktionen
- Funktionen zum Auswerten von Informationen
- Logische Funktionen
- Mathematische Funktionen
- Verschiedene Funktionen
- Funktionen, um Text zu verarbeiten
- Trigonometrische Funktionen

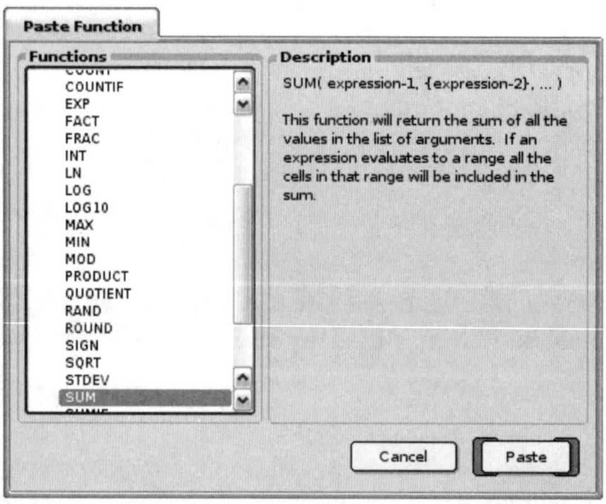

Abb. 8.9: *Gobe* bietet eine große Auwahl vordefinierter Funktionen an.
Rechts sehen Sie eine Beschreibung für die Verwendung der ausgewählten Funktion

Diagramme erstellen

Gobe stellt Ihnen die gängigsten Diagrammtypen zur Visualisierung Ihrer Daten zur Verfügung. Erstellen Sie mit wenigen Mausklicks ein Diagramm aus Ihrer Datenauswahl.

- Balkendiagramme
- Tortendiagramme
- Liniendiagramme
- Bereichsdiagramme
- XY-Diagramme

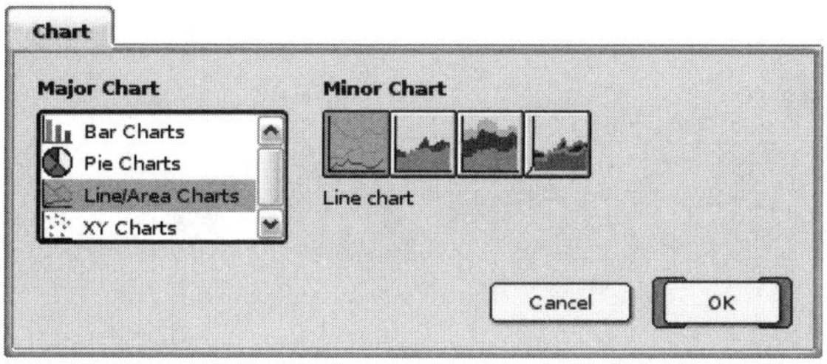

Abb. 8.10: Dem Benutzer steht eine Reihe von Diagrammarten zur Verfügung

Das Arbeiten mit Funktionen

Sie können anstelle der vordefinierten Funktionen eigene Formeln erstellen; in diese Formeln können Sie Zellverweise und vordefinierte Funktionen einbinden.

Erstellen einer Formel

Wechseln Sie in den Eingabemodus. Jede Formel beginnt mit einem "="-Zeichen. Geben Sie Zellbezeichnungen und Operatoren ein. Die Formel `=A1+B1` addiert die in den Zellen A1 und B1 enthaltenen Werte. In der Formel können Sie auch benamte Bereiche oder Bereiche von Zellen angeben. `=sum(A1..A10)` addiert unter Verwendung der Summenformel die Inhalte der Zellen A1 bis A10.

8.7 Die Arbeitsumgebung Zeichnen

Diese Arbeitsumgebung ist Layout-basiert. Sie wurde entwickelt, um eigene Grafikobjekte zu erstellen, diese anzuordnen und nachzubearbeiten. Durch das Grundkonzept von *Gobe*, jede Arbeitsumgebung als Frame in eine andere einfügen zu können, ist es auch hier möglich, ein Layout zu erstellen und Tabellen, Diagramme, Bilder und Texte zu einem Dokument zusammenzustellen.

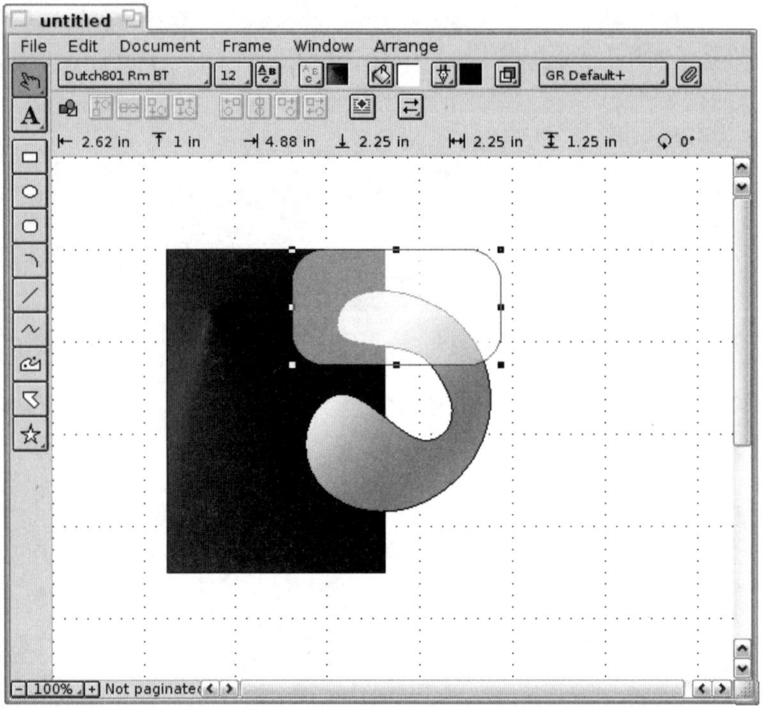

Abb. 8.11: Ändern Sie stufenlos die Transparenz einzelner Objekte

Sie können eigene Infografiken, Schaubilder, Logos, Layouts für Zeitschriften und vieles mehr erstellen. Ihrer Fantasie sind dabei keine Grenzen gesetzt.

In den folgenden Schritten wird anhand eines Beispiels erklärt, wie Sie mit der Arbeitsumgebung *Grafik* arbeiten.

Ein Grafikobjekt zeichnen

Klicken Sie auf die Schaltfläche des Objektes auf der Werkzeugleiste (*Toolbar*). Sie wird invertiert dargestellt. Der Mauszeiger verändert sich zu einem Kreuz. Klicken Sie mit der linken Maustaste auf den Bereich auf der Arbeitsfläche, auf dem Sie das Objekt erstellen möchten. Halten Sie die Maustaste gedrückt, und ziehen Sie den Auswahl-Frame so groß, wie das Objekt erstellt werden soll. Lassen Sie die Maustaste los. Das Objekt wird sofort erzeugt.

Objekte auswählen und markieren

Es gibt mehrere Möglichkeiten, Objekte auszuwählen, um sie dann mit den ihnen zugeordneten Werkzeugen formatieren und bearbeiten zu können.

- Klick mit der linken Maustaste auf eine beliebige Stelle des Objektes (die rechte Maustaste aktiviert automatisch ein Kontextmenü mit weiteren Einstellmöglichkeiten).
- Über das *Auswahlwerkzeug* der Werkzeugleiste (*Toolbar*). Klicken Sie mit der linken Maustaste auf die Arbeitsfläche, halten Sie die Maustaste gedrückt, und ziehen Sie den Auswahl-Frame über das Objekt.

Ist das Objekt markiert, werden Bezugspunkte angezeigt, mit denen Sie die Größe des Objekts verändern können.

Formatierung von Grafikobjekten

Die *Gobe Productive*-Suite stellt Ihnen vielfältige Formatierungsfunktionen zur Verfügung, um Ihren Dokumenten ein individuelles Aussehen zu geben.

Farbformatierung

Sie haben die Möglichkeit, die Füllfarbe, das Füllmuster und einen Farbverlauf, mit dem das Objekt gefüllt werden soll, aus einer vorgegebenen Palette auszuwählen.

Stifteigenschaften

Hier können Sie die Breite der gezeichneten Linien, einen Farbverlauf, eine Füllfarbe und ein Füllmuster für das aktive Zeichenwerkzeug festlegen.

Deckkraft von Objekten einstellen

Sind verschiedene Objekte übereinander angeordnet, gibt diese Funktion die Möglichkeit, die Deckkraft eines Objekts anzupassen. So kann die Deckkraft heruntergesetzt werden, um ein dahinter angeordnetes Objekt sichtbar zu machen.

Formatvorlagen für Grafiken erstellen

Ist Ihr Dokument nach Ihren persönlichen Vorstellungen formatiert, haben Sie die Möglichkeit, mehrere Formatierungseigenschaften in einer Stilvorlage zu speichern, die Sie in anderen Dokumenten wiederverwenden können. So haben Sie die Möglichkeit, effizient Dokumente mit einem individuellen Aussehen zu erstellen.

Layout

Grafiken auf Ebenen anordnen

Sie können Grafiken auf verschiedenen Ebenen anordnen, etwa eine Grafik im Vorder- bzw. im Hintergrund anzeigen lassen.

Markieren Sie dazu das Objekt, das Sie in den Vordergrund oder in den Hintergrund bzw. eine Ebene nach vorn oder nach hinten schieben möchten. Klicken Sie dann mit der rechten Maustaste in dieses Objekt, und wählen Sie im Menü *Arrange...* den gewünschten Befehl aus:

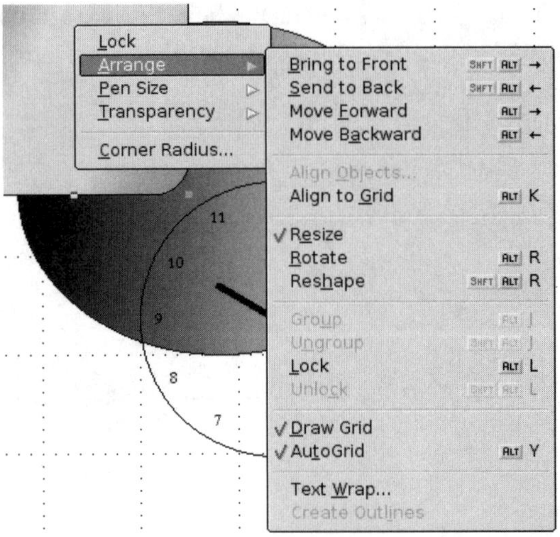

Abb. 8.12: Mit den ersten vier Befehlen können Sie einen Frame *in den Vordergrund holen, in den Hintergrund stellen, eine Ebene nach vorne verschieben* oder *eine Ebene zurückstellen*

Mehrere Objekte automatisch anordnen

Mit der Werkzeugleiste (*Toolbar*) können Sie mehrere Objekte nach voreingestellten Kriterien automatisch anordnen lassen. So ist es möglich, ein Objekt am Mittelpunkt eines anderen ausrichten zu lassen oder am oberen Rand des Objektes.

Textfluss einstellen

Mit diesem Werkzeug stellen Sie den Umbruch von Text ein. Wenn Sie z. B. eine Grafik in ein Textdokument einfügen, können Sie einstellen, wie sich der Text in Bezug zu der Grafik verhalten soll. Man kann den Text über oder hinter die Grafik legen oder den Text rundherum oder nur einseitig umbrechen lassen.

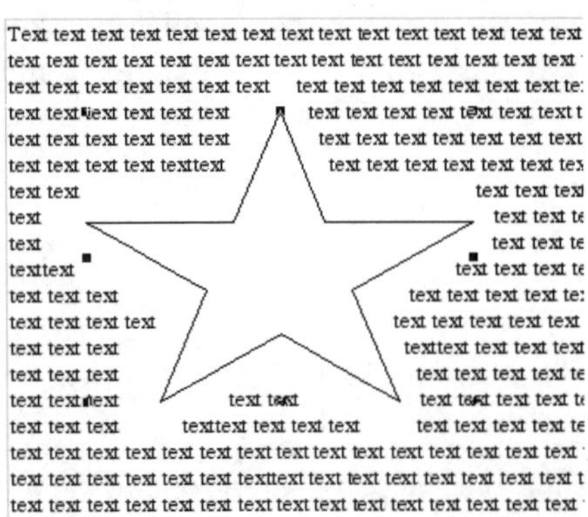

Abb. 8.13: Der Textumfluss ist sehr nützlich, wenn Sie Grafiken in ein Textdokument einfügen

Frames einfügen

Sie haben die Möglichkeit, jede unter *Gobe* verfügbare Arbeitsumgebung und einige spezielle Umgebungen als Frames in ein Zeichendokument einzufügen. Diese Funktionalität gibt Ihnen die Möglichkeit, viele verschiedene Dokumente auf einer Arbeitsfläche übersichtlich anzuordnen. So können Sie z. B. Daten für eine Firmenpräsentation sammeln und grafisch aufbereiten oder umfangreiche Marketingkonzepte ausarbeiten.

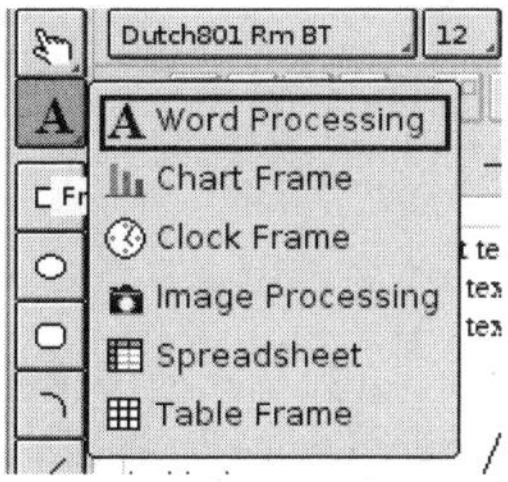

Abb. 8.14: In der Menüleiste von *Gobe* können Sie *Window/Show Toolbar* aktivieren. Sie können dann bequem Frames über diese linke Werkzeugleiste einfügen

8.8 Arbeiten mit der Bildbearbeitung

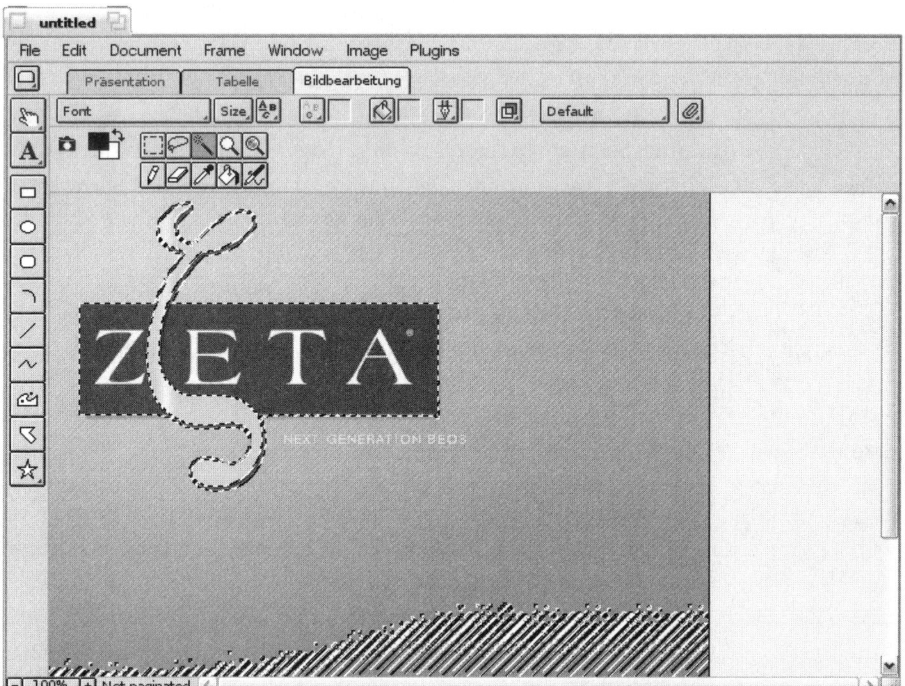

Abb. 8.15: Als drittes Blatt (*Sheet*) haben wir hier eine Bildbearbeitung eingefügt

Mit den Werkzeugen der Bildbearbeitung stehen Ihnen mächtige Funktionen zur Nachbearbeitung von Fotos und Bildern zur Verfügung. Hier können Sie Bilder bearbeiten, die Sie in anderen Dokumenten weiterbenutzen möchten.

Einstellungen

Mit dem Werkzeug *Farbeinstellungen* stellen Sie die Farben für die Zeichenwerkzeuge ein. Sie können dabei entweder die Hinertgrund- oder die Vordergrundfarbe verändern. *Gobe* gibt Ihnen auch die Möglichkeit, Farben selbst zu mischen. Dazu haben Sie die Auswahl zwischen verschiedenen Farbräumen (etwa RGB, CMYK).

Bildbearbeitungswerkzeuge

Mit *Gobe* können Sie einfach die Farben eines Fotos verändern, Teile einer Grafik oder eines Bildes ausschneiden und verschiedene Effekte auf Bereiche eines Fotos anwenden. Die *Gobe*-Bildbearbeitung beinhaltet alle wichtigen Funktionen, um Fotos zu manipulieren.

Abb. 8.16: Die Bildbearbeitungswerkzeuge von *Gobe*

Auswahlwerkzeuge

- *Markierungswerkzeug* Wird benutzt, um ganze Flächen zu markieren.
- *Lasso-Werkzeug* Lässt eine Auswahl freihändig zeichnen. Mit gedrückter ↑-Taste können Sie mehrere unzusammenhängende Auswahlen markieren.
- *Zauberstab* Trifft eine Auswahl nach bestimmten voreingestellten Farbwerten. Dabei kann die Toleranz, nach der gesucht wird, auf einer Skala von 0-100 eingestellt werden.
- *Lupe* Vergrößert oder verkleinert einen ausgewählten Bildbereich nach einem voreingestellten Vergrößerungsfaktor.
- *Farbfind-Werkzeug* Sucht und markiert alle Flächen mit der voreingestellten Vordergrundfarbe.

Zeichenwerkzeuge

- *Bleistift* Mit diesem Werkzeug können Sie freihändig im Bild zeichnen.
- *Radierer* Mit diesem Werkzeug können Sie die eingestellte Hintergrundfarbe aus dem Bild herauslöschen.
- *Pipette* Mit der *Pipette* wählen Sie eine bestimmte Farbe aus dem Bild aus.
- *Füllwerkzeug* Füllen Sie einen bestimmten Bildbereich mit der voreingestellten Vordergrundfarbe.
- *Airbrush-Werkzeug* Zeichnen Sie mit diesem Werkzeug wie mit einem Airbrush-Gerät oder einer Spraydose.

Plugins: Bildbearbeitungswerkzeuge

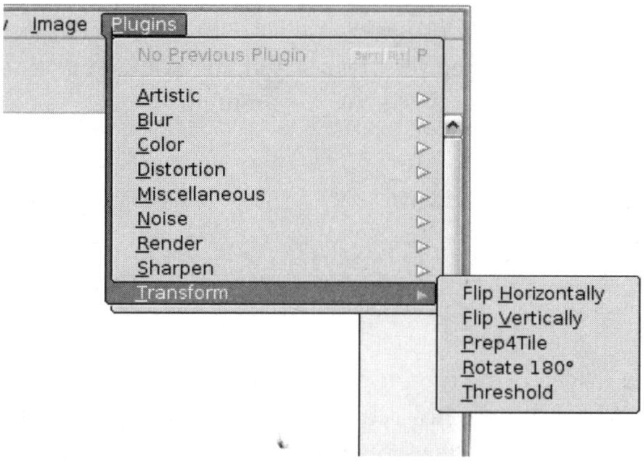

Abb. 8.17: Für ein Office-Paket bietet *Gobe* eine sehr funktionelle Grafikbearbeitung mit vielen Plugins an

Bei *Gobe* werden Bildbearbeitungswerkzeuge als Plugins mitgeliefert (z. B. Gaußscher Weichzeichner), mit denen Sie ein Bild oder eine Bildauswahl mit wenigen Mausklicks verändern können. Die meisten dieser Werkzeuge sind durch Parameter einstellbar.

Da die Auswirkungen dieser Bildeffekte je nach Auflösung und Farbtiefe unterschiedlich ausfallen, ist es schwierig, diese genauer zu beschreiben. Sie sollten mit diesen Funktionen experimentieren, um ein Gefühl für die Arbeit mit diesen Werkzeugen zu bekommen.

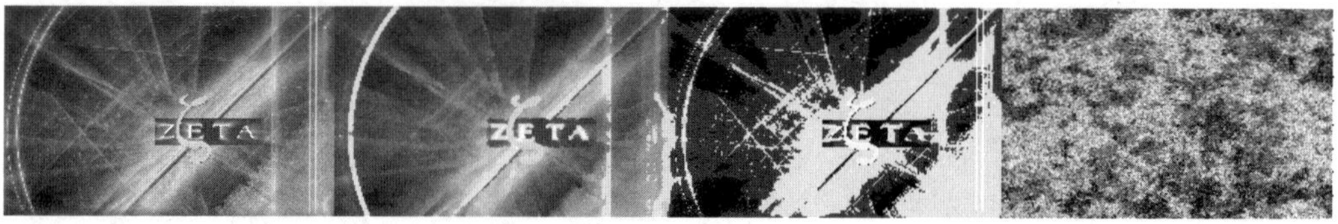

Abb. 8.18: Links sehen Sie das Original, auf das zweite Bild wurde der Effekt *Oilpaint*, auf das dritte *Treshold* und auf das Bild ganz rechts *Plasma* angewendet

8.9 Die Präsentationsumgebung (Presentation)

Erstellen Sie schnell und effizient Bildschirmpräsentationen und Diashows. Stellen Sie Ihre Geschäftskonzepte vor, präsentieren Sie neue Vertriebsmodelle, schulen Sie Ihre Außendienstmitarbeiter.

Brennnen Sie eine Präsentation auf CD, um diese zu Marketingzwecken zu verteilen oder Präsentationen verschiedener Produkte im Internet zum Download bereitzustellen.

Das Prinzip, auf dem Bildschirmpräsentationen aufbauen, stammt aus der analogen Welt: die einer Präsentation auf einem Overhead-Projektor.

Durch die flexible Programmierung von *Gobe* sind Sie in der Lage, jede Dokumentart als Frame in die Präsentation einzufügen. Korrigieren und optimieren Sie diese Daten; die Werkzeuge und Funktionen der jeweiligen Arbeitsumgebung stehen Ihnen direkt zur Verfügung.

Slides (Folien) erstellen, löschen und verschieben

Eine Präsentation setzt sich aus mehreren Folien zusammen. Diese Folien werden aus verschiedenen Objekten wie Text-Frames, Bildern, Infografiken/Zeichnungen und Diagrammen zusammengesetzt.

Möchten Sie eine Folie erstellen, klicken Sie in der *Präsentationspalette* im Menü auf *Edit, New Slide*. Geben Sie den Namen für die neue Folie ein. Wiederholen Sie die oben genannten Schritte so oft, bis Sie die gewünschte Anzahl von Folien erstellt haben. Um Folien zu verschieben, klicken Sie einfach auf eine Folie, und ziehen Sie sie per Drag & Drop an den gewünschten Platz.

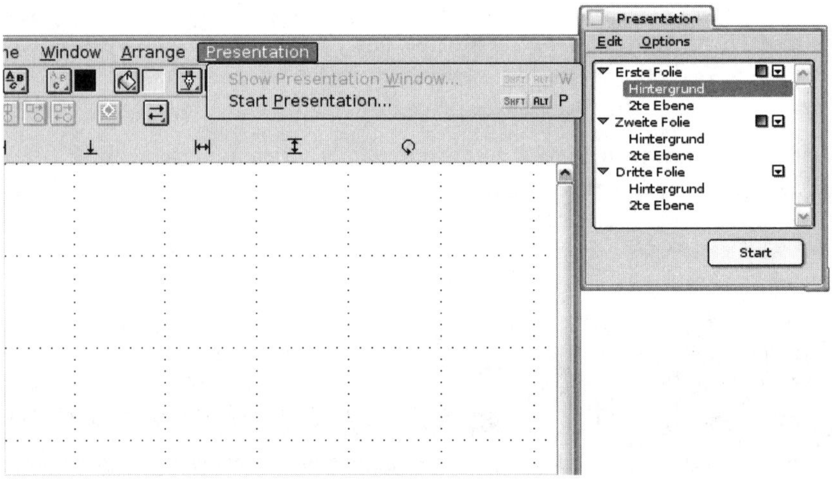

Abb. 8.19: Hier haben wir bereits drei Folien mit jeweils einem Hintergrund und einer Ebene angelegt

Layer (Ebenen)

Legen Sie mehrere Objekte auf unterschiedlichen Ebenen »übereinander«. Ein Hintergrund, ein Bild und ein Text-Frame werden auf verschiedenen Ebenen platziert. Diese werden in der *Präsen-*

tationspalette angeordnet. So können Sie während einer Präsentation bestimmte Elemente interaktiv ein- und ausblenden.

Transition (Übergänge)

Um Präsentationen interessanter zu gestalten, können Sie zwischen der Anzeige fließende Übergänge einfügen, die der Präsentation den Eindruck eines Filmes geben, wenn sie automatisch ablaufen soll.

Fußnoten

Fußnoten eignen sich gut, um erklärende Texte und Kommentare oder Zitate einzufügen, die auf verschiedenen Folien weiterverwendet werden können.

Die Präsentationspalette

Hier arrangieren Sie Ihre Folien, Hintergründe, Fußnoten. Die Palette ermöglicht das Erstellen einer Präsentation/Diashow: Es sind »Regieanweisungen« für die Bildschirmpräsentation. Ein einfaches Beispiel: Sie möchten immer denselben Bildschirmhintergrund: *Alle Elemente auf einer Ebene.*

Die Bildschirmgröße festlegen

Legen Sie fest, ob die Präsentation den gesamten Bildschirm füllen soll oder nur einen beliebig einstellbaren Bereich. Dies kann wichtig für die Präsentation auf einem Beamer sein, der nur bestimmte Bildschirmauflösungen darstellen kann.

Einen Background (Hintergrund) erstellen

Erstellen Sie einheitliche Hintergründe, um Themen auch visuell voneinander abzugrenzen. Diese können Sie durch das Ebenenprinzip auf mehreren Folien wiederverwenden.

Bildschirmhintergrund anlegen

Zeichnen Sie mit dem Rechteckwerkzeug ein bildschirmfüllendes Rechteck. Füllen Sie dieses mit dem *Farbverlaufswerkzeug.*

Zeichnen Sie auf der Arbeitsfläche einen Text-Frame, wählen Sie Schriftart, -größe und -farbe aus. Geben Sie einen beliebigen Text ein, z. B. den Namen Ihrer Firma.

Nun fügen wir ein Bild ein, z. B. Ihr Firmenlogo. Dazu öffnen Sie den Menüpunkt *File* und wählen *Open.* Das Bild wird in einem Bildbearbeitungsdokument geöffnet. Markieren Sie den Bildbereich, den Sie einfügen möchten. Drücken Sie die Tastenkombination [Alt]+[C]. Überprüfen Sie, ob die richtige Ebene (*Layer*) ausgewählt ist, klicken Sie in die *Präsentations*-Frames und wählen [Alt] + [V]. Das Bild wird eingefügt.

Klicken Sie in der *Präsentationspalette* auf den Namen der Folie, um sich die gesamte Folie anzeigen zu lassen. Nur in dieser Einstellung können Sie sich das Endergebnis der Folie anzeigen lassen.

Abspielen einer Präsentation/Diashow

Klicken Sie auf *Start* in der *Präsentationspalette*, um die Präsentation zu starten.

So steuern Sie die Präsentation:

- [→]-Taste Nächste Folie.
- [←]-Taste Vorige Folie.
- Linke Maustaste Nächste Folie.
- [Ende]-Taste Zur letzten Folie springen.
- [Pos1]-Taste Zur ersten Folie springen.
- [Esc]-Taste Beendet die Präsentation.

CD-Tools 9

Folgende Tools stehen Ihnen zum Brennen von CDs zur Verfügung: *CDBurner, CDManager* und *JABA*.

9.1 CDBurner

Mit *CDBurner* können Sie Audio-CDs brennen. Um Dateien einem Projekt hinzuzufügen, können Audio-Dateien einfach in das Haupt-Fenster des *CDBurner* gezogen werden. Der *CDBurner* kann die Dateien auch abspielen.

Vor dem Brennen gibt es einige Dinge, die man sich merken sollte:

- *CDBurner* legt CDs im »disc-at-once«-Modus an. Sie können keine Dateien mehr hinzufügen, nachdem Sie den Brennvorgang gestartet haben. Sie müssen die gesamte CD zuerst zusammenstellen und können erst dann den Brennvorgang starten.
- *CDBurner* kann jegliche Audio-Formate brennen.
- Sie erhalten die besten Ergebnisse, wenn Sie unkomprimierte WAV- oder AIFF-Dateien in 16-Bit-Stereo mit einer Wiederholfrequenz von 44.1 kHz verwenden. Mit Dateien diesen Formats muss der *CDBurner* die Audio-Dateien nicht mehr bearbeiten. Die CD wird mit einem besseren Sound erstellt.
- Wenn man Dateien auf der Festplatte löscht, die in einer gespeicherten *CDBurner*-Projektdatei liegen, werden diese automatisch aus dem Projekt entfernt. Dies geschieht, weil die Dateien in der *CDBurner*-Zusammenstellung als Links und nicht als ganze Dateien gespeichert werden.

Wie benutzt man den CDBurner?

Starten Sie den *CDBurner.* Sie erhalten ein neues Projekt-Fenster (vgl. Abb. 9.1).

Im Fenster links unten vom Anwendungs-Fenster finden Sie ein Auswahlmenü (Drop-Down-Menü), in dem alle CD-R(W)s aufgelistet sind, die an Ihrem Computer angeschlossen sind.

Haben Sie mehr als einen Brenner (CD-R(W) oder DVD-R(W)) angeschlossen, können Sie hier einen auswählen. Haben Sie kein CD-R(W) (keinen Brenner), meldet das Menü, dass kein Gerät erkannt wurde.

Ziehen Sie per Drag & Drop die gewünschten Audio-Dateien in das Programm. Es werden automatisch Titel erstellt. Sie können Dateien auch über das Menü *Disc* hinzufügen und entfernen. Mit *Projekt öffnen…* im *Datei*-Menü können Sie ein Projekt öffnen, das Sie bereits erstellt und abgespeichert hatten.

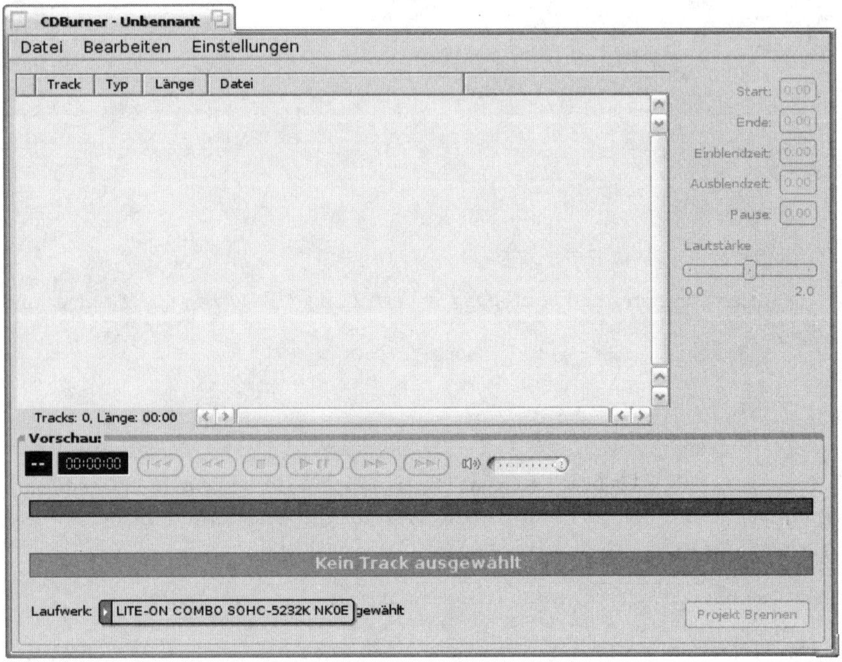

Abb. 9.1: Beim Start von *CDBurner* wird automatisch ein neues Projekt angelegt. Sie können ein bereits vorhandenes Projekt über das Menü öffnen

Klicken Sie auf eine Datei, um sie zu markieren. Beachten Sie die Felder auf der rechten Seite der Titelliste, die aktiviert sind, sofern der ausgewählte Titel nicht gerade abgespielt wird. Die Felder *Start* und *Ende* stehen für die Zeit, wann der ausgewählte Titel beim Abspielen anfangen und wann er aufhören soll. Mit *Einblenden/Ausblenden* können Sie die Zeit angeben, wie lange das Ein- und Ausfaden der Titel dauern soll. Sie setzen die Start/*Ende* Zeit, indem Sie entweder die Zeit per Hand eintippen oder den roten Balken, der sich links und rechts an der untersten Leiste befindet, in das Eingabefeld ziehen. Sie können den roten Balken sowie das kleine rote Dreieck verschieben. Die kleinen roten Dreiecke stellen *Einblenden* und *Ausblenden* dar. Veränderungen, die mit den insgesamt vier Schiebereglern vorgenommen werden, sind gleich in den Textfeldern rechts der Trackliste sichtbar. Die Funktion *Pause* zeigt die Sekunden an, wie lange zwischen zwei Titeln Stille herrschen soll. Sollte zwischen Titel 1 und 2 eine Pause eingegeben worden sein, werden die Sekunden am Anfang des zweiten Titels eingebaut (als Minus-Sekunden). Wenn Sie vom ersten zum zweiten Titel schalten, werden Sie die Pause nicht hören.

Der Lautstärke-Schieberegler reguliert die Lautstärke für einen bestimmten Titel. So können Sie jeden Titel unterschiedlich laut auf CD brennen.

Haben Sie die Einstellungen zu Ihrer Zufriedenheit vorgenommen, speichern Sie das Projekt unter dem Menüpunkt *Datei/Projekt speichern*.

Legen Sie einen CD-Rohling in Ihren Brenner ein, und klicken Sie auf *Projekt brennen*.

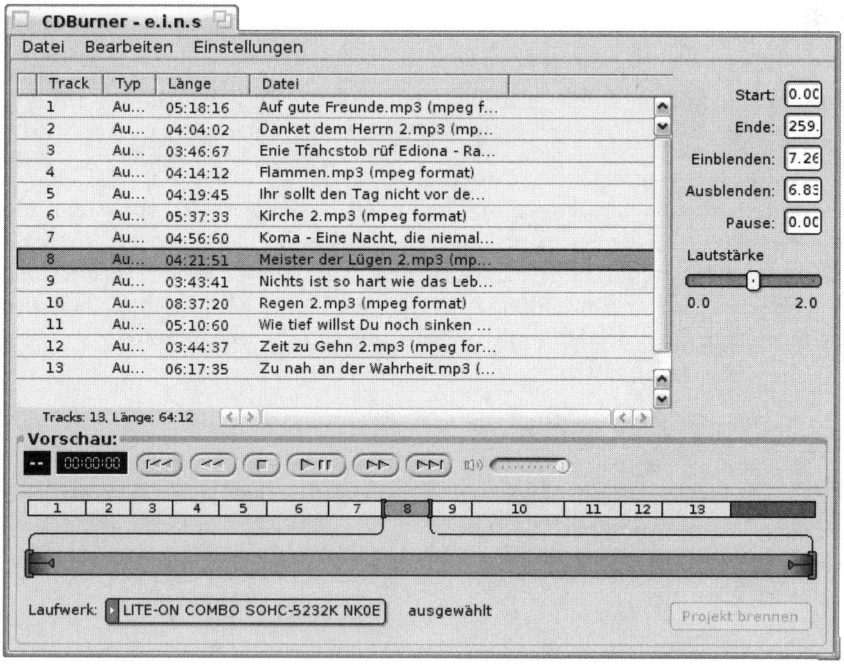

Abb. 9.2: Hier haben wir bereits eine Zusammenstellung einer CD vorgenommen und dem aktuellen Titel eine *Einblenden/Ausblenden*-Zeit zugewiesen. Die Schaltfläche *Projekt brennen* wird aktiviert, sobald ein CD-Rohling im Brenner liegt

Das *CDBurner*-Fenster zeigt einen Fortschrittsbalken an, der die Umwandlung der Daten-Titel in das CD-Format anzeigt. Ein dunkelgrüner Fortschrittsbalken wechselt zu leuchtend grün, um die prozentuelle Menge an bereits gebrannter CD anzuzeigen. Der Fortschritt wird auch in Textform dargestellt.

Achtung Während des Brennvorgangs ist nur der *Abbrechen*-Knopf aktiviert. Wenn Sie darauf klicken, wird der Rohling unbrauchbar. Sollte der Brennvorgang nicht erfolgreich durchgeführt werden können, erhalten Sie einen Hinweis.

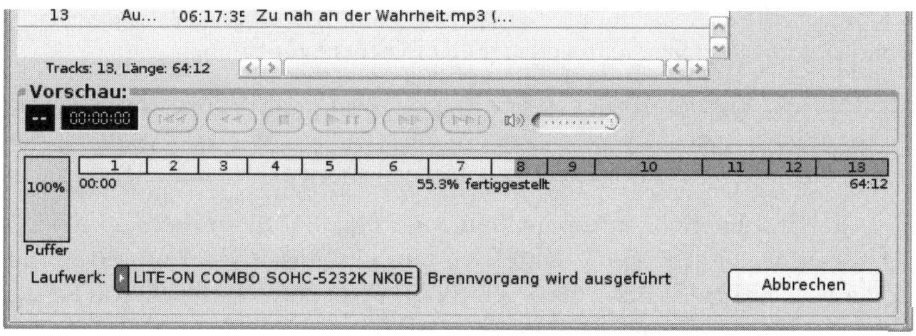

Abb. 9.3: *CDBurner* beim Brennen einer Audio-CD

9.2 CDManager

Info Der *CDManager* ist nicht bei der Standardinstallation von ZETA dabei. Sie können ihn jedoch kostenlos unter *http://bebits.com/app/736* aus dem Internet herunterladen.

CDManager ist eine komplette CD-Werkzeugsammlung für ZETA. Er spielt CDs ab, kann Audiodaten in vielen Dateiformaten auf die Festplatte kopieren und diese auf CD brennen. Wenn Sie den *CDManager* das erste Mal starten, müssen Sie im Menü *Settings*, *Device Preferences* das Gerät (*Device*), auswählen, das Sie für diese Anwendung benutzen möchten. Das ist wichtig, da in den modernen PC-Systemen oft mehrere Geräte eingebaut sind, die CDs brennen können.

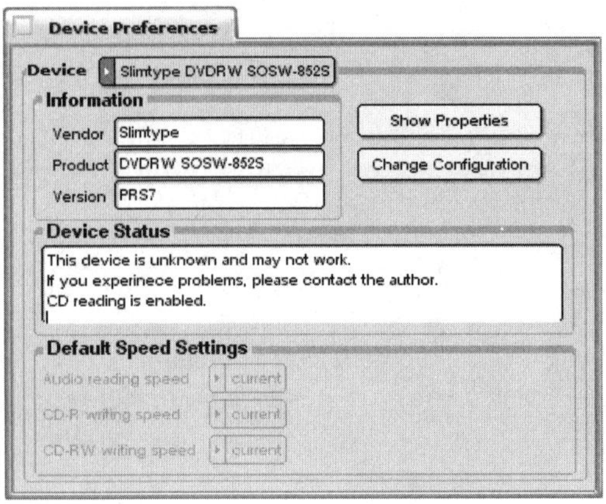

Abb. 9.4: Wählen Sie zuerst das Brennlaufwerk aus, mit dem Sie brennen möchten

Dann stellen Sie Ihre bevorzugte *Audio reading speed* (Lesegeschwindigkeit) sowie *CD-R* und *CD-RW writing speed* (Schreibgeschwindigkeit) für das ausgewählte Gerät ein. Das geschieht unter *Settings/Device Preferences*. Für Aufnahmen von Audio-CDs sollten Sie die auf den Rohlingen aufgedruckte maximale Brenngeschwindigkeit für die Einstellungen beachten. Im Menü *Settings*, *Application Preferences* (Anwendungseinstellungen) sollten Sie einen *Project Folder* (Projektordner) auswählen. In der Standardeinstellung werden die kopierten Dateien im Ordner */boot/home/config/CDManager projects* gespeichert.

Bevor Sie mit dem Erstellen einer CD beginnen, stellen Sie im Menü *Settings*, *CD Reading Preferences* das Dateiformat ein, mit dem Sie die Inhalte der CD speichern möchten.

Beim Erstellen einer Audio-CD werden zwischen den Tracks in der Standardeinstellung Pausen erzeugt. Diese entfernen Sie mit den Optionen *remove digital silence at track beginning* (vor jedem Lied) oder *remove digital silence at track ending* (nach jedem Lied).

Legen Sie die CD ein, die Sie anhören oder kopieren möchten, und binden Sie diese ein. Wie Sie Laufwerke einbinden, lesen Sie im Abschnitt »Einbinden und Aushängen von Laufwerken« auf Seite 56. Der Inhalt der CD wird im *Source*-Fenster angezeigt, sie ist abspielbereit. Wenn Sie den Inhalt der CD kopieren möchten, wählen Sie *Create New Project*.

In dem folgenden Dialog-Fenster geben Sie dem Projekt einen passenden Namen, z. B. den Namen des Albums. Wechseln Sie zur CD-Anzeige im *Source*-Fenster, und wählen Sie alle Tracks aus. Klicken Sie mit der rechten Maustaste auf eine beliebige Stelle der Markierung der Tracks. Es erscheint ein Kontextmenü, in dem Sie *Add Copys To*, auswählen. Danach wählen Sie das Projekt aus.

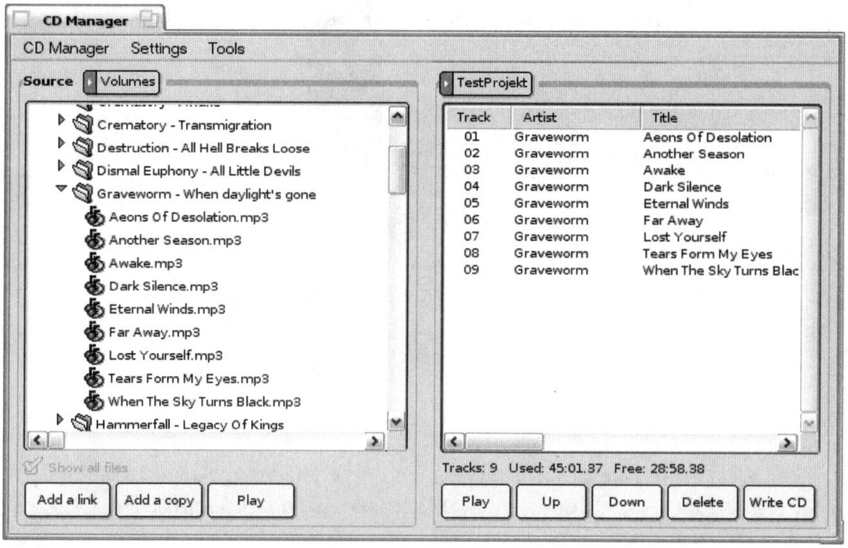

Abb. 9.5: Erstellen Sie nach Belieben eigene Musik-CDs

Kopieren starten

Es öffnet sich ein Fenster, das Ihnen den Fortschritt des Kopiervorgangs anzeigt.

CDManager unterstützt keine CDDB-Suchanfragen, aber in einigen Fällen können Sie *Read CD-TEXT* auswählen. Wenn Sie den CD-TEXT nicht importieren können, müssen Sie die Namen der Tracks von Hand tragen.

Zuerst markieren Sie alle kopierten Tracks des Albums, dann klicken Sie mit der rechten Maustaste darauf. Im Kontextmenü wählen Sie *Edit Artist* aus. Im folgenden Dialog-Fenster geben Sie den Namen des Künstlers ein. Wiederholen Sie diesen Vorgang mit allen Titeln, und tragen Sie die Namen entsprechend ein. Sie können auch *Swap Artists & Titles* auswählen. *CDManager* eignet sich auch hervorragend zum Abspielen von Audio-Daten. Die Programmoberfläche enthält Informationen über den Speicherort des Titels, den Künstlernamen und dem Namen des Titels.

Die Programmoberfläche enthält ebenfalls eine Fortschrittsanzeige. Jeder Titel hat eine eigene Schaltfläche, die schnellen Zugriff auf eigene Songs ermöglicht. Schaltflächen, um zum nächsten und letzten Titel zu springen und ein Auswahlmenü sind ebenfalls auf der Oberfläche vorhanden.

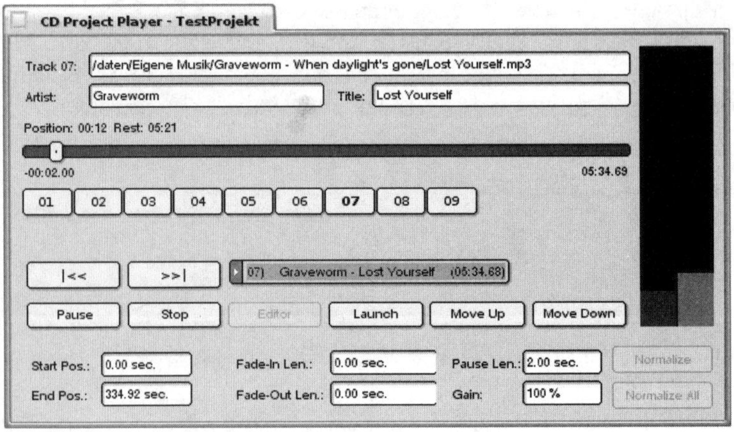

Abb. 9.6: *CDManager* zeigt Ihnen beim Abspielen von Titeln Informationen darüber an

Brennen einer CD

Im Menü *Tools* wählen Sie *Write Data CD Image File....* Es öffnet sich ein Dialog-Fenster.

Um mit *CDManager* eine CD zu brennen, wählen Sie zuerst eine CD-Image-Datei aus. Sie können aus folgenden Schreibmodi (Write-Modes) auswählen: *Disc At Once* (*default*), *Track At Once* und *Track At Once without fixation*.

Die Schreibgeschwindigkeit (*Write-Speed*) ist in der Standardeinstellung als *Current* eingestellt, sie kann aber auch auf *Maximum*, *4.0X* (713 K/sec), *10.0X* (1771 K/sec), 16.0X (2829 K/sec) oder *24.0X* (4241 K/sec) eingestellt werden. Sie haben die Wahl zwischen Schreibtest (*Write simulation*), Schreibtest mit anschließendem Schreiben (*Write simulation and write*) oder Schreiben (*Write*). Der letzte Punkt schreibt die CD ohne vorherige Tests.

9.3 JABA

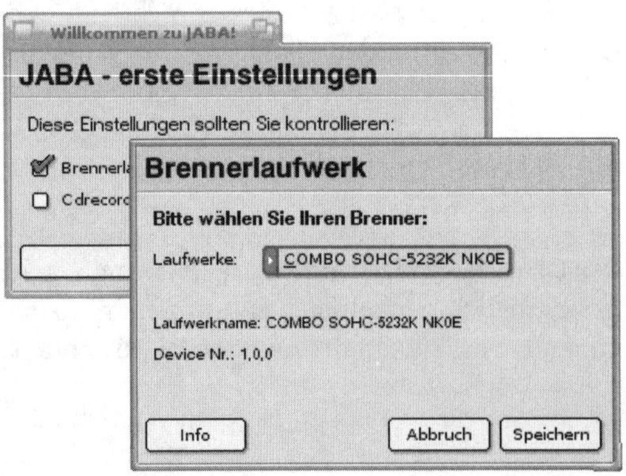

Abb. 9.7: Wenn Sie *JABA* das erste Mal starten, werden Sie durch ein kurzes Setup geleitet, um das Brennlaufwerk und die Brennoptionen auszuwählen

JABA ist ein sehr leicht und intuitiv zu bedienendes Brennprogramm. Wenn Sie bereits mit anderer Brennsoftware CDs gebrannt haben, werden Sie sich sofort heimisch fühlen und sich spielend zurecht finden. Es können Audio- und Daten-CDs sowie Daten-DVDs gebrannt werden. Sie können mit *JABA* CDs kopieren, löschen (*CD-RW*) und Images (*Abbilder*) erstellen und brennen.

Wiederbeschreibbare CDs (CD-RW) löschen

Es können nur wiederbeschreibbare CDs/DVDs gelöscht werden. Dies erledigen Sie mit dem Befehl *Disk löschen* aus dem Menü *Disk.*

Es gibt zwei unterschiedliche Löschverfahren. Bei der schnellen Methode wird lediglich das TOC (*Table of contents*, Inhaltsverzeichnis der CD) gelöscht. Die Größe des TOCs ist im Vergleich zur gesamten CD sehr klein, deshalb erfolgt der Löschvorgang innerhalb kürzester Zeit. Diese Methode wird in den meisten Fällen angewandt.

Bei der zweiten Methode werden das TOC und die Daten gelöscht. Bei Multisession-CDs können Sie auch nur die letzte Session löschen. Diese Methode ist geeignet, wenn sensible Daten von der CD gelöscht werden sollen. Dadurch ist eine Wiederherstellung nicht möglich. Allerdings benötigt diese Methode auch wesentlich mehr Zeit.

Das Löschen von CDs kann nicht mehr rückgängig gemacht werden.

Die Einträge in der JABA-Menüleiste

Im Menü *Datei* können Sie Projekte (CD-Zusammenstellungen) öffnen und auch speichern. Dies ist vor allem nützlich, wenn Sie öfters eine gleiche CD brennen.

Ein Image speichern

Das Menü *Image* enthält Befehle, um ein neues Image anzulegen, zu lesen oder zu brennen. Der Befehl *Image erstellen* dient dazu, Dateien aus dem aktuellen Projekt zu einer *iso*-Datei zusammenzufassen. Mit *Image von Disc lesen* erstellen Sie ein Abbild einer Daten-CD. Dies ist vor allem nützlich, wenn Sie nur ein CD-ROM-Laufwerk haben. Schreiben Sie dann ein Abbild der CD auf die Festplatte. Mit dem Menübefehl *Image brennen* können Sie das erstellte Abbild danach auf CD brennen.

Unter *Disc* können Sie CDs kopieren, fixieren und wiederbeschreibbare CDs (CD-RW) löschen. Rechts daneben finden Sie das *Einstellungen*-Menü. Dort können Sie das Brennlaufwerk einrichten, Optionen zu *CDRecord* festlegen (für fortgeschrittene Nutzer) oder die Farben der Oberfläche verändern. Unter *Einstellungen/Daten Dateisystem* können Sie das Dateisystem festlegen, mit dem eine Daten-CD gebrannt werden soll. Um die Kompatibilität zu anderen Betriebssystem zu wahren, empfehlen wir die Benutzung des *Joliet*-Formats. Das Menü *Liste* bietet Optionen zur Anpassung der Dateiliste.

Unter *Einstellungen* können Sie nachträglich den Brenner sowie Brennoptionen ändern. Auch die Oberfläche von *JABA* können Sie anpassen:

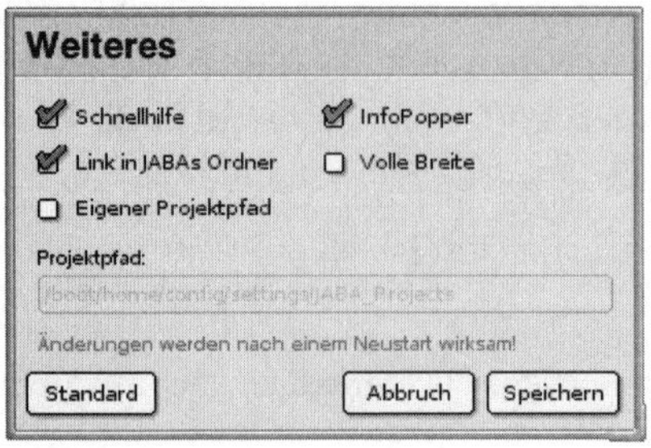

Abb. 9.8: Stellen Sie das Aussehen von *JABA* nach Belieben um

Unterstützte Dateisysteme

JABA ist in der Lage, CDs in folgenden Dateisystemen zu brennen:

- Windows Joliet: Unterstützt Dateinamen mit bis zu 64 Zeichen.
- ISO 9660 (8.3): Dateinamen dürfen acht Buchstaben lang sein zzgl. drei Buchstaben für die Endung.
- ISO 9660 mit langen Dateinamen (31): Dateinamen dürfen bis zu 31 Zeichen lang sein.
- UDF: (Data-DVD).
- UDF: (Video-DVD).

Das Brennen von CDs mit dem ZETA-Dateisystem wird momentan nicht unterstützt. Images benutzen das ISO 9660-Dateisystem und haben normalerweise die Endung *.iso*. Alle modernen Betriebssysteme können CDs, die so erstellt wurden, lesen.

Links unter den Menüs finden Sie folgende selbsterklärenden Schaltflächen: *Audio-CD erstellen*, *Daten-CD erstellen*, *Imagedatei brennen*, *CD kopieren*, *Image von CD lesen* und *Projekt brennen*.

Unter der Schaltflächenleiste befindet sich ein Feld, in das Sie den Namen der CD eingeben können. Dieser Name wird dann auch als Bezeichnung für die CD benutzt. Legen Sie hier fest, ob die CD als Multisession (nur Daten-CDs) gebrannt werden soll. Wenn Sie eine Multisession-CD erstellen, können Sie später weitere Daten auf die CD brennen. Dazu dürfen Sie die CD jedoch nicht fixieren. Rechts oben in *JABA* finden Sie eine Zusammenfassung des Projekts, Sie sehen die Anzahl der Ordner und der Dateien sowie die Größe des aktuellen Projekts. Außerdem werden Sie über den verwendeten Brenner und das Dateisystem informiert. Die Option *Brennen simulieren* simuliert den Brennvorgang bei abgeschaltetem Laser.

Direkt darunter sehen Sie eine Grafik, die eine CD darstellt. Der verwendete Platz für das Projekt wird darin rot eingezeichnet. Sehen Sie drei Ausrufezeichen, so benötigt das Projekt mehr Platz als auf der CD vorhanden ist.

In das weiße Feld in der Mitte ziehen Sie per Drag & Drop die Ordner und Dateien, die Sie auf die CD brennen möchten. Wenn Sie *Erstellen einer Audio-CD* gewählt haben, können Sie natürlich keine Nicht-Audio-Dateien dem Projekt hinzufügen.

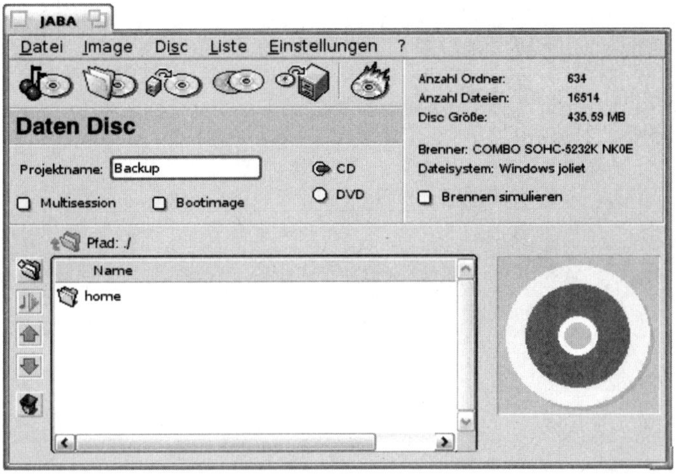

Abb. 9.9: Bei diesem Projekt möchten wir unser *Home*-Verzeichnis auf CD sichern

Links vom Feld sehen Sie Schaltflächen, die, von oben nach unten, für folgendes zuständig sind: *In das übergeordnete Verzeichnis wechseln, Datei abspielen (Audio-Datei), Datei in der Liste einen Platz hochschieben, Datei in der Liste einen Platz herunterschieben, Datei aus der Liste entfernen.*

Doppelklicken Sie in der Liste auf einen Ordner, um in diesen zu wechseln, und auf Dateien, um diese zu öffnen.

Sie erstellen CDs im Allgemeinen in drei Schritten:

1. Auswählen der Art der CD, die gebrannt werden soll (Audio-CD, Daten-CD etc.).
2. Die gewünschten Dateien und Ordner in das Listenfeld ziehen.
3. Den Brennvorgang über die Schaltfläche *Projekt brennen* starten.

Emulatoren 10

Für ZETA sind viele Emulatoren erhältlich; yellowTAB hat einige davon aufgenommen: Atari++, AtariST, BeApple, BeBochs, BeS9x, BeUAE, BeYame, DosBox und PearPC.

Um die Software für diese Emulatoren nutzen zu können, wird in einigen Fällen Original-Software benötigt. Weitere Informationen über Emulatoren finden Sie unter: *www.BeEmulated.net*.

10.1 Atari++ und AtariST

Der Atari++-Emulator ist Unix-basiert und unterstützt folgende 8 Bit-Systeme:

Atari 400, 800, 400XL, 800XL, 130XE und die Atari 5200-Spielekonsole.

Der AtariST basiert auf dem 680x0-Prozessoren wie ihn der Macintosh und der Amiga einst einsetzten. Dieser Computer und dessen Spiele waren dank der Grafikfähigkeiten sehr erfolgreich.

10.2 BeApple2

Der BeApple2-Emulator wurde ursprünglich für BeOS geschrieben, arbeitet aber auch unter ZETA.

Der Apple II wurde 1977 herausgebracht und war ein enormer Erfolg für Apple. Es gab ihn in zwei Versionen, eine mit 4 KByte RAM und eine andere mit 48 KByte RAM. Die Auflösung betrug 280 × 192 Pixel mit bis zu sechs Farben. Die Daten wurden auf einer austauschbaren Kassette gespeichert. Ein Jahr später kam das externe 143 KByte-Diskettenlaufwerk heraus. Der Apple II war der erste benutzerfreundliche Computer. Eine der erfolgreichsten Anwendungen war VisiCalc, das weltweit erste Tabellenkalkulationsprogramm.

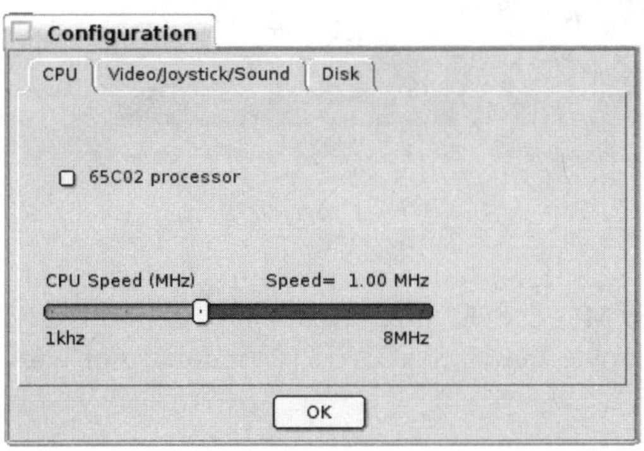

Abb. 10.1: Konfigurieren Sie *BeApple*, und klicken Sie dann auf *OK*

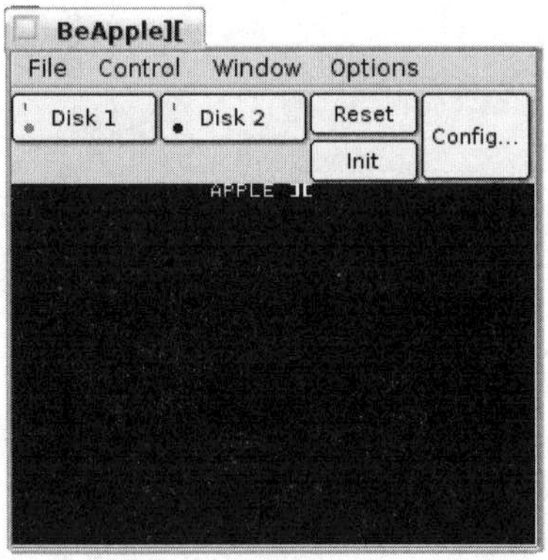

Abb. 10.2: Nach erfolgreicher Konfiguration können Sie nun das System starten

10.3 BeBochs

Bochs ist ein leicht zu portierender IA-32- (x86) PC-Emulator, der unter den meisten Betriebssystemen läuft. Er emuliert eine Intel x86-CPU, die Ein- und Ausgabegeräte und ein BIOS.

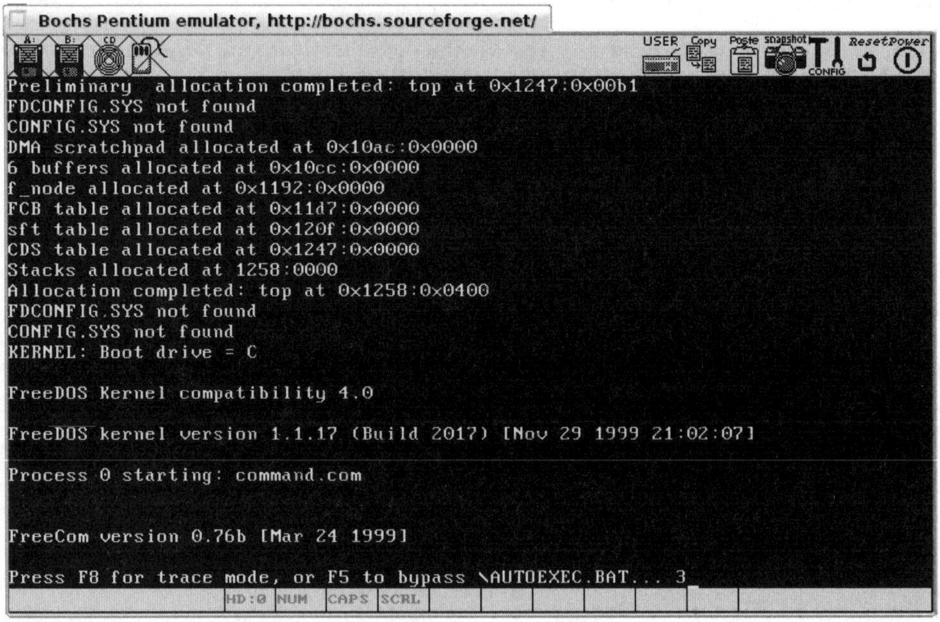

Abb. 10.3: Bochs emuliert einen x86-Computer

Aktuell kann Bochs kompiliert werden, um 386er-, 486er-, Pentium-, Pentium Pro- oder AMD 64-Prozessoren inkl. der optionalen Befehlssätze MMX, SSE, SSE2 und 3Dnow zu emulieren. Unter Bochs laufen die meisten Betriebssysteme wie Linux, SkyOS und Windows. Auf *www.*

BeEmulated.net finden Sie nähere Informationen zum Kompilieren und Konfigurieren von BeBochs. Da in BeBochs allerdings ein kompletter Rechner emuliert wird, benötigt dies eine sehr hohe Prozessorleistung. Es ist möglich, unter ZETA Windows zu emulieren und dort Programme auszuführen. Die entsprechende Geschwindigkeit wird Sie aber recht schnell von diesem Vorhaben abbringen.

10.4 BeS9x

BeS9x ist ein Freeware-Emulator für das Super Nintendo Entertainment System (*SNES*). Der Emulator unterstützt Sound, Maus/Superscope und den Mehrspielermodus.

Der Emulator lässt sich komplett über eine grafische Benutzeroberfläche bedienen und unterstützt auch eine Vollbilddarstellung.

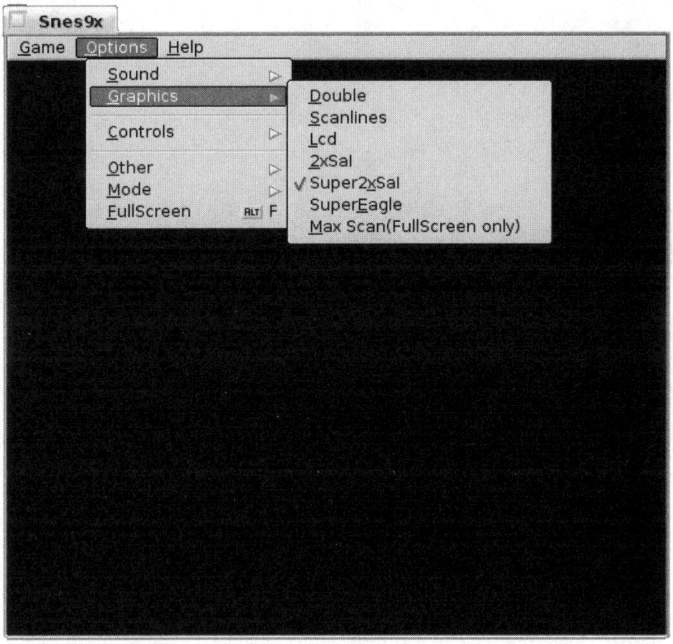

Abb. 10.4: Dem Benutzer stehen hier einige Konfigurationsmöglichkeiten zur Verfügung

Als Hardware-Ausstattung reicht ein Computer mit einem Pentium MMX oder höher. Bitte lesen und befolgen Sie die jeweiligen Lizenzvereinbarungen.

10.5 BeUAE

BeUAE basiert auf dem Unix Amiga-Emulator und wurde unter der GNU General Public License herausgebracht. Später wurde er für die verschiedensten Betriebssysteme portiert.

Um den Emulator betreiben zu können, benötigen Sie ein Kickstart-ROM und die Software, die Sie nutzen wollen, z. B. die *Workbench* oder ein Spiel. Sowohl das Kickstart-ROM als auch die *Workbench* sind urheberrechtlich geschützt. Das Kickstart-ROM ist je nach Version 256 KB oder 512 KB groß und heißt *kick.rom* oder ähnlich.

BeUAE emuliert die 6800-, 68010- oder 68020-CPU. Es werden bis zu 2 MB Chip-RAM, bis zu 8 MB Fast-RAM und bis zu 8 MB Grafikkartenspeicher emuliert. Bis zu vier Diskettenlaufwerke und eine Festplatte können emuliert werden, auch Maus und Joysticks können Sie verwenden.

Es gibt zwei Wege für BeUAE, Software zu laden: entweder durch Abbilder der Original-Disketten oder durch eine Festplatten-Emulation.

Sie sollten Abbilder Ihrer Original-*Workbench*-Disketten erstellen. Dies können Sie mit Amiga-Software durchführen, die diese Abbilder als ADF-Dateien (*Amiga Disk File*) speichert.

Wenn Sie BeUAE starten, müssen Sie ein Kickstart-ROM auswählen. Dann wechseln Sie links auf das Diskettensymbol. Wählen Sie nun eine ADF-Datei aus. Sie können links noch weitere Einstellungen zu Video und Sound vornehmen. Stellen Sie hier ein, ob Sie die Tonwiedergabe aktivieren möchten, ob der Emulator im Vollbildmodus starten soll usw.

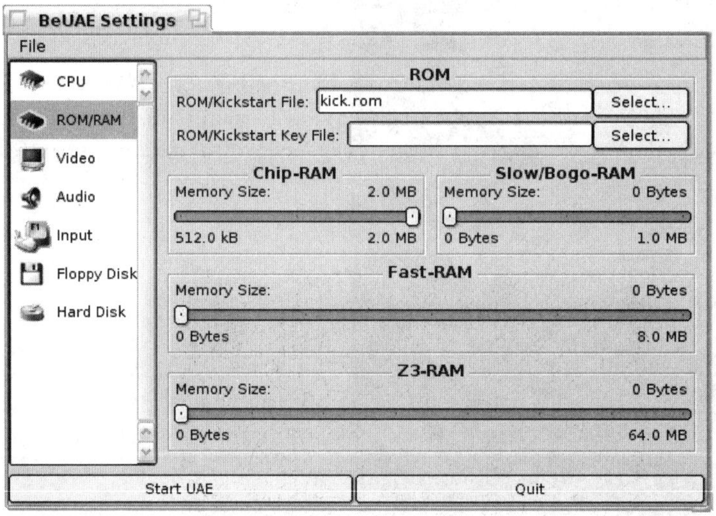

Abb. 10.5: Passen Sie die Einstellungen an, und starten Sie dann den Emulator

10.6 BeYAME

Von BeYAME oder YAME haben die wenigsten gehört. Das dürfte auch daran liegen, dass er weit weg in Japan entwickelt wurde. YAME ist ein Multikonsolen-Emulator, der TurboGrafx 16, NES, und SNES unterstützt.

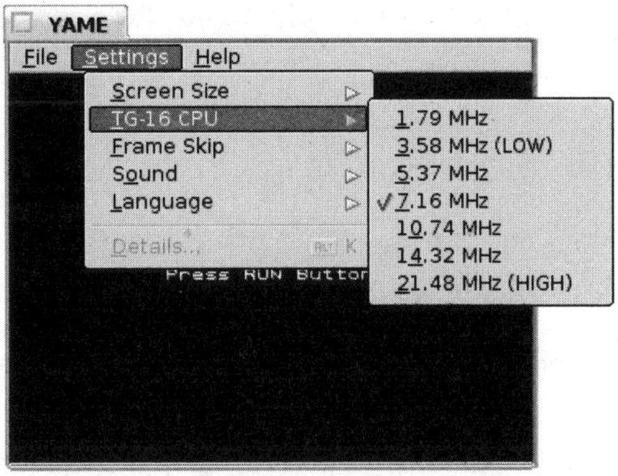

Abb. 10.6: Auch in YAME konfigurieren Sie den Emulator, bevor Sie damit arbeiten

10.7 DOSBox

DOSBox ist ein DOS-Emulator, der die SDL-Bibiothek verwendet und sich dadurch einfach auf anderen Betriebssystemen portieren lässt. DOSBox ist z. B. für Linux, Mac OS, X und ZETA verfügbar. Das Open-Source-Projekt (*dosbox.sourceforge.net*) wird ständig weiterentwickelt.

DOSBox emuliert einen Intel x86-PC mit Grafik-, Sound-Karte und einer Maus. Das sind die entscheidenden Kriterien, um alte DOS-Spiele laufen zu lassen. Sie können natürlich nicht nur Spiele, sondern auch ganz normale Anwendungen benutzen. Die Netzwerk- und Druckerunterstützung ist noch in einem frühen Stadium.

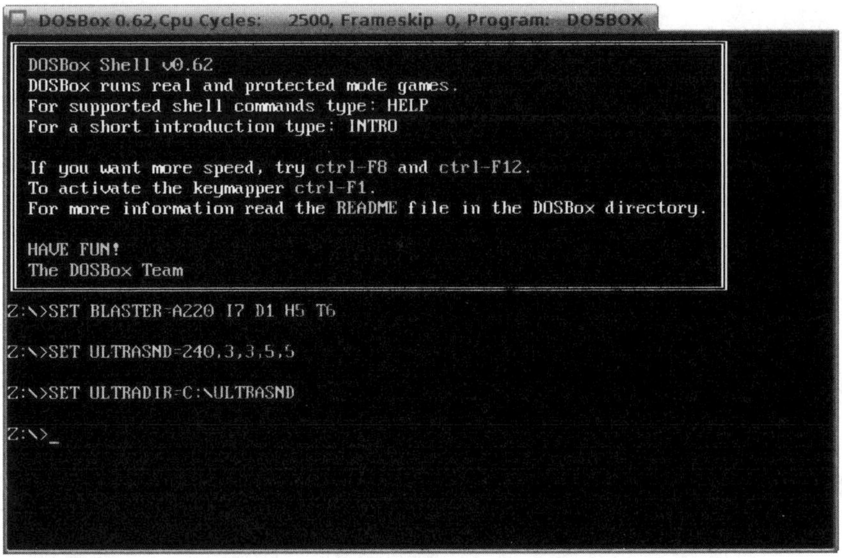

Abb. 10.7: Die DOSBox kann viele DOS-Spiele und -Programme emulieren

DOSBox hat eigene, DOS-ähnliche Befehle, die allerdings ausreichen sollten, um die meisten DOS-Spiele zu installieren und laufen zu lassen.

10.8 PearPC: ein PowerPC-Emulator

PearPC emuliert einen PowerPC-Prozessor. Es werden ein G3-Prozessor, DIE-Controller und andere wichtige Voraussetzungen eines Apple-Computers nachgebildet. yellowTAB liefert den PearPC nicht mit, da er noch sehr stark in der Entwicklungsphase steckt. Sie können ihn aber unter *http://www.BeBits.com/app/3871* herunterladen. Weitere Informationen finden Sie auf der Homepage der Entwickler, *http://pearpc.sourceforge.net*.

PearPC gibt es neben ZETA auch für Linux und Windows. Er unterstützt folgende Betriebssysteme: Mac OS X, Linux für PPC und Darwin. Die ZETA-Version von PearPC hat auch eine Netzwerkunterstützung. Sie sind also in der Lage, mit dem emulierten Betriebssystem ins Internet zu gehen.

Die Software ist in einem frühen Entwicklungsstadium. Einige Aufgaben müssen dabei noch gelöst werden. Die Installation des Betriebssystems ist zurzeit etwas kompliziert. Zuerst muss eine virtuelle Festplatte angelegt werden. Wie Sie dies anstellen, entnehmen Sie der Anleitung der jeweiligen PearPC-Version. Die Emulation ist momentan recht langsam (2% der Geschwindigkeit des Originalsystems).

Der Emulator ist experimentell aber durchaus nutzbar. Um ihn auszuprobieren, können Sie beispielsweise die neueste Darwin-Version herunterladen oder eine Original-Version von Mac OS X benutzen.

Entwicklungstools für ZETA 11

Wenn Sie unter ZETA programmieren wollen, gibt es hier mehrere Webseiten mit Tipps und Richtlinien. Im *Developers Corner* unter *www.yellowTAB.com* finden Sie Tutorials und Links zu programmiertechnischen Fragen. Auf der Entwicklungsseite *BeClan* können Sie sich selbst und Ihr Projekt oder Teile eines Projektes vorstellen. Die Mitglieder beantworten auch gerne Ihre Fragen im Channel *#beclan* auf *irc.freenode.net* oder der Mailing-Liste. Um Ihnen bei der Entwicklungsarbeit zu helfen, gibt es von BeClan das BeBook, ein Online-Handbuch, das die verschiedenen Kits und Server aus der Sicht der Entwickler beschreibt.

11.1 Bdb – Debuggen Sie Ihre Programme

bdb ist eine Debugger-Programm für C/C++-Programme. Ziehen Sie Ihre Anwendung in das Fenster des bdb. Die Anwendung wird gestartet und Sie sehen alles, was das Programm unternimmt. Fehler können so leichter gefunden und beseitigt werden.

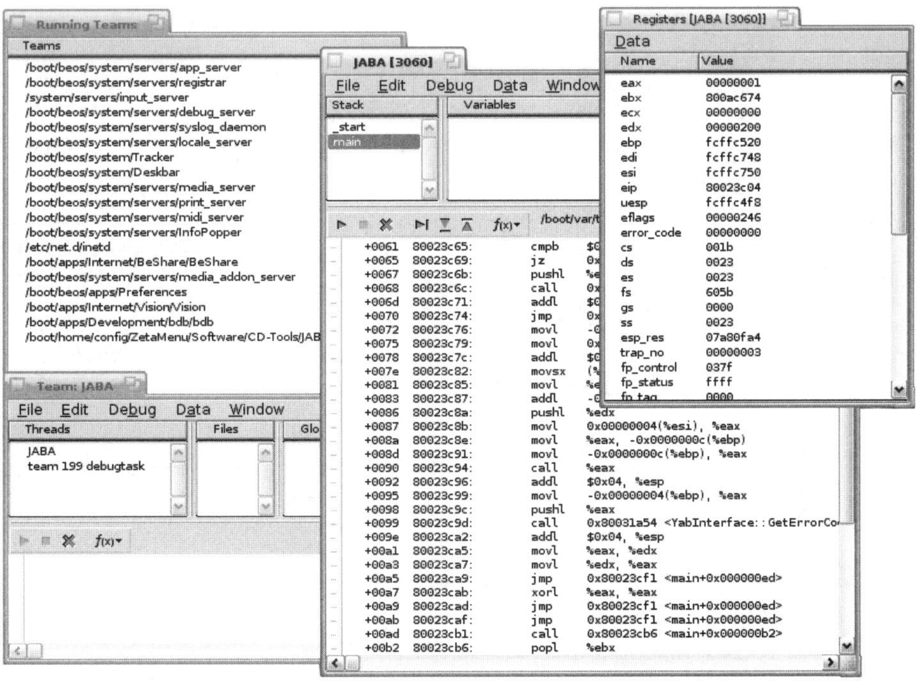

Abb. 11.1: Als Entwickler werden Sie die Fähigkeiten von bdb schon bald sehr zu schätzen wissen

11.2 BeHappy – Nachschlagewerk für die ZETA-API

BeHappy ist ein Dokumentations-Browser für BeOS-basierte Betriebssysteme. Unter Entwicklern ist BeHappy sehr beliebt, weil man durch einfaches Klicken in der Index-Liste an das gewünschte Thema gelangt.

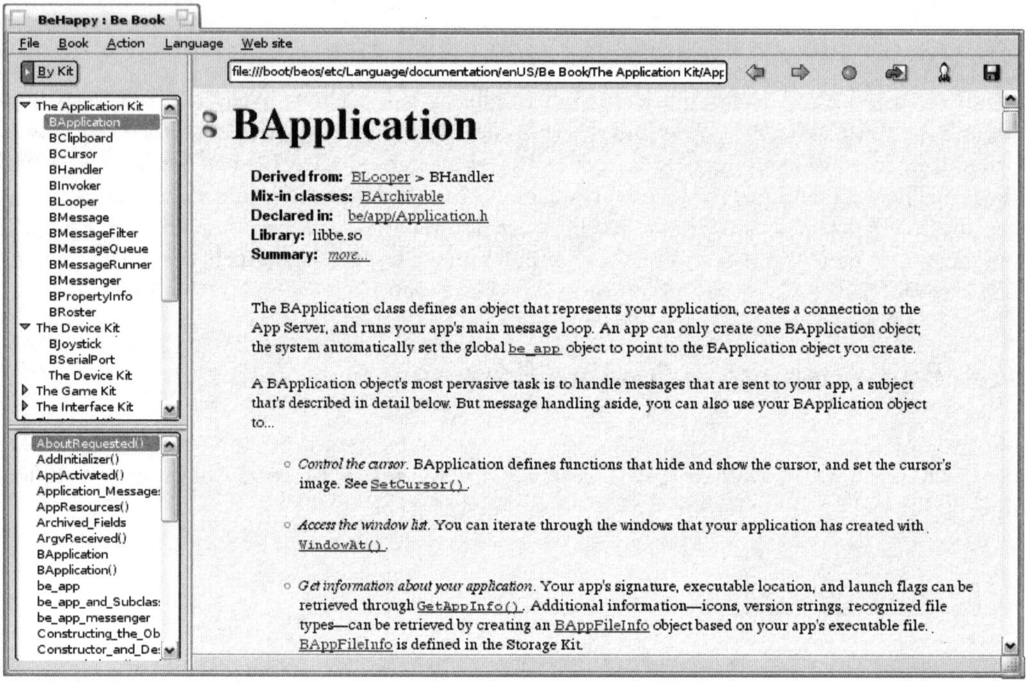

Abb. 11.2: Sehr übersichtlich kommt man mit BeHappy zu Informationen bei programmiertechnischen Fragen

Die Anwendung BeHappy basiert auf *NetPositive*. Dies bedeutet, dass *NetPositive* ein interner Bestandteil von BeHappy ist.

Verschiedene Sprachen wie Niederländisch, Englisch, Französisch, Deutsch, Ungarisch, Japanisch, Portugiesisch und Türkisch werden unterstützt. Wenn Sie BeHappy das erste Mal starten, können Sie auswählen, ob Sie mit dem BeBook oder der Dokumentation der unterstützten Shell-Befehle beginnen wollen.

Wenn Sie eine Dokumentation ausgewählt haben, lädt BeHappy die entsprechenden Bestandteile. Die einzelnen Kapitel werden links auf dem Bildschirm dargestellt. Das BeBook ist standardmäßig in Kapitel aufgegliedert.

An einem Beispiel lässt sich am besten erklären, wie BeHappy funktioniert.

Sie suchen z. B. Informationen für die `BControl::Invoke()`-Funktion. Diese Informationen finden Sie in der linken Liste unter *Interface Kit*. Wenn Sie auf das Dreieck links von *Interface Kit* klicken, öffnet sich eine Liste mit Unterkategorien, in der sich `BControl` befindet. Wenn Sie darauf klicken, finden Sie dann im Fenster darunter die gewünschte `Invoke()`-Funktion. Wenn Sie dann wieder darauf klicken, öffnet sich das gewünschte Dokument.

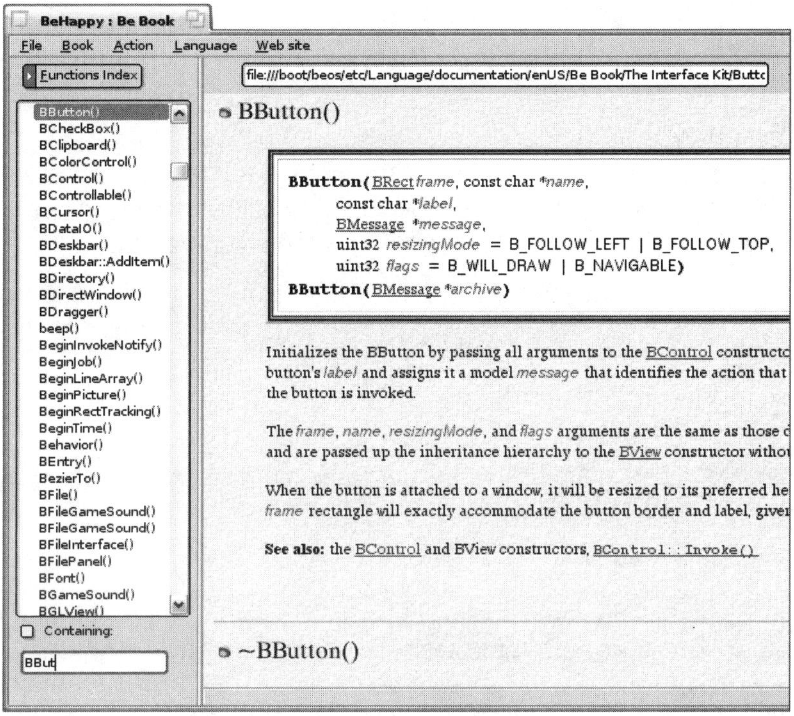

Abb. 11.3: Sie können auch nach Funktionen suchen, wie wir hier nach `BButton()`

11.3 BeIDE – Verwalten Sie Ihre Quelldateien in Projekten

BeIDE ist das Standard-IDE-Entwicklungswerkzeug für ZETA. Ursprünglich wurde BeIDE von *Metrowerks* entwickelt. Sie können mit BeIDE sehr einfach neue Projekte für ZETA-Anwendungen anlegen und verwalten. Sehr viele Sample Codes wurden mit BeIDE erstellt. Sample Codes finden Sie unter */boot/develop/SampleCode*. Projektdateien enden mit einem *.proj*. Doppelklicken Sie auf eine Datei mit dieser Endung, öffnet sich standardmäßig BeIDE. BeIDE unterstützt natürlich auch Drag & Drop – so können Sie ein Projekt ganz einfach Dateien hinzufügen, indem Sie sie in das Projekt-Fenster ziehen.

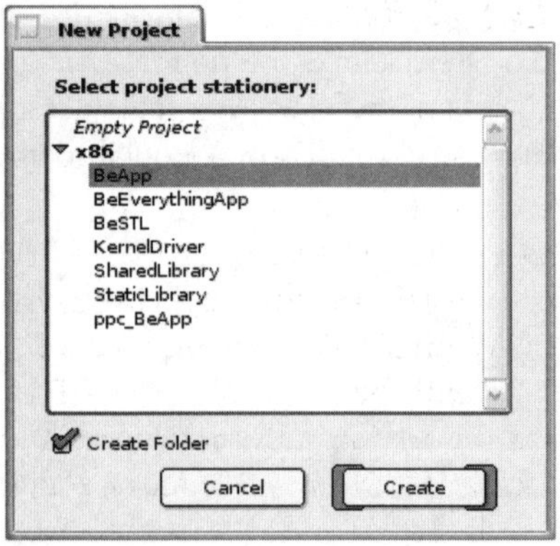

Abb. 11.4: Erstellen Sie ein neues Projekt. Je nachdem, was Sie auswählen, enthält das Projekt bereits bestimmte Bibliotheken. Mit BeApp können Sie beginnen, eine ZETA-Anwendung zu programmieren

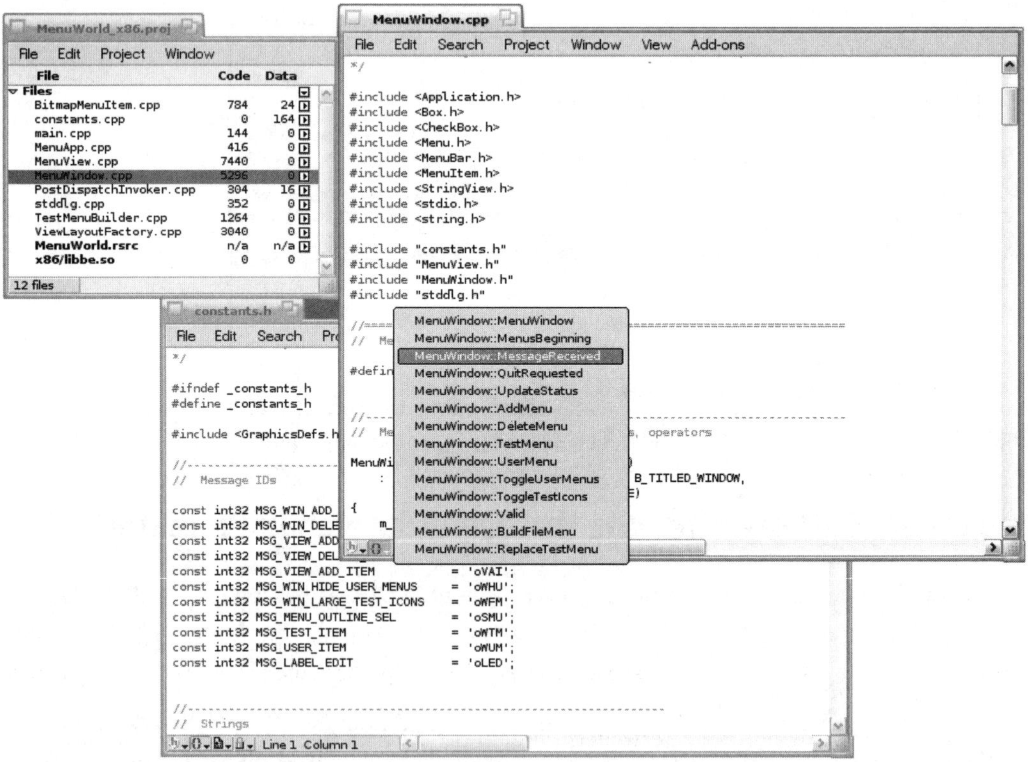

Abb. 11.5: Hier wurde ein Beispielprojekt aus dem *Sample Codes*-Ordner geladen, *MenuWorld*. Ein schneller Zugriff auf alle Funktionen ist möglich

11.4 Cortex – Überwachung der Media-Aktivitäten

Wenn Sie kein Entwickler sind oder werden wollen, können Sie die Beschreibung dieses Programms ruhig überspringen. Cortex ist eine Open-Source-Anwendung, die eine Oberfläche für den *Media Roster* anbietet. Wenn Sie eine Musik-Software entwickeln, müssen Sie auf Media Nodes zugreifen. Diese Nodes stellen die Verbindung zwischen dem ZETA Media Kit und der Audio-Hardware her. Cortex bietet Ihnen mit einer Basistestplattform die Möglichkeit, den aktuellen Status des Media Servers einzusehen und zu testen. Wenn Sie lediglich ein Media Kit-Liebhaber sind, ist Cortex das Programm, um Ihnen zu verdeutlichen, wie die Media-Filter arbeiten. Das Cortex Routing Interface erlaubt Ihnen, visuell die Media Nodes miteinander zu verbinden. Hier sehen Sie die Verbindungen zwischen dem *Audio Mixer* und dem *Media Player.* Dann gibt es noch eine weitere Verbindung zwischen dem *Audio Mixer* und *Old Programs.* Der Systemmixer ist per Voreinstellung mit dem System-Audio-Ausgang verbunden.

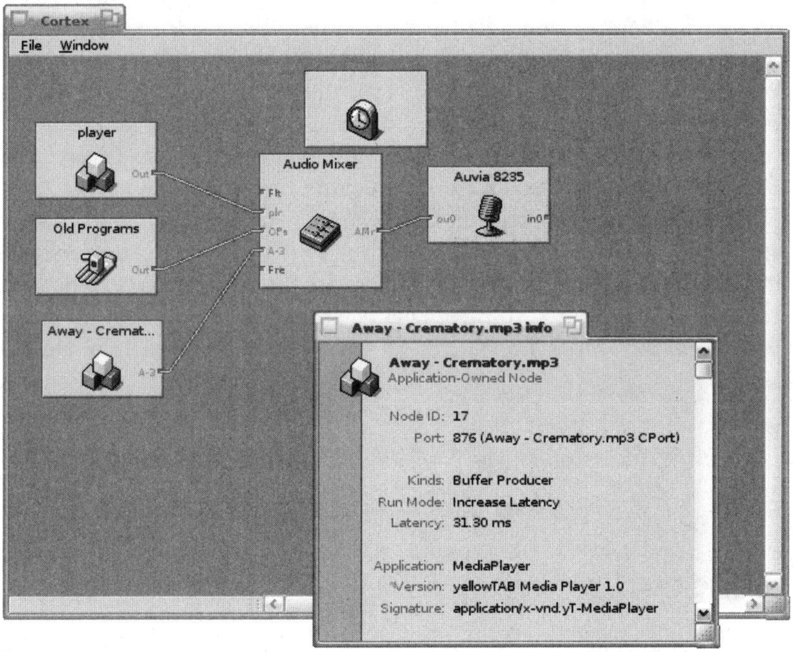

Abb. 11.6: Hier sehen Sie, dass der *Media Player* und der *player* (DVD-Player) auf den *Audio Mixer* von ZETA zugreifen. Der *Audio Mixer* sendet die Signale an den Sound-Kartentreiber weiter (hier *auvia 8235*)

Sie können die visuelle Anzeige erweitern, indem Sie die Einträge aus dem *The Media-Zusatzmodule Window* auswählen. Das Fenster zeigt eine Liste aller verfügbarer Nodes, die per Drag & Drop auf die Symbole im Fenster aktiviert werden können.

Abb. 11.7: Sie sehen hier die verfügbaren *Media-Add-Ons*

Ein Entwickler kann einen Media-Filter schreiben, und eine Node (z. B. die Node eines *Media Players*) so umleiten, dass diese zuerst den Filter passiert und danach erst zum Ausgang geleitet wird. Ein Filter kann etwa Störgeräusche entfernen oder ein Geräusch hinzufügen. Eine Node kann auch gestoppt bzw. gestartet werden. Dazu benutzen Sie das *Transport Window*. Es lässt Sie die Gruppen verbundener Nodes kontrollieren, die Sie auch in den *Run Mode* setzen können. Verschiedene Ausführungsmodi sind definierte Modi des Media Kits. Sie beinhalten verschiedene Echtzeit-Modi, einen *offline-Mode* und einen Modus für die Aufnahme von einem physikalischen Eingang. Jede Node-Gruppe muss einer Zeitquelle zugeordnet werden. Sie können auch die Wiedergabe beschränken, indem Sie die Start- und Endzeit eingeben. Das *Info*-Fenster gibt Ihnen Informationen über jedes Objekt in Cortex. Sie erhalten die Informationen live und von den Nodes, Verbindungsformaten, Medieneingang und -ausgang. Cortex gibt auch Hilfe, die Sie bei den wichtigsten Formaten finden, wenn Sie mit der Maus über die entsprechende Funktion zeigen. Für jede Node, die veröffentlich wird, gibt es Parameter vom System (eine kontrollierbare Node), die Sie im Parameter-Fenster aufrufen können. Diese beinhalten Oberflächen, die dynamisch vom *Media Kit Zusatzmodule BMediaThemes* erstellt werden und Sie visuell die Nodes-Parameter einstellen lässt.

Info Die Entwickler von *http://www.rundumvideo.de/* z. B. benutzen unter anderem ZETA und Cortex.

11.5 Globe Webeditor

Globe wurde von den Ungarn Attila Ökrös und RoGer entwickelt. Mit dem Globe Webeditor haben sie eine Anwendung erstellt, die nicht nur für Entwickler von Vorteil ist. Auch der Normalanwender kann mit diesem Programm seine Internetseiten erstellen. Sie sollten allerdings einige HTML-Kenntnisse haben. Die HTML-Hilfeseite schlechthin ist *http://de.selfhtml.org*.

Globe unterstützt HTML und PHP. Der erstellte Code wird aus der Anwendung heraus im *Net-Positive*-Browser angezeigt. Sie können so die Seite im Vorschaumodus testen. Dieses Feature ist für die Webentwicklung sehr nützlich. Seit Version 0.4.0 (Oktober 2004) steht der Quell-Code von Globe unter der GPL-Lizenz.

Automatisches Vervollständigen der HTML-Tags

Nach dem Start des Programms öffnet sich ein leeres Dokument mit dem Namen *Unbenannt*. Das automatische Hilfesystem ist bereit, Ihnen bei der Eingabe des Codes zu helfen, indem es eine Liste der Befehle anbietet, die Sie eingeben können. Wenn Sie einen HTML-Tag schreiben, öffnet sich beim Tippen des -Zeichens eine Liste mit möglichen HTML-Tags. Sie können aus der Liste einen Befehl auswählen und ihn per Eingabe-Taste oder mit einem Doppelklick einfügen.

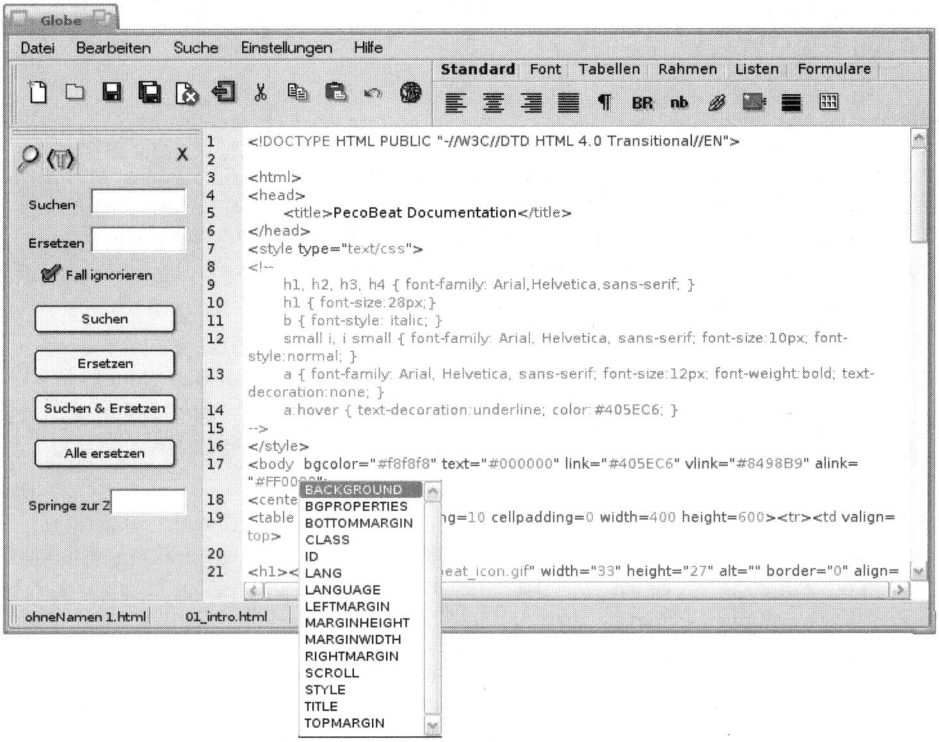

Abb. 11.8: Die *Autovervollständigung* ist sehr nützlich und zeitsparend

Die Liste generiert sich für die aktuelle Situation. So zeigt sie die ganze Liste der HTML-Befehle oder nur eine Auswahl der Optionen an. Wenn Sie ein HTML-Element eingefügt haben und eine spezielle Option hinzufügen wollen, klicken Sie mit dem Mauszeiger zwischen ein HTML-Element und dem -Zeichen. Wenn Sie nun die -Taste drücken, sehen Sie nur die Optionen, die der aktuellen Syntax zur Verfügung stehen. Wenn Sie eine Option einfügen, die fixe Werte beinhaltet, wird Globe diese besonders hervorheben. Natürlich wird diese Funktion Sie nicht vom Einfügen anderer Optionen abhalten, die die Liste nicht anbietet.

Wenn Sie keine Liste wollen, drücken Sie einfach die Pfeil-Taste nach links, und die Liste verschwindet. Dies ist eine praktische Funktion in Globe, die aber nicht Ihre HTML-Fähigkeiten ersetzen kann.

Dateinamen-Monitor

Während des Schreibens von HTML-Dateien treten Fälle auf, bei denen Sie gleichzeitig mehrere Dateien öffnen und bearbeiten müssen. Auch das können Sie mit Globe. Dann sehen Sie die Dateinamen im unteren Fenster des Programms. Der Name der aktuell bearbeiteten Datei wird dabei in fetter Schrift dargestellt. Wenn Sie zwischen den Dateien wechseln wollen, klicken Sie auf den gewünschten Dateinamen, und das entsprechende *Editor*-Fenster wird angezeigt.

Der Tag-Inspektor

Sie können Eigenschaften eines HTML-Objekts auch bequem über das linke Menü, den *Tag-Inspektor* setzen. Hier werden nur Eigenschaften angezeigt, die das aktuelle Objekt besitzt. In den meisten Fällen öffnet sich hier ein Drop-Down-Menü, und Sie können einen Wert auswählen. Farben für Schriften und Hintergründe können Sie mit einer Farbpalette aussuchen.

Abb. 11.9: Eine Menge Arbeit spart Ihnen der *Tag-Inspektor* auf der linken Seite

11.6 PackageBuilder – Erstellen Sie Installationsroutinen Ihrer Programme

Der PackageBuilder ist ein Entwicklungswerkzeug, das Entwicklern erlaubt, ihre Software mit dem Programm *SoftwareValet* zu installieren. Wenn Sie eine komplexe Anwendung entwickelt haben, können Sie mit dem *.pkg*-Format einfach die Dateien und Bibliotheken an die richtigen Orte kopieren. Mit dem *.pkg*-Format können Sie die Software auch wieder deinstallieren. Dafür ist der *Uninstaller* zuständig.

Entwickler können einen Begrüßungsbildschirm einbinden, indem sie *Installation/Splash Screen* auswählen. Ein Fenster erscheint, in das Sie per Drag & Drop ein Bild ziehen können. Dieses wird dann als *Splash Screen* verwendet.

In den *Installation Settings* hat der Entwickler die Möglichkeit, einen Installationsordner zu erstellen (*Create Install Folder*). Geben Sie dort einen Namen ein. Das ist dann Ihr Ordner */boot/apps/<Install Folder>*.

Sie können die Funktion *Display Folder Selection Menu* einschalten. Diese Funktion lässt den Benutzer die Festplatte nach einem Ordner durchsuchen, in dem er die Software installiert. Hier können Sie auch eine *Install Description* (Installationsbeschreibung) eingeben und eine Textdatei auswählen, die beim Öffnen der *pkg*-Datei angezeigt werden soll (*Display Text at Installer Open*).

In den *Package Settings* können Sie die Informationen eingeben, die dem Benutzer im *SoftwareValet* angezeigt werden: *Package Name*, *Version*, *Developer* (Entwickler), *Release Date* (automatisch vom System gesetzt) und *Software Type*. Durch diese Informationen sieht der Benutzer Informationen zum Programm ein.

Aus dem *Items*-Menü können Sie *Add files* (eine oder mehrere), *Add Folders* (einen oder mehrere Ordner), *Add Patch* (Datei ersetzen) und *Add Shell Script* hinzufügen. In diesem Menü können Sie auch *New Folder* (wird benutzt, um Unterordner im Installationsordner anzulegen) oder *Rename Item* (um Einträge umzubenennen) wählen.

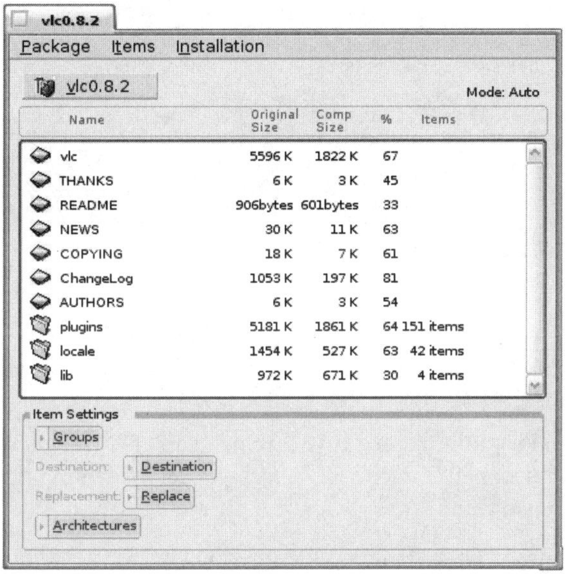

Abb. 11.10: Hier sehen Sie ein Projekt, das bereits mehrere Dateien und Ordner enthält

Wenn Sie die Dateien und deren Orte nach der Installation eingestellt haben, gehen Sie zurück zum *Installations*-Menü und wählen *Build/SoftwareValet Package* oder *Self-Extracting Installer* aus.

PackageBuilder wurde von StarCode Software, Inc entwickelt, ein Unternehmen, dass 1996 von Carlin Wiegner und Michael Klingbeil gegründet wurde, um neue Werkzeuge für Software-Sammlungen und -Verwaltung zu erstellen. Zusätzlich zum Eröffnen der *BeDepot Internet Software Mall* hat StarCode Software zwei Produkte erstellt: *Package Builder* und *SoftwareValet*.

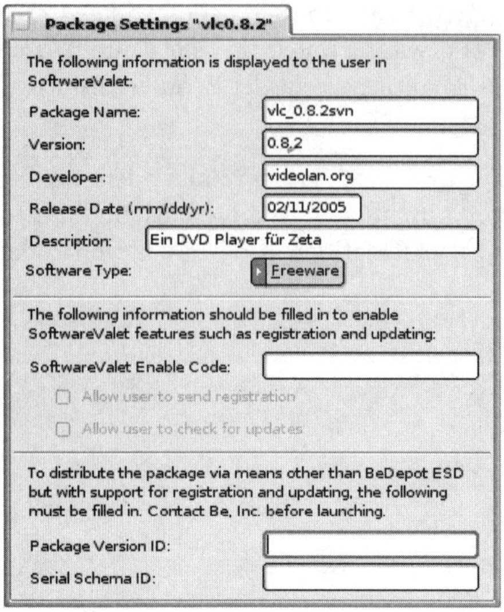

Abb. 11.11: Geben Sie Daten zu dem Projekt bzw. zur Software ein

11.7 Pe – mächtiger Texteditor mit Syntax-Hervorhebungen für viele Programmiersprachen

Pe ist ein extrem leistungsfähiger Editor zum Programmieren und Schreiben von HTML-Seiten, aber auch kompletten Programmen in verschiedenen Sprachen. Die farbige Hervorhebung der Syntax ist enorm hilfreich. Sie können sich so ganz auf Ihre Arbeit konzentrieren.

Folgende Sprachen werden unterstützt: C/C++, HTML-JS, Java, Oberon-2, Pascal, Perl, Python, Rez, SQL, Shell und Tex.

Wenn Sie beispielsweise eine HTML-Datei erstellen, können Sie die Befehle auch mit der Maus über eine HTML-Palette auswählen. Durch die farblichen Hervorhebungen kann es auch nicht mehr so leicht passieren, dass Sie sich verschreiben und später aufwändig Fehler suchen müssen. Durch eine *Vorschau*-Schaltfläche in der HTML-Palette kann das HTML-Dokument, das Sie gerade bearbeiten, automatisch in den Browser geladen werden. Pe ist außerdem in der Lage, Internetseiten direkt auf den Server zu laden.

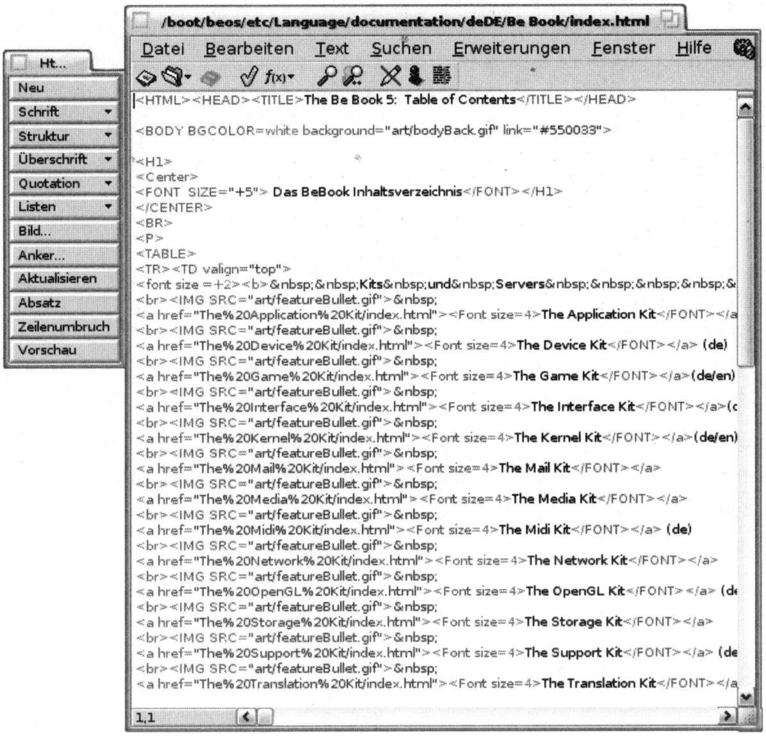

Abb. 11.12: Die HTML-Palette ist für das Erstellen von Webseiten sehr nützlich

Die Menüs

Pe bietet Ihnen jede Menge Einstellungsmöglichkeiten und Optionen, die Ihnen das Arbeiten mit Pe so einfach und komfortabel wie möglich machen. Pe könnte sich so bald zu einem Ihrer Lieblingsprogramme unter ZETA mausern.

Datei

Enthält Optionen, um Dateien zu öffnen, zu speichern, zu schließen und sie auf dem Server speichern zu können.

Bearbeiten

Enthält Optionen, um Vorgänge rückgängig zu machen bzw. diese wiederherzustellen. Bereiche können markiert, ausgeschnitten, kopiert und eingefügt werden.

Text

Enthält Optionen zur Einstellung der Groß- bzw. Kleinschreibung, der Enkodierung, des Zeilenumbruches usw. Mit der Funktion *Ausgleichen* wird versucht, die zusammengehörenden Klammern zu finden. Hier kann auch der Enkodierungstyp geändert werden. Das kann bei der Erstellung von Webseiten sehr sinnvoll sein.

Suchen

Enthält Optionen, um Text durchsuchen zu können. Die Suche kann auch mit der *Ersetzen*-Option kombiniert werden. Außerdem können mehrere Dateien durchsucht werden. Hier kann auch nach logischen Fehlern gesucht werden.

Erweiterungen

Enthält verschiedene Menüeinträge der Zusatzmodule. Einige Erweiterungen sind bereits mitinstalliert. Für Entwickler sind die p4-Befehle sehr nützlich, da sie das Abgleichen von Quell-Code auf einem Server erheblich erleichtern.

Fenster

Hier können die Programmoptionen aufgerufen werden. Außerdem ist ein Eintrag für die HTML-Palette vorhanden. Die Fenster können hier auch anders angeordnet werden.

Hilfe

Enthält einen Eintrag, um die Hilfe aufzurufen und einen weiteren Eintrag, um mehr Informationen über das Programm zu erhalten.

Das BeIDE-Menü (optional)

Dieses Menü ist optional und stellt die Verbindung zu BeIDE her. Hier können auch die Dateien des Projektes verwaltet werden.

Schaltflächen

Für Funktionen, die oft verwendet werden, wurden in die Werkzeugleiste kleine Schaltflächen eingebaut, die einen schnellen Zugriff auf diese Funktionen bieten.

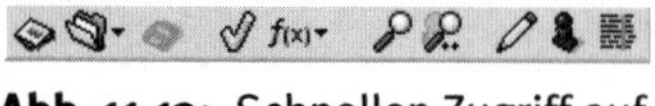

Abb. 11.13: Schnellen Zugriff auf häufig verwendete Funktionen bietet die Werkzeugleiste

- *Neues Dokument* Erstellt ein neues leeres Dokument.
- *Dokument öffnen* Ruft das Dialogfeld auf, um Dateien zu öffnen. Wenn Sie das kleine Dreieck rechts neben der Schaltfläche anklicken, öffnet sich ein kleines Untermenü, das Einträge der zuletzt geöffneten Dateien anzeigt.
- *Dokument speichern* Öffnet ein Dialogfeld, um die Datei abspeichern zu können.
- *Ausführen-Kommando* Führt den Pogrammcode aus.
- *Funktions-Drop Down* Öffnet ein kleines Untermenü mit allen Funktionen, die in der geladenen Datei vorkommen. Durch einen Klick auf einen Eintrag springt der Cursor automatisch dorthin.
- *Suchen* Öffnet das Such-Fenster.
- *Inkrementelle Suche* Aktiviert die inkrementelle Suche.
- *Schreibgeschützt* Ermöglicht es, einen Schreibschutz für das Dokument zu aktivieren. Veränderungen können erst nach Entfernen des Schreibschutzes vorgenommen werden.
- *Datei Optionen* Öffnet die Dateioptionen.
- *Weich umbrechen* Hier kann eingestellt werden, ob der Text am rechten Fensterrand umgebrochen werden soll oder nicht.
- *Statusleiste* Wenn Sie die Statusleiste aktivieren, wird Ihnen in dieser angezeigt, in welcher Zeile und Spalte sich der Cursor befindet.

Die Einstellungen

Es wird hier lediglich auf die entwicklungsbezogenen Einstellungen eingegangen.

- *Verbindungen* Hier können Verbindungen zu anderen Programmen wie BeIDE eingestellt werden.
- *Editor* Hier kann z. B. eingestellt werden, ob die Syntax farbig dargestellt werden soll und ob die Tabstops angezeigt werden sollen.
- *Dateitypen* Hier kann eingestellt werden, welche Dateitypen im *Speichern*-Dialogfeld angezeigt werden sollen.
- *Include Dateien* Hier können die Suchpfade der *Include*-Verzeichnisse eingestellt werden.
- *Versteckte* Hier wird eingestellt, wie nicht sichtbare Zeichen (Leerzeichen, Return usw.) angezeigt werden.
- *Sprache* Hier werden Einzelheiten zur verwendeten Programmiersprachen festgelegt. Auch eine Standardsprache kann eingestellt werden.

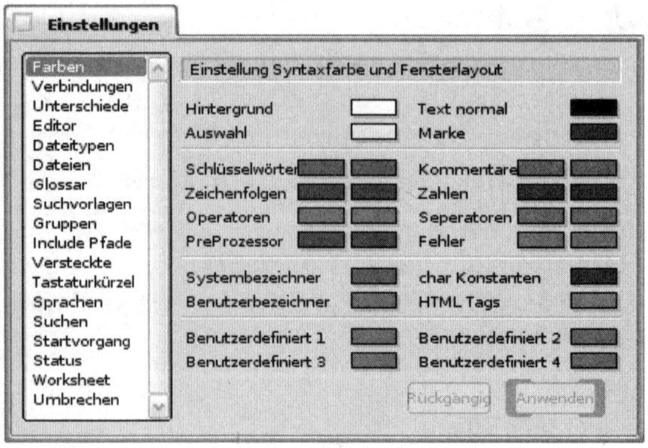

Abb. 11.14: An Einstellungsmöglichkeiten mangelt's unter Pe nicht

11.8 QuickRes – Ermitteln und verändern Sie Ressourcen von Programmen

QuickRes ist ein kleines Tool. Mit ihm können Sie die Anwendungs-Ressourcen einsehen und bearbeiten. QuickRes nutzt eine Add-On-Architektur, um die Ressourcen sichtbar zu machen und zu bearbeiten. Es beinhaltet einen Editor für alle BeOS-Datentypen (`integres`, `floats`, `strings`, `rgb_color`, etc.) sowie für Cursor, Bitmaps und Symbole. Außerdem ist ein Hexadezimal-Editor integriert.

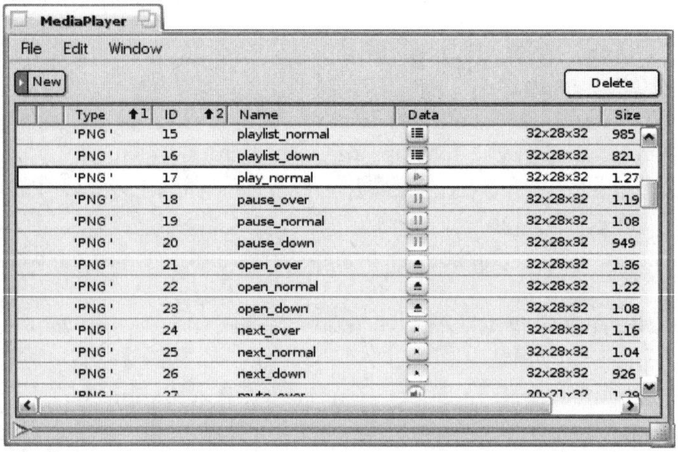

Abb. 11.15: Hier wurde der *Media Player* mit QuickRes geöffnet. Doppelklicken Sie auf einen Eintrag, so können Sie die Ressource verändern. Bei Grafiken (Typ *PNG*) öffnet sich *Icon-O-Matic*, und Sie können diese dann verändern

11.9 Spy-O-Matic

Spy-O-Matic ist ein Netzwerkprogramm für Systemadministratoren.

Um die Anwendung *Spy* zu nutzen, müssen Sie vorher den spyd-Daemon (*/boot/beos/system/servers/*) auf den zu steuernden Rechnern im Netzwerk installieren. Sie können den Server *spyd* auf den Remote-Rechnern automatisch beim Hochfahren starten. Tragen Sie den Server dazu einfach in Ihr Boot-Skript ein.

Spy-O-Matic kann auch benutzt werden, um auf Systemen wichtige Informationen für Entwickler auszuspähen. Entwickler können so auch Software ferngesteuert debuggen, um die Probleme zu beheben.

Wenn Sie das Programm *Spy* öffnen, sehen Sie eine Liste von Computern, die das Programm *spyd* im SpyD-Sense laufen haben. Sie können nun auswählen, wie Sie mit dem Computer arbeiten wollen. Klicken Sie doppelt auf einen Computereintrag.

Der Computer, den Sie übernommen haben, ist mit einem *Spy*-Symbol markiert. Die anderen Computer sind mit einem *Spyd-Server*-Symbol markiert. Wenn Sie auf einen Eintrag klicken, färbt sich der Hintergrund des Eintrags Weiß. Sie können auch den Zielcomputer wählen, indem Sie die IP-Adresse eingeben. Das ist der einzige Weg, auf einen Computer zuzugreifen, der sich nicht in dem lokalen Netzwerk befindet. Im *Pulse*-Fenster können Sie zwischen *All Teams* und *Selected Teams* wählen. Sie können auch die Ansicht der ausgewählten Teams erweitern, sodass Sie jeden einzelnen Thread des Kernels sehen können.

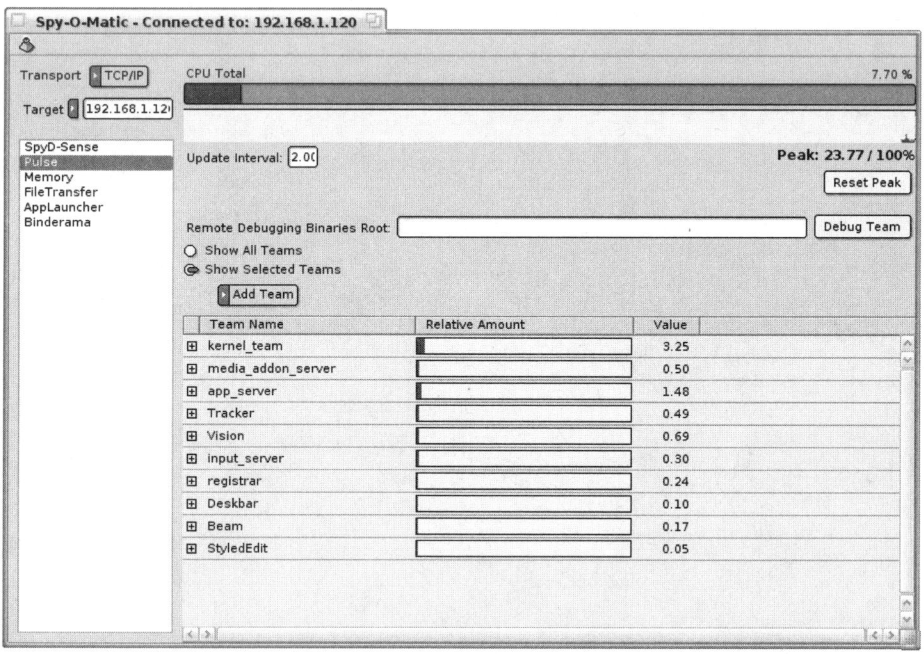

Abb. 11.16: Erspähen Sie Details zu einem Remote-Computer mit *Spy-O-Matic*

Diese Abbildung zeigt, wie stark die Prozessorauslastung für jede CPU ist. Um diese Werkzeuge auch auf dem eigenen Computer zu überwachen, benutzen Sie den *Process Controller.* Das Update-Intervall kann manuell eingestellt werden. Dort können Sie festlegen, wie oft der Computer neu überprüft wird. Per Voreinstellung sind zwei Sekunden ausgewählt.

Im *Memory*-Fenster sehen Sie die grafische Ansicht der Speicherauslastung des Computers.

File Transfer steht für den Transport vom Administratorrechner zum ferngesteuerten Computer. Wie die meisten Anwendungen in ZETA, die als einzelne Datei existieren, können Sie so die Software installieren. Klicken Sie auf die Schaltfläche *Local File,* um Dateien von Ihrem Rechner zum ferngesteuerten Rechner zu versenden. Sie können die Datei auch per Drag & Drop auf das Feld *Local File* ziehen.

Ein anderes Tool für Systemadministratoren, das Sie Programme und Skripte ausführen lässt, ist der *AppLauncher.* Seien Sie vorsichtig beim Ausführen der Dateien. Manche Programme machen den Benutzer des Remote-Computers richtig nervös. Gedacht ist die Funktion, um Programme zum Debuggen über das Netzwerk zu verwenden. Entwickler können so Programme auf entfernten Rechnern ausführen und beobachten, ohne den eigenen Rechner in die Gefahr eines Absturzes zu bringen.

Grafikbearbeitung leicht gemacht 12

Unter *Software/Grafikbearbeitung* finden Sie einige Programme, mit denen Sie Ihre Bilder verändern bzw. bearbeiten können. Laden Sie mit dem Tool *PhotoGrabber* (s. Seite 295) Bilder von Ihrer Digitalkamera, und bearbeiten Sie diese mit *ArtPaint*. Vom Scannen bis zur Bilder-Show ist mit diesen Tools alles möglich.

12.1 ArtPaint – Bearbeiten Sie Ihre Bilder

Mit *ArtPaint* können Sie Bilder drehen, verschieben, in der Größe verändern, beschneiden und spiegeln.

Bevor Sie anfangen zu zeichnen, müssen Sie zuerst die Größe des Bildes festlegen. Das erledigen Sie in dem kleinen Fenster unten rechts. In den beiden Feldern geben Sie die Breite und Höhe in Pixeln (Bildpunkten) ein.

ArtPaint ist in drei Fenster unterteilt. Ein Fenster trägt den Namen *Ohne Bild* und zeigt einen grau-gestreiften Hintergrund. In der Titelleiste steht immer der Name des Projektes bzw. des Bildes, an dem Sie arbeiten. Das ist das *Haupt*-Fenster von *ArtPaint*, in dem Sie auch zeichnen.

Das Zeichnen beginnt mit der Auswahl einer passenden Farbe. Das geschieht in dem Fenster *Farbpalette*. Es kann im Menü über *Fenster/Farbpalette* aufgerufen werden.

Nachdem Sie eine Farbe ausgesucht haben, ist es an der Zeit, das erste Malwerkzeug zu benutzen. Die Werkzeuge finden Sie in dem Fenster *Werkzeuge*. Dieses Fenster können Sie auch im Menü über *Fenster/Werkzeuge* aufrufen.

Klicken Sie das Werkzeug an, das Sie konfigurieren bzw. verwenden wollen. Im Fenster *Werkzeugeinstellungen* können Sie dann das Werkzeug konfigurieren. Auch dieses Fenster kann im Menü unter *Fenster* aufgerufen werden.

Wenn Sie mit dem Bearbeiten Ihres Bildes fertig sind, können Sie es speichern, indem Sie im Menü *Datei* auf *Bild speichern als…* klicken. Dann öffnet sich ein Dialog-Fenster, in dem Sie das Bild abspeichern können. Dort können Sie den Speicherort, den Namen der Datei und das Format festlegen.

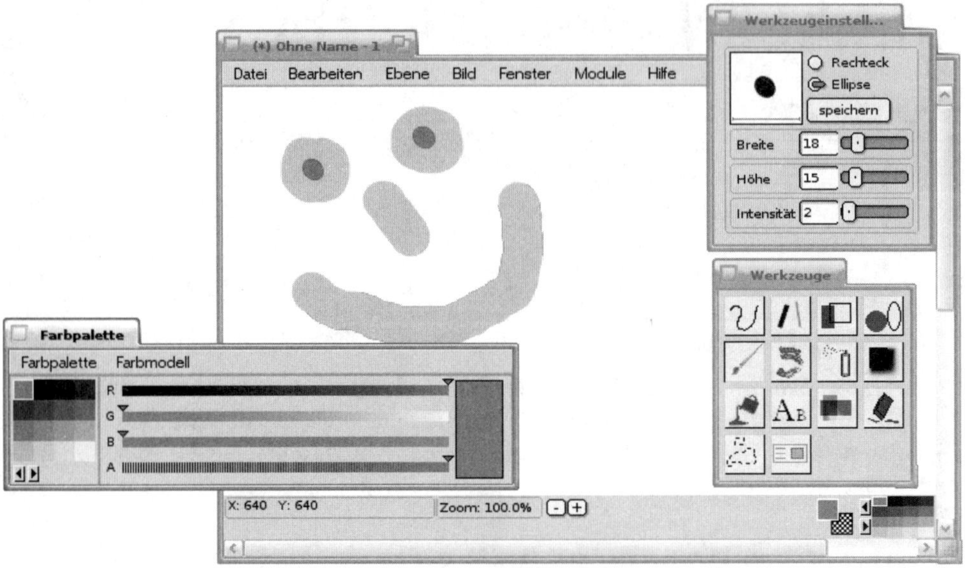

Abb. 12.1: Werkzeugleiste, Farbpalette, Ebenenauswahl und Werkzeugeinstellungen können beliebig am Bildschirm angeordnet sowie ein- und ausgeblendet werden

Das Zeichen-Fenster

Im *Zeichen*-Fenster erstellen Sie Ihre Bilder. Es enthält außerdem die Hauptmenüs und die Statusleiste.

Im großen weißen Bereich können Sie Bilder erstellen. Die Statusleiste befindet sich ganz unten im Fenster. Sie zeigt die Koordinaten und die gewählte Farbe an. Außerdem können dort der Zoom-Faktor und die Farbe gewählt werden. Im Hauptmenü können Sie die unterschiedlichsten Einstellungen vornehmen.

Die Zeichenwerkzeuge

Um ein Werkzeug zu benutzen, wählen Sie es aus, bewegen dann den Mauspfeil auf die Arbeitsfläche und drücken danach die linke Maustaste. Wenn Sie in der Arbeitsfläche die rechte Maustaste drücken, können Sie zwischen den Werkzeugen wechseln. Es kann immer nur ein Werkzeug aktiviert sein, selbst wenn Sie mehrere Bilder geöffnet haben.

Sie können die Größe des *Werkzeug*-Fensters auch ändern und die Werkzeuge z. B. in zwei Spalten anordnen, indem Sie das Fenster in der rechten unteren Ecke größer oder kleiner ziehen.

Ebenen

ArtPaint unterstützt mehrere Ebenen in einem Bild. Ihr Bild kann aus mehreren Ebenen bestehen, die Sie unabhängig voneinander bearbeiten können. Es kann immer nur eine Ebene aktiviert sein. Wenn Sie ein Werkzeug benutzen, gilt das nur für die aktivierte Ebene. Um zu sehen, in welcher Ebene Sie arbeiten, können Sie im Menü *Ebene* die *Ebenenauswahl* aufrufen.

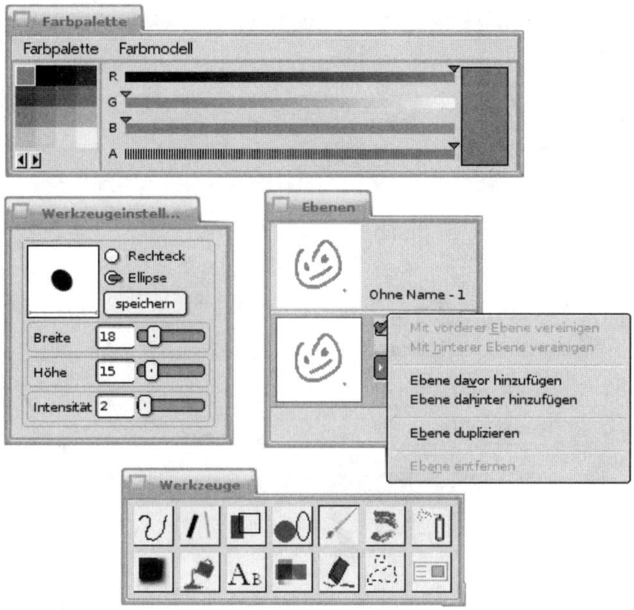

Abb. 12.2: Arbeiten Sie mit mehreren Ebenen, können Sie diese einzeln aus- und einblenden. Das Arbeiten fällt somit leichter

Im *Ebenen*-Fenster sehen Sie kleine Vorschaubilder der einzelnen Ebenen. Rechts daneben können Sie die entsprechende Ebene ein- und ausblenden. Gleich darunter befindet sich ein Pfeil. Wenn Sie diesen anklicken, können Sie die Reihenfolge der Ebenen ändern.

Markierte Bereiche bearbeiten

Wenn Sie nur einen bestimmten Bereich bearbeiten wollen, muss er zuvor markiert werden. Benutzen Sie dafür das Markierungswerkzeug.

Eine Markierung erkennen Sie an der gestrichelten Linie, die um den markierten Bereich führt. Eine Markierung gilt nur für die aktivierte Ebene.

Zusatzmodule (Module)

ArtPaint basiert auf Zusatzmodulen und erhält dadurch seine Funktionalität. Zusatzmodule sind kleine Programme, die von *ArtPaint* geladen werden, um spezielle Aufgabe zu erledigen.

Folgende Module stehen zurzeit zur Verfügung:

- *Blur* – Öffnet ein Fenster, mit dem Sie Bilder verschleiern können.
- *Brightness* – Ändert die Helligkeit.
- *Color Balance* – Hier kann die Farbbalance über drei Schieberegler eingestellt werden.
- *Contrast* – Über einen Schieberegler kann der Kontrast eingestellt werden.

- *Stretch Histogram* — Verbessert den Kontrast, indem das Farbhistogramm auf die maximale Länge gestreckt wird.
- *Grayscale* — Wandelt das Bild in Graustufen um.
- *Negative* — Invertiert alle Farben und zeigt dadurch ein Bild als Negativ an.
- *Oil* — Imitiert den Pinseleffekt von Ölgemälden.
- *Wave* — Erzeugt einen Welleneffekt.
- *PerlinWood* — Erzeugt eine holzähnliche Oberfläche.

12.2 Sanity – Scannen nach Lust und Laune

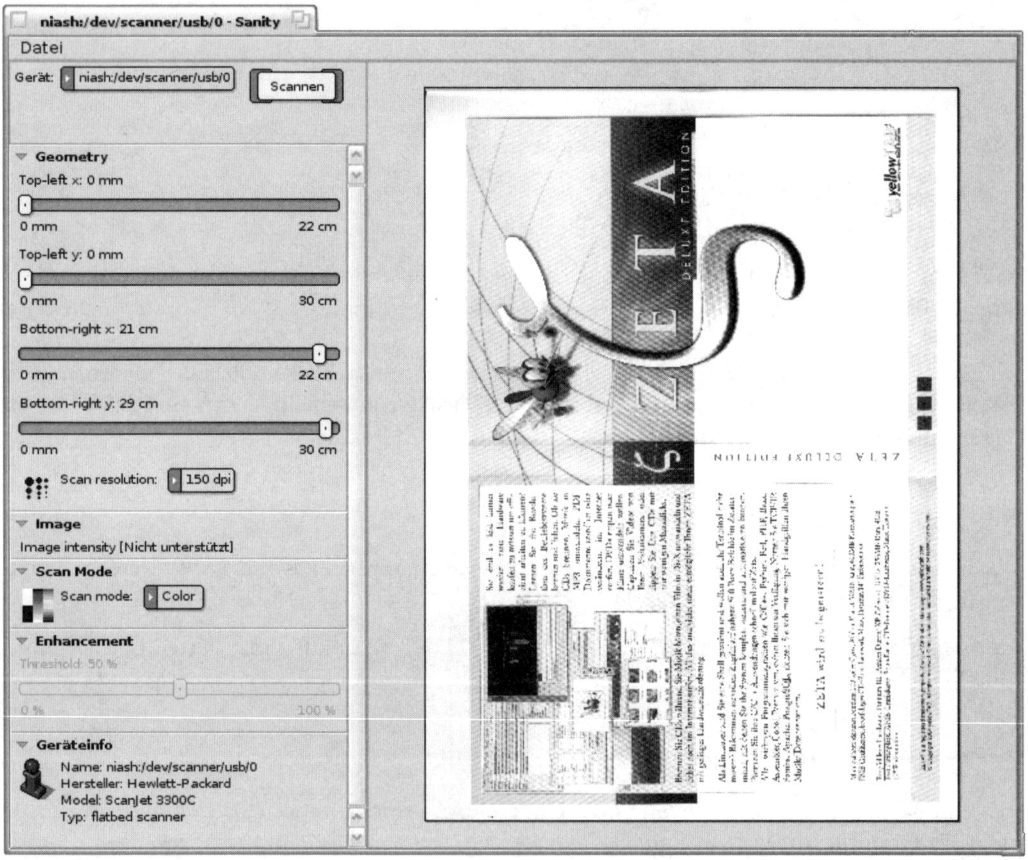

Abb. 12.3: Klar und aufgeräumt präsentiert sich *Sanity*. Wählen Sie bei *Gerät* den Scanner aus, und beginnen Sie zu scannen

Sanity ist eine einfache Bedieneroberfläche für SANE. SANE (*Scanner Access Now Easy*) ist eine Anwendungsschnittstelle für Programmierer (*API*), die einen Zugriff auf (fast) jeden Raster-Bildscanner (Flachbettscanner, Handscanner, Video- und Digitalkamera, Bilddigitalisierer, Frame Grabber) ermöglicht. Die ZETA-Version basiert auf einem Quelltext, der für UNIX (GNU/Linux) geschrieben wurde. Er ist unter der GNU (*General Public License*) verfügbar. SANE unterstützt alle bekannten Scanner-Hersteller. yellowTABs Version der SANE-Schnittstelle unterstützt zurzeit SCSI-, USB- und USB2-Scanner. *Sanity* ermöglicht es, mehrere an Ihrem Computer angeschlossene Scanner zu verwenden.

Der erste Schritt, den Sie nach dem Starten des Programms ausführen müssen, ist den Scanner auszuwählen, mit dem Sie arbeiten möchten. Diese Einstellungsoption finden Sie links oben bei *Gerät*. Mit *Datei/Speichern* können Sie das Bild oder Foto auf die Festplatte speichern.

Info Teilen Sie uns mit, ob Ihr Scanner unter ZETA läuft. Wir können ihn dann in die Hardware-Kompatibilitätsliste mit aufnehmen.

Erweiterte Einstellungen

Sanity unterstützt drei verschiedene Scan-Modi: *Binär*, *Grau* und *Farbe*.

Sie können die Halbtöne (*Halftoning*) und Negative (*Dropout*) durch Auswahlmenüs einstellen. Helligkeit (*Brightness*) und Schärfe (*Sharpness*) werden mit Schiebereglern eingestellt. *Sanity* unterstützt auch Gamma-Korrektur (*Gamma Correction*) und Farbkorrektur (*Color correction*). Sie können auch die Auflösung (*Scan resolution*) regeln.

Die gescannten Bilder können in jedem von ZETA unterstützten Grafikdateiformat gespeichert werden. Weitere Informationen zu den Dateitypen finden Sie im Bereich *Dateitypen* unter *ZETA/Einstellungen* im *ZETA*-Menü.

12.3 Scan-a-Picture – schnellster Zugriff auf den Scanner

Ein hervorragendes Tool unter ZETA ist *Scan-a-Picture*. Dieses kleine Programm ist ein Translator, der Ihnen in Verbindung mit *Sanity* etwas Einzigartiges bietet. *Scan-a-Picture* können Sie wie eine Bilddatei verwenden. Ziehen Sie das Symbol, das unter */boot/home/Bilder* liegt, in eine Anwendung, die mit Bildern umgehen kann, zum Beispiel *ShowImage* oder *Gobe Productive*. Es öffnet sich nun *Sanity*, ZETAs Scan-Programm. Wenn Sie jetzt auf *Scan* klicken, wird eine Vorschau in *Sanity* geladen. Wenn Sie dann auf *Akzeptieren* klicken, wird das Programm in das Zielprogramm übernommen. *Scan-a-Picture* ist sozusagen ein Weg, um Bilder direkt vom Scanner in ein Programm zu laden.

12.4 ShowImage – Betrachten Sie Ihre Bilder

ShowImage ist der Standardbildbetrachter unter ZETA. Wie bei allen Betriebssystemen werden Bilddateien bei einem Doppelklick darauf mit der zugeteilten Standardanwendung geöffnet. Wenn man also auf eine Bilddatei doppelt klickt, »sieht« ZETA »nach«, in welchem Format das Bild gespeichert ist und öffnet die Datei mit einem geeigneten Programm.

ShowImage nutzt die Vorzüge von ZETAs Translator-Library. So kann die Anwendung alle Dateitypen, die in dieser Library (*Bibliothek*) vorhanden sind, öffnen und Bilder auch in diesen Dateitypen abspeichern.

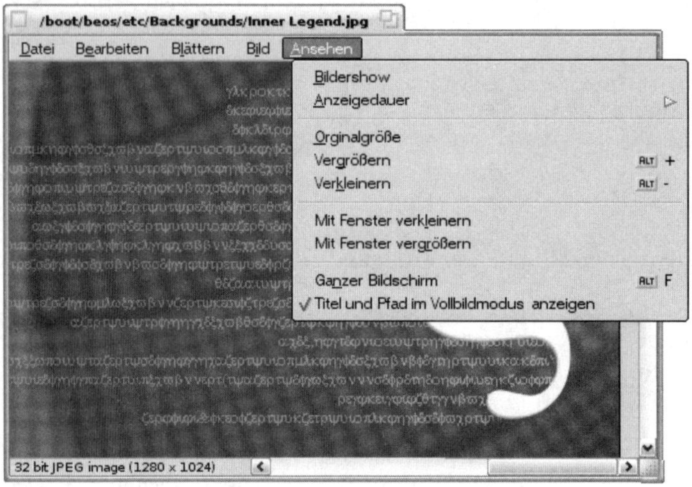

Abb. 12.4: *ShowImage* bietet unter anderem auch eine *Bildershow*-Funktion und Vollbildmodus an

Ein Beispiel, wie *ShowImage* zur Erstellung dieses Buchs beigetragen hat:

Screenshots macht man unter ZETA, indem man einmal auf die `Druck`-Taste (rechts oben auf der Tastatur) drückt. Die Screenshots werden automatisch im */boot/home*-Ordner im TGA-Format gespeichert. Die Dateien können mit einem Doppelklick oder per Fallenlassen auf die *ShowImage*-Verknüpfung geöffnet werden. Zum Versenden per E-Mail sollten die Screenshots in ein platzsparendes Format (JPG, PNG) umgewandelt werden.

Wir haben *ShowImage* dazu benutzt, einen Teil des Screenshots auszuwählen, und ihn mit der linken Maustaste auf den Desktop zu ziehen und so ein neues Bild mit dem ausgewählten Bereich zu erhalten. Um den Bereich in verschiedenen Formaten abzuspeichern, kann man ihn einfach mit der rechten Maustaste auf den Desktop ziehen und dann das gewünschte Format wählen.

Internet 13

ZETA bietet eine Vielzahl von Internetanwendungen, für den gelegentlichen Internet-Surfer bis zum Internet-Junkie:

- *BeAIM* – ein AOL Instant Messenger
- *BeGet* – praktischer Download-Manager
- *Beam* – ein Mailclient mit gewohnter Oberfläche
- *BeShare* – Chatten Sie und tauschen Sie Dateien aus.
- *Firefox* – perfekt browsen
- FTP-Client und -server
- *NetPositive* – nativer Browser
- *PoorMan* – Ihre persönlicher Webserver
- *Vision* – IRC-Client
- ZETA Instant Messenger Kit

13.1 BeAIM – AOL Instant Messenger

Mit *BeAIM* können Sie mit anderen Menschen in Echtzeit chatten. Sie sehen, wenn Ihre Freunde und Bekannte online sind und können sofort mit ihnen in Kontakt treten.

Wie Sie sich anmelden können

Wenn Sie *BeAIM* nutzen wollen, benötigen Sie ein Benutzerkonto bei AOL. Glücklicherweise sind diese Konten kostenlos. Sie müssen einen Benutzernamen und ein Passwort eingeben. Einen geeigneten Benutzernamen zu finden kann sehr schwierig sein, da sich schon viele Menschen vor Ihnen registriert haben. Seien Sie also bei Ihrem Namen kreativ, und mischen Sie Zahlen und Buchstaben. Wenn Sie erst einmal einen registrierten Benutzernamen haben, können Sie *BeAIM* starten. Im Fenster, das erscheint, geben Sie Ihren Benutzernamen und Ihr Passwort ein.

Abb. 13.1: *Anmelde-*Fenster von *BeAIM*

Die Buddy-Liste

Die *Buddy-Liste* speichert alle Ihre Online-Kontakte. Wenn Sie ein neuer *BeAIM*-Benutzer sind und nie zuvor AIM unter Windows, Linux oder Mac OS eingesetzt haben, ist Ihre *Buddy-Liste* leer. Um mit einer anderen Person Kontakt aufzunehmen, muss diese auch ein Benutzerkonto bei AIM besitzen. Sie müssen deren Benutzernamen oder Screen-Namen kennen, um diese Person zu Ihrer *Buddy-Liste* hinzuzufügen. Sie können so viele Personen hinzufügen, wie Sie wollen. Dennoch können Sie Ihre Liste klein halten, um den Überblick zu bewahren, indem Sie die Kontakte in Gruppen kategorisieren.

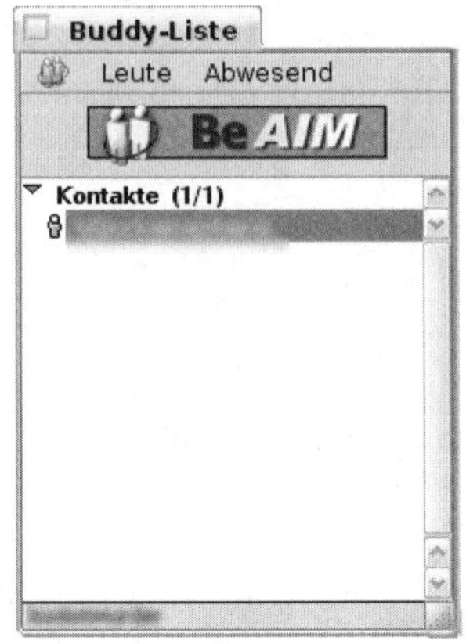

Abb. 13.2: Sie können Ihre Kontakte verschiedenen Gruppen zuweisen

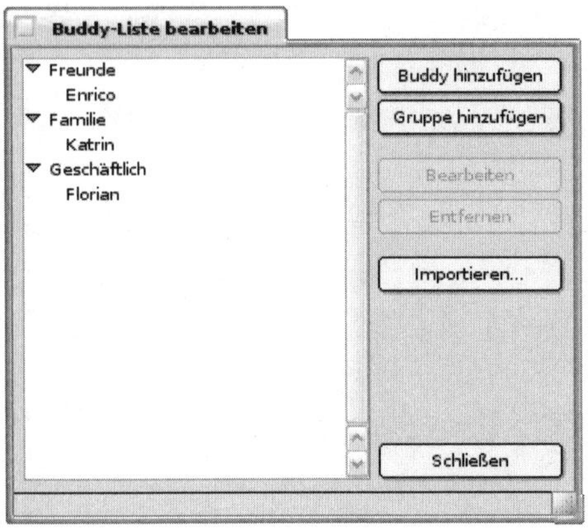

Abb. 13.3: Fügen Sie neue Kontakte hinzu, indem Sie auf *Buddy hinzufügen* klicken

Um Kontakte hinzuzufügen, müssen Sie zuerst eine Gruppe anlegen, in der Sie die Kontakte erstellen wollen. Wenn Sie den Nicknamen (*buddyname*) kennen, können Sie ihn direkt hinzufügen und ihn in einer Ihrer erstellten Gruppen speichern. Wenn Sie den Nicknamen nicht wissen, können Sie auch nach der E-Mail-Adresse suchen. Denn jeder Benutzer, der sich bei AIM anmeldet, hinterlegt auch seine E-Mail-Adresse, mit der er gefunden werden kann. Wenn Sie *BeAIM* schon vorher benutzt haben, werden möglicherweise schon ein paar Kontakte angezeigt. Das liegt daran, dass *BeAIM* die Kontakte speichert. Wenn Sie die Liste verlieren, können Sie sie auch wieder importieren.

Endlich chatten!

Ein Chat kann auf zwei Arten beginnen. Entweder Sie eröffnen einen Chat, oder der, der mit Ihnen chatten möchte, macht es.

Sie können jemanden zum Chat einladen oder auf den Namen doppelklicken und die erste Nachricht schreiben. Wenn Sie mit jemanden chatten wollen, der nicht in Ihrer Liste ist, gehen Sie zu *People*, und wählen Sie dort *Contact User*. Schreiben Sie den Benutzernamen, und klicken

Sie auf OK. *BeAIM* zeigt alle gesendeten und empfangenen Nachrichten an. So behalten Sie über die geführten Gespräche leicht den Überblick. Ab und zu gibt es eine kleine Verzögerung zwischen dem Abschicken der Nachricht und deren Ankunft bei der anderen Person. Während Sie mit einer anderen Person chatten, zeigt *BeAIM* den Screen-Namen an. Es ist natürlich auch möglich, mehrere Chats gleichzeitig zu führen.

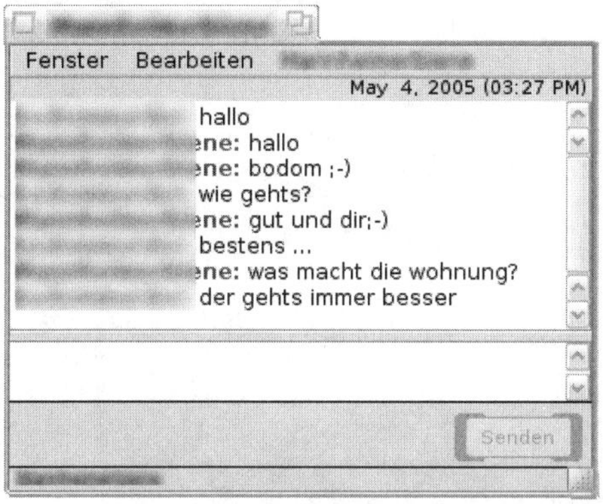

Abb. 13.4: Sie können mehrere Chats gleichzeitig führen

Den Status einstellen

Mehr und mehr Menschen nutzen zuhause eine Breitbandverbindung. Viele lassen ihren Computer online, auch wenn sie nicht davor sitzen. Deshalb gibt es die Funktion *Status einstellen*. Sie können den Status von *Available* (Verfügbar) bis zu *Away* (Nicht da) setzen. Sie können auch eine Away-Nachricht hinterlassen.

Der BeAIM-Replikant in der Deskbar

Viele Anwendungen wie auch *BeAIM* benutzen Replikanten, um komfortabel bedient werden zu können. Der ist als kleines Symbol im ZETA-Menü dargestellt und erlaubt es, wichtige Funktionen von *BeAIM* zu steuern und deren Status anzuzeigen. Der Replikant lässt Sie die Anwendung schließen oder sich aus dem AIM-Netzwerk ausloggen. Mit diesem Replikanten können Sie die Anwendungseinstellungen und Ihr Profil verändern.

13.2 BeGet – Download-Manager

BeGet ist ein Frontend für *wget*. Es vereinfacht den Download großer Dateien. Mit *BeGet* (oder *wget*) können Sie Downloads anhalten und diese zu einem späteren Zeitpunkt wieder fortsetzen. *BeGet* unterstützt auch mehrere Downloads gleichzeitig. In den *Einstellungen* können Sie die Anzahl der herunterzuladenden Dateien und der maximal gleichzeitig möglichen Verbindungen angeben.

Zuerst müssen Sie an die URL der herunterzuladenden Datei gelangen. Positionieren Sie dazu in Ihrem Browser den Mauspfeil über den Download-Link, und drücken Sie die rechte Maustaste. Wählen Sie in dem Kontextmenü den Eintrag *Link-Adresse kopieren* aus.

Jetzt müssen Sie nur noch in *BeGet* auf das Lesezeichensymbol zu klicken, um die URL der gewünschten Datei zum Download hinzuzufügen. Alternativ wählen Sie *Datei/Download hinzufügen* aus. Bestätigen Sie das mit *Hinzufügen*. Der Download wird automatisch gestartet. Der Prozess wir im unteren Teil des Fensters angezeigt. Die Dateien werden unter */boot/home/Downloads* gespeichert.

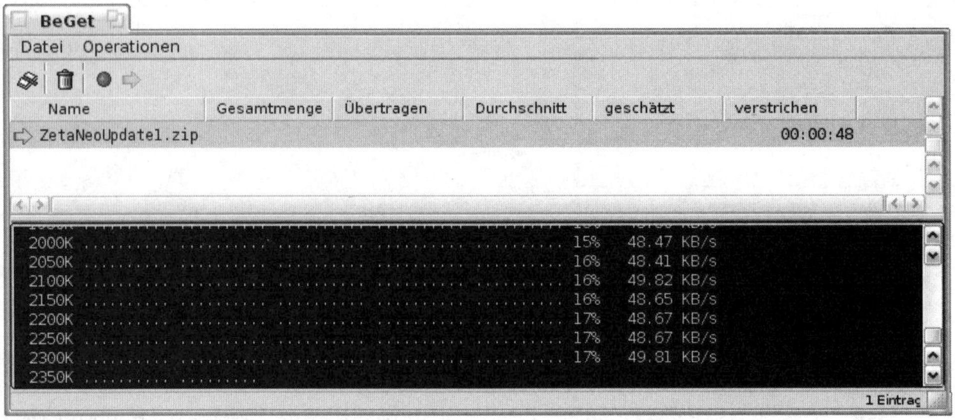

Abb. 13.5: *BeGet* in Aktion beim Herunterladen einer Datei

Klicken Sie mit der rechten Maustaste in den mittleren Bereich von *BeGet*, öffnet sich ein Kontextmenü. In diesem Menü können Sie einen Download hinzufügen, unterbrechen, fortsetzen, stoppen, starten und löschen.

13.3 Beam – Mail-Client mit gewohnter Oberfläche

Die Anwendung hat eine für E-Mail-Programme klassische, dreigeteilte Benutzeroberfläche, die Windows-Nutzer beispielsweise von *Outlook* her kennen. Folgende Elemente sehen Sie im Fenster:

- *Mail-Ordner-Übersicht* (links): Sie zeigt die Ordner-Hierarchie der Mailbox an.
- *E-Mail-Liste* (oben rechts): Sie zeigt verschiedene Informationen über die Mails im aktivierten Mailordner an.
- *E-Mail-Anzeige* (unten rechts): Zeigt den Header der Mail sowie den Inhalt und eventuell beigefügte Dateianhänge der angewählten Mail an.

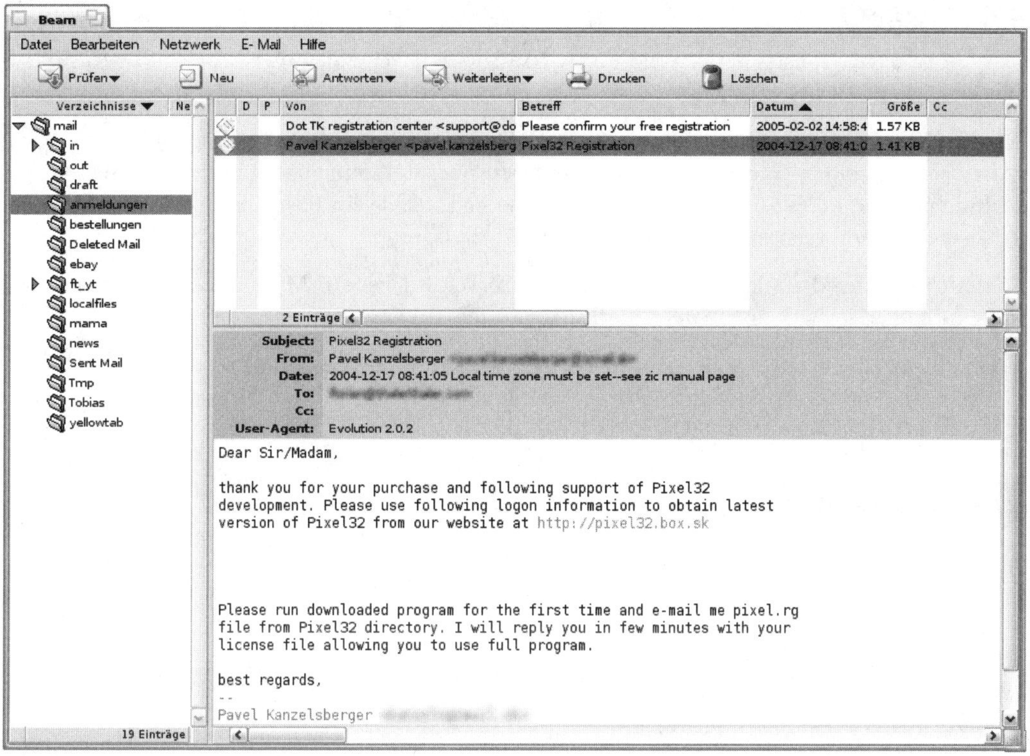

Abb. 13.6: *Beam* ähnelt Mail-Programmen, wie Sie sie aus der Windows-Welt kennen

Mail-Ansicht

Wählen Sie eine Mail, um deren Inhalt und weitere Informationen wie Dateianhänge und Absenderinformationen im *Mail-Ansichts*-Fenster anzuzeigen. Der E-Mail-Header wird standardmäßig im erweiterten Modus angezeigt. Dort werden der Betreff, der Absender, der Empfänger, das Absendedatum, der Empfänger einer eventuellen Kopie und der Mail-Client des Absenders angezeigt. Mit einem Rechtsklick auf die dunkelgrau hinterlegte Fläche des Headers können Sie verschiedene Ansichten sowie weitere Optionen wählen.

Es gibt ein Standardformat für E-Mails (RFC-2822). Die Felder, die vom RFC-Standard definiert werden (*From:*, *To:*, *Cc:*, usw.) sind in Englisch und können nicht übersetzt werden. Ein französisches E-Mail-Programm könnte ansonsten keine Mail öffnen, die mit einem deutschen E-Mail-Programm geschrieben wurde.

Einstellungen

Das *Einstellungen*-Fenster der Anwendung wird angezeigt, wenn Sie unter *Beam* auf *Datei/Einstellungen* klicken. Als Erstes sehen Sie das Fenster zum Einstellen der allgemeinen *Beam*-Optionen.

Da die Oberfläche von *Beam* nahezu den ganzen Workspace (Arbeitsoberfläche) ausfüllt, kann man *Beam* auf einen eigenen Workspace verlegen oder auf denjenigen, in dem Sie sich gerade befinden. Während Sie *Beam* benutzen, wird in der *Deskbar* ein Postfach angezeigt. Mit einem Linksklick darauf wechseln Sie direkt zur *Beam*-Anwendung.

Mit einem Rechtsklick darauf können Sie den Server auf neue E-Mails überprüfen sowie eine neue E-Mail erstellen, ohne in dem Workspace zu sein, in dem *Beam* geöffnet ist.

Beam erlaubt Ihnen, einen anderen Mail-Basis-Ordner zu wählen als der, den ZETA vorgibt (*/boot/home/mail*). Außerdem können Sie *Beam* als Standard E-Mail-Anwendung definieren, näheres dazu unter Dateitypen (s. Seite 90).

Schnellwahl (Shortcuts)

Beam hat standardmäßig eine Reihe vordefinierter Shortcuts, die das Arbeiten mit *Beam* erheblich beschleunigen können:

- [Alt]+[N] Neue E-Mail schreiben
- [Alt]+[M] Neue E-Mails abrufen
- [Alt]+[A] E-Mail beantworten

Beam: Einrichten eines Kontos

1. Starten Sie *Beam*, indem Sie das *ZETA*-Menü aufrufen und unter *ZETA/Software/Internet* den Eintrag *Beam* anklicken.
2. Klicken Sie dann im Menü *Datei* auf *Einstellungen*.
3. Zum Einrichten eines Posteingangs-Servers klicken Sie im linken Menü unter *E-Mails empfangen* auf *Accounts*.

Posteingangskonto einrichten

In dieses Menü kommen Sie, wenn Sie in der linken Liste des *Einstellungen*-Fensters auf *Accounts* (Konten) unter dem Eintrag *E-Mails empfangen* klicken. Mit *Account hinzufügen* erstellen Sie ein neues Konto; die Eingabefelder darunter werden aktiviert. Geben Sie nun unter *Account Name* einen Namen ein, mit dem *Beam* das Konto identifizieren kann. Unter *POP-Server* tragen Sie die Server-Adresse Ihres E-Mail-Anbieters ein. Sollten Sie diese Informationen nicht zur Hand haben, recherchieren Sie im Internet, oder fragen Sie Ihren Anbieter. Die Adresse hat folgendes Muster: `xxxx.IhrAnbieter.xx(x)`. Der Port bleibt bis auf wenige Ausnahmen bei `110`. *Auth-Methode* heißt Authentifizierungsmethode. Mit einem Linksklick auf *Überprüfen* können Sie sich eine

Methode vorschlagen lassen. Diese Funktion läuft meist zuverlässig ab. Bereitet das Empfangen später Probleme, stellen Sie hier das andere Protokoll ein. In den meisten Fällen wird die Methode *POP3* verwendet.

Bei *Benutzer/Pwd* geben Sie dann den Benutzernamen und das Passwort ein. Das Passwort sollten Sie nur eingeben, wenn Sie es auf der Festplatte speichern möchten. Aktivieren Sie dazu das dafür vorgesehene Kästchen. Wenn Sie das Passwort abspeichern lassen, kann jeder, der Zugang zu Ihrem Computer hat, Ihre E-Mails abrufen. In der Auswahlbox *Home-Verzeichnis* können Sie den Ordner wählen, in dem eingehende E-Mails landen. Der Ordner muss ein Unterordner von */boot/home/mail/* sein. Die Optionen im rechten Bereich erleichtern das Arbeiten mit *Beam*.

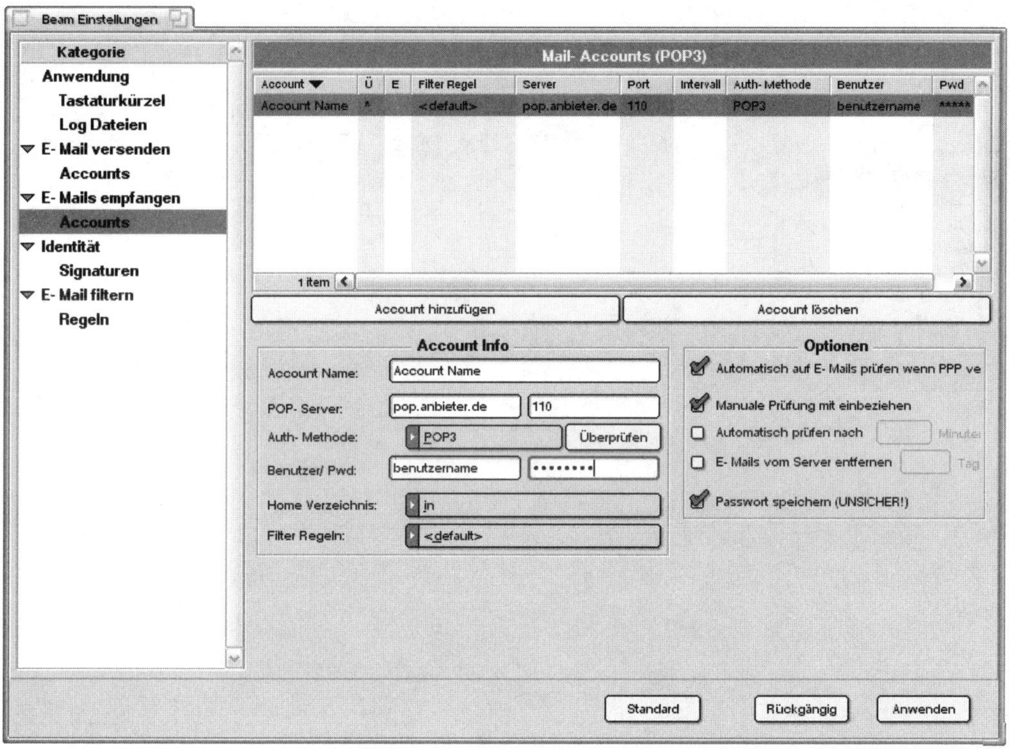

Abb. 13.7: Unter *Beam* können Sie mehrere Konten anlegen und verwalten

Postausgangskonto einrichten

In dieses Menü kommen Sie, wenn Sie in der linken Liste des *Einstellungen*-Fensters auf *Accounts* (Konten) unter dem Eintrag *E-Mails versenden* klicken. Mit *Account hinzufügen* erstellen Sie ein neues Konto; die Eingabefelder darunter werden aktiviert. Geben Sie nun unter *Account Name* einen Namen ein, mit dem *Beam* das Konto identifizieren kann. Unter *SMTP-Server/ Port* tragen Sie die Server-Adresse Ihres E-Mail-Anbieters ein. Sollten Sie diese Informationen nicht zur Hand haben, recherchieren Sie im Internet, oder fragen Sie Ihren Anbieter. Die Adresse hat folgendes Muster: `xxx.IhrAnbieter.xx(x)`. Der Port bleibt bis auf wenige Ausnahmen bei `25`. *Auth-Methode* heißt Authentifizierungsmethode. Mit einem Linksklick auf *Überprüfen* können Sie sich eine Methode vorschlagen lassen. Dies funktioniert in der Regel zuverlässig.

Sollten Sie die Methode *SMTP-AFTER-POP* wählen, müssen Sie bereits ein POP-Konto eingerichtet haben. Ansonsten bleibt diese Auswahlbox deaktiviert. Bei *Benutzer/Pwd* geben Sie dann den Benutzernamen und das Passwort ein. Das Passwort sollten Sie nur eingeben, wenn Sie es auf der Festplatte speichern möchten. Aktivieren Sie dazu das dafür vorgesehene Kästchen. Wenn Sie das Passwort abspeichern lassen, kann jeder, der Zugang zu Ihrem Computer hat, E-Mails unter Ihrem Namen verschicken. Aktivieren Sie dagegen das dafür vorgesehene Kästchen.

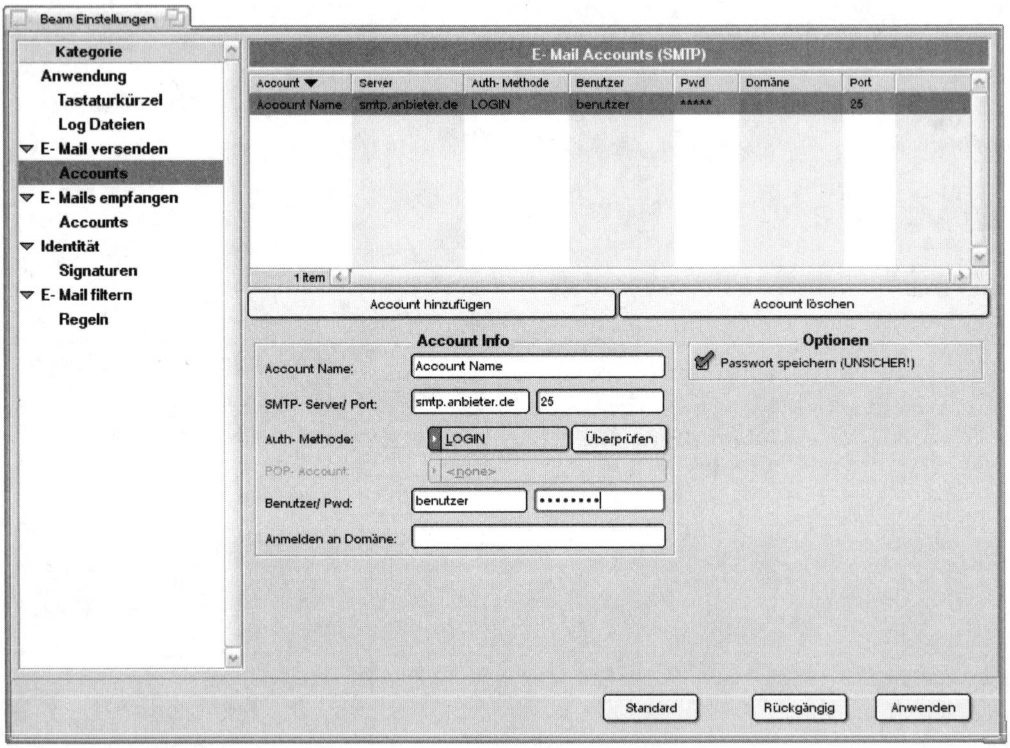

Abb. 13.8: Informationen zum SMTP-Zugang erhalten Sie von Ihrem Mailbox-Anbieter

Signaturen einrichten

Unter *Beam* können Sie verschiedene Signaturen einrichten.

Klicken Sie dazu in der linken Liste des *Einstellungen*-Fensters auf *Signaturen*. Klicken Sie auf *Signatur hinzufügen*. Nun können Sie der Signatur einen Namen geben und Text einfügen, den Sie dann per Schnellwahl oder automatisch an eine von Ihnen erstellte Mail anhängen lassen können. Mit Klick auf *Anwenden* speichern Sie die Änderungen.

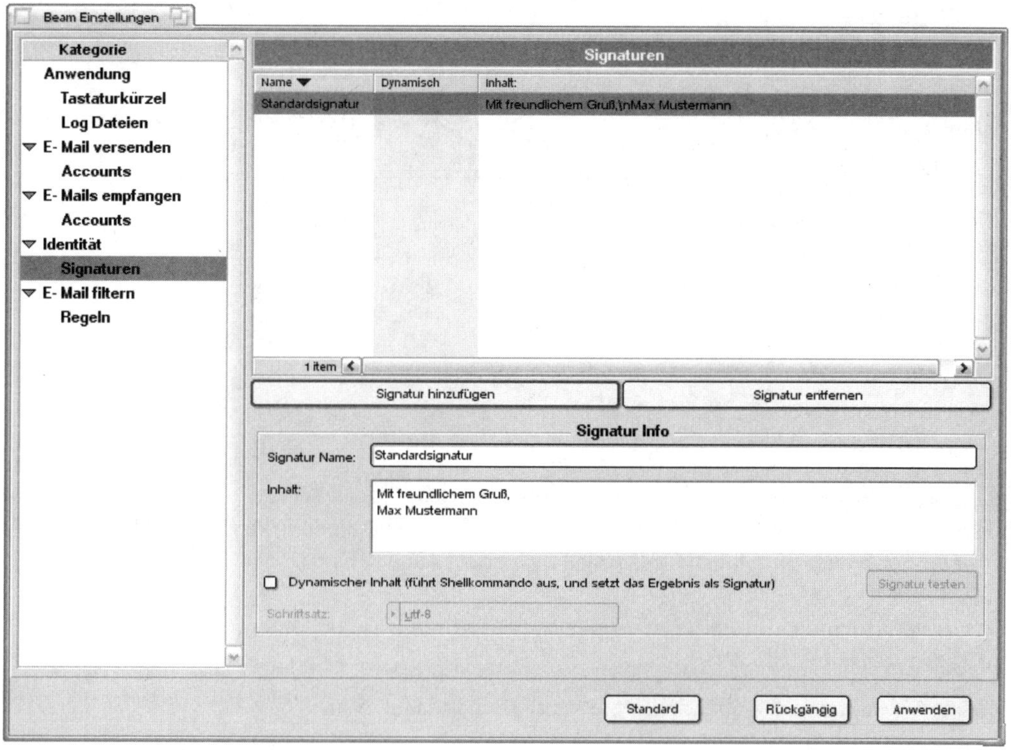

Abb. 13.9: Die Signatur erspart das Tippen der Grußformel

Identitäten einrichten

Nun kommen wir zu den Identitäten, die wir auch auf der linken Seite des Fensters finden. Identitäten werden verwendet, um verschiedene Konten eindeutig identifizieren zu können. Sie können somit später auch einzelne Konten auf E-Mails überprüfen.

Erstellen Sie hier mit einem Klick auf *Identität hinzufügen* einen neue Identität. Geben Sie einen Namen für die Identität an (z. B. `max`). Tragen Sie unter *Namen* Ihren vollen Namen ein (z. B. `Max Mustermann`), denn dieser Name erscheint beim Empfänger der E-Mail als Absendername. Unter *E-Mail Adresse* tragen Sie Ihre E-Mail-Adresse ein. Die Felder *Antwort an*, *Header bearbeiten* und *Alias* sind optional. Wenn Sie mit dem Mauszeiger über diese Felder zeigen, werden Ihnen Informationen darüber gezeigt. Wählen Sie unter *POP-Account* den eben von Ihnen erstellten Posteingangs-Account aus. Wählen Sie unter *SMTP-Account* den eben von Ihnen erstellten Postausgangs-Account aus. Wählen Sie unter *Signatur* eine von Ihnen erstellte Signatur aus, oder belassen Sie den Eintrag auf *<keine>*.

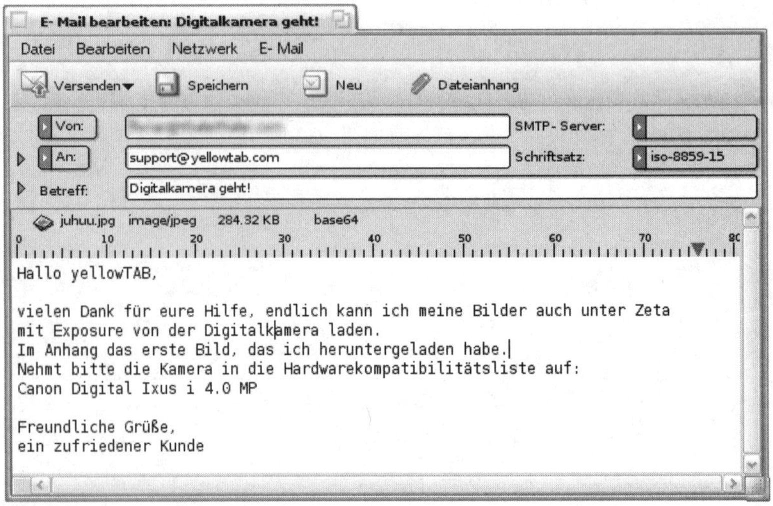

Abb. 13.10: Nach dem Einrichten eines Kontos und der Internetverbindung können Sie Mails schreiben. Per Drag & Drop fügen Sie der Mail Dateien als Anhang hinzu

Nach dem Einrichten eines oder mehrerer Konten können Sie beginnen, E-Mails zu versenden und zu empfangen.

Um eine E-Mail zu verfassen, klicken Sie auf die Schaltfläche *Neu*.

Alle *People*-Dateien, die eine E-Mail-Adresse beinhalten, stehen Ihnen unter *Beam* als Kontakte zur Verfügung. Das bedeutet, dass Sie schnellen Zugriff auf die Adressen haben und sie somit sehr einfach einfügen können. Klicken dazu auf das Drop-Down-Menü *An*. Nun erscheint eine Liste mit allen Kontakten in Ihrem *Home*-Ordner. Klicken Sie nun auf einen Kontakt, wird dessen E-Mail-Adresse in das Textfeld eingefügt.

13.4 Konfiguration von BeMail (der Mail Replacement Daemon)

Der Mail Daemon Replacement (*MDR*) ist eine Alternative zu *Beam*, er unterstützt mehrere Mail-Accounts. Sie sollten sich auf *BeMail* oder *Beam* als E-Mail-Client festlegen, beide gleichzeitig zu benutzen ist nicht zu empfehlen. Starten Sie den *MDR* unter *ZETA/Einstellungen/BeMail*. Mail-Accounts können Sie einrichten, indem Sie auf *Add* klicken. Nun müssen Sie den Account-Typ wählen, den Sie einrichten wollen. Die Optionen sind *Inbound Only*, *Outbound Only* und *Inbound* & *Outbound*. *Inbound Only* bedeutet, dass Sie nur Mails empfangen, aber nicht senden können. *Outbound Only* bedeutet, dass Sie nur E-Mails senden, aber nicht empfangen können. *Inbound & Outbound* sind Accounts, mit denen Sie E-Mails empfangen und versenden können.

Für diese Anleitung haben wir einen *Inbound & Outbound*-Account angelegt. Wenn Sie auf den Account-Typ klicken, werden die *Account Configurations* verfügbar. Sie können nun dem Account einen *Account Name* geben, typischerweise ist es »Privat« oder »Arbeit«. Bei *Real Name* muss der volle Name eingetragen werden, und in *Return Address* Ihre E-Mail-Adresse. Klicken Sie auf *Test Mails Incoming*.

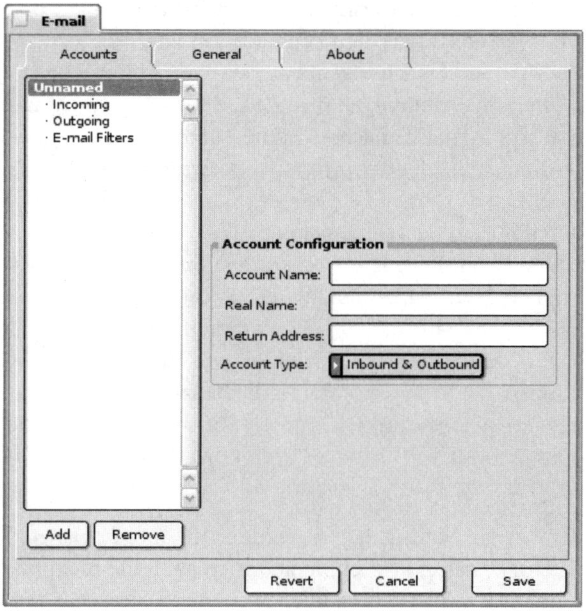

Abb. 13.11: An der Lokalisierung von *BeMail* wird zurzeit gearbeitet. *BeMail* wird somit auch bald auf Deutsch verfügbar sein

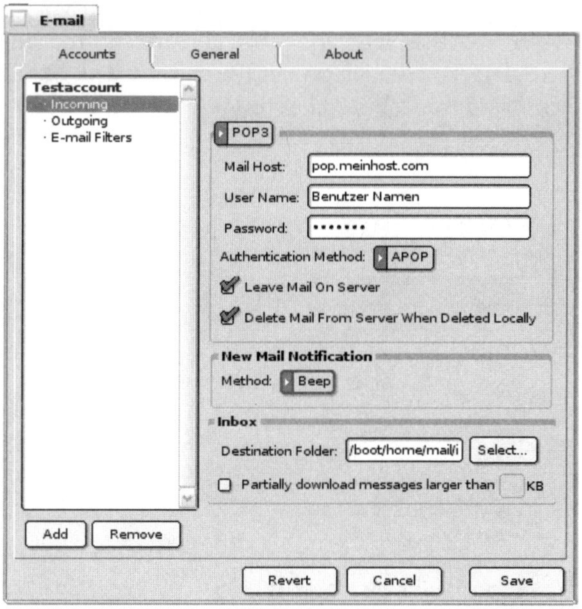

Abb. 13.12: Richten Sie sich ein neues Konto mit *BeMail* ein

Das erste, was Sie definieren müssen, ist das Protokoll für das Empfangen der E-Mails: POP3 oder IMAP. In diesem Beispiel haben wir uns entschlossen, Ihnen die Konfiguration von POP3 zu zeigen. Bei *Mail Host* sollten Sie den Namen des Mail-Servers einsetzen, von dem Sie die Mails herunterladen wollen. Normalerweise ist das *pop, imap* oder *mail.irgendwas.de* (oder *.com….*). Danach fügen Sie Ihren Benutzernamen und das Passwort hinzu. Das nächste ist die *Authentication Method*, in der Sie einstellen können, ob Sie Ihre Daten verschlüsselt oder unverschlüsselt senden wollen. Per Voreinstellung werden die Mails vom Server entfernt, sobald Sie diese dort abgeholt haben. *MDR* gibt Ihnen die Möglichkeit, die Mails einfach auf dem Server zu belassen (*Leave Mail on Server*), sodass sich auch ein anderer Rechner einwählen kann. Beispielsweise können Sie so die Mails von der Arbeit und von zuhause aus abrufen. Es ist auch zu empfehlen, die Funktion *Delete Mail From Server When Deleted Locally* zu aktivieren, da hier die Mail erst vom Server entfernt wird, sobald Sie sie auf dem Rechner gelöscht haben. *MDR* gibt Ihnen mehrere Optionen, wie Sie benachrichtigt werden können, sobald Sie neue Mails empfangen. Per Voreinstellung ist die Benachrichtigung ausgeschaltet. Sie können *Beep (Tonsginal), Alert* (Fenstermeldung), *Keyboard LEDs* (die LEDs auf der Tastatur blinken), *Central Alert* (Meldung mitten auf dem Fenster), *Central Beep* und *Log Window* (ein kleines Fensterchen) auswählen.

Per Voreinstellung ist der *Destination Folder*, wo die Mails gelagert werden, auf *boot/home/mail/in* gestellt. Das können Sie ändern, wenn Sie auf *Select…* klicken. Sie können auch die maximale Mail-Größe einstellen. Wenn Sie links in der Liste auf *Outgoing* klicken, können Sie den *Source Folder* einstellen, in dem sich alle versendeten E-Mails befinden. Dieser ist per Voreinstellung auf */boot/home/mail/out* gesetzt. Eventuell wollen Sie das ändern, wenn Sie den Ordner für die eingehenden Mails geändert haben. Wie bereits erwähnt ist das Protokoll für die versendeten Mails SMTP. Dieser Server wird normalerweise *smtp.irgendwas.de* genannt. Manchmal brauchen Sie auch keine Authentifizierung für den SMTP, wenn Sie beispielsweise schon die Authentifizierung über POP ausgeführt haben, um nach neuen Mails zu schauen. Wenn Sie sich vor dem SMTP authentifizieren müssen, wählen Sie zwischen *ESMTP* oder *POP3 before SMTP* im Drop-Down-Menü in der unteren Hälfte des Fensters.

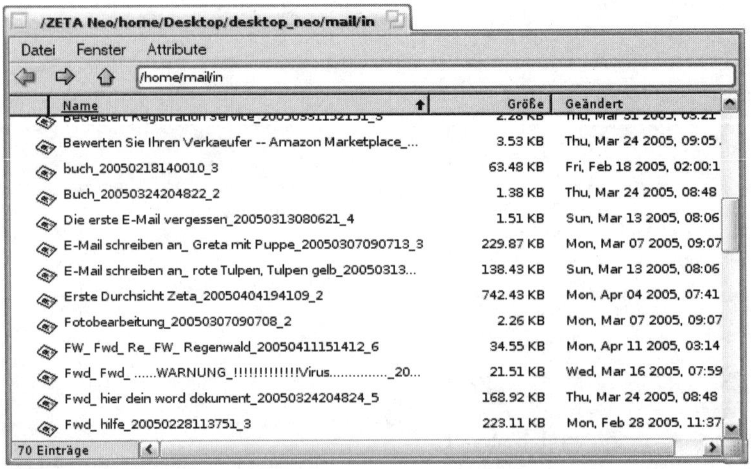

Abb. 13.13: In einem *Tracker*-Fenster können Sie E-Mails löschen, verschieben und aufrufen. Behandeln Sie die Dateien wie Text-, Bild- oder Audio-Dateien

E-Mail versenden mit BeMail

Schreiben Sie Ihre erste Mail nach dem Konfigurieren des Mail Replacement Daemon. Klicken Sie dazu auf den kleinen Postkasten im Replikantenbereich, und wählen Sie dort *Create New Message…* aus. Alternativ können Sie auch einen Rechtsklick auf eine *People*-Datei ausführen und unter *Öffnen mit… BeMail* anklicken. Dabei wird die Adresse des Empfängers bereits übergeben. Um eine Mail zu senden, müssen Sie nur eine Mail-Adresse eingeben, also wohin die E-Mail gehen soll. Wählen Sie die E-Mail-Absenderadresse, damit der Adressat sieht, woher die E-Mail kommt. Sie sollten auch bei jeder Mail ein Thema, also eine Kurzbeschreibung, ins *Subject*-Feld schreiben.

- *CC:* (Carbon Copy) lässt Sie einstellen, wer eine Kopie der Mail bekommen soll. Dasselbe gilt für *BCC:*, aber hier werden die zusätzlichen Empfänger nicht angezeigt.
- *To:*, *CC:* und *BCC:* sind jeweils Drop-Down-Menüs. Sie geben Ihnen den Zugriff zu den *People*-Dateien, die sich im Ordner */boot/home/people* befinden.

Nachdem Sie den Inhalt der Mail in das Hauptfeld von *BeMail* geschrieben haben, können Sie die Mail mit einer Signatur manuell abschließen oder aus der *Toolbar* automatisch einfügen. Sie können auch eine *Random Signatur* auswählen. Das ist praktisch, wenn Sie verschiedene Zitate als Signatur besitzen und möchten, dass immer eine beliebige angehängt wird. Die Signatur wird dem unteren Teil der Mail hinzugefügt.

Signatur für Mails verfassen

Es empfiehlt sich, Signaturen im unteren Bereich von E-Mails zu platzieren. Durch Signaturen sparen Sie die Zeit, dieselben Formulierungen wieder und wieder einzugeben. Signaturen können Sie in *BeMail* folgendermaßen hinzufügen: *Edit/Signatures*. Geben Sie Ihren Signaturen Titel, die die Signatur beschreiben, etwa »Arbeit englisch«, »Arbeit deutsch« und »Privat«.

13.5 BeShare: Treffpunkt der ZETA-Gemeinschaft

BeShare ist der Ort, an dem sich Entwickler und Benutzer treffen. *BeShare* gewann im Jahre 2000 den legendären »BeNews guru AWARD«.

Abb. 13.14: Hervorragende Software wurde mit dem *BeNews guru AWARD* ausgezeichnet

BeShare besteht aus einem Server (*Muscle Server*) und mehreren Clients. Ein Client zum Beispiel ist *BeShare.* Viele Server zu BeOS/ZETA sind im Internet verfügbar. Auf den Haupt-Servern unterhalten sich Menschen rund um die Uhr. Es gibt auch einige weitere Chats im IRC, wo Sie andere antreffen können, aber bei *BeShare* sind die meisten. Die japanischen und ungarischen ZETA-Gemeinschaften benutzen eigene Server, auf denen man sich in der jeweiligen Landessprache unterhält. Sie können an den Unterhaltungen teilnehmen oder auch mit einzelnen Partnern privat chatten.

Wenn Sie *BeShare* das erste Mal starten, werden verfügbare Server automatisch hinzugefügt. Diese können dann aus dem *Server*-Menü ausgewählt werden. Standardmäßig ist bei Benutzername *binky* eingetragen. Diesen Namen sollten Sie unbedingt ändern, bevor Sie sich mit einem der Server über den Eintrag *Verbinden…* im Menü *Datei* verbinden.

Einige der Server setzen Bots ein. Diese haben verschiedene Funktionen. Sie werden unter anderem dazu benutzt, Auskunft darüber zu geben, wer der letzte Benutzer im Chat war, oder um Nachrichten für einen abwesenden Benutzer zu speichern.

Wenn Sie sich mit einem Server verbinden, wird Ihnen eine Benutzer-ID zugewiesen, die in der Fensterüberschrift angezeigt wird. Wenn andere Benutzer Dateien freigegeben haben, finden Sie die Anzahl der Dateien in der Auflistung, die Sie rechts unten im Fenster finden.

Die freigegebene Software können Sie ganz einfach finden, indem Sie den gesuchten Namen links oben in das Feld *Suche* eintragen und dann auf *Starte Suchanfrage* klicken. Wenn Entwickler anwesend sind, kommen Sie auch oft an Programmversionen heran, die noch in der Entwicklung sind.

Ihren freigegebenen Ordner können Sie über einen Eintrag im *Datei*-Menü aufrufen. In den *Einstellungen* können Sie festlegen, wie viele Benutzer gleichzeitig bei Ihnen Daten herunterladen können. Die Dateifreigabe kann auch komplett abgeschaltet werden. Wenn sich Ihr Rechner hinter einer Firewall befindet und Sie Dateien freigeben möchten, müssen Sie die Option *Ich befinde mich hinter einer Firewall* aktivieren.

BeShare wurde ursprünglich für BeOS/ZETA entwickelt und behält dadurch beim Übertragen von Dateien alle Attribute bei.

Wenn Sie ausnahmsweise nicht ZETA benutzen, können Sie auch einen Java-Client wählen. Der Client ist für Mac OS X, Linux und Windows verfügbar.

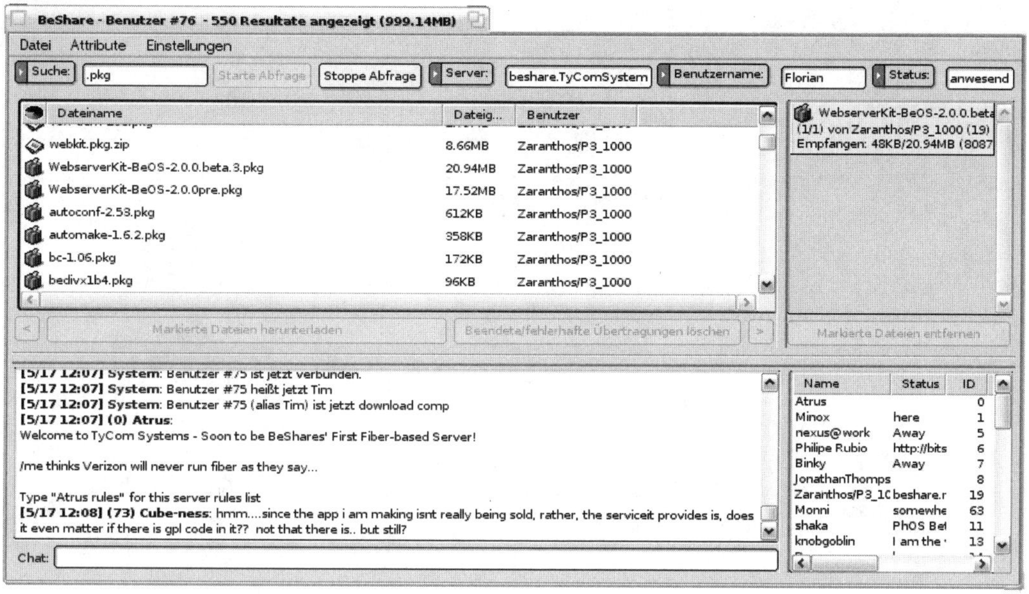

Abb. 13.15: Unter *BeShare* können Sie freie Software und nicht kommerzielle Musikstücke mit anderen Usern austauschen

13.6 Firefox – perfekt browsen

Firefox ist der Standard-Browser in ZETA. Er ist ein Abkömmling der Mozilla-Suite. Unter Windows ist dieser Browser ebenso bekannt wie unter Linux-Distributionen. *Firefox* gilt als sehr zuverlässig und sicher. yellowTAB hat sich deswegen entschieden, diesen exzellenten Browser mit auszuliefern.

Firefox bietet alle Optionen und Vorzüge, die ein moderner Browser zur Verfügung stellen sollte. Das wichtigste bei einem Browser ist die Adresszeile, damit Sie nach einer Eingabe dort zu bestimmten Seiten surfen können. Neben der Adresszeile finden Sie hier links Schaltflächen, die Ihnen bequemes Navigieren ermöglich. Rechts der Zeile finden Sie ein Suchfeld, indem Sie Begriffe eingeben und mit einer gewünschten Suchmaschine direkt danach suchen können.

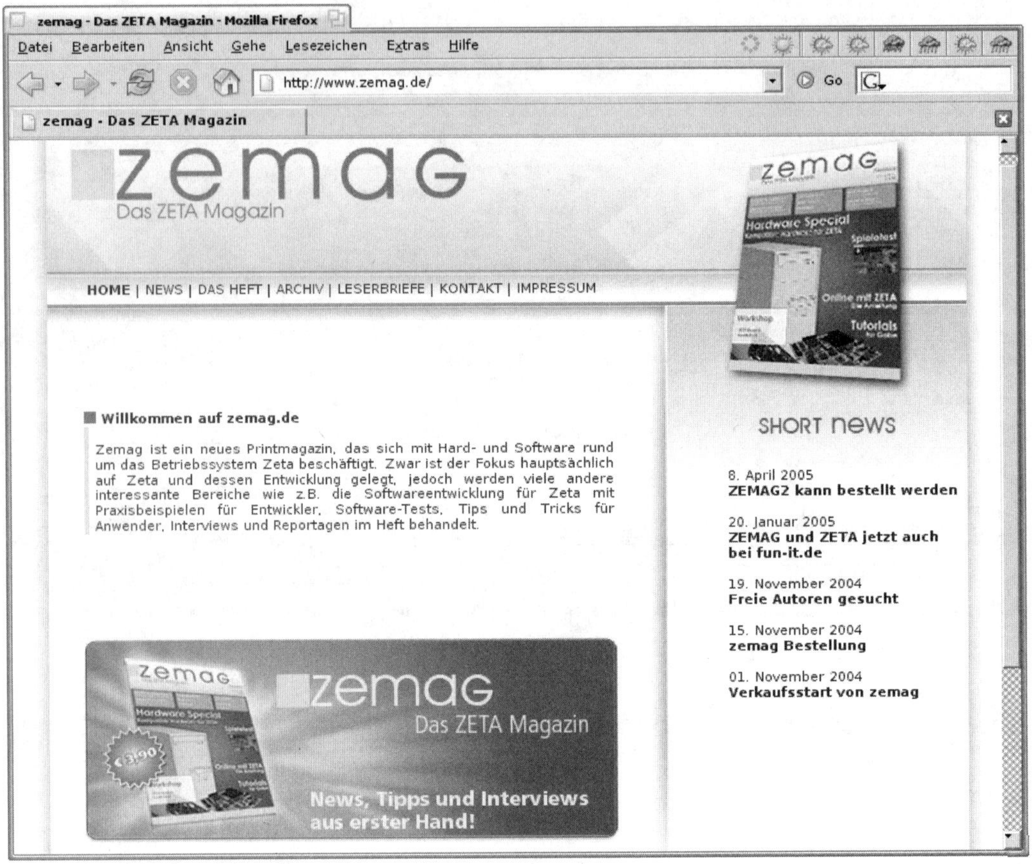

Abb. 13.16: *Firefox*, einer der besten Browser überhaupt

Tabbed Browsing

Mit dem *Firefox* können Sie bequem surfen. Sehr nützlich ist dabei die Möglichkeit, mehrere Tabs anstelle mehrerer Browser-Fenster zu benutzen. Sie können in einem Fenster beliebig viele Tabs öffnen. Einen Tab öffnen Sie, indem Sie auf *Datei/Neuer Tab* klicken, auf eine Verknüpfung mit dem Mausrad klicken oder über einen Rechtsklick auf eine Verknüpfung den entsprechenden Befehl wählen. Die Vorzüge des Tabbed-Browsings werden Sie nach wenigen Stunden im Internet sehr zu schätzen wissen.

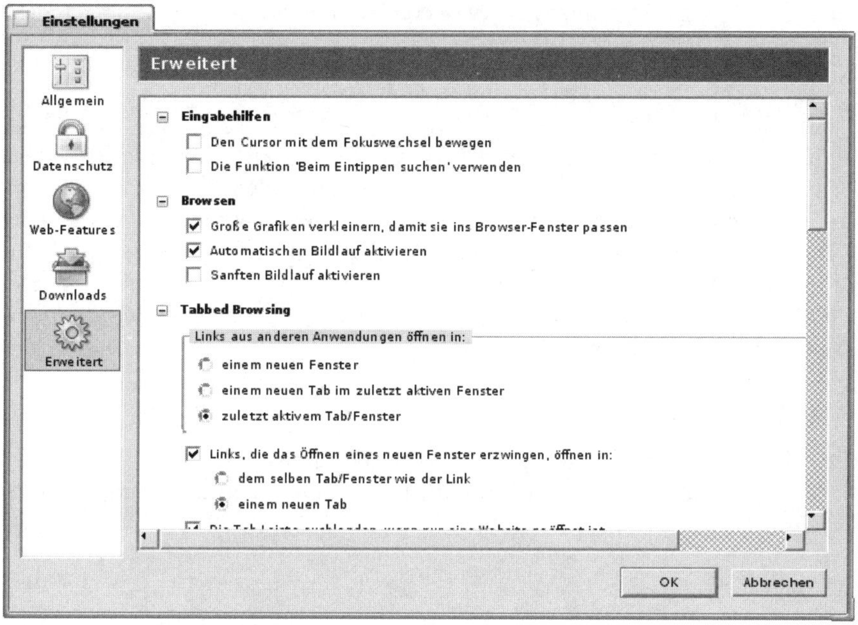

Abb. 13.17: *Firefox* bietet genügend Einstellungen zum komfortablen Browsen im Internet. Rufen Sie die Einstellungen im Menü unter *Extras/Einstellungen* auf

PopUp Blocker – Schluss mit nervenden Fenstern

Viele Internetseiten öffnen von sich aus Unter-Fenster, so genannte PopUps. In fast allen Fällen handelt es sich bei solchen Fenstern um Werbeanzeigen oder Gewinnspiele, was den Benutzer sehr schnell stören kann. Der PopUp-Blocker von *Firefox* ist dazu da, das Öffnen solcher Fenster zu verhindern. Standardmäßig ist dieses Feature aktiviert. Wenn ein PopUp-Fenster einer Seite geblockt wurde, werden Sie mit einem entsprechenden Hinweis am oberen Ende des Tabs informiert. Einstellungen zum PopUp-Blocker nehmen Sie unter *Extras/Einstellungen* im Abschnitt *Erweitert* vor. Sie können einer Seite PopUp-Fenster erlauben, wenn Sie dies unter *Extras/Einstellungen/Web-Features* entsprechend einstellen. Fügen Sie die gewünschte Website über die Schaltfläche *Berechtigte Websites* hinzu.

Einstellungen für Sicherheit, Downloads und Co.

Die Einstellungen im *Firefox* sind sehr gut strukturiert und einfach gehalten. Das *Einstellungen*-Fenster öffnen Sie, indem Sie unter *Extras* auf *Einstellungen…* klicken.

Allgemeine Einstellungen

Hier stellen Sie die Startseite ein, die beim Öffnen des Browsers als Erstes geladen werden soll. Wählen Sie hier auch die Farben und Schriften, die zum Darstellen der Internetseiten verwendet werden sollen. Befinden Sie sich hinter einem Proxy-Server, können Sie hier Einstellungen dazu vornehmen.

Die Privatsphäre schützen

Hier können Sie einstellen, wie lange Einträge in der Adressleiste gespeichert werden sollen. Wenn Sie öfters Seiten besuchen, auf denen Passwort-Anfragen stattfinden, können Sie sich vom *Password-Manager* auch Benutzernamen und dazugehörige Passwörter speichern lassen. Hier können Sie diese Daten verwalten. Cookies werden benötigt, um für Seiten benutzerspezifische Informationen zu speichern. Dabei wird auf dem lokalen Rechner eine Textdatei abgelegt. Der Cache speichert Grafiken und andere Webinhalte auf der Festplatte, um Seiten, wenn sie ein weiteres Mal aufgerufen werden, schneller zu laden.

Web Features – Inhalte und Darstellung

Hier stellen Sie ein, ob PopUp-Fenster generell geblockt werden sollen, ob Bilder in Webseiten geladen werden sollen, ob Seiten Software installieren dürfen und ob Java und JavaScript benutzt werden soll oder nicht.

Das Download-Management

Hier können Sie verschiedene Einstellungen zum *Download-Manager* von *Firefox* vornehmen. Sie können Downloads standardmäßig in einem Ordner speichern und einrichten, welche Datei mit welcher Anwendungen geöffnet werden soll.

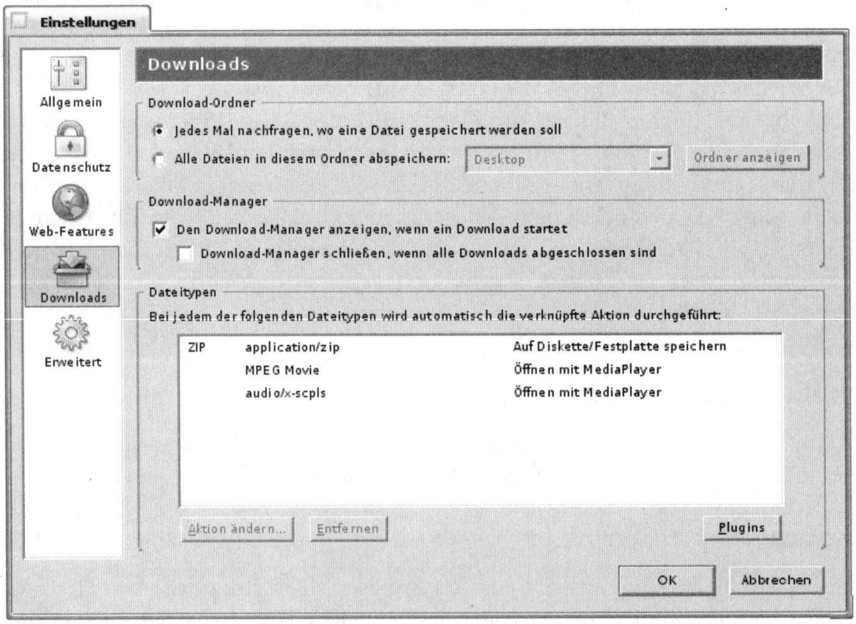

Abb. 13.18: Wählen Sie einen Standardordner für Dateien, die heruntergeladen werden, aus

Advanced – erweiterte Einstellungen

Stellen Sie hier ein, wie Sie am liebsten mit *Firefox* surfen. Legen Sie das Verhalten von *Firefox* beim Klicken auf Links fest.

Im unteren Bereich können Sie Sicherheitseinstellungen für *Firefox* vornehmen. Die Standardeinstellungen sind recht gut gewählt.

Erweiterungen (Extensions)

In *Firefox* kann eine Reihe von Erweiterungen installiert werden. Diese sind optional und dazu da, dem Benutzer weitere Optionen zur Verfügung zu stellen, um Informationen aus dem Internet zu erhalten und allgemein das Surfen zu vereinfachen.

Erweiterungen können Sie kostenlos aus dem Internet nachladen.

Klicken Sie dazu im Menü *Extras* auf *Erweiterungen*. Wenn Sie nun rechts unten auf *Erweiterungen herunterladen* klicken, öffnet sich ein neues Fenster, das Sie direkt zu der Seite führt, auf der viele Erweiterungen kategorisiert zu finden sind. Wenn Sie eine für Sie passende Erweiterung gefunden haben, können Sie diese mit einem Klick auf *Install Now* installieren. Sie können das deutsche Sprachpaket für den *Firefox* unter *www-Firefox-browser.de* installieren.

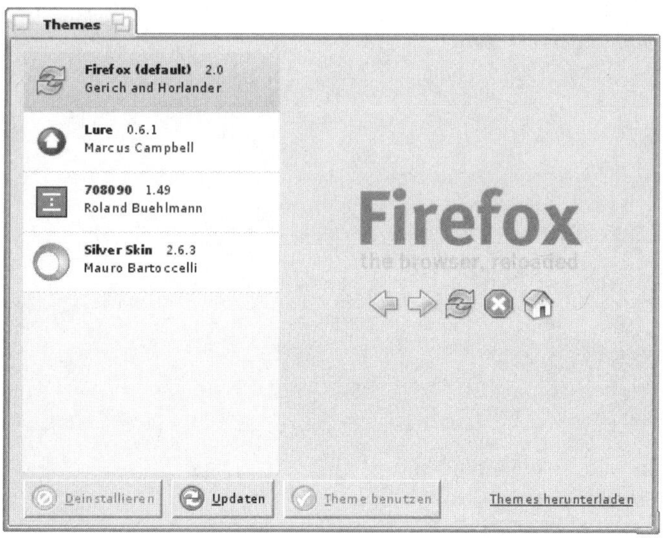

Abb. 13.19: Um *Firefox* individuell anzupassen, können Sie sich weitere *Themes* aus dem Internet installieren

13.7 Den FTP-Server starten

Das File Transfer Protocol (*FTP*) steht für das schnelle Übertragen großer Dateien zwischen einem entferntem Computer, der als FTP-Server arbeitet, und einem FTP-Client, mit dem Sie auf Dateien zugreifen und diese herunterladen können. Die meisten Benutzer arbeiten mit so genannten GUI-Tools (grafische Oberfläche), und einige wenige lieber mit dem *Terminal*. Die Passwörter zum Zugriff auf den Server werden nicht verschlüsselt gesendet.

Campus und SoloFTP sind zwei Server, die unter *BeBits* verfügbar sind.

Wenn Sie unter *ZETA/Einstellungen/Netzwerk* ein Profil bearbeiten, können Sie unter *Dienste* den FTP-Dienst starten und somit von anderen Rechnern mit einem FTP-Client auf den ZETA-Rechner zugreifen. Sie sollten allerdings einen Benutzernamen und ein Passwort wählen. Klicken Sie dazu auf *Service Login setzen.*

FTP-Clients

NetPenguin ist ein FTP-Client, der standardmäßig bei ZETA installiert wird. Er bietet alle Datei-Management-Funktionen, die Sie von einem Client erwarten: Drag & Drop, Verschieben und Löschen von Dateien auf dem Server, Anlegen und Löschen neuer Verzeichnisse. Sie können mit *NetPenguin* eine Shortcut-Liste erstellen, um schnellen Zugriff auf die meistgenutzten Server zu erhalten. Klicken Sie dazu auf *Bearbeiten/Server-Profile.*

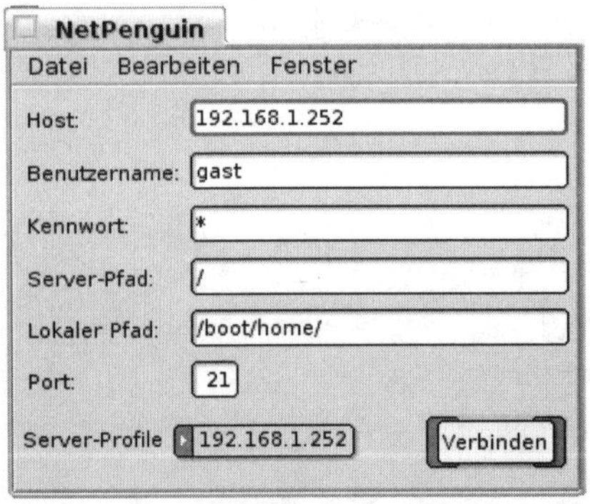

Abb. 13.20: Sie können Sich mit Ihrem Webserver verbinden, um Ihre Homepage hinauf- und herunterzuladen

Wenn Sie einen Shortcut erstellt haben, können Sie ihn auf den Desktop ziehen und erhalten so eine Verknüpfung, mit der Sie später bequem direkt eine Verbindung zum gewünschten Profil erhalten. Mit *NetPenguin* können Sie mehrere Verbindungen gleichzeitig starten, und somit zur selben Zeit Daten hoch- und herunterladen. *NetPenguin* unterstützt außerdem die Wiederaufnahme abgebrochener Downloads.

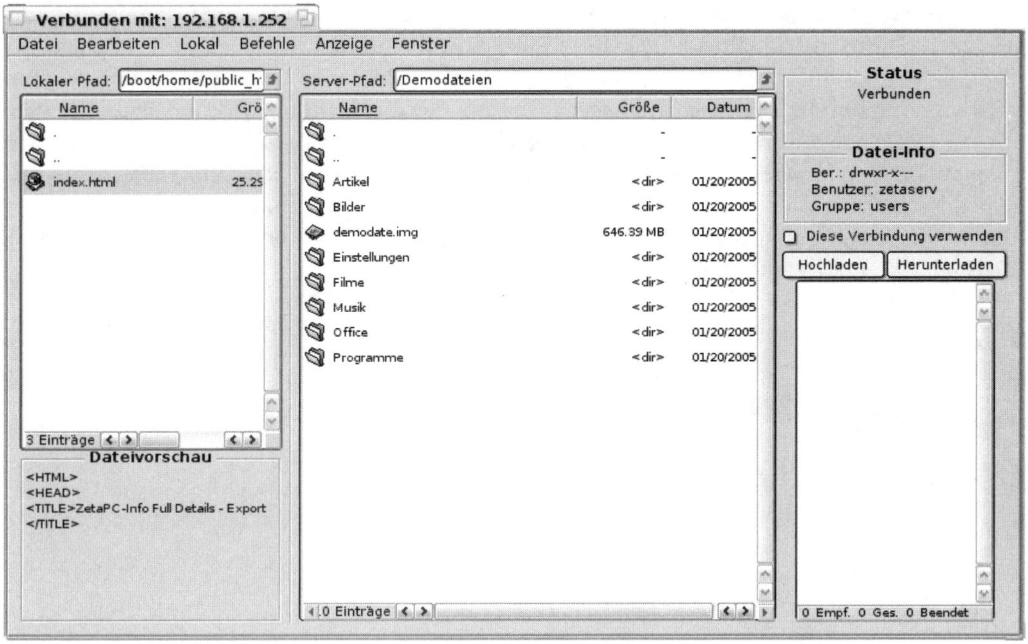

Abb. 13.21: *NetPenguin* unterstützt das Wiederaufnehmen von Up- bzw. Downloads

Je nach Wunsch können Sie auch einen Replikanten von *NetPenguin* in den Replikantenbereich der *Deskbar* legen. Sie haben dann stets sehr schnellen Zugriff auf alle Ihre Server-Profile. Starten Sie *NetPenguin* dazu einfach mit folgendem Befehl aus dem *Terminal*:

```
/boot/apps/Internet/NetPenguin -deskbar.
```

Wollen Sie diesen Replikanten immer in der *Deskbar* haben, tragen Sie diese Zeile gefolgt von einem einfach in Ihr UserBoot-Skript ein. Sie finden dieses unter */boot/home/config/boot* (s. Seite 130).

13.8 NetPositive (Net+) – nativer Browser

NetPositive war der native BeOS-Webbrowser. yellowTAB ermpfiehlt aber, *Firefox* oder *Mozilla* zu benutzen. Der *NetPositive*-Browser ist nämlich seit Jahren nicht mehr weiterentwickelt worden. Darum kann er mittlerweile viele Seiten nur noch fehlerhaft darstellen. Er wird allerdings für die Darstellung von Hilfeseiten von fast allen Programmen genutzt.

NetPositives Download-Manager

NetPositive hat einen kleinen, aber mächtigen *Download-Manager*. Bei ZETA ist noch die Software *BeGet* mit dabei, mit der Sie auch Dateien herunterladen können. Der *Download-Manager* erscheint nur, wenn Sie gerade einen Download von *NetPositive* laufen haben. Dieser Manager zeigt alle aktuellen und beendeten Downloads an. Ihre aktuellen Downloads werden in einem

Prozessbalken dargestellt, der zeigt, wie weit der Download schon vorangeschritten ist. Sie können einen Download anhalten und später wieder dort fortführen, wo Sie aufgehört haben. Klicken Sie einfach auf das Floppy-Symbol. Wenn Sie alle Browser-Fenster geschlossen wurden, wird oft nur mehr der *Download-Manager* angezeigt. Aus diesem können Sie ein neues Browser-Fenster (*File/New Browser Window*) öffnen. Sie können auch das *Auto Launch* der heruntergeladenen Dateien aktivieren. Zip-Dateien werden nach dem Download automatisch mit dem Expander geöffnet. Mediendateien werden automatisch in ihrer Standardanwendung geöffnet. Das automatische Ausführen von fertig heruntergeladenen Dateien können Sie im Menü *Downloads* mit einem Klick auf *Auto Launch* deaktivieren.

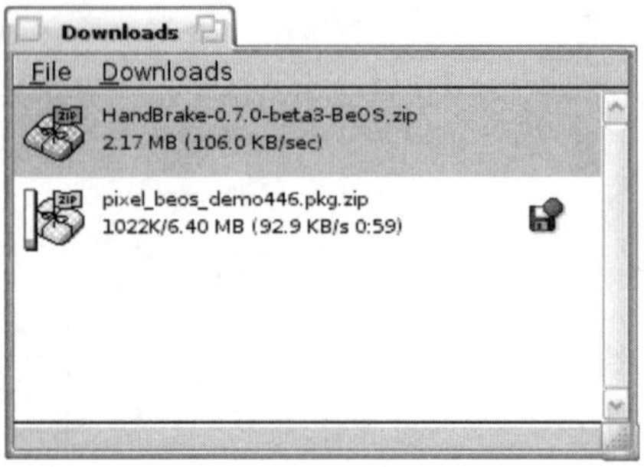

Abb. 13.22: Der *Download-Manager* von *NetPositive* unterstützt das Wiederaufnehmen abgebrochener Downloads

13.9 PoorMan: Ihr persönlicher Webserver

ZETA bringt einen Webserver mit. Er stellt HTML-Seiten, Grafiken und andere webbasierende Informationen bereit und ist hauptsächlich für den privaten Gebrauch bestimmt, kann aber auch für Intranetseiten verwendet werden. Möchten Sie in einer Firma oder zuhause eine interne Website anbieten, so sind Sie mit *PoorMan* gut bedient. Für den professionellen Einsatz im Internet empfiehlt yellowTAB den *Apache.*

Um Ihre eigene Seite auf Ihrem Computer laufen zu lassen, müssen Sie als Erstes einen Ordner für Ihre Webseite anlegen. Wenn Sie *PoorMan* starten, wird das Verzeichnis */boot/home/public_html* erstellt. Um eine anderes Verzeichnis zu wählen, gehen Sie auf *choose a different folder* und wählen ein neues Verzeichnis. Das Ganze geschieht in den *Einstellungen* von *PoorMan.* Wenn Sie eine Homepage erstellen möchten, müssen Sie eine Startseite mit dem Namen *index.html* anlegen.

PoorMans Haupt-Fenster

Unter der Menüleiste sagt Ihnen die Statuszeile, ob Ihr Webserver läuft oder nicht. Um den Status zu wechseln, wählen Sie *Controls/Run* Server (Achtung: *PoorMan* startet den Server immer automatisch). Der Hits-Zähler sagt Ihnen, wie viele Mal Ihre Seite besucht wurde. Sie können den Zähler mit *Controls/Clear Hit Counter* löschen.

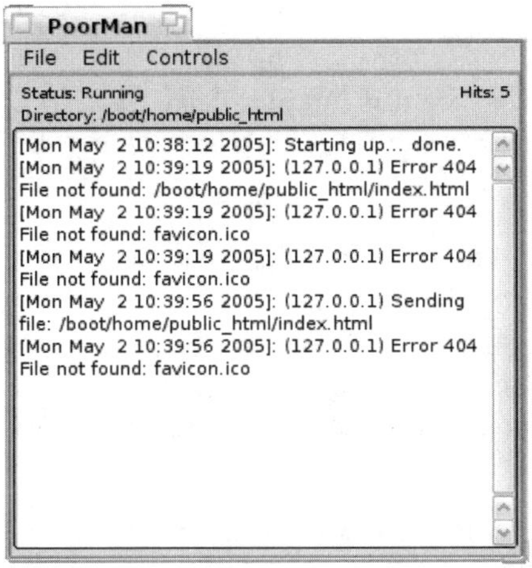

Abb. 13.23: Für den privaten Gebrauch reicht *PoorMan* völlig aus

Die *Directory*-Zeile zeigt Ihnen das Verzeichnis, welches Sie als Webverzeichnis ausgewählt haben. Der Hauptteil des *Haupt*-Fensters ist die *Konsole*, die den Status von *PoorMan* anzeigt, inklusive eine Liste der Seiten, die gesendet werden. Die *Konsole* kann über *Controls /Clear Console Log* gelöscht werden.

PoorMans Preferences

Zum *Einstellungen*-Fenster gelangen Sie über *Edit/Preferences*. Unter dem *Site*-Reiter können Sie den Ordner auswählen, in dem sich die Webseiten befinden, die veröffentlicht werden sollen. Sie können auch die Datei angeben, die als *index*-Datei geladen wird.

Diese Datei wird gesendet, wenn jemand Ihre URL aufruft. Traditionell wird diese Datei *index.html* genannt. yellowTAB empfiehlt Ihnen, den Namen dieser Datei nicht zu ändern.

Send Directory List

Wenn diese Option markiert ist, sendet *PoorMan* eine Auflistung aller Dateien in diesem Verzeichnis, wenn keine *index*-Datei vorhanden ist. Wenn diese Option nicht markiert ist, wird jeder Versuch, sich mit dieser Seite zu verbinden, fehlschlagen, und der Anwender erhält eine Fehlermeldung. Der *Logging*-Reiter beinhaltet die Optionen für das Mitschneiden von Informationen über die Server-Aktivitäten in eine Textdatei.

Der *Advanced*-Reiter beinhaltet einen Regler, mit dem Sie die maximale Anzahl gleichzeitiger Verbindungen einstellen können. Achtung: Wenn Sie diese Einstellung ändern, während der Server läuft, werden alle Benutzer von Ihrer Webseite getrennt.

Mit dem PoorMan-Server verbinden

Um Ihre eigene Webseite zu sehen, starten Sie einen Browser, und geben Sie Ihre IP-Adresse bzw. `http://localhost.` in das Adressfeld ein. Andere Anwender können lediglich über die IP-Adresse auf Ihre Webseite zugreifen.

13.10 Vision: IRC-Chatten mit ZETA

Sie können mit vielen Personen im Internet chatten, wenn Sie den Internet Relay Chat (*IRC*) benutzen. Der IRC ist ähnlich wie ein Instant Messenger, der, wenn Sie etwas schreiben, den Text auf dem Bildschirm des anderen Nutzers darstellt.

1. Starten Sie *Vision*, um sich mit dem IRC-Netzwerk zu verbinden, denn das ist der erste Schritt, um IRC zu nutzen.

   Ein IRC-Netzwerk ist eine Sammlung von Computern, auch IRC-Server genannt. Diese Rechner erlauben es Benutzern, mit dem IRC zu kommunizieren. Es gibt viele IRC-Netzwerke, die Sie benutzen können. Jedes Netzwerk hat seine eigene Sammlung an IRC-Servern.

2. Wenn Sie das erste Mal *Vision* starten, erscheint das *Setup*-Fenster. Klicken Sie auf *Netzwerk Setup…*, und Sie können nun IRC-Netzwerke hinzufügen. Als Erstes müssen Sie den Netzwerknamen angeben.

3. Drücken Sie nun auf *Ok*.

4. Wählen Sie nun *Server ändern* und dann *Hinzufügen*. Nun können Sie einen Server hinzufügen (z. B. *irc.freenode.org*) und danach wieder auf *Fertig* klicken.

Sie haben Ihren ersten IRC-Server eingegeben.

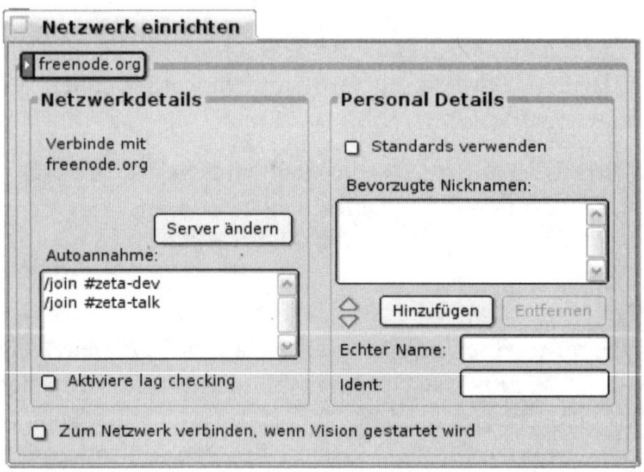

Abb. 13.24: Beim Einrichten eines neuen Netzwerks können Sie direkt die Channel angeben, mit denen Sie sich verbinden möchten. Die Felder auf der rechten Seite müssen auch ausgefüllt werden

Nun können Sie Ihren bevorzugten Spitznamen, Ihren richtigen Namen und Ihren *Ident* eingeben. Zum Schluss können Sie noch *Zum Netzwerk verbinden, wenn Vision gestartet wird* aktivieren. Das bewirkt das automatische Verbinden zum IRC-Netz beim Start von *Vision*. Sie haben nun alle Informationen hinzugefügt, die gebraucht werden, um sich mit dem IRC-Netzwerk zu verbinden. *Vision* unterstützt mehrere Verbindungen zu verschiedenen IRC-Netzwerken. Sie können immer weitere bevorzugte Netzwerke hinzufügen.

Die häufigsten IRC-Befehle

Sie müssen vor dem Befehl im IRC immer einen *slash* () setzen.

- /list: Zeigt eine Liste der aktiven Kanäle des IRC-Netzwerks an.
- /join <Channel-Name>: Verbindet Sie mit dem Channel. Ist der Channel nicht vorhanden, wird ein neuer erstellt.
- /quit: Trennt Sie vom IRC-Netzwerk.
- /leave: Trennt Sie vom Channel.
- /help: Zeigt die Informationen über die IRC-Befehle und deren Bedeutung an.
- /nick <Name>: Gibt Ihnen einen neuen Spitznamen.
- /server <Server>: Fügt Sie zu einen bestimmten IRC-Server hinzu.
- /msg <Nick>: Sendet eine Nachricht zu einem bestimmten Be-nutzer.
- /query <Nick>: Öffnet einen Chat zu einem bestimmten Benutzer

Einige Befehle können Sie auch per Rechtsklick ausrufen.

Chatten im IRC

Personen loggen sich in verschiedene Kanäle ein, um über ein bestimmtes Thema zu diskutieren. Wenn Sie beispielsweise über ZETA diskutieren wollen, müssen Sie bei *freenode.org* /join #zeta-talk eingeben. Jedes IRC-Netzwerk hat seine eigenen Kanäle, und jeder Kanal beginnt mit einem Zeichen #. Es können sich in einigen Kanälen nur wenige Menschen aufhalten, dafür in bekannteren Kanälen einige hundert Personen. Wenn Sie einmal einen Kanal benutzen, können Sie sofort mit anderen Benutzern in diesem Kanal chatten. Jede Nachricht erscheint, versehen mit dem Namen der Person, die die Nachricht geschrieben hat, sofort auf dem Bildschirm der Zielperson. *Vision* zeigt eine Liste der Benutzer an, die sich mit diesem Kanal verbunden haben.

Abb. 13.25: Die Liste zeigt Ihnen an, welche Benutzer sich im Channel befinden

Benachrichtigung, wenn Freunde und Bekannte online gehen

Vision hat eine *Notifyliste*, der Sie all die Benutzer hinzufügen können, mit denen Sie am meisten chatten. Sie werden dann benachrichtigt, sobald einer der Benutzer online geht, ähnlich wie bei einem Instant Messenger wie *BeAIM*.

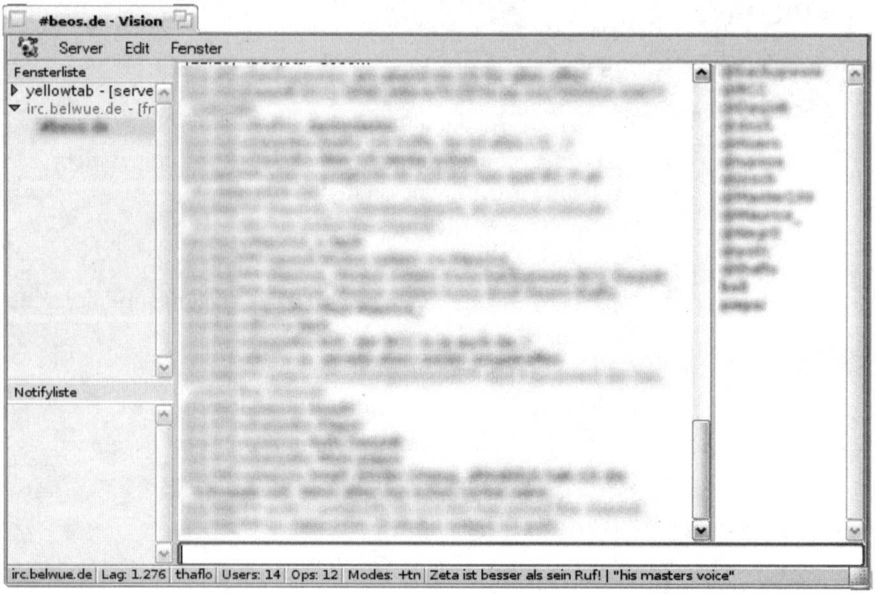

Abb. 13.26: Mit *Vision* können Sie sich bei IRC-Servern anmelden und an diversen Diskussionen teilnehmen

13.11 ZETA Instant Messenger Kit

Anmerkung Das *IM-KIT* ist in der Version 1.0 bei Redaktionsschluss dieses Buchs noch nicht verfügbar. Es wird aber als Update für alle Kunden angeboten, sobald es fertig ist. Da das *IM-KIT* noch nicht verfügbar ist, führt dies auch dazu, dass die Screenshots (Grafiken) noch in englischer Sprache sind.

Das ZETA *IM-KIT* ist ein Instant Messenging-Programm, das entwickelt wurde, um mit den fünf größten IM-Netzwerken kommunizieren zu können: *ICQ, AIM, MSN, yahoo!* und *Jabber.* Das *IM-KIT* ermöglicht die volle Integration der verschiedenen IM-Protokolle in ZETA. Beispielsweise können Sie nach Ihren Freunden, die online sind, suchen und dazu die Standardsuche von ZETA verwenden. Ihre Kontaktdaten können Sie außerdem über den *Tracker* verwalten.

Das *IM-KIT* informiert Sie durch den *InfoPopper*, ob Ihre Freunde online sind. Das *IM-KIT* lässt sich auch in andere Programme integrieren. So können Sie im Zusammenhang mit dem Programm *TimeZliner* mit Ihren Geschäftspartnern gemeinsam und gleichzeitig Projekte ausarbeiten. Sie verschwenden keine Zeit mehr durch langwierigen Austausch von E-Mails.

Wie das IM-KIT arbeitet

Wenn Sie das *IM-KIT* aufrufen, kann es Sie mit allen IM-Netzwerken verbinden, bei denen Sie angemeldet sind. Der große Vorteil von Instant Messenging gegenüber E-Mail ist, dass Sie sich mit Ihren Freunden, Kollegen etc. in Echtzeit unterhalten können.

Wenn das *IM-KIT* gestartet ist, überprüft der *InfoPopper* permanent den Status der Netzwerke. Sie werden sofort informiert, wenn jemand Ihrer Freunde online ist.

Klangereignisse

Das *IM-KIT* bringt einige Klänge mit, die Sie in das System integrieren können. Die Klänge finden Sie unter */boot/apps/im_kit/sounds.* Sie können damit verschiedenen Ereignissen diverse Töne zuweisen, z. B. wenn ein Freund online oder offline geht oder wenn Sie nicht mehr online sind.

Einstellungen vornehmen

Um Einstellungen am *IM-KIT* bzw. den jeweiligen IM-Protokollen vorzunehmen, klicken Sie den Replikanten des *IM-KITs* mit der rechten Maustaste an und wählen *Einstellungen* aus.

Klicken Sie bei den *IM-Server Einstellungen* auf das entsprechende Protokoll.

Wenn Sie das AIM-Protokoll benutzen wollen, müssen Sie sich zuerst unter *www.aim.com* registrieren. Wenn Sie sich registrieren, erhalten Sie einen Screen-Namen und ein Passwort.

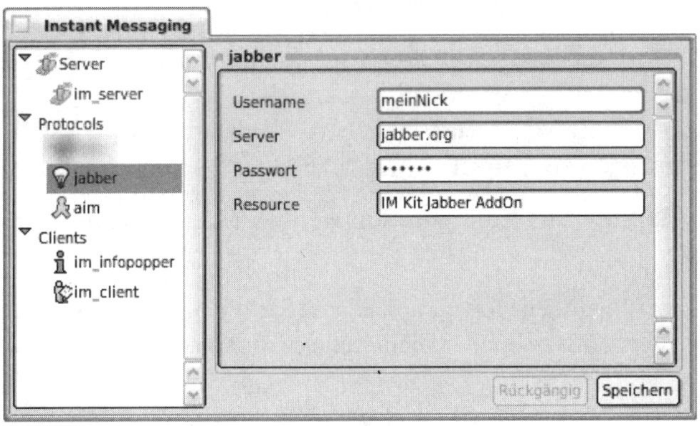

Abb. 13.27: Hier können Sie von den Zugangsdaten bis zum Verhalten des Servers und des *im_clients* alles konfigurieren

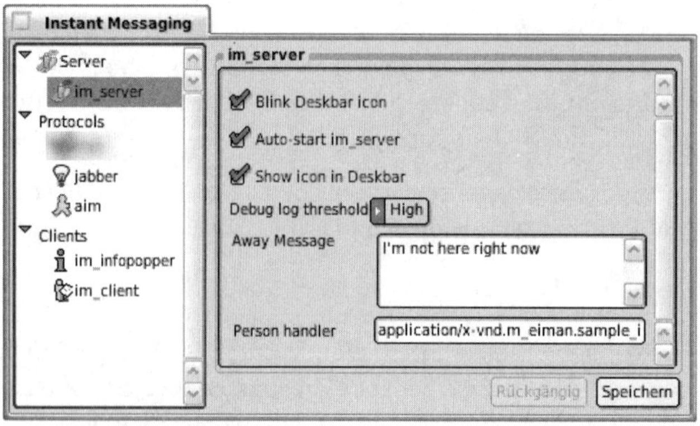

Abb. 13.28: Sie können einstellen, dass der IM-Server automatisch startet. Durch ein blinkendes Symbol in der *Deskbar* können Sie sich informieren lassen, wenn eine neue Mitteilung eintrifft

Informationen zum Benutzerprofil sind optional. Dies kann für eine Kurzbeschreibung genutzt werden, ist aber auch ein guter Weg zu zeigen, dass Sie ein ZETA-Benutzer sind. Wenn Sie alle erforderlichen Informationen eingegeben haben, bestätigen Sie mit *Speichern.*

Das ICQ-Protokoll wurde als Erstes vom *IM-KIT* unterstützt. Um ICQ nutzen zu können, müssen Sie dort angemeldet sein. Das können Sie unter *www.icq.com* erledigen. ICQ-Benutzer werden anhand eindeutiger Nummern (*UIN*) identifiziert. Bei den *Einstellungen* können Sie Ihre *UIN* und das Passwort eingeben und die Zeichenkodierung festlegen.

Die Standardtextkodierung ist auf UTF-8 gesetzt. ISO 8859-1 wird für europäische Benutzer empfohlen, die hauptsächlich folgende Sprachen verwenden: Albanisch, Dänisch, Niederländisch, Norwegisch, Französisch (ohne œ), Finnisch, Deutsch, Italienisch, Irisch, Portugiesisch, Schottisch oder Spanisch. Um die Änderungen zu aktivieren, klicken Sie auf *Speichern.*

Das Protokoll von *Jabber* basiert auf XML. Für die Konfiguration werden Benutzername, Passwort und eine Server-Adresse benötigt.

Was *Jabber* von anderen Protokollen unterscheidet ist, dass auch eigene Server verwendet werden können. Im Internet sind zehntausende *Jabber*-Server zu erreichen. Sie können auch Ihren privaten *Jabber*-Server betreiben.

Wenn Sie ZETA in einem Unternehmen einsetzen und einen IM-Server benötigen, ist *Jabber* hervorragend dafür geeignet.

Der MSN-Messenger wurde von der Firma Microsoft entwickelt und arbeitet mit deren *Passport System* zusammen. MSN wird teilweise unterstützt. Sie können mit dieser Protokollimplementation nur Nachrichten senden und empfangen.

Um MSN nutzen zu können, muss Ihre E-Mail-Adresse bei *Passport* registriert sein.

Für MSN sind noch zwei separate Programme verfügbar, die ausschließlich MSN unterstützen: *MSN ++* (*www.BeBits.com/app/4032*) und *Bme* (*http://bme.sourceforge.net*).

Auch *Yahoo!* hat ein eigenes IM-Protokoll. Um es benutzen zu können, benötigen Sie Ihre Yahoo!-ID.

Das kleine Programm *InfoPopper* wird als ein Teil des *IM-KITs* gestartet. Es ist dafür verantwortlich, dass Sie über Ereignisse wie neue Nachrichten usw. informiert werden. Das *IM-KIT* hat für den *InfoPopper* eigene Einstellungen:

Der *IM-KIT* kann automatisch beim Systemstart aufgerufen werden. Zwei Möglichkeiten stehen Ihnen dafür zur Verfügung: Sie können eine Verknüpfung zum *im_server* in ZETAs *Autostart*-Ordner legen oder die *Autostart*-Option für den *im_client*, *im_logger* und den *im_server* aktivieren.

Im *im_client* gibt es eine Menüleiste, die Symbole enthält. Die Größe dieser Symbole beträgt normalerweise 32 Pixel. Wenn Sie einen hochauflösenden Bildschirm verwenden, kann es ratsam sein, die Symbole auf 48 oder 64 Pixel zu vergrößern.

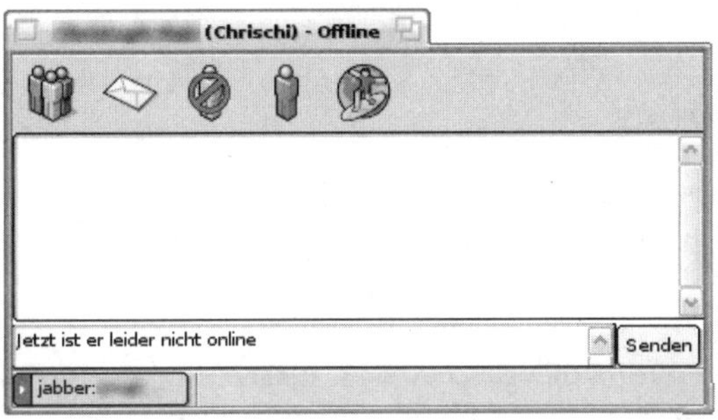

Abb. 13.29: Der *im_client* im Aktion. Ein Chat mit einem Kontakt wurde begonnen. Leider ist der gewünschte Chat-Partner gerade nicht online

Im *im_client* sind die Optionen *Senden Schaltfläche* und *Nachricht mit der Enter-Taste senden* aktiviert.

Wie oben erwähnt können Sie den *im_logger* zusammen mit dem *im_server* und dem *im_client* starten.

Wenn die Option *Blinkendes IM-KIT Menü Symbol* aktiviert ist, blinkt das Symbol in der *Deskbar*, wenn Sie eine neue Nachricht erhalten. Zuvor müssen Sie jedoch auch noch die Option *Symbol in der Deskbar anzeigen* aktivieren. Der *im_server* kann automatisch gestartet werden. Die Debug-Protokollierung kann auch auf *hoch* gesetzt werden.

Sie können entweder eine einheitliche Abwesenheitsnachricht für alle Protokolle eingeben oder für jedes eine eigene.

Den Status setzen

Jeder Ihrer Freunde, der auch ZETA benutzt, hat eine so genannte *People*-Datei pro Freund angelegt. Dort sind Nicknamen (Spitzname), unterstützte IM-Protokolle usw. hinterlegt. Freunde, die andere Plattformen benutzen, haben Sie in der Kontaktliste des jeweiligen IM-Programms hinzugefügt. Darüber können Ihre Freunde Ihren Status sehen. Wenn der Status z. B. auf *Available* (Online) gesetzt ist, wissen Ihre Freunde, dass sie Ihnen Nachrichten schicken können.

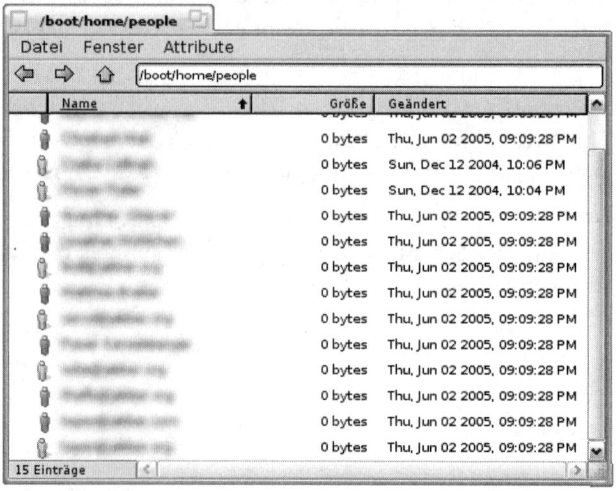

Abb. 13.30: An der Farbe des *People*-Symbols sehen Sie, welche Kontakte *online* (grün), *offline* (rot) oder *away* (gelb) sind. *Away* bedeutet online, aber nicht bereit zum Chatten

In dem *im_server* können Sie Ihren Status für alle Protokolle gleichzeitig festlegen. Einzeln ist das natürlich auch möglich. Momentan werden drei verschiedene Stati unterstützt: *Verfügbar* (Online), *Abwesend* (weg) und *Offline*. Wenn Sie wollen, können Sie für jedes Protokoll einen anderen Status festlegen. Sie können ganz einfach den eigenen Status überprüfen, indem Sie mit dem Mauspfeil auf den Replikanten in der *Deskbar* zeigen.

Es wird empfohlen, den Status von *Verfügbar* (grün) auf *Nicht verfügbar* (Gelb) zu setzen, wenn Sie anderweitig beschäftigt sind. So werden Sie nicht durch unnötige Nachrichten gestört.

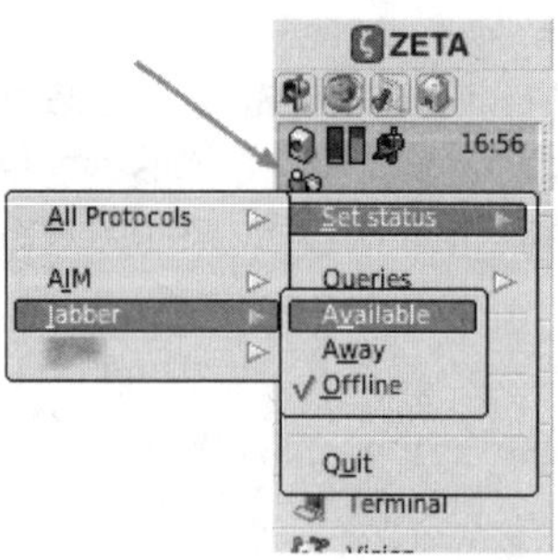

Abb. 13.31: Sie können sich über das Symbol im Replikantenbereich bequem an dem gewünschten IM-Netzwerk anmelden. Auch das *Einstellungen*-Fenster können Sie hier aufrufen

Einen Chat beginnen

Wenn Sie einen Chat mit jemanden beginnen möchten, müssen Sie zuerst überprüfen, ob er für einen Chat verfügbar ist. Das geht am einfachsten, indem Sie in das */boot/home/people*-Verzeichnis wechseln und die Icons überprüfen. Ist der gewünschte Kontakt online, besitzt seine *People*-Datei ein grünes Symbol.

Emoticons

Eine beliebte Funktion ist das Verwenden so genannter Emoticons. Sie erleichtern das Ausdrücken von Gefühlen und Stimmungen.

Es gibt zwei Wege, ein Emoticon einzufügen. Der erste Weg ist, das *EmotSymbol* aus dem Menü auszuwählen, der zweite, Zeichen zu verwenden:

:-) Lächeln

;-) Zwinkern

:-D Lachen

:-P Zunge rausstrecken

:-(Traurig

:-| Gleichgültig

:`-(Weinen

und viele weitere…

Suchen mit dem Instant Messenger Kit

Mit dem *IM-KIT* können Sie Suchabfragen benutzen. Die Ergebnisse können dann als Kontaktliste benutzt werden.

1. Klicken Sie in der *Deskbar* auf ZETA und dann auf *Suchen*.

2. Im *Suchen*-Fenster können Sie zuerst auswählen, wo Sie suchen wollen. Klicken Sie dazu auf *Alle Dateien und Ordner* und wählen dann *Application* aus. Es öffnet sich ein Untermenü. Klicken Sie dort den Eintrag *Person* an.

3. Wählen Sie im zweiten Untermenü *Nach Attributen* aus. Danach wählen Sie noch aus, an welchem Ort gesucht werden soll. Wählen Sie dazu Ihre ZETA-Partition aus. Im Beispiel heißt die Partition *ZETA*. Wenn Sie ZETA noch auf weiteren Partitionen installiert haben, wählen Sie *Alle Laufwerke* aus.

   Wenn Sie im zweiten Untermenü *Nach Attributen* ausgewählt haben, erscheint ein neues Untermenü, in dem Sie weitere Eigenschaften auswählen können. Diese Eigenschaften werden der Liste hinzugefügt, wenn Sie das *IM-KIT* installiert haben. Sie können z. B. nach dem Status suchen.

   Sie können auch nach mehreren Eigenschaften suchen und diese mit »und« bzw. »oder« kombinieren.

Oft benutzte Suchabfragen können Sie auch abspeichern. Sie können das Suchsymbol beispielsweise einfach auf den Desktop ziehen oder es in den Ordner */boot/home/config/settings/im_kit/Queries* schieben.

Es ist auch möglich, Live-Suchabfragen zu benutzen. Dadurch erfahren Sie sofort, wenn z. B. ein Ergebnis nicht mehr den Suchkriterien entspricht.

People-Dateien organisieren

Wenn Sie das erste Mal das *IM-KIT* starten, werden alle Ihre Kontaktlisten von den jeweiligen IM-Netzwerken heruntergeladen. *IM-KIT* erstellt dann *People*-Dateien mit der UIN und dem Screen-Namen aus Ihren Kontaktlisten.

Die *People*-Dateien, die so angelegt werden, enthalten keine weiteren Informationen. Sie sollten diese aber manuell hinzufügen, indem Sie einen Doppelklick auf die *People*-Datei ausführen.

Wenn Sie das *IM_Merge Contacts*-Zusatzmodul im *Tracker* benutzen, können Sie zwei oder mehrere *People*-Dateien zusammenfügen. In den meisten Fällen empfiehlt es sich, die zweite Option auszuwählen: *Unbekannter Kontakt/Registrierter Kontakt.*

Es kann möglich sein, dass Sie *People*-Dateien über Freunde angelegt haben, mit denen Sie noch nie über einen Instant Messenger in Kontakt getreten sind. Die IM-Kontaktdaten können Sie dann nachträglich im entsprechenden Feld einfügen:

`AIM:coolerNickname` (AOL Instant Messenger)

`ICQ:1595259` (ICQ)

Wenn jemand mehrere Protokolle benutzt, können Sie diese getrennt durch ein »;« eingeben:

`ICQ:1595259;AIM:coolerNickname`

Der InfoPopper

Der *InfoPopper* wird als kleines Programm und Teil des *IM-KITs* gestartet. Da es ein separates Programm ist, kann es auch mit anderen Anwendungen zusammenarbeiten. Es kann Sie darüber informieren, wenn Freunde online sind, neue E-Mails da sind u. v. m.

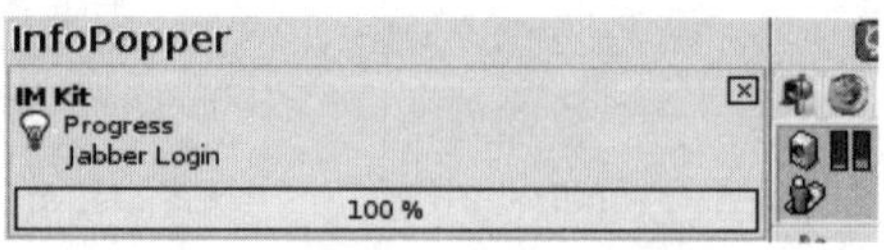

Abb. 13.32: Die Anmeldung am *Jabber*-Netzwerk war erfolgreich

Das RSS-Kit

RSS zeigt Ihnen Neuigkeiten im *InfoPopper* an.

Das E-Mail-Kit

Momentan können Sie den *InfoPopper* im Zusammenhang mit E-Mails nur mit dem Mail Daemon Replacement Kit (*MDR*) verwenden.

Wenn Sie wollen, dass der *InfoPopper* Sie über neue E-Mails informiert, müssen Sie zuerst den *MDR* starten. Gehen Sie in dem Fall zur Konfiguration des jeweiligen E-Mail-Kontos in die *Filtereinstellungen*. Wählen Sie in dem ersten Menü *Incoming e-Mail Filters* und *InfoPopperdisplay* im zweiten.

Sie sehen dann *Sende Nachricht zu InfoPopper* im Fenster über den aktivierten Filtern. *InfoPopper* wird nun wie ein Filter gehandhabt.

Wenn Sie den Filter *InfoPopperdisplay* aktiviert haben, werden Sie automatisch über neue E-Mails inkl. deren Absender und Betreff informiert.

Außerdem kann Sie der *IM-KIT* durch den *InfoPopper* informieren, wenn jemand on- oder offline geht oder den Status wechselt.

InfoPopper informiert Sie auch, wenn Sie mit dem *IM-KIT* online gehen. Informationen über den Fortschritt des Login-Prozesses des jeweiligen Protokolls werden angezeigt.

Vision

Vision ist der Standard-Client für IRC (*Internet Relay Chat*). Für den einfacheren Umgang besitzt *Vision* eine Benachrichtigungsliste.

InfoPopper kann Sie darüber informieren, wenn jemand Ihrer Freunde online im IRC bzw. offline ist. Über Nachrichten, die Ihren Nicknamen enthalten, werden Sie auch informiert.

13.12 SSH: Entferntes Einwählen mittels Terminal

SSH (*Secure Shell*) ist ein Programm, das es ermöglicht, auf einen anderen Computer zuzugreifen, Befehle auszuführen und auch Dateien von einem Computer zu einem anderen zu verschieben, zu kopieren, zu löschen usw. Es nutzt dafür eine sichere Authentifizierung. Dadurch wird in einem nicht geschützten Kanal ein guter Schutz gegen Angriffe von außen gewährleistet. Jemand, der Administratorrechte auf Computer im Netzwerk oder physikalischen Zugriff auf das Netzwerkkabel hat, kann auf verschiedenste Art und Weise unautorisierten Zugriff zu einem System erlangen. Es ist dann auch möglich, allen ein- und ausgehenden Datenverkehr, der über diese »Leitung« läuft, in einer Log-Datei festzuhalten und zu protokollieren. Dies beinhaltet auch Benutzernamen und Passwörter (die mittels SSH verschlüsselt versendet werden). Über die gesamten letzten Jahre hat sich gerade SSH als sehr stabil und sicher erwiesen und allen Arten des Hackens standgehalten: IP-spoofing, IP-source writing, DNS-spoofing, etc. SSH traut dem Netz nie. Jemand, dem es wider Erwarten gelungen ist, in ein Netzwerk einzudringen, kann SSH nur zu einem Verbindungsabbruch zwingen, nicht jedoch Passwörter entschlüsseln oder die übertragenen Daten noch einmal transferieren.

Wie arbeitet SSH?

Die Kommunikation findet verschlüsselt statt. SSH nutzt dabei entweder IDEA oder eine der vielen anderen Möglichkeiten wie three-key triple-DES, DES, RC4-128, TSS, lowfish. Der Schlüsselaustausch findet über RSA statt, und die Austauschdaten verlieren nach einer Stunde ihre Gültigkeit (diese werden auch nirgends zwischengespeichert). Jeder Host verwendet einen RSA-Schlüssel, der dazu benutzt wird, sich zu authentifizieren. Die Verschlüsselung wird verwendet, um sich vor IP-spoofing zu schützen; öffentliche Schlüsselauthentifizierung dazu, um sich vor DNS- und Routing-spoofing zu schützen. RSA-Schlüssel werden auch verwendet, um einen Host zu authentifizieren.

Achtung Im Internet gibt es einige Cracker, die versuchen, Ihren Computer anzugreifen. Die meisten Fernzugriffstandards (z. B. Telnet, FTP, RSH) sind nicht mehr auf dem aktuellen Stand und sollten gar nicht oder nur selten benutzt werden. Sie verschicken sowohl Ihr Passwort als auch den User-Namen unverschlüsselt über das Netz und ermöglichen es so dem Angreifer, die Daten relativ einfach herauszufiltern. Dies ist auch der Grund, warum wir in diesem Buch nicht auf Telnet eingehen. Sie sollten es nach Möglichkeit nicht verwenden.

Musik – Kreativität erforderlich 14

ZETA ist sehr gut für Multimedia-Aufgaben geeignet. Deshalb sind unter *ZETA/Software/Musik* auch jede Menge Programme dabei, um diese Vorzüge auszuschöpfen.

14.1 3dmiX

3dmiX ist ein Soundmixer, der Sie Musik in Echtzeit bearbeiten und mixen lässt. Die meisten Musikbearbeitungswerkzeuge, die es gibt, sind kompliziert zu benutzen. Bei *3dmiX* ist das nicht der Fall. Diese Anwendung kann leicht erlernt werden. *3dmiX* stellt eine Musikbearbeitungs-Software zur Verfügung. Alles, was Sie benötigen, um Musik zu erstellen, ist hier integriert. Die Anwendung bietet zwei getrennte Sichten auf Ihr Musikstück.

In der *Time View* werden die Sound-Spuren in einer Zeitleiste dargestellt. In dieser Ansicht können Sie die Spuren in der Zeit verschieben, verlängern und verkürzen. Außerdem können Sie Schleifen erstellen und vieles mehr. In der *Space View* werden die Spuren als rechteckige Kästen an einem Raster ausgerichtet. Um den Sound im Raum zu verschieben oder den Ausschlag zu ändern, nehmen Sie einfach den Kasten, und ziehen Sie ihn am Raster entlang.

Wenn Sie *3dmiX* starten, erscheint der *Time View.* Um zwischen den beiden Ansichten zu wechseln, tippen Sie [Alt]+[T] ein. Wenn Ihr Monitor größer als 17" ist und Sie eine hohe Auflösung eingestellt haben, können Sie auch beide Ansichten gleichzeitig darstellen lassen. *Time View* und *Space View* werden in den nächsten Abschnitten beschrieben. Die Teile der Anwendung, die in beiden Ansichten vorkommen, werden ebenfalls dort beschrieben. Eine Schritt-für-Schritt-Anleitung zum Mixen von Musik finden Sie bei der Anleitung zu *Einfach Loops (Schleifen) erstellen.* Die Spuren können als komplette Audio-Stücke angezeigt werden. Es gibt zwei verschiedene Spuren: die, die echte Musik, und die, die Software-Instrumente beinhalten. *3dmiX* unterstützt die Formate AIFF, MP3 und WAV.

Steuerung über das Menü

Die *3dmiX*-Werkzeugleiste beinhaltet diese Befehle:

File beinhaltet *Open, Save,* und *Quit.* Eine *3dmiX*-Datei wird als Projekt gespeichert. Der *Open Project*-Befehl öffnet ein Auswahl-Fenster, in dem Sie zum zuletzt gespeicherten *3dmiX*-Projekt oder einer einzelnen Sound-Datei kommen. Die *Save Project-* und die *Save Project As*-Befehle speichern Ihr Projekt im *3dmiX*-Format. Wenn Sie Ihren Sound auf anderen Plattformen (oder mit anderen Anwendungen) abspielen wollen, speichern Sie Ihr Projekt als eine gemischte Sound-Datei, indem Sie *Save Mix as WAV* auswählen. *Edit* hat die Standardfunktionen *Undo/Redo, Cut, Copy, Paste.* Diese Befehle funktionieren nur in der *Time View.*

In dem *Display*-Menü finden Sie:

Show/Hide Mixer. Der Befehl wechselt zwischen *Time View* und *Space View.* Wenn Ihr Monitor sehr groß ist und eine hohe Auflösung bietet, können Sie den Bildschirm teilen und so beide Ansichten gleichzeitig sehen. Bei einer geringeren Auflösung oder einem kleineren Bildschirm sehen Sie lediglich eine Ansicht. *Show/Hide Controls* zeigt oder versteckt den Lautstärkeregler und die Pegelanzeige.

Show/Hide beat marks zeigt oder versteckt die Taktmarkierungen in der Zeitleiste (nur in der *Time View*). *Fast Display* beeinflusst die Geschwindigkeit und Genauigkeit der Wellenform, die in *Time View* dargestellt wird. Bei *fast display on* wird schneller gezeichnet, und die Genauigkeit nimmt dabei ab. Wenn die Funktion ausgeschaltet ist, dauert die Zeichnung länger, allerdings ist die Wellenform genauer. Das *Tracks*-Menü lässt Sie einzelne Tracks stumm bzw. einzeln schalten, einen neuen leeren Track hinzufügen bzw. löschen oder alle gleichzeitig auswählen. Die Befehle in diesem Menü lassen Sie die Taktgröße einstellen.

Die Lautstärkesteuerung

Eine Pegelanzeige und eine Lautstärkesteuerung werden in der linken Seite des *3dmiX*-Fensters angezeigt. Die Pegelanzeige ist eine Echtzeiterkennung des Ausschlages des abgespielten Sounds. Der Lautstärkeregler ist die Haupt-Laustärke-Steuerung. Er wirkt sich auf alle Tracks aus, die momentan abgespielt werden. Um diese Anzeigen aus- bzw. einzublenden, klicken Sie auf das Dreieck unter der Menüleiste. Sie können die Funktionen auch mit der [⇆]-Taste ein- und ausschalten.

Einfach Loops (Schleifen) erstellen

3dmiX ist eine Loop-orientierte Anwendung. *Time View* ist, wie wir es nennen, Loop-optimiert. Mit *Time View* können Sie komplette Tracks aus den Loops erstellen. Aber wichtig ist: Fangen Sie einfach an. Musik zu erstellen braucht Zeit und bedarf dazu einiger Fähigkeiten. Einen Loop zu erstellen ist eine der ersten Aufgaben, um die Loop-Bibliothek überhaupt zu verwalten und mit ihr arbeiten zu können. Eine solche Sammlung kann später hunderte Loops enthalten.

Um ein Projekt zu beginnen, starten Sie *3dmiX*. Per Voreinstellung können Sie einfach *3dmiX* starten, indem Sie doppelt auf die Musikdatei klicken. Die Anwendung muss erst geöffnet werden. Nun ziehen Sie die Datei per Drag & Drop in das Fenster von *3dmiX* (oder wählen *File/Open Project…*). Sie können nur ein Projekt gleichzeitig bearbeiten.

Lassen Sie eine Datei in das Fenster fallen. Die Datei (bzw. der »Track«) wird automatisch unter der Zeitleiste im *Track View* angezeigt.

Klicken und halten Sie den Track, um eine rot begrenzte Box zu öffnen. Diese gibt die Zeitinformation über den Track aus. Ziehen Sie den Sound an der Spur entlang, und beobachten Sie, wie sich die Informationen in der Box in Echtzeit verändern. Beachten Sie, dass die vertikalen Linien, die erscheinen, die Sound-Position repräsentieren.

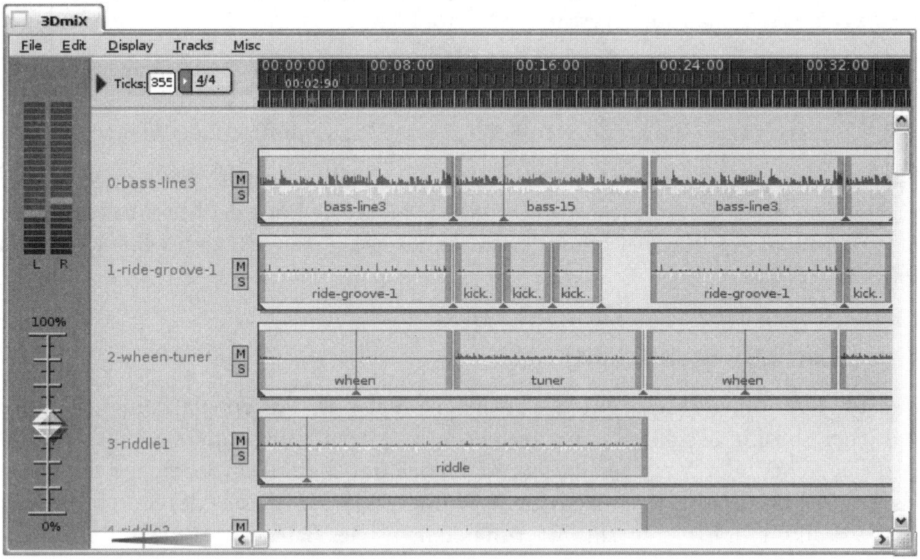

Abb. 14.1: Fügen Sie diverse Audio-Dateien zu einem Musikstück zusammen

Drücken Sie die linke Maustaste, während Sie den Sound ziehen, um eine Zeitmarkierung zu setzen.

Wenn Sie die Größe des Tracks ändern wollen, ziehen Sie das kleine rote Dreieck links unten vom Track.

Ziehen Sie die rote Linie bei der Zoom-Funktion im unteren linken Bereich des Fensters nach links, um den Bereich der Ansicht der Sound-Datei zu vergrößern. So können Sie leichter erkennen, wo die Datei beginnt und endet. Außerdem vergrößert es die Komponenten, sodass sie leichter zu bearbeiten sind.

Halten Sie die linke Maustaste, nehmen Sie die dunkle linke Ecke des Sounds, und ziehen Sie ihn hin und her. Die *Track*-Ansicht bewegt sich zum Sound. Nutzen Sie diese Methode, um den Anfang des Sounds zu »trimmen«.

Abb. 14.2: Ordnen Sie die *Tracks* Ihren Wünschen entsprechend an der Zeitleiste an

Wählen Sie einen Teil der Zeitleiste aus, indem Sie an ihr entlang einfach mit gedrückter Maustaste einen Bereich ziehen. Die Anwendung wird diesen Bereich automatisch als Schleife abspielen.

Halten Sie die `Strg`-Taste gedrückt, und ziehen Sie das rote Dreieck am unteren rechten Ende, um die Länge der Zeitdauer auf der Zeitleiste zu verändern.

Erweitern Sie die Zeitleistenauswahl, sodass sie über die Spielzeit des Titels hinausgeht. Der Bereich nach der Spielzeit des Titels wird als Pause eingefügt. Sie können somit festlegen, ob Sie zwischen den Wiederholungen des markierten Bereichs eine Pause einfügen möchten.

Um einen neuen, erweiterten Loop-Platz mit Ihrem Sound zu füllen, erstellen Sie eine Kopie des Sounds in dem stillen Bereich des Loops. Ziehen Sie nun das rechte Ende des Musikbalkens nach außen, sodass es die Zeit ausfüllt. Der graue Abschnitt des Musikstückes ist nun eine Kopie des Original-Sounds.

Space View (Platzierungsansicht)

Der *Space View* lässt Sie Ihre Tracks an einer beliebigen Stelle des Rasters platzieren. In dieser Ansicht wird jeder Soundtrack durch einen rechteckigen Balken repräsentiert. Die Positionierung des Balkens rechts oder links des Rasters wirkt sich auf die Stereowiedergabe der Lautsprecher aus. Die Positionierung des Balkens an der Vorder- oder Hinterseite des Rasters bewirkt eine Lautstärkeerhöhung bzw. Geräuschminderung. Je näher der Balken am Anfang des Rasters steht, desto lauter ist der Sound.

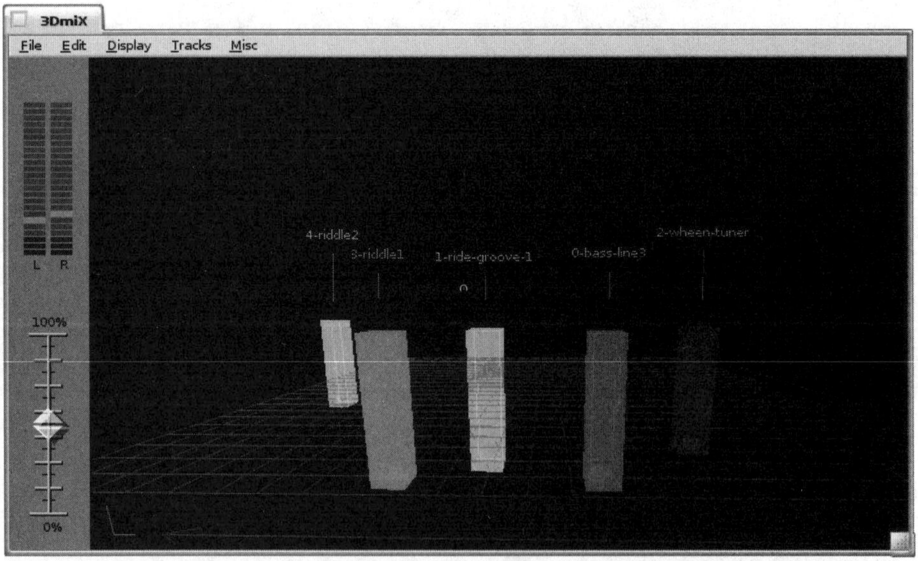

Abb. 14.3: Verschieben Sie die Balken mit der Maus, und Sie werden den Effekt hören

Das Raster stellt den Raum dar

Sie können das Raster mit der Maus drehen. »Werfen« Sie das Raster, und es rotiert weiter. Um sich besser zu orientieren, befindet sich der Links-/Rechts-Pfeil immer vorn am Raster. Während Sie das Raster drehen, ändert sich die Platzierung oder die Lautstärke des Sounds nicht. Drehen Sie das Raster, um die Balken so gut wie möglich positionieren zu können.

Jeder Balken steht für einen Audio-Titel

Wie oben erwähnt stehen die rechteckigen Balken für die Sounds. Sie können sie am Raster hin- und herschieben und das Resultat sofort hören. Wenn Sie einen Titel stumm schalten oder einzeln hören wollen, markieren Sie einen Balken mit einem Links- oder Rechtsklick, und drücken Sie die [M]-(Stumm) oder die [S]-Taste (Solo).

Time View

Der Hauptbereich dieses Fensters ist Ihr Projekt-Fenster, in dem die Tracks angezeigt werden. Sie können einen Track hinzufügen, indem Sie eine Sound-Datei in das Fenster ziehen oder aus dem Menü *Tracks/New Track* wählen. Um neue Tracks hinzuzufügen, können Sie auch einfach per Drag & Drop eine Musikdatei in das Fenster ziehen. Sie können auch ein bestehendes Projekt über *File/Open Project* importieren. Wenn Sie einen Track hinzufügen, wird ein Feld, *track display* genannt, zum *Track*-Editor hinzugefügt.

Der Track erhält den Namen des ersten Samples, das Sie hinzufügen. Wenn Sie ihn ändern wollen, klicken Sie auf den Track-Namen, und geben Sie einen neuen ein.

Rechts des Namens sind die M- (stumm) und S- (einzeln) Schaltflächen. Mit diesen können Sie einen einzelnen Track stumm schalten oder einzeln abspielen (also alle anderen Tracks stumm schalten). In der *Time View* läuft die Zeit von links nach rechts. Sie positionieren den Sound zur rechten (später) oder zur linken (früher) Seite.

Zeit und Zoom

Im oberen Bereich der *Time View* befinden sich die Zeitsteuerungen.

Die Steuerungen bestehen aus der *Ticks*-Box, einem Fensters zur Taktanzeige (ein Takt ist eine Gruppe aus Ticks) und der Zeitleiste. Die Zeitleiste zeigt die reale Zeit am oberen Ende des Fensters. Die Ticks/Takte werden an der unteren Seite der Zeitleiste angezeigt. Wenn Sie mit den Werten des Ticks spielen, sehen Sie, wie sich die Taktmarkierung in Echtzeit ändert.

Wenn Sie nun den ersten Loop in Ihr Projekt einbinden, wird sich die Zeitleiste der Länge des Loops anpassen. Wenn Sie mehrere Loops und Tracks hinzufügen, können Sie in der Zeitleiste scrollen und Teilbereiche des Musikstückes abspielen. Um einen Loop über der Markierung hinzuzufügen, klicken Sie auf den Bereich der Zeitleiste [↑]+ Klick auf einen neuen Punkt, um die Auswahl zu erweitern.

Links der horizontalen Scroll-Leiste befindet sich die *Zoom-Steuerung*, ein Regler, der Sie die Zeitleiste hinein- und hinauszoomen lässt. Um hinauszuzoomen (um mehr Zeit und weniger Details zu zeigen), ziehen Sie die Linie zum dicken Bereich des Schiebers (nach rechts). Um hineinzuzoomen, ziehen Sie sie zum dünneren Ende (nach links). Die zwei Displays stehen für denselben Betrag in Echtzeit. Nur der Zeitbereich (und der Grad des Details) wird verändert.

Das Edit-Fenster

Ein Doppelklick auf einen Track lässt das *Edit*-Fenster für den Track erscheinen: Es lässt Sie Sound-Daten ausschneiden, kopieren, und einfügen. Diese Befehle sind mit denen im Menü *Edit* identisch. *Clear* bereinigt die Auswahl.

Das *Filter*-Menü beinhaltet die Befehle, die den Inhalt und die Qualität des Sounds betreffen. Der *Filter*-Befehl wirkt sich nur auf den ausgewählten Bereich des Musikstückes aus. *Zero* löscht (setzt auf 0) die Stücke in der aktuellen Auswahl, schneidet aber die Stücke nicht aus dem Musikstück heraus.

Change Volume zeigt ein Fenster mit einem Lautstärkeregler, mit dem sich die Lautstärke des Bereiches einstellen lässt. Das wird benötigt, um die Lautstärke von Stücken einzustellen, sodass sie in das Gesamtlautstärkebild passen.

Max Volume verändert die Lautstärke jedes ausgewählten Stückes auf das Maximum.

Die anderen Filter *Echo, Chorus, Metal, Fade*, und *Compress* verändern den ausgewählten Bereich des Musikstücks. Die meisten dieser Befehle (alle außer *Metal*) öffnen ein Fenster, in dem Sie den Filter regeln können. Wenn Sie die Filter richtig einsetzen, können Sie die Qualität Ihrer Musikproduktion um ein Vielfaches erhöhen. Leider können die Filter auch etwas unglücklich zugewiesen werden, was die Qualität des Musikstückes dann reduziert.

Echo (Hall) kann ein einfaches Gitarrensolo in etwas Besonderes verwandeln.

Echo Strength steuert die Zeiten, wie oft das Echo wiederholt wird, bevor es ausgeblendet wird. Wenn die Parameter zu stark angehoben werden, ist das Ergebnis verwirrend.

Die *Compress Settings*-Einstellung komprimiert die dynamische Weite eines Stücks (Lautstärkeunterschied zwischen den lautesten und leisesten Bereichen). Wer hat nicht schon einmal die Lautstärke aufgedreht, wenn der stille Bereich des Lieblingsliedes kam und sie wieder heruntergedreht, wenn die Musik wieder laut wurde? Mit dieser Funktion können Sie das verhindern. Sie können mit wenigen Klicks leise Passagen lauter gestalten.

14.2 BeBop für den iPod

Mit *BeBop* können Sie Apples populären iPod auch unter ZETA benutzen.

Wenn Sie *BeBop* starten, müssen Sie zunächst die erste Schaltfläche in der linken Leiste betätigen, um die Software mit dem iPod zu synchronisieren. Nach erfolgter Synchronisation können Sie auf Ihre Musik und Verzeichnisse zugreifen. Wenn Sie Dateien hinzufügen oder verändern, müssen Sie danach erneut eine Synchronisation ausführen, um die Änderungen zum iPod zu übertragen.

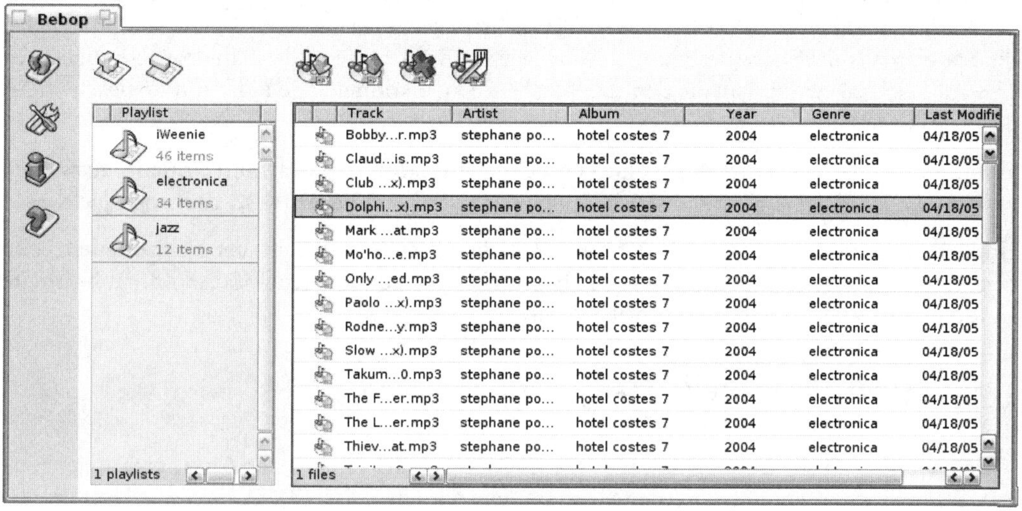

Abb. 14.4: Einfach und funktionell – *BeBop*

Wenn Sie keinen iPod besitzen und nur ein wenig mit der Software »herumspielen« wollen, können Sie in den Einstellungen auch einen *fakepod* einbinden. Das ist lediglich eine Ordnerstruktur, die der eines echten iPods nachgebildet ist. Dadurch erhalten Sie einen Überblick über die Organisation des Systems.

Playlisten

Diese können Sie hinzufügen oder entfernen. Klicken Sie einfach auf die Plus- bzw. Minus-Schaltflächen. Darunter finden Sie alle *Playlists* des iPods. Wenn Sie eine *Playlist* hinzufügen, erscheint *no title.* Jetzt können Sie der *Playlist* einen Namen geben.

Die *Playlist iPod* enthält alle Titel, die auf dem iPod gespeichert sind. Direkt darunter sehen Sie, wie viele Einträge die *Playlist* enthält. Sie können Ihre Musik beispielsweise nach Musikstil organisieren und für jeden Stil eine *Playlist* erstellen, oder Sie erstellen *Playlists* für bestimmte Stimmungen.

Das sind nur zwei Beispiele, Sie können nahezu beliebig viele *Playlists* anlegen und Ihrer Fantasie dabei freien Lauf lassen.

Bevor Sie eine *Playlist* entfernen wollen, erscheint eine entsprechende Sicherheitsabfrage.

Unten in der Liste wird angezeigt, wie viele *Playlists* auf dem iPod sind.

Um Titel hinzuzufügen, ziehen Sie diese einfach von einem beliebigen *Tracker*-Fenster in die gewünschte *Playlist.*

Im *Titel-Fenster* können Sie Ihre Musik nach Interpret, Titel, Album, Erscheinungsjahr, Musikstil oder Erstellungsdatum sortieren.

In *BeBop* ist ein Kontextmenü eingebaut, über das Sie Zugriff auf oft benötigte Funktionen haben. *BeBop* ist keine Abspiel-Software. Wenn Sie *Play* anklicken, wird zum Abspielen lediglich die Standardabspiel-Software benutzt. Wenn Sie im Kontextmenü die Funktion *Edit* benutzen, erscheint ein Fenster, in dem Sie den ID3-Tag bearbeiten können. Die Funktion *Remove* entfernt den Titel vom iPod.

Wenn Sie doppelt auf eine *Playlist* klicken oder die Option *Play* im Kontextmenü auswählen, werden alle Titel der *Playlist* in den *Media Player* übertragen und der erste Titel abgespielt.

Um ID3-Tags zu bearbeiten, können Sie auch die letzte Schaltfläche der horizontalen Leiste benutzen. Es wird der internationale Zeichensatz unterstützt. Folgende Tags können bearbeitet werden: Titel, Album, Interpret, Musikstil und Jahr.

14.3 MIDI – Sounds kreieren

Viele haben ein Keyboard zuhause, aber die meisten haben es nie an den Computer angeschlossen. Wenn Sie es anschließen, werden Sie feststellen, wie fantastisch ZETA Ihre Musik verarbeiten kann. Diese kleine Anleitung ist für diejenigen unter Ihnen gedacht, die nicht wissen, wie sich ein MIDI-Keyboard und eine Tastatur miteinander unterhalten können. Die meisten preiswerten Keyboards unterstützen MIDI.

MIDI ist ein Weg, digitale Musikinstrumente miteinander zu verbinden. MIDI kann am besten mit einem Computernetzwerk verglichen werden, allerdings nur für Instrumente. Wenn die Instrumente mit dem »Netzwerk« verbunden sind, können sie sich gegenseitig Informationen zuschicken. MIDI sendet keine Audio-Dateien zwischen den Geräten in dem »Netzwerk«, es nutzt vielmehr Anleitungen, wie jede Note auf dem jeweiligen Instrument abgespielt werden soll. Es gibt drei große Vorteile:

- Es werden nur wenige Informationen zwischen den Instrumenten ausgetauscht.
- MIDI erlaubt Ihnen, die Melodie der Geige als Melodie eines Cellos abzuspielen. Mit wenig Befehlen ist dies gar kein Problem. Einige Befehle mehr, und Sie können auch die restlichen Instrumente ändern, um Ihr Musikstück perfekt zu machen.
- MIDI lässt Sie jedes Instrument extra steuern. Das macht es möglich, lediglich ein Instrument abzuspielen und dabei die restlichen Instrumente stumm zu schalten. Außerdem kann so die Lautstärke der einzelnen Instrumente aneinander ausgerichtet werden.

Ein 2-Port-MIDI-Gerät besitzt einen *MIDI out*- und einen *MIDI in*-Anschluss. Größere Geräte haben einen weiteren Anschluss, der *MIDI thru* genannt wird. Einige High-End-Sound-Karten haben einen eingebauten MIDI-Anschluss. Der MIDI-Anschluss auf diesen Karten wird von ZETA nicht unterstützt. Aber ZETA unterstützt die MIDI-Geräte, die per USB am Computer angeschlossen werden. Wenn Sie ein unterstütztes MIDI-Gerät an Ihr System anschließen wollen, verbinden Sie das Kabel am *MIDI out* des PCs und am Gerät am *MIDI in*. Verbinden Sie nun das *MIDI out* des Gerätes mit dem *MIDI in* am Computer. Sie können dann den Sound des Computers mit dem Gerät spielen.

Wenn Sie kein unterstütztes MIDI-Gerät oder Keyboard besitzen, können Sie Ihre Sound-Karte auch als Synthesizer auswählen. Um den Vorteil Ihrer Synthesizer Engine der Sound-Karte zu wählen, sollten Sie die Software benutzen, die ZETA mitbringt. Die meisten Benutzer nehmen für die Musikbearbeitung einen PC. Der Sequenzer kann MIDI-Daten aufnehmen und wiedergeben. Bevor Sie die Benutzung der Sequenzer starten, die in ZETA verfügbar sind, sollten Sie wissen, was einige Bezeichnungen bedeuten. Das hilft Ihnen zu verstehen, wie die Synthesizer und Sequenzer funktionieren.

Synthesizer sind polyphon. Sie können also alle Noten spielen. Synthesizer produzieren verschiedene Arten von Musik zur selben Zeit, beispielsweise einen Klavier- und einen Bass-Sound.

MIDI besteht aus 16 Kanälen. Das sind genauso viele wie die eines Multi-Track-Tape-Rekorders. Die Kanäle können unterschiedlich voneinander wiedergegeben werden. Sie können genauso jeden Kanal einzeln aufnehmen. Bestimmte Kanäle können für bestimmte Sounds definiert werden; beispielsweise *Piano* auf Kanal 1 und *Drums* auf Kanal 10.

Es werden Programmnummern von 1 bis 128 verteilt. Jede Nummer hat einen eigenen Sound, auch *Bank* genannt. Sie können nun tausende von Sounds in den Banks unterbringen. Nutzen Sie *Bank Select Midi Message*, um eine Bank zu suchen, dann wählen Sie *Program Change*.

14.4 InternalMIDI

InternalMIDI erstellt eine MIDI Node für den internen *General MIDI Synthesizer* von ZETA. Eine Node kann mit einem virtuellen Gerät verglichen werden. *InternalMIDI* kann mit jedem MIDI-Programm unter ZETA verbunden werden, das das MIDI 2-Kit unterstützt. In einem kleinen Fenster können Sie alle Einstellungen ändern, die der interne ZETA-Synthesizer akzeptiert: Sound-Qualität, Patches, Pause, Lautstärke usw. Nachdem Sie *InternalMIDI* gestartet haben, erscheint ein Replikant in der *Deskbar*. Sie können nun Ihre MIDI-Software oder ein Werkzeug wie *PatchBay* (von Be Inc.) nutzen, um Ihr MIDI-Eingangsgerät mit dem *InternalMIDI* zu verbinden. *InternalMIDI* spielt jeden MIDI-Code, den es empfängt, mit dem eingebauten Software-Synthesizer ab.

Wenn Sie rechts auf das *ZETA*-Menü-Symbol klicken, erscheint ein Menü. Wenn Sie nun *Settings* aus dem Menü wählen oder doppelt auf das Symbol klicken, öffnet sich das *Einstellungen*-Fenster. Die Optionen in den *Einstellungen* sind selbst erklärend, aber beachten Sie Folgendes: Die Regler agieren in Echtzeit, das heißt, Sie können den Klang während der Wiedergabe lauter oder leiser stellen. Wenn Sie mit der rechten Maustaste auf die Regler klicken, stellen sich diese an ihre vordefinierten Stellen.

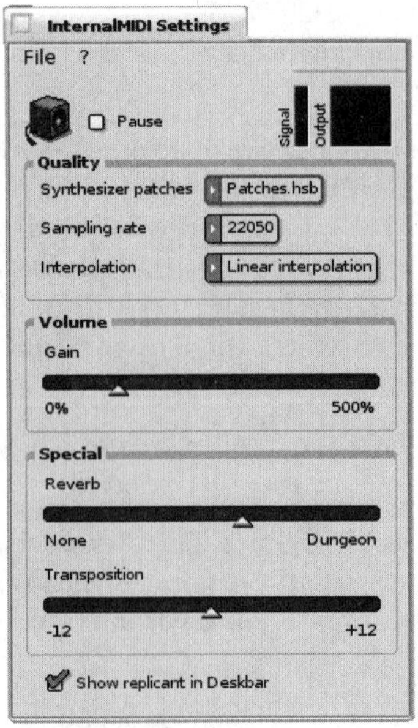

Abb. 14.5: Das *Einstellungen*-Fenster von *InternalMIDI*. Sie können hier die Lautstärke auswählen

14.5 Midi Player

Der *Midi Player* bietet das Abspielen von *MIDI*-Dateien an. Sie können genauso Daten über den MIDI-Eingang Ihrer Sound-Karte abspielen, und zwar mittels *Midi Player*.

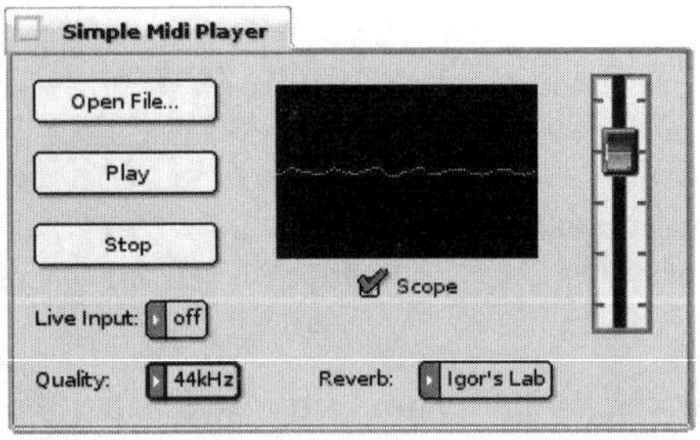

Abb. 14.6: Der *Midi Player* bietet eine einfache Oberfläche. Sie können der MIDI-Datei einen *Reverb* (Hall) hinzufügen

Es gibt drei Wege, MIDI-Dateien abzuspielen:

1. Doppelklicken Sie auf eine MIDI-Datei, und der *Midi Player* öffnet ein Fenster, in dem die Datei abgespielt wird.
2. Öffnen Sie den *Midi Player*, und ziehen Sie eine Datei hinein.

3 Öffnen Sie den *Midi Player*, und klicken Sie auf die *Open File*-Schaltfläche. Ein Fenster öffnet sich, in dem Sie Ihre MIDI-Datei auswählen können. Um den MIDI-Eingang Ihrer Sound-Karte mit dem *Midi Player* abspielen zu lassen, wählen Sie die Quelle aus dem *Live Input*-Menü.

14.6 MeV

MeV ist ein Open-Source-MIDI-Sequenzer für ZETA. Dieses Programm wurde ursprünglich als kommerzielle Anwendung von *Talin* entwickelt, wird aber nun von einem Entwicklerteam unter der Mozilla Public License 1.1 weitergeschrieben. Sie können Musik erstellen, indem Sie MIDI-Noten malen und editieren.

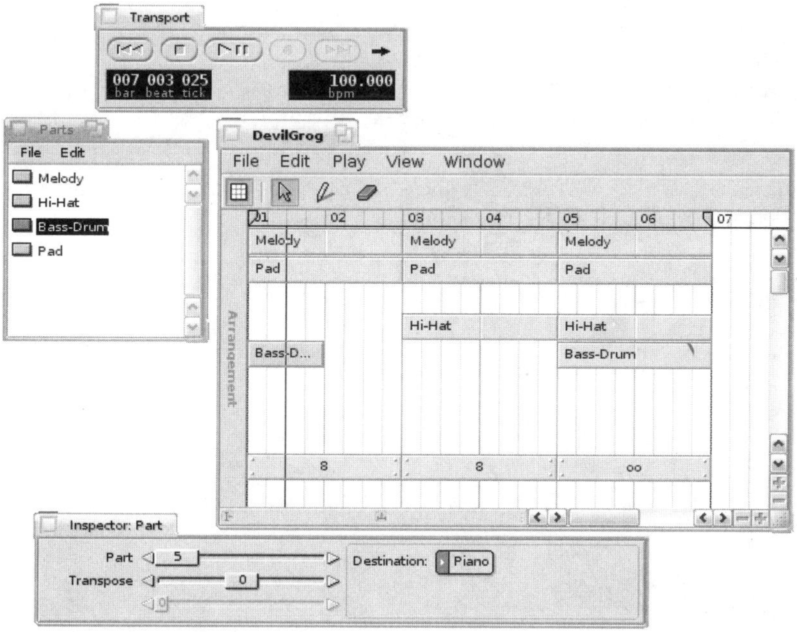

Abb. 14.7: Sehr schnell können Sie hier selbst Stücke komponieren

Was unterscheidet MeV von anderen Sequenzern?

MeV nutzt Tracks und bietet *Parts* und *Destinations* an. *Destinations* stehen für Endpunkte in Ihrem System, die sich außerhalb von *MeV* befinden, ähnlich wie der virtuelle MIDI-Port eines Software-Synthesizers oder eines physikalischen MIDI-Ausgangs. *Parts* können mehrere Ereignisse beinhalten, wie Noten, Kontrolldaten usw. Jedes Ereignis kann zu einem anderen Endpunkt führen. Die meisten MIDI-Sequenzer benötigen eine genaue Konfiguration von Ereignissen pro Port und Kanal, den Sie nutzen müssen. *MeV* erlaubt Ihnen, diese Ereignisse in einer Art, die die Struktur Ihrer Musik vereinfacht, zu erstellen. Das *Assembly*-Fenster ist die Hauptoberfläche für die Liedkomposition. Beispielkompositionen finden Sie unter */boot/apps/MeV/songs*.

14.7 MediaConverter+

Der *MediaConverter+* kann eine Vielzahl von Video- und Audio-Formaten konvertieren. Die Codecs sind standardmäßig bereits vorhanden. Die zu konvertierenden Dateien können Sie einfach links in die Quelldatei-Liste ziehen. Wenn Sie eine Datei markieren, erhalten Sie weitere Informationen hierzu.

Wie in der Abbildung zu sehen ist, müssen Sie die gewünschten Dateien, das Ausgabeformat, die Audio-Qualität und den Zielordner (standardmäßig */boot/home*) auswählen. Klicken Sie danach auf *Konvertieren*. Der Status wird links unten angezeigt.

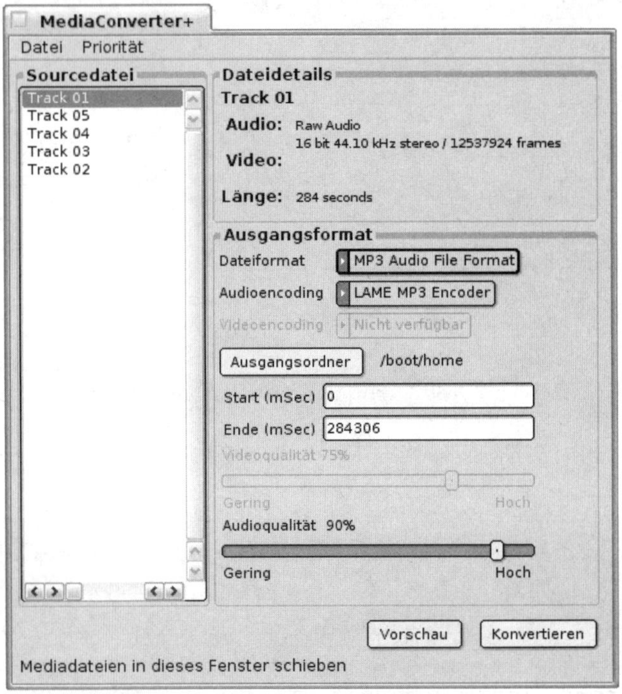

Abb. 14.8: Sehr schnell können RAW-Audio-Dateien ins mp3-Format umgewandelt werden

14.8 Media Player

Der *Media Player* ist eine komplette Neuentwicklung von yellowTAB. Er dient zum Abspielen von vielen Audio- und Video-Formaten.

Sie können den *Media Player* auf verschiedene Weise starten. Wenn Sie in den Media-Einstellungen *Lautstärkeregelung in der Deskbar anzeigen* aktiviert haben, sehen Sie in der *Deskbar* ein kleines Symbol dafür (einen Lautsprecher). Über einen Rechtsklick können Sie hier den *Media Player* aufrufen.

Wenn Sie auf eine Datei doppelklicken, deren Standardanwendung der *Media Player* ist, wird dieser geöffnet. Im *ZETA*-Menü finden Sie zwei Verknüpfungen zum *Media Player*, eine in der Sparte *Video* und eine in *Musik*.

Abb. 14.9: Der *Media Player* ist ab Werk als Standard-Player für viele Musik- und Video-Dateien eingerichtet

Steuerung

Der *Media Player* ist sehr intuitiv zu bedienen. Die Schaltflächen besitzen Symbole, die Sie von anderen Playern sowie von Ihrer Stereoanlage her kennen. Um Videos im Vollbildmodus zu sehen, klicken Sie einfach mit der rechten Maustaste in das *Video*-Fenster, und wählen Sie *Vollbild*. Sie können auch einfach in das Fenster doppelklicken.

Playlisten

Der *Media Player* verfügt über die Möglichkeit, *Playlisten* zu erstellen und zu verwalten. Um eine neue *Playliste* anzulegen, klicken Sie auf die Schaltfläche rechts unten im Fenster. Sie sehen das *Playlist*-Fenster. Sie können nun per Drag & Drop Audio-Dateien oder Ordner, in denen sich Audio-Dateien befinden, in das weiße Feld des Fensters ziehen. Die Dateien werden dann der *Playliste* hinzugefügt. Ein großer Vorteil ist, dass Sie auch einen Ordner hineinziehen können, in dem sich nicht nur Audio-Dateien befinden. Der *Media Player* wird dann alle Audio-Dateien herausfiltern und der *Playliste* hinzufügen.

Haben Sie Ihre gewünschte *Playliste* zusammengestellt, können Sie diese abspeichern. Sie können in Zukunft *Playlisten* auf drei Arten laden:

- Klicken Sie doppelt auf die abgespeicherte *Playlist*,
- ziehen Sie sie per Drag & Drop in das *Playlist*-Fenster,
- oder laden Sie sie über die Schaltfläche *Playliste laden*.

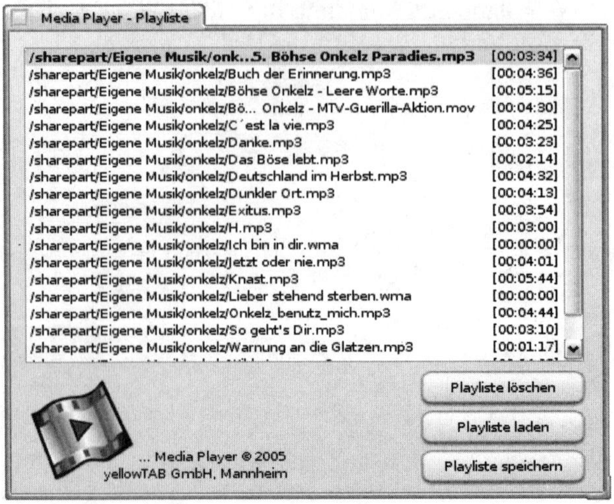

Abb. 14.10: In *Playlisten* können Sie Ihre Lieblingsmusikstücke speichern und zu einem späteren Zeitpunkt wieder aufrufen

Streaming

Der *Media Player* beherrscht das Abspielen von Internet-Radio Streams, die im so genannten Shoutcast-Verfahren gesendet werden. Sie finden im *ZETA*-Menü den Eintrag *Radiostationen*. Klicken Sie einfach darauf, der *Media Player* öffnet sich daraufhin und lädt den Stream.

Videostreams werden in einer zukünftigen Version auch unterstützt. Für Internet-Radio können Sie auf alle ShoutCast-Server zugreifen, die das PLS-Format verwenden. yellowTAB hat einige Radiostationen in das *ZETA*-Menü integriert.

Weitere Stationen finden Sie unter *www.shoutcast.com.*

Wenn Sie Internet-Radio hören, ist die Bandbreite Ihrer Internetverbindung entscheidend. Die meisten Stationen senden mit 128 KBit. Einige Stationen bieten auch Bandbreiten von 24 KBit (Mono) für langsame Internetverbindungen an. Manche Stationen senden auch mit Bandbreiten von bis zu 320 KBit. Je schneller Ihre Verbindung zum Internet ist, desto höhere Übertragungsraten sind möglich.

Media Player: unterstützte Codecs

Der *Media Player* unterstützt folgende Codecs/Formate:

- **AIFF (.aif)** Das *Audio Interchange FileFomat* wurde von der Firma Apple Computer entwickelt, um Musikdaten in einer sehr hohen Qualität zu speichern. Stereo und Mono wird mit Abtastraten von bis zu 48 kHz unterstützt. Bei AIFF werden die Daten nicht komprimiert. Deshalb sind die Dateien recht groß.

- **WAV (.wav):** *Waveform Audio* ist auch ein unkomprimiertes Audio-Format, das als Standardformat für PCs von Microsoft und IBM entwickelt wurde.
- **MPEG (.mpg):** *Motion Picture Experts Group.* Eine Gruppe von Experten der Video-, Audio- und Computerindustrie, die das Format ständig weiterentwickeln. Dateien, die so kodiert sind, werden als MPEG-Dateien bezeichnet.
- **MPEG-1:** Format mit niedriger Auflösung, das oft im Internet für kurze Videos verwendet wird.
- **MPEG-2:** Bietet eine wesentlich höhere Auflösung und wird z. B. beim Digitalfernsehen und auf DVDs verwendet.
- **MPEG-1 layer 3 (.mp3):** Format, um Musik in komprimierter Form zu speichern. Die Qualität hängt von der Datenrate ab. Für normale Anwendungen reichen 128 Kbit/sek aus. Um die Musik in einer sehr hohen Qualität zu speichern, wird eine Bitrate von 256 Kbit/sek empfohlen.
- **AVI (.avi):** *Audio Video Interleaved.* Das AVI-Format enthält Audio- und Video-Daten, die dem Microsoft Windows Resource Interchange File Format (*RIFF*) entsprechen.

14.9 PecoBeat – Computerschlagzeug

PecoBeat ist ein Schlagzeug-Sequenzer. Es ist ein Programm, mit dem Sie Beat-Kompositionen erstellen können. *PecoBeat* ist sehr einfach zu benutzen. Es bringt eine intuitive Benutzeroberfläche mit. Diese unterstützt sowohl Drag & Drop aus dem Programm heraus als auch das direkte Bearbeiten während der Wiedergabe. *PecoBeat* basiert auf MIDI und benutzt den internen MIDI-Synthesizer von ZETA.

Abb. 14.11: Mit *PecoBeat* können Sie Schlagzeugrhythmen erstellen

14.10 Q – Melodien erschaffen

Q ist ein interaktiver 3-Kanal-Analog-Sequenzer. Er kontrolliert ZETAs Software-Synthesizer mit einer Geek-Oberfläche und einer Vielzahl von Lautstärkeknöpfen und blinkenden LEDs, ähnlich wie analoge Hardware-Sequenzer. Wenn Sie diese Knöpfe wahllos drehen, können Sie neue Melodien erschaffen. *Q* ist einfach zu bedienen. Sie werden möglicherweise Stunden vor dem

Computer verbringen, um Melodien zu perfektionieren. Die drei Zeilen von Knöpfen kommunizieren mit den drei Ausgangskanälen. Sie können das Instrument eines jeden Ausgangs aus einer Liste von über 100 MIDI-Instrumenten wählen. Es gibt 16 Spalten von Knöpfen, sodass Sie bis zu 16 Beats zur freien Verfügung haben. Diese können Sie einfach kontrollieren. Klicken Sie auf eine der LEDs in der obersten Zeile, und die Sequenz wird bis zu dieser LED begrenzt bzw. erweitert. So können Sie 16, 8 oder 4 Beats einstellen, und das, während das Programm noch spielt. Wenn Sie eine Sequenz nicht abspielen wollen, ändern Sie den *Repeat*-Knopf (die *Wiederholen*-Option ist voreingestellt). Wenn Sie mehrmals auf die *Step*-Schaltfläche drücken, hören Sie jeweils eine Note. Das ist sinnvoll, wenn Sie den Ton perfekt gestalten wollen. Wenn Sie den Single-Modus aktivieren, wird die ganze Sequenz einmal abgespielt und danach gestoppt (ohne erneute Wiederholung).

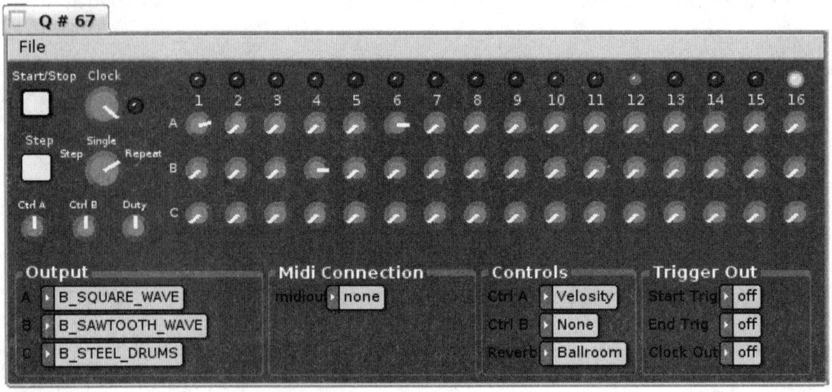

Abb. 14.12: Ganz einfach Melodien erstellen mit *Q*

14.11 SampleStudio

SampleStudio ist die schnellste und flexibelste professionelle Musikbearbeitungs-Software für ZETA. Sie unterstützt:

- Das Bearbeiten aller Sound-Formate, die ZETA unterstützt, inklusive MP3.
- 32 Bit-, fließende, interne Verarbeitung.
- Das Kopieren/Ausschneiden/Einfügen mehrerer Dateien in *SampleStudio*.
- Drag & Drop.
- Die direkte Sample-Bearbeitung mit einem Stift, bei extremer Vergrößerung mittels Zoom.
- Das *Jogg*-Werkzeug, um Loop-Points zu finden.
- Ein Frequenzanalyseprogramm und *SampleScope*.

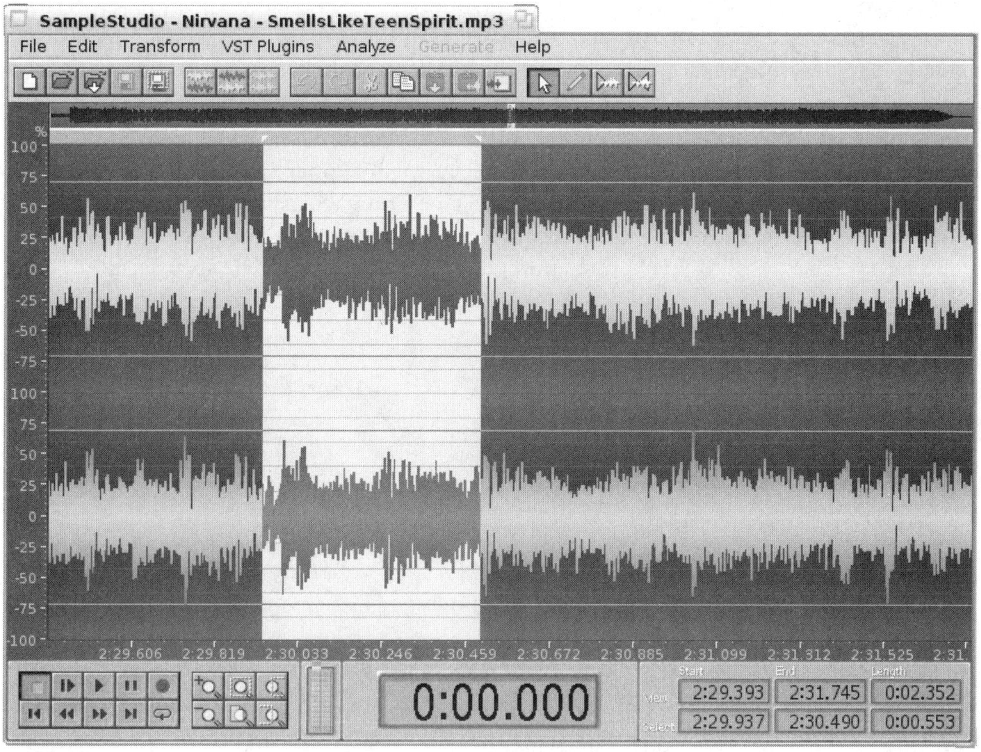

Abb. 14.13: Mit *SampleStudio* können Sie Musikstücke bearbeiten. Sie können nachträglich VST-Plugins laden

14.12 Sound Recorder: ein einfacher Rekorder

Sie können ZETA auch zur Aufnahme von Musik aus verschiedenen Quellen nutzen. Der *Sound Recorder* nutzt dazu eine einfache Oberfläche mit *Zurück, Stop, Wiedergabe/Pause, Vorwärts* und *Aufnahme*. Um etwas aufzunehmen, muss Ihr Computer die Aufnahme-Funktion unterstützen, beispielsweise über einen Mikrofoneingang bzw. einen Line-In-Eingang. Die meisten Sound-Karten besitzen diese Aufnahmemöglichkeit. Sie können so leicht die Musik von vielen Geräten aufnehmen, wie Mikrofone, Radio, CD-Player und Kassettenrecorder.

Die Qualität der Aufnahme hängt sehr stark von dem Signal ab, das Ihr Computer aufnimmt. Eine Aufnahme vom Radio ist qualitativ schlechter als eine Aufnahme von einem CD-Player. Die Aufnahmen erfolgen in Stereo, und Sie können bestimmen, wie lange die Aufnahme dauert. Um die Aufnahmen zu speichern, klicken Sie auf das Diskettensymbol. Ihre Aufnahme kann nun in den Formaten WAV, MP3 oder AIFF gespeichert werden. Diese Formate werden auch für das

Rippen von CDs verwendet. Im oberen Bereich von *Sound Recorder* wird ein Sonogramm angezeigt. Es zeigt Ihnen die akustische Welle des linken Kanals. Auch wenn die Datei in Stereo aufgenommen ist, wird sie als Mono angezeigt. Im linken Bereich des Sonogramms befindet sich ein Level-Meter. Die Höhe des Level-Pegels verrät Ihnen, wie stark das Signal ist. Den Sound-Level können Sie in den *Medien-Einstellungen* bei *Audio Input* auswählen. Unter dem Sonogramm befindet sich eine Zeitleiste, die Ihnen die Länge der Aufnahme oder eines Samples anzeigt. Klicken Sie in den rechten Bereich der Zeitleiste, um eine Sound-Schleife zu erstellen. Wenn Sie einen Teil der Aufnahme speichern wollen, ziehen Sie die Regler vom Ende der Zeitleiste an die Stelle, die Sie speichern wollen. Sie können nun per Drag & Drop die Stelle speichern.

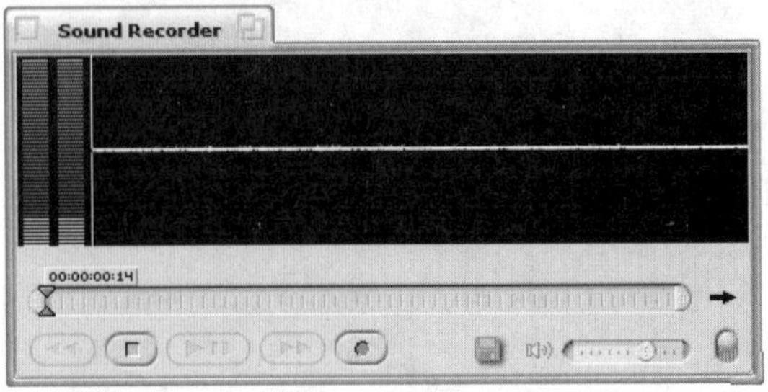

Abb. 14.14: *Sound Recorder* während des Aufnehmens. Links sieht man die Stärke des Eingangssignals

Steuerung

Der *Sound Recorder* wird über *Zurückspulen, Stop, Abspielen/Pause,* und *Aufnehmen* gesteuert. Die *Aufnahme*-Schaltfläche ist nur verfügbar, wenn Sie eine Aufnahmequelle haben. Klicken Sie nun auf *Aufnehmen.* Wenn Sie noch einmal darauf klicken, stoppen Sie die Aufnahme. Sie können auch die *Stop*-Schaltfläche drücken. Das Laufwerksymbol ist die *Speichern*-Schaltfläche. Wenn Sie darauf klicken, können Sie die Auswahl im neuen Fenster speichern. Der *Laustärkeregler* kontrolliert die Lautstärke in den *Medien-Einstellungen* bei *Audio Mixer.* Wenn Sie auf den Schalter rechts vom Lautstärkeregler klicken, öffnet sich am unteren Rand ein Fenster mit einer Liste Ihrer aufgenommenen Dateien auf der rechte Seite. Sie können ein *Stück* markieren, um links die Dateiinformationen über die Dateien anzuschauen. Um eine Datei zu speichern, wählen Sie die *Speichern*-Schaltfläche oder ziehen den Clip einfach aus dem Sonogramm heraus und lassen ihn am gewünschten Ort fallen. Benutzen Sie die *Speichern*-Schaltfläche nur, wenn Sie die Datei speichern wollen. Sie kopiert keine Daten. Speichern Sie die Datei per Drag & Drop an die gewünschte Stelle. Hier stehen Ihnen einige Optionen zur Verfügung. Beispielsweise können Sie einen Teil der Datei speichern, indem Sie die Zeitleiste links und rechts verkleinern. Klicken Sie nun rechts auf die Datei, und ziehen Sie den Bereich außerhalb des Programms. Lassen Sie die Maustaste los. Nun öffnet sich ein Kontextmenü, das Sie zwischen den Audio-Formaten wählen lässt: *AIFF, WAV-* und *MP3-*Audio-Format oder *QuickTime Movie.*

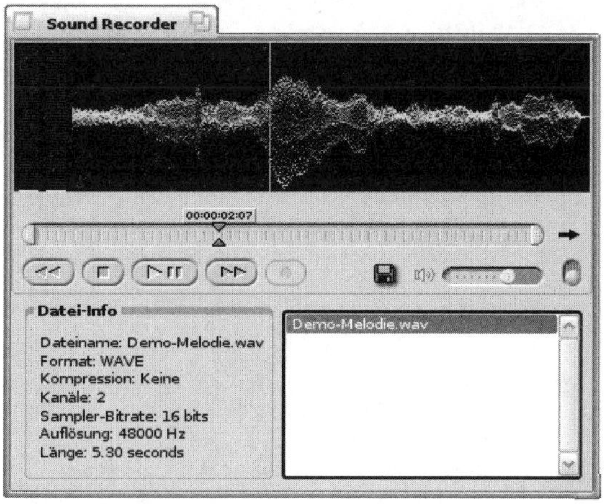

Abb. 14.15: *Sound Recorder* beim Abspielen einer WAV-Datei. Sie erhalten genaue Infos zu dem Stück, wenn Sie rechts auf die Erweiterungsschaltfläche klicken

Für welche Zwecke kann man diese Software einsetzen? Zum Aufnehmen von Musik aus der Anlage, oder auch zur Aufnahme eigener Musik. Sie können dieses Programm allerdings auch als Büroprogramm sehen. Mit diesem Programm lassen sich nämlich einfach und schnell Memos erstellen.

Im Netzwerk arbeiten 15

Die Programme in dieser Sparte dienen dazu, mit anderen Computern im Netzwerk zu kommunizieren. *Windows-Netzwerke* beispielsweise stellt eine Verbindung zu einem anderen Windows-Rechner im Netz her. Mit *VNC* können Sie einen anderen Rechner beobachten und steuern. Starten Sie einen kleinen Webserver, um im Netzwerk eine Website zur Verfügung zu stellen.

15.1 Ein CIFS-Laufwerk einrichten

CIFS bedeutet *Common Internet File System* und meint ein plattformübergreifendes Dateisystem. Um ZETA über das Netzwerk mit einem Windows-Rechner zu verbinden, wird dessen Computername benötigt. Um diesen herauszufinden, gehen Sie folgendermaßen vor:

Gehen Sie unter Windows (98/2000/XP) in die *Systemsteuerung*. Wählen Sie nun den Punkt *System*. In den *Systemeinstellungen* finden Sie den Reiter *Computername*. Hier finden Sie den Namen des Computers und dessen Arbeitsgruppe. Navigieren Sie nun zu dem freizugebenden Ordner, in unserem Beispiel *MUSIK*. Klicken Sie rechts auf den Ordner, und wählen Sie *Freigabe und Sicherheit*. Aktivieren Sie die Option *Ordner im Netzwerk freigeben*, und geben Sie dem Ordner einen Namen, wie in unserem Beispiel *MUSIK*. Sie können den Ordner als *Nur-lesbar* einrichten oder über die zusätzliche Option auch den *Schreibzugriff über das Netzwerk* erlauben. Um diese Funktion zu aktivieren, klicken Sie nun auf *OK*.

Wenn Sie wieder in ZETA sind, starten Sie *Windows-Netzwerke* unter *ZETA/Software/Netzwerk*. Fügen Sie den Namen des Windows-Computers bei *Server Name* ein. Dasselbe gilt für *Arbeitsgruppe* und *Freigabename*. Fügen Sie nun die IP-Adresse des Rechners ein. Zum Schluss geben Sie noch den *Benutzernamen sowie Share Name* und *Passwort* in den entsprechenden Feldern ein. Markieren Sie *Bei Erfolg, speichern*, sodass der Ordner in *Frühere Verbindungen* gelistet wird. Später haben Sie so einen schnellen Zugriff auf den betreffenden Ordner. Ihr Netzwerklaufwerk wird nun auf den Desktop gemountet, und Ihrem Zugriff über den *Tracker* steht nichts mehr im Weg. Sollte das Laufwerk nicht auf dem Desktop sichtbar sein, wechseln Sie in die *Tracker*-Einstellungen, und aktivieren Sie *Netzlaufwerke auf dem Desktop anzeigen*.

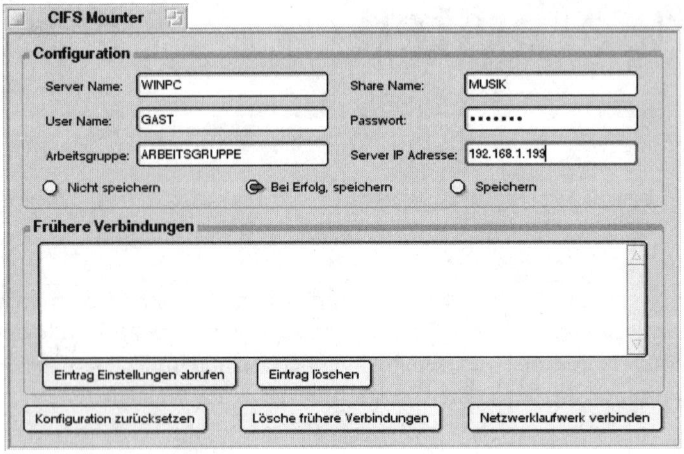

Abb. 15.1: Greifen Sie per *CIFS-Mounter* auf Windows-Freigaben zu

15.2 VNC – Fernsteuerung mit ZETA

Virtual Network Computing (*VNC*) ist ein Protokoll, das es ermöglicht, Computer über Netzwerke fernzusteuern. Ursprünglich wurde das Protokoll von der Firma AT&T entwickelt. VNC besteht aus zwei Programmteilen, einem Server und einem Client. Computer, auf denen der VNC-Server installiert und gestartet ist, lassen sich mit dem VNC-Viewer (*Client*) fernsteuern. Sie können dann den kompletten Bildschirminhalt des entfernten Computers auf Ihrem lokalen Bildschirm sehen. Dabei ist es gleichgültig, ob der andere Computer neben Ihnen steht, ein paar Räume weiter oder hunderte von Kilometern entfernt ist.

Der Quell-Code von VNC wurde unter der GNU General Public License veröffentlicht. VNC ist für alle größeren Betriebssysteme erhältlich.

VNC ist kein Sicherheitsprotokoll. Zwar werden die Passwörter nicht wie z. B. bei Telnet im Klartext übertragen, aber wenn es jemandem gelingt, das kodierte Passwort und den dazugehörigen Schlüssel abzufangen, ist es möglich, das Passwort zu knacken. Wenn Sie VNC über das Internet verwenden wollen, sollten Sie Passwörter mit mehr als acht Zeichen verwenden. Noch sicherer ist es, das VNC-Protokoll durch die Sicherheitsprotokolle SSH oder VPN zu tunneln, die einen sehr hohen Sicherheitsstandard gewährleisten.

Einen VNC-Server unter ZETA installieren

Der VNC-Server kann von *BeBits* (*www.BeBits.com/app/4047*) bezogen werden.

1. Entpacken Sie die heruntergeladene ZIP-Datei in folgendem Ordner:
   /boot/apps/Network
2. Verschieben Sie die Datei *InputEventInjector* nach
   /boot/home/config/add-ons/input_server/devices/
3. Verschieben Sie außerdem die Dateien *vncpasswd* und *vncserver* nach
   /boot/zeta/bin

VNC-Server konfigurieren

Der VNC-Server wird im *Terminal* durch *vncserver* gestartet. Wenn Sie den Server das erste Mal starten, werden Sie gebeten, ein Passwort einzugeben und dieses noch einmal zu wiederholen. Geben Sie ein möglichst langes Passwort ein. Wenn Sie kein Passwort eingeben, können andere auf Ihren Computer zugreifen und ihn dadurch komplett kontrollieren. Aus Sicherheitsgründen sollten Sie den VNC-Server nie laufen lassen, wenn Sie ihn nicht gerade benötigen. Ihr gewähltes Passwort wird unter */boot/home/.vnc/passwd* gespeichert.

Bevor Sie VNC das erste Mal verwenden, müssen Sie den *input_server* neu starten. Das geschieht durch den Befehl `/system/servers/input_server -q` im *Terminal.*

VNC-Client konfigurieren

Um einen Rechner fernsteuern zu können, müssen Sie die IP-Adresse bzw. den Hostnamen und den Port, auf dem der Server läuft, wissen. Standardmäßig ist *5900* der Port. Wenn der Server auf dem Standardport läuft, müssen Sie den nicht gesondert eingeben.

Wenn der Server nicht auf dem Standardport läuft, geben Sie die Adresse wie im folgenden Beispiel ein:

```
192.168.1.103:5901
```

Standardmäßig ist der Client so eingerichtet, dass sich das Fenster an die Bildschirmauflösung des anderen Computers anpasst. Eine Vollbilddarstellung ist auch möglich.

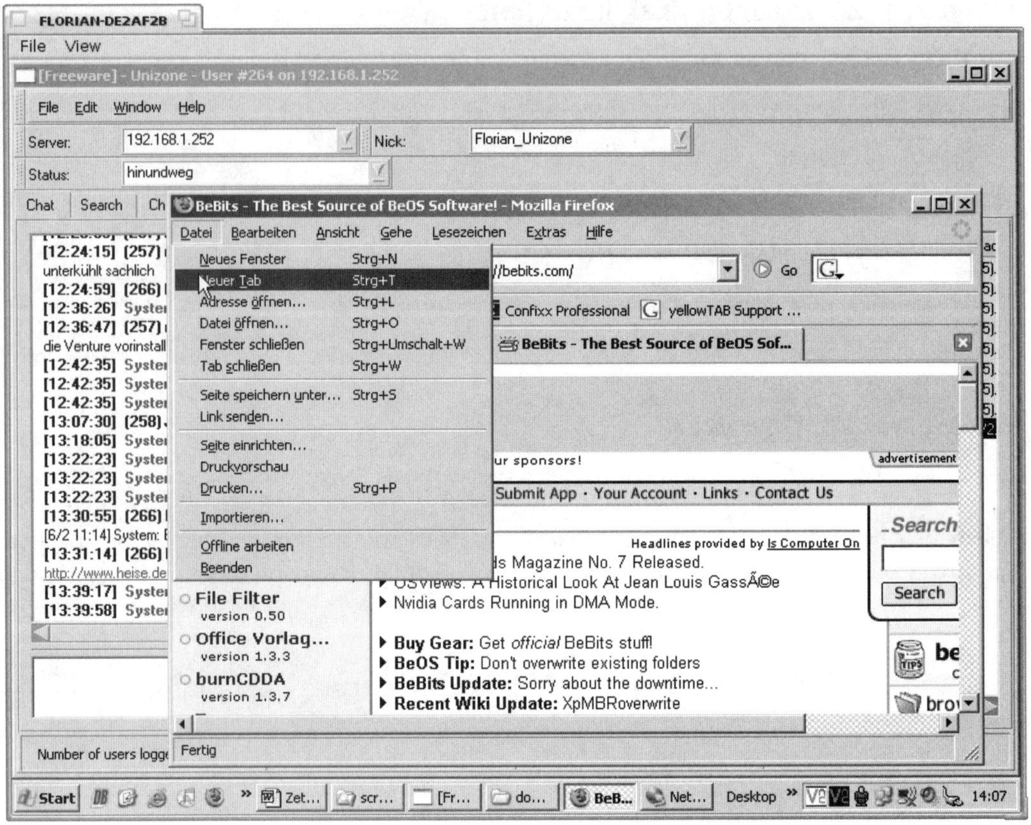

Abb. 15.2: Hier haben wir von ZETA aus auf einen Windows-Rechner zugegriffen. Auf Windows haben wir einen kostenlosen VNC Server (*www.realvnc.com*) heruntergeladen und installiert

15.3 Der Robin Hood Webserver

In ZETA ist ein kleiner und einfach zu benutzender HTTP/1.1-Webserver enthalten. Er wurde ursprünglich für BeOS entwickelt und erschien unter der GNU General Public License. Robin Hood ist sehr gut dazu geeignet, Projekte wie z. B. kleinere Server zuhause zu betreiben oder weit weg lebenden Familienangehörigen Fotos zur Verfügung zu stellen. Denn oft gibt es Probleme, wenn man größere E-Mails verschicken bzw. empfangen will. Da bietet es sich an, den Robin Hood Webserver als Alternative einzusetzen.

Robin Hood kann nicht nur HTML-Dateien bereitstellen. Es werden auch PHP, CGI und SSI unterstützt. Wenn Sie noch keine Webseite haben, können Sie sich mit *Nvu, Globe* oder einen Texteditor wie *Pe* eine erstellen.

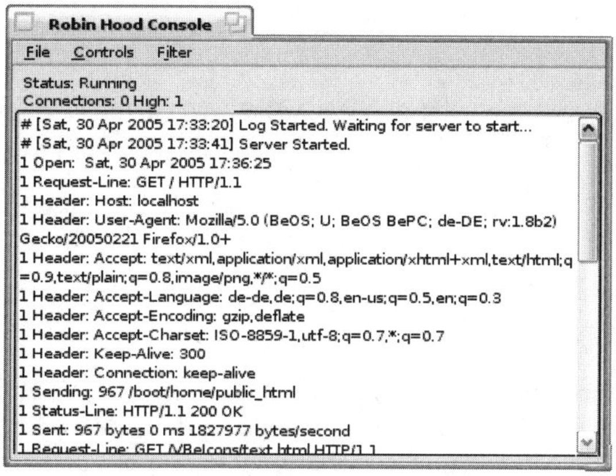

Abb. 15.3: Die Konsole des Webservers

Wenn Sie Robin Hood erstmals starten und die Virtual Hosts einrichten wollen, erscheint folgende Meldung:

The file »robinhood« was not found.

Hint: Starting the file server for the first time will create this file for you.

Starten Sie also den Server, und wählen Sie *Edit Virtual Hosts* aus. Jetzt wird die Konfigurationsdatei geöffnet. Die Änderungen in der Konfigurationsdatei werden erst nach einem Neustart wirksam. Klicken Sie dazu einfach auf *Restart Server* im *Controls*-Menü.

Standardmäßig läuft der Server auf *Port 80*. Wenn Sie, aus welchem Grund auch immer, Robin Hood auf einem anderen Port laufen lassen wollen, ändern Sie einfach die Port-Nummer:

Server: port=88;

Suchen Sie die Zeile in der *default host*-Option. Ändern Sie diese Option, wenn sich Ihre Webseiten in einem anderen Verzeichnis befinden. Standardmäßig gibt es den Ordner */boot/home/public_html* nicht. Deshalb müssen Sie ihn erst erstellen.

Es gibt eine kleine Konsole, die Ihnen anzeigt, was gerade auf dem Server passiert. Jedes Ereignis wird mit einem Zeitstempel versehen. Dadurch wissen Sie genau, wann was passierte. Darüber finden Sie eine Statuszeile, die Informationen über den Status und die Verbindungen anzeigt.

Aus dem Log werden Sie lernen, dass HTTP eine einfache Anfrage-Antwort-Sprache ist. Ein Browser wie *NetPositive* oder *Firefox* baut eine Verbindung über HTTP zum Server auf. Bei HTTP ist strikt festgelegt, wie die Anfragen und die Antwort auszusehen haben.

Eine HTTP-Anfrage enthält die folgenden Elemente:

Eine Methode (normalerweise GET, andere Beispiele sind: HEAD, POST, PUT und DELETE), eine URI (Name der gewünschten Information) und optional noch die Protokollversion und andere Zusatzinformationen.

Eine Anfrage kann so aussehen:

GET index.html HTTP/1.1

User-Agent: Mozilla/5.0 (Windows; U; Windows NT 5.1; en-US, rv:1.8b2) Gecko/20050226 Firefox/ 1.0+

Accept: text/html

Accept: image/png./*:q=0.5*

Accept-Language: en-us,en;q=0.5

Accept-Charset: ISO-8859-1, utf-8;q=0.7,;q=0.7*

Der User-Agent teilt mit, von welchem Browser und Betriebssystem die Anfrage kommt. Bei *Accept* sind verschiedene Zusatzinformationen aufgelistet, z. B. wie die Zeichen kodiert sind, in welchem Format die Daten vorliegen usw. Dadurch kann Übertragungszeit und Volumen gespart werden. Wenn der Browser die Daten nicht unterstützt oder nicht benötigt, muss er sie auch nicht laden.

Die Antwort des Servers enthält dann den Status der Anfrage, eine Beschreibung der angeforderten Daten und natürlich die Daten selbst.

Hier folgt die Liste einiger http-Status-Codes:

- *200 Dokument folgt*
- *301 dauerhaft verschoben*
- *302 vorübergehend verschoben*
- *401 nicht autorisiert*
- *403 Zugriff nicht erlaubt*
- *404 nicht gefunden*
- *500 Serverfehler*

Sie können über die Filter einstellen, was genau geloggt werden soll. In der Voreinstellung werden alle Daten im Log-Fenster angezeigt. Informationen, die für Sie unwichtig sind, können Sie durch den Filter herausfiltern. Im Menü *Control* können Sie mit der Option *Clear Console Log* den Inhalt des Log-Fensters löschen.

Hinweis: Wenn Sie keine *index.html*-Seite in Ihrem Internetseiten-Verzeichnis haben, können die Besucher Ihres Webservers die Ordnerstruktur sehen.

15.4 SAMBA – Datei- und Druck-Server

SAMBA ist ein extrem nützliches Netzwerk-Tool, insbesondere für Netzwerke mit verschiedenen Betriebssystemen (Mac OS X, UNIX, Windows und ZETA).

SAMBA erlaubt es Windows-Anwendern, Drucker- und Dateifreigaben von einem ZETA-Server aus zu benutzen: Andersherum erlaubt SAMBA ZETA-Anwendern, auf Windows-Freigaben zuzugreifen. SAMBA ist eine Sammlung von UNIX-Programmen, die das Server Messaging Block-(*SMB*-) Protokoll beherrschen. Das Microsoft Windows-Betriebssystem benutzt SMB, um Client-Server-Anwendungen (Drucker- und Dateifreigaben) zu realisieren. Durch Unterstützung dieses Protokolls ermöglicht es SAMBA auch ZETA, hier »mitzumischen«, mit demselben Netzwerksystem wie Windows zu arbeiten und sich wie ein normaler Windows-Rechner in der Netzwerkumgebung zu zeigen.

15.5 smbclient

Der *smbclient* ist ein kleines *Terminal*-Tool, das zum Beispiel benutzt wird, um Server-Freigaben zu durchsuchen (browsen), Konfigurationen zu testen, auf Drucker zuzugreifen und Backups zu erstellen. Die Befehle für den Zugriff auf Freigaben sind ähnlich wie bei FTP aufgebaut:

```
$ smbclient -L <domain or workgroup>
```

Dieser Befehl zeigt eine Liste aller Computer in der Windows-Domäne oder der Arbeitsgruppe an.

Mit SAMBA den Client anmelden

Ziemlich oft wird der SMB-Server so eingestellt sein, dass er Zugriffsrechte auf User-Ebene verwendet. Dann muss *smbclient* die Anmeldeinformationen (Nutzer und Passwort) bereitstellen.

Info SAMBA wird nicht mit ZETA mit installiert. Wenn Sie es trotzdem benutzen möchten, können Sie sich die Software aus dem Internet herunterladen (*http://BeBits.com/app/1577*). Installationsanleitungen liegen dem zip-Archiv bei.

Spiele 16

16.1 Simutrans: zu Land und zu Wasser

Neu und Alt

Kennen Sie noch *Transport Tycoon* von Chris Sawyer? Ja? Dann wissen Sie, worum es in *Simutrans* geht. Nein? OK, es gilt auf einer Spielkarte eine möglichst effiziente Verkehrsführung zwischen Industrie und Städten aufzubauen. Dafür stehen Ihnen Busse, LKW, Eisenbahnen und Schiffe zur Verfügung. Flugzeuge will der Programmierer von *Simutrans* später noch einbauen.

Bedienelemente, Fenster und Menüs sind an das große Vorbild angelehnt, zwar jenseits jeder ZETA-Norm, aber dennoch sehr gut gemacht und farbenfroh.

Dennoch ist *Simutrans* weder eine Engine zum *TT* spielen noch ein plumper Clone. Hans Jörg Malthaner hat ein wirklich neues Spiel geschaffen.

Abb. 16.1: Hier sehen Sie bereits eine Stadt. Einige Städte befinden sich bereits bei Beginn des Spiels auf der Landkarte

Aller Anfang ist leicht

Die Funktionen der Buttons sind beschriftet, zu jedem Knopf blendet sich ein kleiner Text ein. Auch ansonsten funktioniert das Spiel sehr einfach.

Ein Beispiel:Ziehen Sie von einer Kohlengrube aus eine möglichst kurze Schienenstrecke zu einem Kohlekraftwerk. Bauen Sie neben dem Kraftwerk und neben der Grube je einen Bahnhof direkt auf den Gleisen. Bauen Sie hinter dem Bahnhof bei der Kohlengrube ein Eisenbahndepot. Dort können Sie eine Lok kaufen. Für den Anfang kaufen Sie die billigste Dampflok. Dann kaufen Sie noch einen Waggon *Güterwagen Stückgut*. Klicken Sie dann auf *Fahrplan*. Positionieren Sie das gelbe Schild erst auf dem Bahnhof der Grube, dann auf dem Bahnhof des Kraftwerks. Klicken Sie auf *Fertig* und dann im Depot auf *Start*. Schon fährt der Zug los, um Kohle aufzuladen und dampft dann weiter zum Kraftwerk. Sobald die Kohle dort ankommt, erhalten Sie Ihr Geld. Bahnhöfe können einfach erweitert werden. Bauen Sie weitere Bahnhöfe direkt aneinander. So haben Sie irgendwann einen Superbahnhof.

Jetzt wird's ernst

Vorsicht: Je länger Ihre Strecken und Bahnhöfe werden, desto mehr steigen die monatlichen Instandhaltungskosten. Achten Sie beim Kauf von Loks auf die Kosten pro Kilometer. Hängen Sie ein sinnvolles Maß an Waggons an. Je mehr Waggons, desto mehr Geld pro Fuhre, aber auch mehr Kosten pro Kilometer. Eventuell kommt die Warenproduktion nicht mit Ihrem Zug nach.

Tipp Wenn Sie mit dem Auswahlwerkzeug den Zug anklicken, erhalten Sie ein kleines Fenster mit Informationen. Dort sehen Sie den Gewinn des Zuges. Achten Sie darauf, dass der Zug Gewinn macht. Sie können dazu z. B. den Zug so einstellen (im Fahrplan), dass er zunächst zu einem gewissen Grad befüllt wird und erst dann losfährt.

Komplex

Die Wirtschaft bei *Simutrans* ist komplexer als man auf den ersten Blick glauben mag. Waren können nicht einfach irgendwo gelagert werden. Sie müssen dorthin, wo sie benötigt werden. Überproduktionen senken die Preise, Mangel lässt den Wert steigen. Auch ansonsten ist das Spiel komplexer als *Transport Tycoon*. Das macht es insbesondere für *TT*-Veteranen sehr interessant. Da das Spielprinzip aber so einfach ist, müssen selbst Anfänger keine Angst haben. Alles weitere ist Übung. Malthaner hat eine gute Mischung zwischen Schwierigkeitsgrad und Einsteigerfreundlichkeit gefunden. Das Handling des Spiels ist in Ordnung, es könnte aber flüssiger von der Hand gehen.

Spielzeugeisenbahn

Die Grafik des Spiels ist hübsch und detailliert, kann trotz hoher Auflösung aber nicht mit kommerziellen Spielen mithalten. Dafür ist das Spiel auch auf langsameren Computern spielbar. Leider bietet die ZETA-Version nur ein paar Sound-Samples und keine Musik, was dem Spielspaß aber nicht schadet. Bei so einem Spiel ist es ohnehin besser, wenn man einen Player startet und dann die Musik seiner Wahl genießt. Schließlich kann man sich mit *Simutrans* tagelang (ach was, wochenlang) beschäftigen, ohne dass es langweilig wird, ganz wie bei einer geliebten Spielzeugeisenbahn aus Kindertagen. Ach, Sie hatten keine? Dann können wir Ihnen *Simutrans* als optimalen Ersatz ans Herz legen.

Zu Land, zu Wasser, ohne Luft

Simutrans bietet natürlich nicht nur Eisenbahnen. Es gibt auch LKW, Busse und natürlich Personenzüge. Vor allem, um am Anfang ein paar Passagiere über kurze Distanzen zu transportieren, tut es auch die kleine Pferdekutsche. Und wer viele Tonnen Ware über weite Distanzen schippern muss, der sollte über die Anschaffung eines Schiffes nachdenken. Einzig die Flugzeuge fehlen noch.

Info Weitere Informationen zu *Simutrans* finden Sie im Internet unter *www.simutrans.de*, *http://www.simutrans-tips.com*, *http://forum.simutrans-forum.de/archive/*

16.2 Frozen-Bubble

Frozen-Bubble wurde ursprünglich als Spiel für Linux entwickelt und gewann im Jahre 2003 den »LINUX JOURNAL Editors Choice Award« als Spiel des Jahres. Ein Linux-Journal schrieb: »Dieses Spiel könnte das nächste *Tetris* werden.« Später wurde *Frozen-Bubble* auch für ZETA portiert.

Abb. 16.2: Das erste Level von *Frozen-Bubble* ist noch leicht zu meistern...

Frozen-Bubble startet mit einem Menü. Es ertönt großartige Hintergrundmusik. Das Spiel kann entweder allein oder zu zweit gespielt werden. Das Spiel besteht aus 100 Leveln und wird Sie für Stunden beschäftigen. Wenn das nicht genug ist, können Sie Ihre eigenen Levels erstellen.

Standardmäßig wird das Spiel in einem Fenster gestartet, Sie können es aber auch im Vollbildmodus spielen. Während Sie spielen, können Sie durch Drücken der [F]-Taste in den Vollbildmodus schalten. Außerdem kann die Grafik eingestellt und der Ton, wenn gewünscht, deaktiviert werden.

Wenn Sie die voreingestellte Tastenbelegung nicht mögen, können Sie die Taste auch selbst belegen. Im Einzelspielermodus werden standardmäßig die linke und rechte Pfeil-Taste zum Steuern und die obere Pfeil-Taste zum Schießen genutzt.

Im Zweispielermodus werden die [V]- und [X]-Tasten zum Steuern und die [C]-Taste zum Schießen benutzt.

Im letzten Menüeintrag können Sie die *Bestenliste* einsehen.

16.3 Mahjongg

Mahjongg Solitär (oder *Shanghai*) basiert auf einem alten chinesischen Spiel, das vermutlich 3000 Jahre alt ist. Diese Version hat Ähnlichkeiten mit *Solitär.*

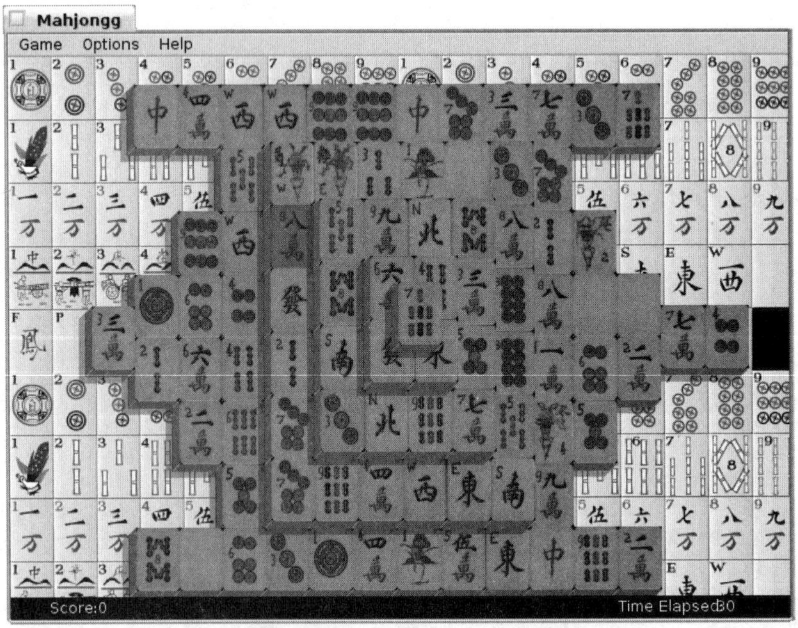

Abb. 16.3: Hier müssen Sie die braunen Steine wegklicken. Wählen Sie verschiedene *TileSets* (Grafiken für Steine) aus dem Menü aus

Die Spielregeln

Ziel des Spiels ist es, alle Spielsteine abzubauen. Die erste Regel ist, dass die Spielsteine nur paarweise abgebaut werden können. Außerdem müssen die Steine links oder rechts frei liegen. Sollte ein Stein links und rechts an einen anderen grenzen, gilt er als eingesperrt und kann nicht entfernt werden. Sie finden das Spiel einfach? Dann sollten Sie beachten, dass die Spielsteine in fünf horizontalen Ebenen angeordnet sind und jede Ebene linke und rechte Kanten hat. Dadurch gibt es viele Steine, die blockiert sind. Beachten Sie auch, dass ein Stapel über einer anderen Ebene die darunter liegenden blockiert. Außerdem blockiert z. B. Reihe 5 die Reihen 4 und 6.

Die meisten Züge setzen voraus, dass nur zwei gleiche Steine abgebaut werden können. Zwei Ausnahmen sind die vier Jahreszeiten und die Blumen. Sie passen jeweils auch untereinander. Es lassen sich also verschiedene Blumen miteinander kombinieren, um sie abzubauen. Sollten Sie einmal nicht mehr weiterkommen, weil Sie keine zwei gleichen Steine mehr fnden, können Sie unter *Options Shuffle Existing Tiles* anklicken. Somit werden die Steine, die noch übrig sind, untereinander gemischt. Machen Sie dies, werden Ihnen 100 Punkte abgezogen.

16.4 Minesweeper

Bei *Minesweeper* müssen Sie logisch vorgehen und aus Ihren Spielzügen ableiten können, um herauszufinden, wo die Minen versteckt sind ohne dabei eine auszulösen. Die Punkte setzen sich aus der Zeit, die Sie für das Spiel benötigen, zusammen. Je schneller Sie sind, desto besser.

Wenn Sie MineSweeper starten, sehen Sie ein Gitter mit Quadraten, das das verminte Gebiet darstellt. Wenn Sie auf ein Feld klicken, teilt Ihnen eine Zahl mit, wie viele Minen in den angrenzenden acht Feldern versteckt sind. Mit etwas Übung können Sie herausfinden, wo die Minen versteckt sind.

Die Zahl oben links zeigt an, wie viele Minen versteckt sind. Die Zahl rechts daneben zeigt an, wie viel Zeit seit dem Spielstart vergangen ist.

Wenn Sie ein Kästchen kennen, in dem eine Mine versteckt ist, drücken Sie die rechte Maustaste, um das Feld zu markieren. Wenn Sie es nicht genau wissen, können Sie das Kästchen mit einem Fragezeichen markieren, indem Sie die rechte Maustaste doppelt drücken. Drücken Sie die rechte Maustaste noch einmal, um die Flagge wieder zu entfernen.

Abb. 16.4: Der Spieler hat zu wenig überlegt und auf eine Mine geklickt

Wenn Sie ein Feld anklicken, das eine Mine enthält, ist das Spiel vorbei, und Sie haben verloren. Der Smiley zeigt dann ein trauriges Gesicht, und alle Minen werden angezeigt.

Wenn Sie alle Felder, die frei von Minen sind, aufgedeckt haben, haben Sie gewonnen. Wenn Sie einer der besten sind, können Sie sich in eine Bestenliste eintragen.

Um ein neues Spiel zu starten, klicken Sie auf den Smiley. Wenn Sie besser werden, können Sie auch einen höheren Schwierigkeitsgrad einstellen.

16.5 SteGOmann 1.1

Das aus Asien stammende Brettspiel *Go* ist dem westlichen Schach nicht unähnlich. Trotz der einfacheren Regeln ist es weitaus schwerer und daher für jeden Computer und Spieler eine echte Herausforderung.

In der Version 1.1 gibt es neben der Vektor-GUI auch zwei schöne farbige GUIs. Das Team MAUI hat *SteGOmann* eine leicht verständliche Einführung in Go beigelegt, sodass jeder die Gelegenheit bekommt, Go zu lernen. Als Computergegner stehen der einsteigerfreundliche *AmiGO* und der spielstarke *GTP* (GNU Go) zur Verfügung. Insgesamt eine gute Brettspielumsetzung für lange Winterabende. Das Spiel können Programmierer durch eigene Zusatzmodule erweitern, da es eine 100%ige native BeOS/ZETA- Applikation ist.

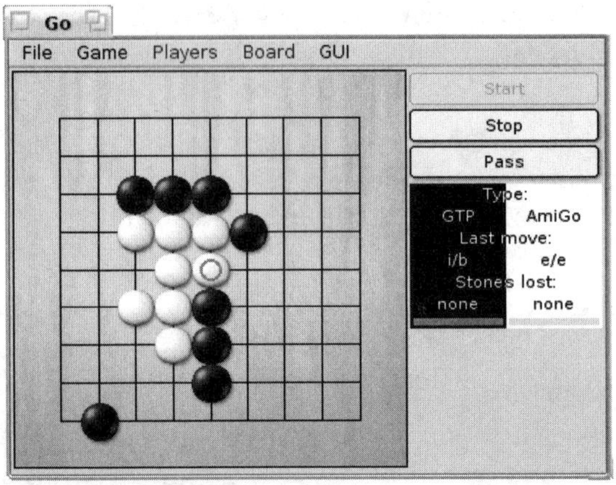

Abb. 16.5: Sehr gutes Überlegen ist bei *SteGOmann* gefragt

16.6 Kobo Deluxe

Das ursprünglich in der UNIX-Szene erschienene *Kobo* ist ein Geschicklichkeits-Shooter. Es gilt, Raumstationen, die aus Röhren bestehen, wegzuschießen. Dabei besitzen die Röhren Endpunkte, die gleichzeitig als Waffe dienen. Zerschießt man einen Endpunkt, so verpufft die Röhre. Jede dieser Stationen hat einen Kern. Ballert man den weg, löst sich die Station auf. Ziel ist es, alle Stationen in einem Level aufzulösen. Genau das wollen die schießwütigen Raumstationen verhindern. Ein nettes Spiel für zwischendurch, das einiges an Geschick verlangt. Auflösung und Farbtiefe lassen sich frei auswählen, nur der *Fullscreenmode* verursacht leider einen Fehler beim Beenden des Spiels.

16.7 Exult: Ultima Emuworld

Wer den Klassiker *Ultima 7* spielen möchte, kann sich den Emulator *Exult* nun auch unter ZETA installieren. *Exult* dient als Plattform, um das originale *Ultima 7* abzuspielen. *Ultima* ist ein sehr großes Rollenspiel und kann für Stunden an den Bildschirm fesseln. Natürlich sollten Sie sich im Besitz des originalen *Ultima 7* befinden. Dies kann man z. B. bei eBay oder als Restposten woanders noch ergattern.

16.8 Click-O-Manie

Click-O-Manie ist einer dieser berüchtigten Süchtigmacher. Das Spielprinzip ist ganz einfach. Wenn mehr als zwei Klötze (Blocks) einer Farbe zusammen sind, kann man sie wegklicken.Nun muss man nur noch versuchen, alle Klötze wegzuklicken. Je weniger Blocks am Ende übrig bleiben und je weniger Mausklicks man dafür benötigte, desto mehr Punkte bekommt man. Die intelligente Spielidee wurde auch hier gut umgesetzt, das Spiel läuft absolut stabil. Es zeigt außerdem, wie klein und effizient Programme sind, die nativ unter ZETA erstellt wurden.

Abb. 16.6: Versuchen Sie, alle Steine wegzuklicken. Es ist schwerer, als man anfangs denkt...

16.9 ElastoMania

ElastoMania ist eine Motorradsimulation, die auf einen physikalischen Modell basiert. In diesem Spiel benötigen Sie Ausdauer und Geschick, um die kniffligen Strecken zu durchfahren.

Ziel ist es, alle Früchte einzusammeln und dann in das Ziel, markiert durch eine Blüte, zu fahren. Unterwegs lauern viele Gefahren und schwierige Streckenabschnitte auf Sie. Wenn Sie mit dem Motorrad stürzen oder auf eine Gefahr aufprallen, müssen Sie die Strecke noch einmal von vorne beginnen. Sie dürfen mit dem Körper überall anstoßen, aber sobald der Kopf den Boden oder eine Wand berührt, haben Sie verloren.

Sie steuern das Motorrad folgendermaßen:

- [↑]: Beschleunigen.
- [↓]: Bremsen.
- [←]: Der Fahrer zieht das Motorrad auf der linken Seite hoch.
- [→]: Der Fahrer zieht das Motorrad auf der rechten Seite hoch.
- [ ]: Dreht das Motorrad in die entgegengesetzte Richtung.
- [V] Blendet das Navigations-Fenster ein oder aus.
- [T] Blendet die Zeit ein oder aus.

Abb. 16.7: Bei *ElastoMania* müssen Sie alle Äpfel einsammeln und dann ins Ziel (eine Blume) fahren. Spielen Sie zu zweit, spielen Sie miteinander, nicht gegeneinander

ElastoMania kann auch im Mehrspielermodus (2 Spieler) gespielt werden. Sie spielen dabei nicht gegeneinander, sondern miteinander. Sammeln Sie gemeinsam die Früchte, und fahren Sie dann zu der Blume.

Der zweite Spieler steuert sein Motorrad mit den Zifferntasten im Nummernblock mit den Tasten [0], [2], [4], [6] und [8]. Mit den Tasten [Z] und [B] kann der zweite Spieler Zeit und Kartenübersicht ein- und ausblenden. Benutzen Sie die Tasten [S] und [D], um den ganzen Bildschirm für einen Fahrer zu benutzen. Dies ist vor allem nützlich, wenn ein Spieler bereits ausgeschieden ist. Durch die *Replay*-Funktion können Sie Ihre Fahrt noch einmal nachverfolgen. Diese Replays können auch abgespeichert werden. Nach erfolgreichem Durchfahren einer Strecke wird eine weitere Strecke verfügbar. Mit *Skip level* können Sie bis zu drei Strecken überspringen. Bei ausreichenden Punkten dürfen Sie sich in die Bestenliste eintragen.

Systemprogramme 17

Mit den Systemprogrammen erhalten Sie Informationen über Ihren Computer, können weiterhin den Boot-Manager neu installieren und diverse Einstellungen zum System vornehmen.

17.1 Den Boot-Manager installieren

Der Boot-Manager ermöglicht es Ihnen, den Start von mehreren installierten Betriebssystemen zu verwalten. Haben Sie z. B. Windows und ZETA installiert, können Sie mit dem Boot-Manager nach dem Einschalten des Rechners auswählen, welches der beiden Betriebssysteme Sie starten möchten.

Eine Startpartition auswählen

Wenn Sie *BootMan* installiert haben, erscheint ein Boot-Manager-Menü, sobald Sie Ihren Computer neu starten (*booten*). Dieses Menü enthält eine Liste der startfähigen (Boot-fähigen) Partitionen, die auf Ihrem Computer installiert sind. Die voreingestellte Boot-Partition ist automatisch aktiviert. Mit den Cursor-Tasten können Sie die Partition, von der Sie starten möchten, auswählen. Ob das Betriebssystem auf der voreingestellten Partition automatisch starten soll, wenn Sie kein anderes Betriebssystem auswählen, stellen Sie während des Einrichtens des Boot-Managers ein.

Die voreingestellte Startpartition in BootMan ändern

Um die voreingestellte Startpartition zu ändern, müssen Sie ZETA booten und den Menüpunkt *Boot-Manager* aus dem *ZETA*-Menü unter *Software/Systemprogramme* auswählen. Sie können das Programm auch aus dem *Terminal* heraus durch Eingabe von starten. Klicken Sie sich durch das Dialog-Fenster im *BootMan*, um zum Fenster für die Einstellung der voreingestellten Startpatition zu gelangen. Wenn Sie den Rechner das nächste Mal starten, lädt er die neu ausgewählte Startpartition. Wenn Sie sich entscheiden, einen anderen Boot-Manager zu nutzen, sollten Sie auf die Anweisungen des Boot-Managers achten.

17.2 Clock

Die Uhr ist für die meisten User ein nützliches Werkzeug, auch Sie möchten sie daher wahrscheinlich dauerhaft sehen. Das ist möglich, indem Sie einfach die Anwendung zu dem UserBoot-Skript (s. Seite 130) oder dem *Autostart* hinzufügen der die Uhr als Replikant dem Desktop hinzufügen. Die Zeit der Uhr wird direkt aus der Systemuhr bezogen und kann unter *Zeit & Datum* in den *Einstellungen* geändert werden.

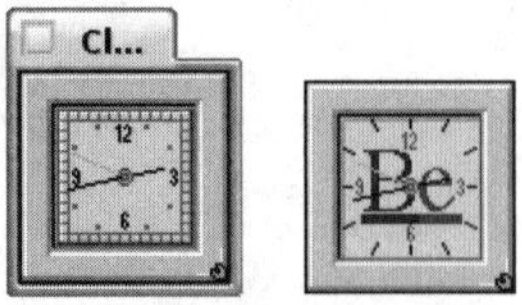

Abb. 17.1: Die Uhr ist replikantenfähig, außerdem kann durch einen Klick das Hintergrundbild geändert werden

17.3 DiskProbe

DiskProbe ist nur für technisch versierte Benutzer zu empfehlen. Der Hex-Editor ist für die Benutzer, die ihr System auf dem untersten Level bearbeiten wollen. Der Editor kann Dateien unlesbar und Anwendungen unbrauchbar machen. Dieser Hex-Editor kann Ihre Daten auf der Festplatte zerstören. Wenn Sie eine einzelne Datei bearbeiten (Bilder, Dokumente oder Anwendungen), sollten Sie sicher stellen, dass Sie ein Backup der Datei erstellt haben. Es ist ein Werkzeug, dass Sie die Datenblöcke auf der Festplatte ansehen und verändern lässt, egal, ob die Blöcke zur Datei gehören oder zur ganzen Festplatte. Sie können in Anwendungen hineingehen und beispielsweise die Menüeinträge oder die Werte in den Konfigurationsdateien verändern.

Wenn Sie das Anwendungssymbol starten, werden Sie gefragt, ob Sie die ganze Festplatte oder lediglich eine Datei editieren wollen. Der sichere Weg, um *DiskProbe* zu starten ist, wenn Sie die gewünschte Datei auf das Anwendungssymbol ziehen. Das minimiert das Risiko, dass *DiskProbe* die ganze Festplatte öffnet. Der Dateiinhalt wird in hexadezimaler Form dargestellt. Wie Sie im unteren Bildschirmfoto sehen können, werden der Pfad und das Symbol der Datei oder des Geräts in der oberen linken Ecke des Fensters angezeigt.

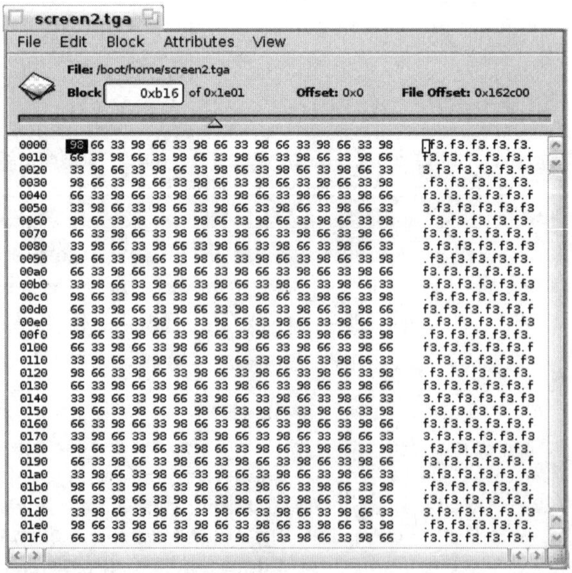

Abb. 17.2: Hier wurde eine Bilddatei mit *DiskProbe* geöffnet

17.4 Expander: komprimierte Dateien entpacken

Sie haben vielleicht gemerkt, dass manche heruntergeladene Dateien immer von einer bestimmten Anwendung geöffnet werden. Diese Anwendung ist der *Expander*. Sie können ihn starten, indem Sie einfach auf eine unterstützte Archivdatei doppelklicken.

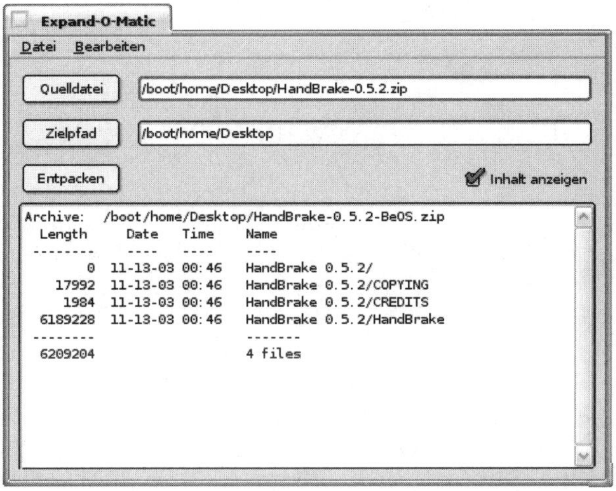

Abb. 17.3: Aktivieren Sie *Inhalt anzeigen*, sehen Sie Details zum Archiv.

Der *Expander* kann mit den meisten komprimierten Dateien unter ZETA umgehen. Weil die Anwendungen oft aus vielen großen Dateien bestehen, werden sie gepackt und komprimiert. So können die Anwendungen leicht und schnell verschickt werden.

Eine Datei kann mit verschiedenen Kompressionsarten gepackt sein. ZETAs *Expander* unterstützt folgende Archivtypen: *.zip*, *.tar* und *.gz*. *zip* ist das am meisten genutzte Packformat. Das Packschema bei *tar* ist sehr häufig *gzip*. Das ist der Grund, warum Sie öfters Dateien mit Namen wie *Dateiname.tar.gz* sehen. Um Anwendungen zu installieren, die als Archivdatei verfügbar sind, müssen Sie den ursprünglichen Zustand der Dateien wiederherstellen. Dazu müssen Sie die Datei entpacken. Und da kommt der *Expander* ins Spiel.

Der Expander – Entpacken Sie Archive

Rufen Sie den *Expander* unter *ZETA/Software/Systemprogramme* auf. Schauen wir kurz in die Einstellungen des *Expanders*. Klicken Sie dazu auf *Bearbeiten/Einstellungen*.

Sie können hier den *Expander* Ihren Bedürfnisse anpassen. Wenn Sie die ersten beiden Optionen aktivieren, müssen Sie auf eine *zip*-Datei nur doppelt klicken, und Sie werden den *Expander* nur kurz während des Entpackungsvorganges sehen. Die Datei wird automatisch in das Verzeichnis entpackt, in dem die Quelldatei liegt. Weiter können Sie einen Standardordner einstellen, in den Archive entpackt werden sollen. Der *Expander* bietet außerdem die Möglichkeit, den Inhalt des Archivs anzuzeigen, ohne es entpacken zu müssen. Sie können die Voransicht aktivieren, indem

Sie die Option *Automatisch den Inhalt anzeigen* aktivieren. Dies dauert je nach Größe des Archivs unterschiedlich lang.

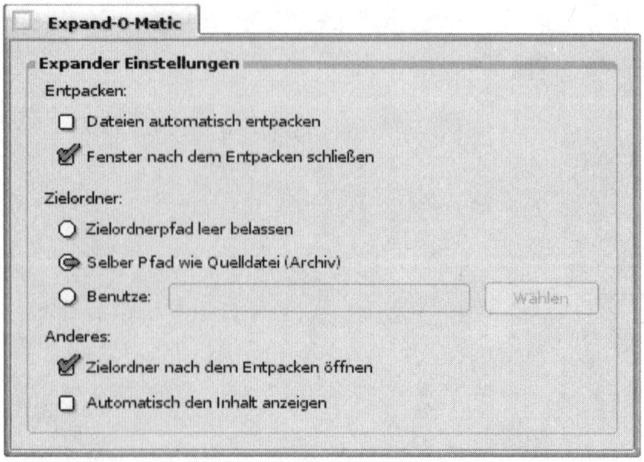

Abb. 17.4: Sie können den *Expander* anweisen, *zip*-Archive automatisch zu entpacken und das *Expand-O-Matic*-Fenster dann wieder zu schließen

Unter */boot/beos/etc* liegt eine Datei, in der Sie Regeln für den Expander eingeben können. Die Datei nennt sich *expander.rules* und ist eine einfache Textdatei. Da der *Expander* eigentlich nur eine Oberfläche für *Terminal*-Befehle ist, kann seine Möglichkeit, diverse Archive zu bearbeiten, recht einfach erweitert werden. Laden Sie zum Beispiel ein Entpackungs-Tool aus dem Internet, müssen Sie Archive, für die Sie dieses Tool benötigen, später nicht unbedingt im *Terminal* entpacken. Bringen Sie dem *Expander* einfach bei, dass er diese Dateien auch entpacken kann. Sie können dies als Zeile in die oben genannte Textdatei eintragen. Die Zeile wird folgendermaßen aufgebaut:

```
"application/zip"    .zip    "unzip -l %s"    "unzip -n %s"
```

Im ersten Block setzen Sie den MIME-Typ, der allerdings auch leer belassen werden kann. Der zweite Block stellt die Endung dar. Geben Sie keinen MIME-Typ an, so wird bei der Datei nur nach der Endung geschaut. Im dritten Block geben Sie den Befehl an, um den Inhalt des Archivs zu erhalten (bedeutet list), der vierte Befehl entpackt die Datei. Wenn Sie im Expander auf *Entpacken* klicken, wird dem Befehl mit als Platzhalter der Dateiname übergeben, den Sie im *Expander* unter *Quelldatei* angegeben haben.

Zip-O-Matic

Das Gegenstück zum Expander ist *Zip-O-Matic*, ein *Tracker*-Zusatzmodul. Klicken Sie mit der rechten Maustaste auf eine Datei, und zeigen Sie dann auf *Zusatzmodule*. Wenn Sie nun auf *Zip-O-Matic* klicken, wird die ausgewählte Datei mit dem *zip*-Format archiviert. Wenn Sie mehrere Dateien markieren und dieses Add-On wählen, entsteht ein Archiv namens *Archive.zip*, in das alle markieren Dateien gepackt werden.

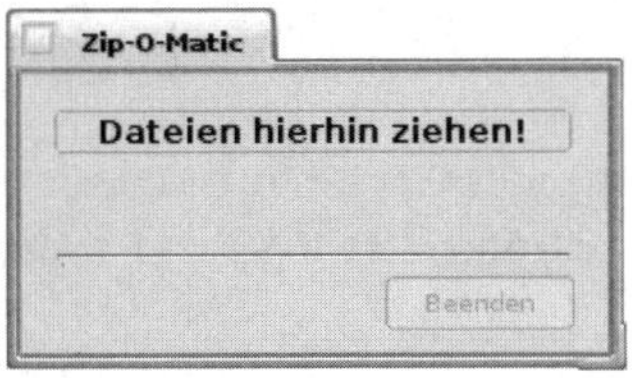

Abb. 17.5: Das Zusatzmodul *Zip-O-Matic* kann Dateien zu einem Archiv zusammenpacken

17.5 Hardware (Devices)

Das Einstellungsfeld *Hardware* (*ZETA-Menu/Einstellungen/Hardware*) erlaubt Ihnen, interne Geräte hinzuzufügen, einzurichten und zu entfernen. Die Geräteliste zeigt alle internen Komponenten (Modem, Steckkarten, Schnittstellen, ...) Ihres PCs an.

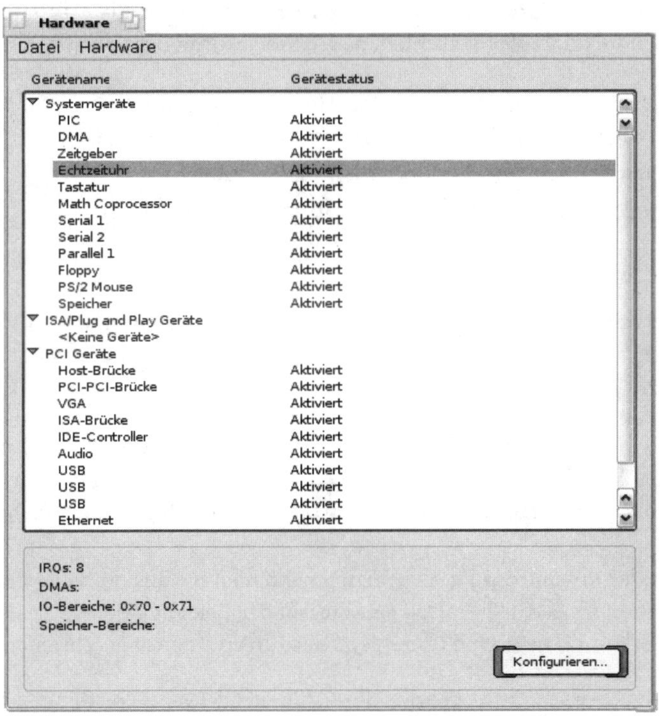

Abb. 17.6: *Enabled* bedeutet nicht, dass das Gerät unter ZETA funktioniert. Es bedeutet nur, dass das Gerät zur Kommunikation bereitsteht. Ein Treiber dafür ist dennoch erforderlich

Ergänzend können Sie nicht nur die Geräte in der Liste sehen, sondern auch ein Gerät anklicken (markieren) und dann *Konfigurieren* auswählen. Wenn Sie in dem Fenster nun auf den Reiter *Info* wechseln, erhalten Sie Informationen zum ausgewählten Gerät.

Zudem gibt es Infos über die Art des Gerätes, auf welchem Bus es sich befindet (ISA oder PCI) und ob Ressourcen-Konflikte bestehen.

Die gezeigten Informationen zum aktuellen Status (*enabled, disabled*) des Gerätes müssen nicht stimmen. Wird ein Gerät als *enabled* (aktiviert) angezeigt, und funktioniert es trotzdem nicht, wenden Sie sich an unseren Support.

Hardware einstellen

Jedes Gerät besitzt eigene Ressourcen. Diese Ressourcen teilen sich in IRQ, DMA, I/O Ports und Speicheradressen auf. Geräte können sich prinzipiell keine Ressourcen teilen. Eine Ausnahme sind PCI-Geräte, sie können denselben IRQ nutzen.

Wenn Sie den Computer einschalten, stellt der *System Configuration Manager* alle eingebauten und angeschlossenen Geräte ein, so dass diese untereinander nicht in Konflikt geraten.

Manchmal kann dem *System Configuration Manager* aber ein Fehler unterlaufen. Dann tauchen Geräte unter *Geräte* als *disabled* auf (leicht daran zu erkennen, dass sie Rot in der Liste auftauchen), oder sie funktionieren einfach nicht. Es gibt verschiedene Gründe, woran das liegen kann:

- In Ihrem Computer gibt es mehr als ein Gerät mit derselben Ressourcen-Einstellung (Hardware-Konflikt). Prüfen Sie ggf. die manuelle Einstellung evtl. vorhandener ISA-Karten.
- In Ihrem Computer befindet sich ein unbekanntes oder nicht unterstütztes Gerät.
- Der *System Configuration Manager* kann die Gerätekonfiguration nicht selbst herausfinden.

Hardware-Konflikte beseitigen

Hardware-Konflikte (Ressourcen-Konflikte) sollten nur zwischen ISA und so genannten Plug & Play-Geräten auftreten. Es gibt zwei Sichtweisen auf derartige Fehler: aus Sicht des Gerätes oder aus Sicht der Ressourcen.

- Um den Konflikt aus Sicht des Gerätes zu beseitigen, führen Sie einen Doppelklick auf das deaktivierte Gerät in der Geräteliste aus. Es öffnet sich das *Konfigurations*-Fenster. Erweitern Sie den *Resource Conflicts*-Bereich des Fensters (ganz unten), und sehen Sie nach, welche Ressourcen sich stören.
- Um den Konflikt aus der Sicht der Ressourcen zu identifizieren, wählen Sie aus dem *Geräte*-Menü den Punkt *Ressourcenverbrauch* `Alt`+`U`. Das Fenster mit der Belegung der Ressourcen öffnet sich, der IRQ-Tab erscheint. Die doppelt belegten Ressourcen sind rot geschrieben.

Eine Fehlerbeseitigungsanleitung ist in Arbeit. Bitte wenden Sie sich bei Hardware-Konflikten an unseren Support.

Geräte hinzufügen

Generell sollte das Hinzufügen von Geräten nur bei so genannten *Jumpered Devices*, meist alte ISA-Karten, bei denen man IRQ und Port noch über kleine Schalter (Jumper) auf der Karte einstellen musste, nötig sein. Alle PCI-basierenden Geräte erkennt der Konfigurationsmanager im PC automatisch.

Um ein gejumpertes Gerät einzubinden, gehen Sie wie folgt vor:

1. Notieren Sie folgende Informationen: IRQ, DMA, I/O Range und Memory Range des Gerätes. Sie müssen diese Informationen vorher kennen (z. B. aus der Anleitung zum Gerät).
2. Wählen Sie *Devices/Add JumperedDevice/Custom,* um ein neues Device-Fenster zu öffnen. Wenn das Gerät beispielsweise ein internes Modem ist (externe oder Plug & Play-Modems werden vom System automatisch erkannt, diese müssen Sie nicht hinzufügen!), und wählen Sie *Geräte/Hinzufügen/Gejumpertes Modem*. Geben Sie einen Port für das interne Modem an, und wählen Sie *Hinzufügen*.
3. Für alle anderen Geräte tippen Sie einen Namen (idealerweise natürlich den Namen des Gerätes) in das Feld *Gerätename* ein. Der Name erscheint im Titel des Fensters.
4. Wählen Sie die Art des Gerätes im Aufklappmenü *Gerätetyp* aus.

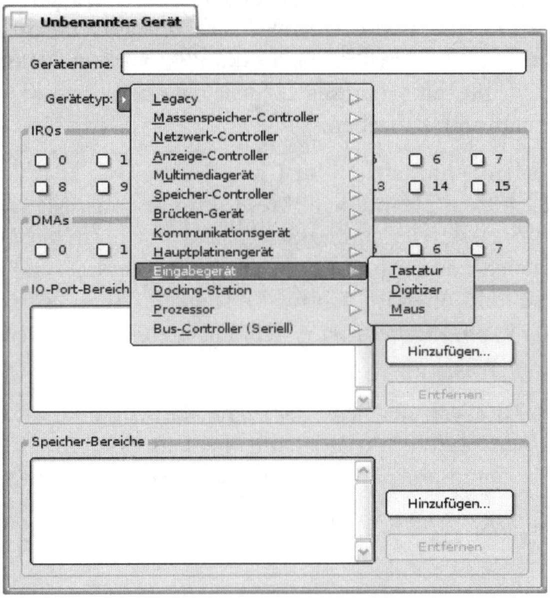

Abb. 17.7: Wählen Sie das gewünschte Gerät aus der Liste aus

5. Prüfen Sie, ob die IRQ- und DMA-Einträge mit denen des Gerätes oder dem Handbuch des Gerätes übereinstimmen.
6. Um die IO-Port-Bereiche einzustellen, klicken Sie auf den *Hinzufügen*-Schaltfläche. Im nun erscheinenden Fenster geben Sie den IO Port ein bzw. wählen einen passenden durch Drücken der Pfeil-Taste aus. Sie können so viele Ports wie nötig eintragen, Sie kehren lediglich immer wieder nach *Geräte/Gejumpertes Gerät hinzufügen* zurück und fügen die Ports dann einzeln hinzu. Das wiederholen Sie einfach so lange, bis alle erforderlichen Ports eingetragen sind.

7. Klicken Sie auf *Hinzufügen* im Bereich *Speicher-Bereiche*, und geben Sie den entsprechenden Speicherbereich ein. Drücken Sie *Done*, um in das *Einstellungen*-Fenster zurückzukehren.

   Starten Sie den Computer neu.

Fehlende Treiber

Wenn ein Device als *enabled* in der Geräteliste angezeigt wird, aber trotzdem nicht funktioniert, besteht das Problem wahrscheinlich darin, dass Sie keinen passenden Treiber haben. Suchen Sie auf *www.bebits.com*, *www.bebits.de* oder unter *www.yellowtab.de* nach einem Treiber. Auch der Support wird Ihnen gerne helfen.

Ressourcen-Konflikte: Wenn mehr Geräte im System als Ressourcen verfügbar sind

Wenn etwas nicht funktioniert, und Sie überprüft haben, dass es auch korrekt eingebaut wurde, öffnen Sie *ZETA/Software/Systemprogramme/Devices*, und schauen Sie nach, ob das Gerät auf *deaktiviert* steht. Normalerweise wird es *deaktiviert*, weil ein Ressourcen-Konflikt vorliegt. Wenn das Gerät, das Sie nutzen wollen, deaktiviert ist, müssen Sie an seiner Stelle ein anderes deaktivieren oder das Gerät neu konfigurieren, um Ressourcen freizugeben.

Sie können z. B. die seriellen und parallelen Schnittstellen im BIOS deaktivieren (da dies bei jedem BIOS anders funktioniert, sehen Sie bitte im Handbuch Ihres Computer oder Mainboard nach). Um ein PnP- (Plug & Play-) Gerät zu deaktivieren, markieren Sie das Gerät in der *Device list* (ISA/Plug and Play Devices), und klicken Sie es doppelt an. Im Geräte-Fenster klicken Sie auf die *Momentane Konfiguration*-Schaltfläche links oben im Tab für Ressourcen. Wenn es sich um ein Gerät handelt, das deaktiviert werden kann, erscheint eine Schaltfläche *Gerät deaktivieren*: Drücken Sie darauf.

Es ist außerdem möglich, dass ein nicht funktionierendes Gerät (z. B. eine Maus, eine Tastatur etc.) nicht in diesem Programm als *nicht deaktiviert* auftaucht. Dies kann ebenfalls einen Ressourcen-Konflikt verursachen. Versuchen Sie, andere Geräte abzuschalten, um Ressourcen freizugeben, und prüfen Sie, ob dies das Problem beseitigt.

Unbekanntes Gerät

Wenn Sie ein beliebiges, gejumpertes Gerät (ISA-Karte etc., generell alte Hardware) in Ihrem Computer haben, erkennt ZETA dies vielleicht nicht. Haben Sie vielleicht ein altes Modem, eine Sound-Karte oder eine Ethernet-Karte? Wenn ja, müssen Sie Ihrem Konfigurations-Manager etwas über das Gerät unter *Einstellungen/Hardware* mitteilen. Für alle Geräte, die kein internes Modem sind, gehen Sie auf *Hardware/Gejumpertes Gerät/Spezifisch*, und füllen Sie die Felder im folgenden Fenster aus (die Daten stehen in der Anleitung zum Gerät). Wenn Sie nicht alle Daten haben, füllen Sie einfach die aus, die Sie kennen.

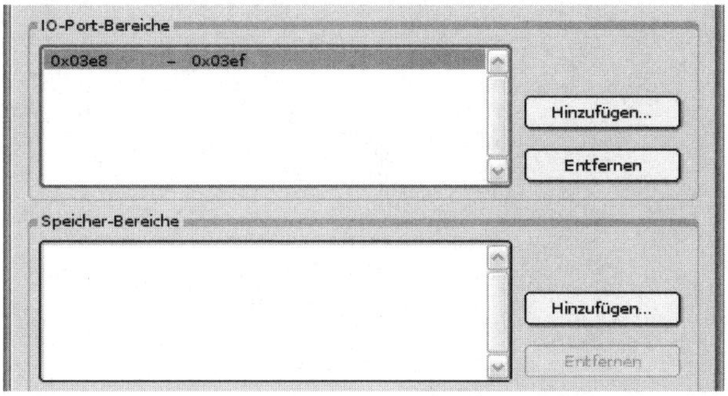

Abb. 17.8: Füllen Sie die Werte ein, die das Gerät auch vorher hatte

Wenn das unbekannte Gerät ein internes Modem ist, gehen Sie auf *Hardware/Neues gejumpertes Gerät/Spezifisches...*, und wählen Sie einen seriellen Anschluss aus dem folgenden Konfigurations-Fenster. Sie müssen eventuell die Einstellungen für das Modem etwas verändern, wahrscheinlich den IRQ. Dann öffnen Sie das neue Gerät aus der Geräteliste und nehmen die Einstellungen dort von Hand vor.

Ebenso wie bei einem Ressourcen-Konflikt kann es passieren, dass ein Gerät nicht Rot (*disabled*) in der Geräteliste erscheint, aber trotzdem nicht funktioniert. Es kann sein, dass ein Konflikt mit einem gejumperten Gerät vorliegt. In diesem Fall wählen Sie *Hardware/Neues gejumperters Gerät/Spezifisch*, und erzeugen im folgenden Fenster ein neues Gerät. Starten Sie den Computer dann neu.

Konfigurationsmanager konnte die Einstellungen nicht herausfinden

Wenn das Gerät nicht Rot in der Geräteliste erscheint, und es sich offensichtlich nicht um einen gejumpertes Gerät handelt, funktioniert es wahrscheinlich nicht, weil es fälschlicherweise glaubt, dass es eine bestimmte Ressource benutzen darf (vermutlich, aber nicht immer, einen IRQ). Um dies zu testen, zwingen Sie das Gerät, einen anderen IRQ zu benutzen. Es gibt zwei Wege, dies zu erreichen:

- Erzeugen Sie ein neues gejumpertes Gerät, das diese Ressource benutzt, indem Sie im Menü *Hardware/Neues gejumpertes Gerät/Spezifisch* wählen und den Computer neu starten. Stellen Sie die Konfiguration des Gerätes explizit von Hand ein, indem Sie den Knopf *Konfigurieren...* drücken und alle Daten im Tab *Ressourcen* von Hand eintragen. Starten Sie den Computer neu.
- Sie können zudem versuchen, einen Weg zu finden, alle Ressourcen so zu verteilen, dass keinerlei Konflikte auftreten, und alle Geräte benutzt werden können. Wählen Sie *Hardware/Ressourcenbenutzung* [Alt]+[U], um alle belegten Ressourcen Ihrer Geräte zu sehen. Markieren Sie dann ein Gerät, und drücken Sie *Konfigurieren...*, um die Konfigurationsinformationen aufzurufen. Schauen Sie nach, ob Sie das Gerät von Hand rekonfigurieren können. Wenn dies nicht funktioniert, müssen Sie die Geräte deaktivieren, die Sie unter ZETA nicht benötigen.

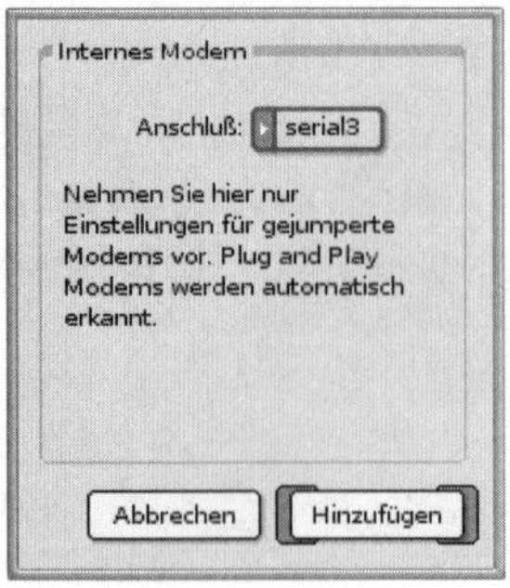

Abb. 17.9: Bei seriellen bzw. USB-Modems nützt das Hinzufügen eines gejumperten Gerätes nichts

Es sind nicht genügend IRQs für alle PnP Geräte vorhanden

Stellen Sie im BIOS Ihres Computer die Einstellung *Plug & Play OS* auf *no*, falls dies möglich ist. Hilfe zu Ihrem BIOS finden Sie in der Anleitung des Computers oder des Mainboards. yellowTAB kann für Ihr BIOS keinen Support leisten.

Fehlersuche bei Jumpered Devices

Wenn Ihr Computer beim Starten hängen bleibt, nachdem Sie ein gejumpertes Gerät (*Jumpered Device*) hinzugefügt haben, starten Sie den Computer im *Save Modus* (siehe ZETA-Installationsheft). Entfernen Sie das Gerät aus der Geräteliste, oder stellen Sie die Konfiguration wieder um. Das Löschen eines Gerätes funktioniert über das Menü *Devices/Delete Jumpered Device.*

17.6 Magnify – Bildschirmteile vergrößern

Magnify ist ein Werkzeug, das den Bildschirm um den Mauszeiger herum 8-fach vergrößert. Das Programm vergrößert alles, was auf dem Bildschirm dargestellt wird, unabhängig von der Bildschirmauflösung. Das macht *Magnify* zum idealen Programm für Personen, die Probleme mit den Augen haben. Besonders effektiv ist der Einsatz mit *Magnify* bei einer geringen Auflösung und der größten Schriftgröße in den Menüs. Alle Funktionen von *Magnify* sind im Kontextmenü verfügbar. In dem unteren Teil des Menüs befinden sich die Funktionen für das Verkleinern bzw. Vergrößern der Fenstergröße (voreingestellt: 32 × 32) und das Verkleinern bzw. Vergrößern der Pixelgröße (voreingestellt: 8 Pixel/Pixel).

Magnify bietet auch noch eine besondere Funktion. Sie können den RGB-Wert eines jeden Pixels herausfinden. Wie Sie auf dem Screenshot sehen können, ist ein Punkt in der oberen linken Ecke zu sehen. Dieser Punkt gibt den RGB-Wert des Pixels aus, der sich darunter befindet. In diesem Fall ist es R: 255 G: 255 B: 255.

Dieses Programm ist eine der wenigen Anwendungen in ZETA, die über eine eingebaute Hilfe verfügen. Wählen Sie *Hilfe* aus dem Menü, und eine detaillierte Beschreibung der Funktionen von *Magnify* erscheint.

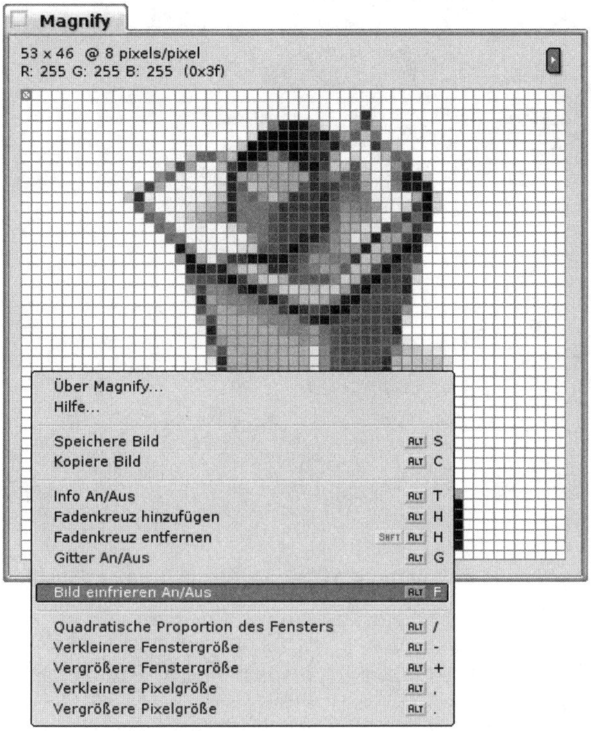

Abb. 17.10: Pixel-genau können Sie Bereiche des Bildschirms sehen

17.7 Process Controller: eine Killer-Applikation

Eines der nützlichsten Tools in ZETA, besonders wenn etwas nicht funktioniert, ist der *Process Controller*. Starten Sie die Anwendung. Dann erscheint ein Fenster mit Text und sich senkrecht bewegenden Säulen. Diese Säulen zeigen die Prozessoraktivität und den Datendurchsatz des RAM an. Je höher die Balken ausschlagen, desto mehr Prozessorleistung (linke Säule) bzw. RAM-Speicher (rechte Säule) wird benutzt.

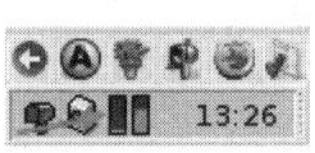

Abb. 17.11: Sie sehen hier eine geringe CPU-Auslastung. Ein Großteil des Arbeitsspeichers wird bereits verwendet

Wenn Sie in eine Säule anklicken, öffnet sich ein Menü, das die *Process Controller*-Funktionen präsentiert. Um den *Process Controller* in das *ZETA*-Menü einzubauen, aktivieren Sie einfach die Option *Als Replikant in die Deskbar*. Sollte sich ein Replikant in der *Deskbar* befinden, sollte diese Option bereits aktiviert sein.

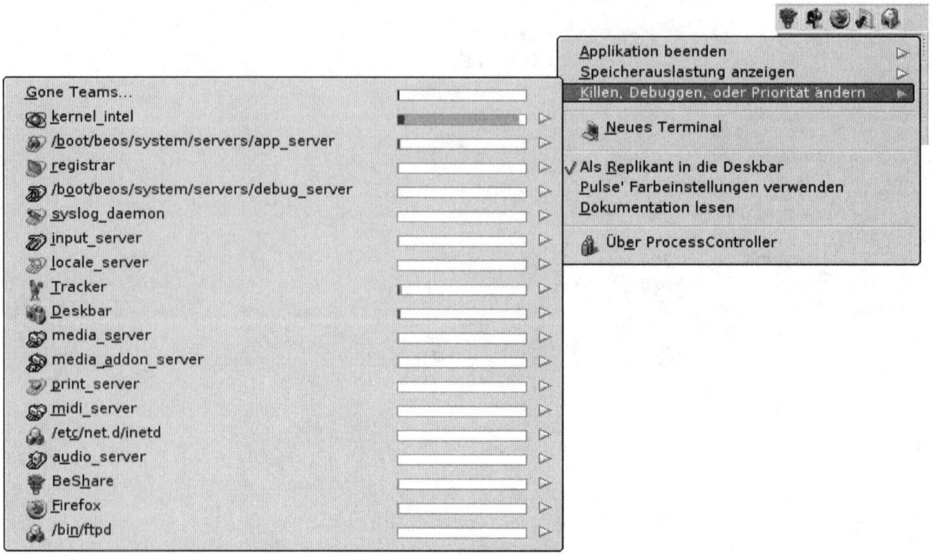

Abb. 17.12: Der *Process Controller* zeigt Ihnen genaue Informationen über die Auslastung des Systems

Process Controller wurde mit der Option programmiert, auch als Replikant auf dem Desktop zu funktionieren, sobald Sie *Process Controller* starten. Die Option *Replikanten anzeigen* unter *ZETA/ Einstellungen/ZETA-Menü* wird dann automatisch aktiviert.

Was Sie sich im Menü anzeigen lassen können

Schauen Sie sich die Auslastung der CPU durch die einzelnen Anwendungen grafisch in Echtzeit an.

Beobachten Sie die verschiedenen Teams und Anwendungen, die auf Ihrem System laufen. Das *Killen-, Debuggen- oder Priorität ändern*-Menü erlaubt Ihnen verschiedene Dinge:

Sie können die aktuellen Teams und laufende Anwendungen in Ihrem System abbrechen. Sie können ein Team abbrechen, indem Sie auf den Namen des Teams klicken. Sie sehen dann auch einen Dialog, um zu bestätigen bzw. abzubrechen.

Wenn Sie den Prozessnamen im Fenster auswählen, bietet Ihnen der Dialog folgende Auswahl:

- *Prozess abbrechen*
- *Thread Debuggen* (Nur für Entwickler.)

Sie können dem Menü auch die Priorität der einzelnen Prozesse entnehmen oder Prozesspriorität in dem Prioritätsmenü, das angezeigt wird, auslesen.

Sollten Sie einen Multiprozessor-PC besitzen, können Sie unter *Prozessor* entsprechend auswählen. Sie können jeden Prozessor ab- und anschalten. Aktive Prozessoren werden als solche angezeigt.

- *Neustart des Trackers* (Nur verfügbar, wenn der *Tracker* nicht mehr läuft.)
- *Neustart der Deskbar* (Nur verfügbar, wenn das *ZETA*-Menü nicht mehr läuft.)

Der Punkt *Pulse Farbeinstellungen verwenden* erlaubt Ihnen, die Farben der Replikant-Säulen zu ändern. Die Farbe, die genutzt wird, ist die ausgewählte *ZETA Menü Mode*-Einstellung für die *Pulse*-Anwendung. Wenn Sie die Standardfarben nicht mögen, können Sie auch Ihre eigenen Farben wählen.

17.8 Pulse: Der CPU-Monitor

Mit den Multitasking-Fähigkeiten von ZETA kann der Benutzer die Prozessorauslastung überprüfen. Jede laufende Anwendung auf dem ZETA-System nutzt einen Teil der Prozessorleistung. Je mehr Anwendungen laufen, desto mehr Teile werden vergeben. *Pulse* visualisiert die Auslastung Ihres Prozessors mit einem Balken. Wenn Sie mehrere Prozessoren besitzen, wird für jeden Prozessor ein Balken angezeigt. Für Entwickler ist die Möglichkeit der Multiprozessorfunktion insoweit interessant, als dass Sie ihre Anwendung nur mit einem Prozessor ausführen können. Es ist nicht möglich, beide Prozessoren abzuschalten, das System wird immer eine CPU weiterlaufen lassen. ZETA unterstützt bis zu acht Prozessoren. Wenn Sie den Prozessor ab- oder zuschalten, müssen Sie das System nicht neustarten. Die Veränderungen werden in Echtzeit übernommen. Wenn Sie das z. B. während der Berechnung eines Bildes vornehmen, sehen Sie, wie die Geschwindigkeit ab- oder zunimmt.

Pulse wird per Voreinstellung als Anwendung gestartet. Aber Sie können ihn auch als Replikant in der *Deskbar* starten.

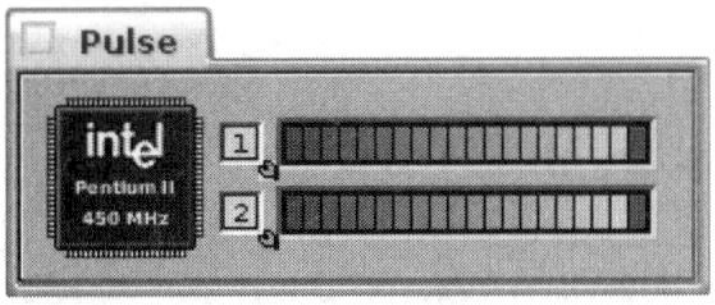

Abb. 17.13: Bei einem Dual-Prozessor-System werden Ihnen beide CPUs angezeigt. Deaktivieren Sie einen Prozessor mit einem Klick auf die CPU-Nummer. Sie sehen auch die Replikanten, die Sie z. B. auf den Desktop ziehen können

17.9 SCSIProbe – SCSI-Laufwerke scannen

SCSIProbe ist eine Anwendung, die ähnlich wie die Laufwerksverwaltung arbeitet. Die Laufwerksverwaltung wird für das Mounten, Unmounten und Initialisieren von Laufwerken und Partitionen verwendet. *SCSIProbe* zeigt die Konfigurationsdaten der SCSI-Geräte an. Die Anwendung wird für SCSI- und USB-Geräte (USB Sticks, Iomega Zip-Laufwerke, Scanner, Drucker und andere Peripheriegeräte), die Sie an den Computer anschließen können, genutzt. *SCSIProbe* zeigt eine Tabelle, ähnlich der folgenden:

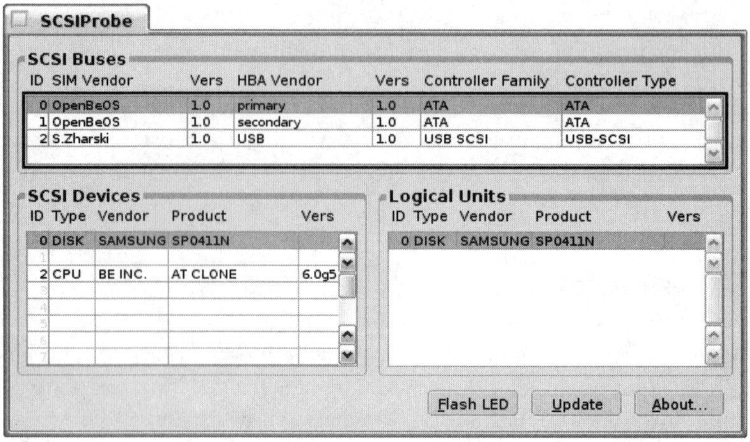

Alle erkannten SCSI-Busse werden in dem oberen Feld mit ihren Adapternamen angezeigt. Es werden auch die SIM- und HBA- (*Host Bus Adapter*) Vendor-IDs angezeigt, die Controller-Serie sowie der genaue Typ. Wenn Sie einen der SCSI-Busse im oberen Feld auswählen, sehen Sie die Informationen über die angeschlossenen Geräte im unteren linken Fenster (*SCSI Devices*). Es zeigt alle Geräte, die an dem Bus angeschlossen sind, ID-Nummer, Typ, Hersteller und Produktnamen. Klicken Sie auf ein Gerät, werden alle Informationen in dem *Feld Logical Units* angezeigt. Wenn Sie Probleme haben, das Gerät einwandfrei zu betreiben, und das Gerät eine LED besitzt, die den Betriebsstatus anzeigt, wählen Sie das Gerät in SCSI-Devices, und drücken auf die *Flash LED*-Schaltfläche. Wenn die Lampe aufblinkt, ist das ein Indikator dafür, dass ZETA das Gerät erkennt. Wenn Sie ein Gerät anschließen oder entfernen, drücken Sie die *Update*-Schaltfläche, und ZETA wird den SCSI-Bus neu scannen. Bei einer Veränderung gibt ZETA eine Warnung aus.

17.10 SerialConnect: Kommunikation mittels Terminal

Diese Applikation ist aus den alten Tagen des Internet bekannt. Sie wurde/wird dazu verwendet, um die damals populären »bulletin board systems« (*BBSs*) zu verbinden. *SerialConnect* bietet die Möglichkeit, fast alle Kommunikation über die serielle Schnittstelle zu erledigen. Dabei kommt es nicht darauf an, ob das serielle Kabel an einen zweiten Computer oder mittels eines Modems mit dem Internet verbunden ist.

Computerprofis nutzen es unter anderem auch dafür, einen Computer debuggen zu können.

Anhand eines Beispieles wollen wir zeigen, wie man einen Cisco Aironet Accesspoint mittels eines seriellen Ports konfigurieren kann. Dazu verwenden Sie dann *SerialConnect* also eine Art *Terminal-Emulator*, um auf die Menüs des Routers zuzugreifen und Einstellungen vornehmen zu können:

Parity: No

Data Bits: 8

Stop Bits: 1

Baud: 9600

Row Control: RTS/CTS

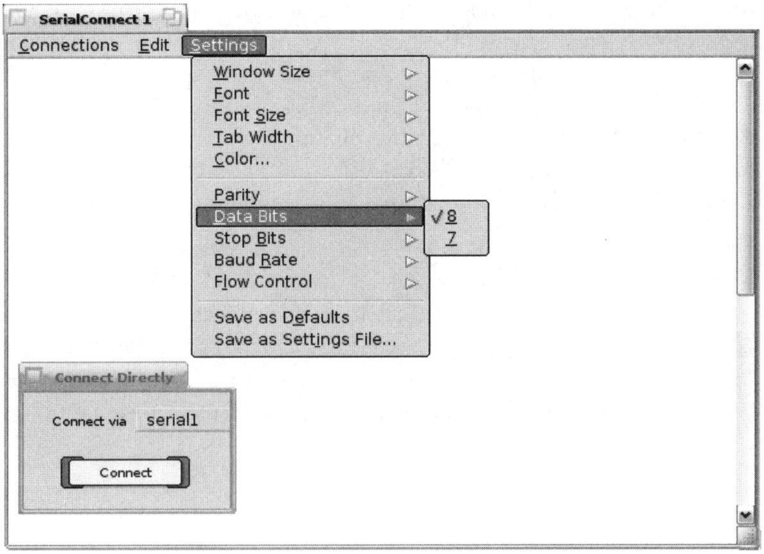

Abb. 17.14: Ob serielle Modems auf Anfragen reagieren, finden Sie mit *SerialConnect* heraus

Vergessen Sie nicht, diese Einstellungen für spätere Weiterverwendung abzuspeichern.

17.11 SimpleBackup

Riskieren Sie nicht den Verlust Ihrer Dateien. Auch wenn ZETA sehr stabil geworden ist, können hin und wieder Fehler auftauchen. Eine Datei wird zerstört, ZETA verweigert das Hochfahren des Computers. Es gibt mehrere Wege, die Daten zu sichern: Einer davon ist *SimpleBackup*. Sie können mit diesem Programm ein einfaches Backup Ihres *Home*-Ordners anlegen. Ihnen stehen auch erweiterte Konfigurationsmöglichkeiten zur Verfügung. Klicken Sie dazu auf den Regler links von *Erweiterter Modus*. Die Einstellungen, die Sie hier machen, können Sie abspeichern. Sie sparen sich somit beim nächsten Mal die Zeit, alles wieder neu einstellen zu müssen. Wenn Sie *SimpleBackup* ein weiteres Mal starten, können Sie auch ein *Bestehendes Backup aktualisieren*.

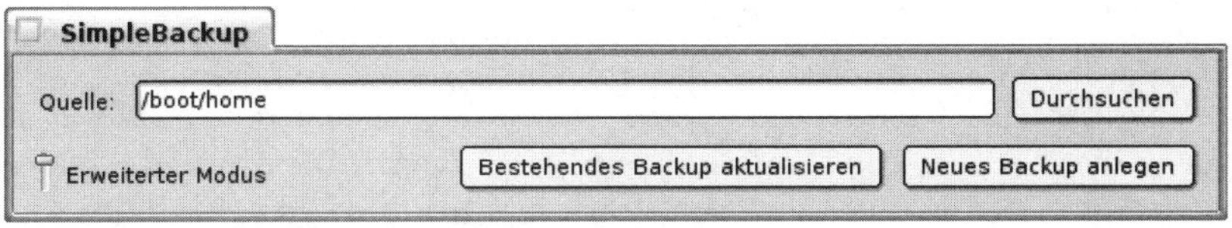

Abb. 17.15: Legen Sie regelmäßig ein Backup Ihrer Dateien mit *SimpleBackup* an. Im *Erweiterten Modus* können Sie weitere Einstellungen vornehmen

17.12 SoftwareValet-Package-Dateien

SoftwareValet ist eine Anwendung zum Installieren von *pkg*-Dateien. *Zip* ist sehr populär, aber ZETA nutzt auch die *pkg*-Komprimierungstechnologie. Diese Technologie läuft nur unter BeOS. Auch Apples Mac OS X kann mit diesen speziellen Dateien nichts anfangen. Viele der Dateien auf *BeBits* oder *BeZip* sind als *pkg* gepackt. Die Dateien können nach dem Herunterladen automatisch ausgeführt werden. Wenn Sie auf eine *pkg*-Datei doppelklicken, öffnet sich die Anwendung. *SoftwareValet* bietet eine einfache Schritt-für-Schritt-Anleitung zum Installieren des Programms. Die *SoftwareValet* Dateien unterscheiden sich stark von *Zip*-Archiven. Sie werden während der Installation überwacht, während die *Zip*-Archive lediglich entpackt werden.

Das *pkg*-Format soll nicht *zip* oder andere Archiv-Formate ersetzen. Die *SoftwareValet*-Package-Dateien haben weniger starke Komprimierungsalgorithmen als das *zip*-Format. Das *SoftwareValet* kann auch nicht aus dem *Terminal* heraus gestartet werden, wie das bei *zip*-Dateien möglich ist. Im Gegensatz zu *Omicronsofts EasyInstallCreator* hat *SoftwareValet* eine schwache Deinstallationsroutine. Bei der Installation von *pkg*-Dateien wird eine log-Datei in Ihrem *Home*-Ordner angelegt. Sofern Sie diese nicht löschen, können Sie mit dem *Uninstaller* eine Deinstallation des Programms durchführen.

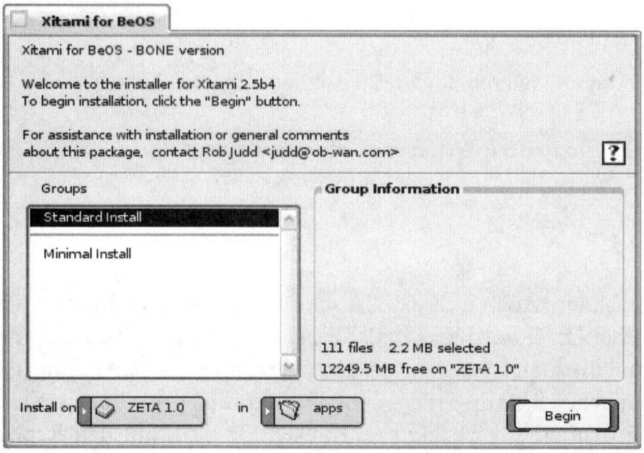

Abb. 17.16: Das Haupt-Fenster nach dem Starten einer *pkg*-Datei. Mit einem Klick auf *Begin* starten Sie die Installation

17.13 StyledEdit: ein einfacher Texteditor

StyledEdit ist der Texteditor in ZETA schlechthin. Diese Anwendung speichert die Dateien als Textdatei. *StyledEdit* behandelt Schriften und Farben auf eine spezielle Art. Die Anwendung speichert den Text in die eigentliche Datei. Alle Daten wie Schriftstil, Schriftgröße und Textfarbe werden in den Dateiattributen gespeichert. Das können Sie leicht überprüfen, wenn Sie beispielsweise eine Datei in Linux, Mac OS X oder Windows öffnen: Dann sehen Sie, dass alle Attribute ignoriert werden. Nur die Daten bleiben intakt.

StyledEdit hat einige Features, die ihn von anderen Texteditoren unterscheiden. Eines der Features ist *Zurück zur letzten Version*. Wenn Sie eine Datei verändern und die Änderungen doch nicht übernehmen wollen, müssen Sie die Datei schließen, ohne sie zu speichern. Mit *StyledEdit* können Sie sich diesen Schritt sparen. Wählen Sie die Funktion *Zurück zur letzten Version*, und die Anwendung verwirft alle Veränderungen seit dem letzten Speicherstand.

Es ist bequem, wenn Sie im Dokument Text suchen und ersetzen können. Aber was ist, wenn Sie eine Webseite haben und in mehreren Dateien dieselben Änderungen vornehmen müssen? Das können Sie leicht realisieren, indem Sie alle gewünschten Dateien auswählen und mit einem Mal öffnen. Wählen Sie nun *Bearbeiten/Ersetzen* in einer der Dateien aus. Dann geben Sie den Text ein, nach dem Sie suchen und den Sie ersetzen wollen und markieren die Checkbox *In allen Fenstern ersetzen*.

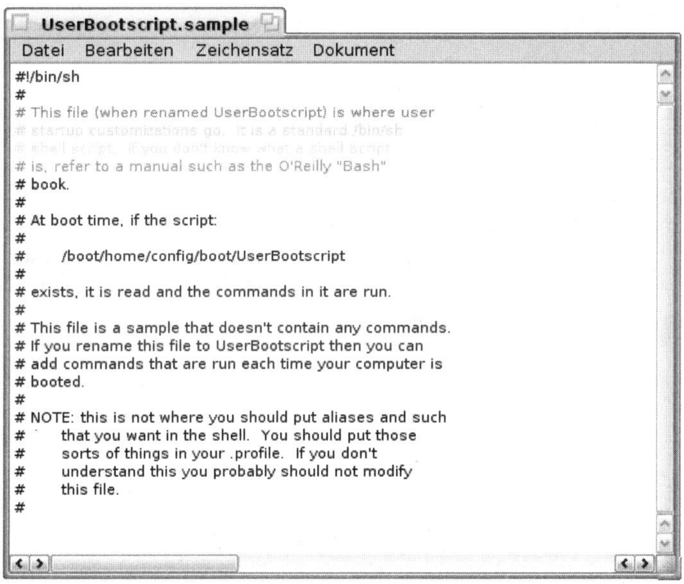

Abb. 17.17: *StyledEdit* ist ein schlanker Texteditor und die Standardanwendung für reine Textdateien

17.14 Uninstall

Uninstall ist ein kleines Werkzeug, dass alle Anwendungen auflistet, die mit dem *SoftwareValet* installiert wurden. Der *Uninstaller* erlaubt es Ihnen, solche Anwendungen zu deinstallieren. Wenn Sie die Anwendungsdateien einfach entfernen, bleiben oft Bibliotheks- und Konfigurationsdateien übrig. Wenn Sie eine Anwendung updaten wollen, ohne die Anwendung zu deinstallieren, können Sie die Dateien einfach überschreiben. Um eine Anwendung aus der Liste zu entfernen, klicken Sie auf *Uninstall*. Ein Dialog-Fenster erscheint nun und gibt eine Warnung aus. Klicken Sie auf *Ok*, um die gewählte Anwendung zu entfernen. Der *Uninstaller* benötigt die *log*-Dateien der installierten Software. Diese werden bei der Installation von *pkg*-Dateien im *Home*-Ordner abgelegt.

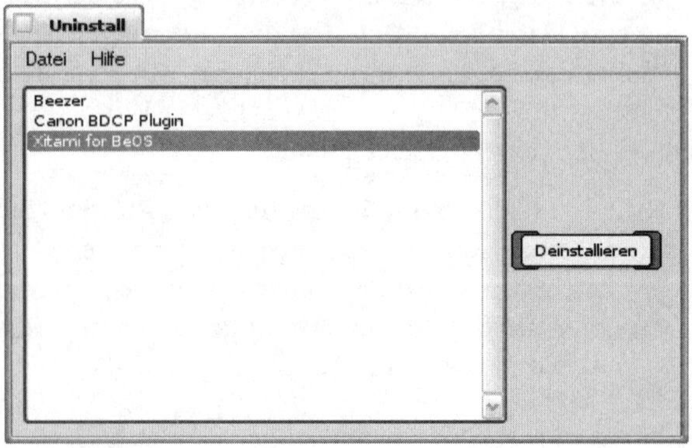

Abb. 17.18: Entfernen Sie Programme wieder mit wenigen Klicks

17.15 Workspaces

Mit diesem Programm können Sie zwischen den einzelnen Workspaces hin- und herschalten. Klicken Sie dazu einfach in den entsprechenden Teilbereich des Fensters. Die Workspaces werden von links oben nach rechts unten angeordnet. Die ersten zwölf Workspaces können Sie bequem über die Tastenkominationen [Alt]+[F1] – [Alt] +[F1] erreichen, weitere erreichen Sie bequem über diese kleine Anwendung. Platzieren Sie *Workspaces* am besten in einer Ecke, damit Sie immer schnell zu Ihrem gewünschten Desktop schalten können.

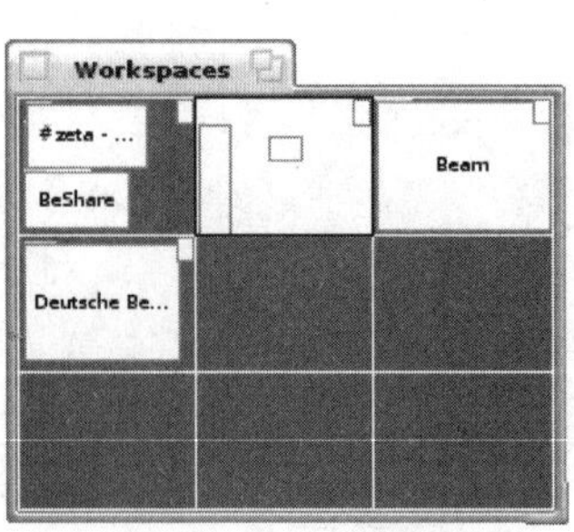

Abb. 17.19: Fügen Sie *Workspaces* am besten gleich zum *Autostart* oder zu *Boot-Skript* hinzu.

17.16 ZetaPC-Info

ZetaPC-Info fasst die Konfiguration Ihres PCs zusammen. Das Programm besitzt eine Werkzeugleiste, in der Sie die gewünschte Kategorie wählen können.

Prozessor

Hier erhalten Sie Informationen über Ihre CPUs. Egal ob Sie eine, zwei oder mehr CPUs in Ihrem System betreiben: Hersteller, Modell, Serie und Betriebsmodus (32 oder 64 Bit) der CPU werden angezeigt.

Im unteren Bereich des Fensters werden die unterstützten Befehlssätze mit einem grünen Häkchen angezeigt. Diejenigen mit einem roten Kreuz werden nicht von Ihrem Prozessor unterstützt.

Geräte

In dieser Sektion sehen Sie detaillierte Informationen über die Geräte in Ihrem System.

Alle Einträge enthalten eine so genannte Hersteller-ID und Produkt-ID. Das sind Nummern, mit denen sich eindeutig der Hersteller und das Modell des entsprechenden Gerätes herausfinden lassen. Die meisten Hersteller-IDs beginnen mit 0x, z. B.: *0x1039*.

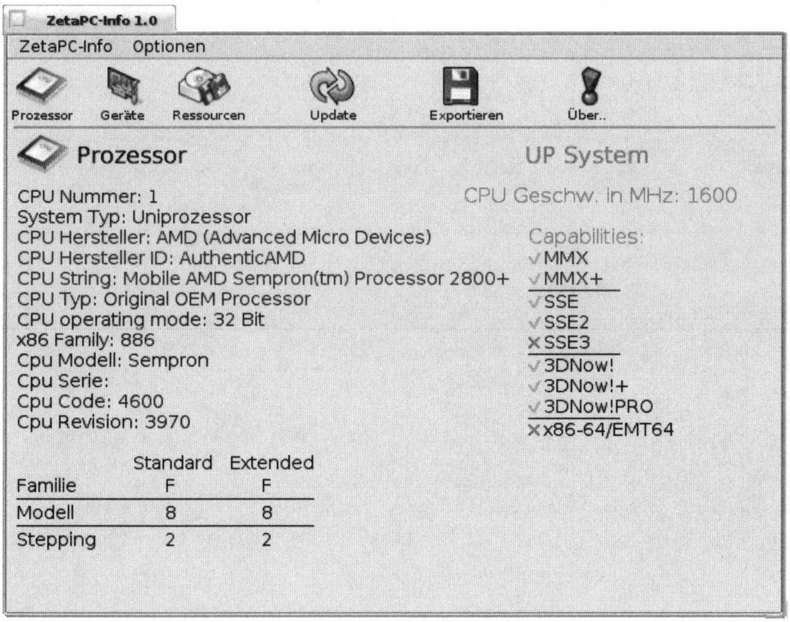

Abb. 17.20: Exportieren Sie die Daten über das Menü, und senden Sie sie bei Problemen an den technischen Support von yellowTAB

Die ersten beiden Einträge zeigen den Chipsatz des Mainboards an. Die darauf folgenden Einträge zeigen die Grafik-, Sound- und Netzwerkkarte an.

Eine besondere Stärke dieser Anwendung ist, dass Sie alle Informationen als Text- oder HTML-Datei exportieren können. Diese exportierte Datei können Sie dann ganz bequem per E-Mail an den yellowTAB-Support senden, falls es Probleme geben sollte. Dadurch kann man Ihnen schneller weiterhelfen.

Ressourcen

Unter *Ressourcen* erfahren Sie, wie viel Abeitsspeicher im System vorhanden ist und wie viel davon gerade benutzt wird. Außerdem werden Informationen über die Festplatten und andere Laufwerke aufgelistet. Zum Beispiel sehen Sie, welche Partionen vorhanden sind, welches Dateisystem diese verwenden und wie viel Speicher noch frei ist.

Tools 18

18.1 Storage Volumes Monitor

Storage Volumes Monitor ist eine Anwendung für den Replikantenbereich in der *Deskbar.* Der SVM zeigt mit Säulen den verbrauchten Platz auf den Laufwerken (Festplatte, CD-ROM usw.) an.

Sie können wählen, ob Sie die Balken für alle gemounteten Laufwerke anzeigen lassen möchten oder nur für die Festplatten.

Die Säulen von SVM sehen den Säulen des *Process Controllers* sehr ähnlich. Sie unterscheiden sich lediglich in den Farben.

Abb. 18.1: Jedes Laufwerk wird durch eine Säule repräsentiert

Per Voreinstellung zeigt SVM kleine Säulen an, die für jedes einzelne gemountete Laufwerk stehen. Wenn es zu viele Laufwerke gibt, zeigt SVM zwei Schaltflächen an, links und rechts. Mit der linken Schaltfläche können Sie sich die vorherige Säule ansehen, mit der rechten Schaltfläche haben Sie auf die nächste Säule Zugriff.

Sie können auf die Säule links klicken, um in das Wurzelverzeichnis der jeweiligen Partition zu gelangen.

Ein Rechtsklick auf SVM startet das Hauptmenü. Das Hauptmenü beinhaltet folgende Unterpunkte:

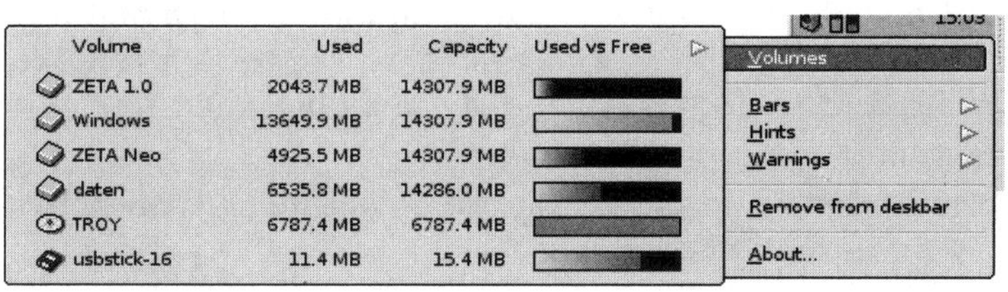

Abb. 18.2: Kontrollieren Sie benutzten und freien Speicherplatz jedes Laufwerks im SVM

- Der am häufigsten genutzte Unterpunkt ist *Volumes*. Er zeigt die Informationen über jedes einzelne Laufwerksymbol, Namen, Speicherplatz, Kapazität und eine Anzeige, wie viel Platz durch Daten belegt ist an. Freier und belegter Speicher sowie die Gesamtkapazität können ein- und ausgeschaltet werden. Öffnen Sie einfach das nächste Untermenü (zeigen Sie mit dem Mauszeiger auf das Menü mit den Spaltennamen), und markieren Sie die Spalten, die angezeigt werden sollen.
- Der nächste Punkt im Hauptmenü ist der *Bars*-Menüpunkt. Hier können Sie das Aussehen der SVM-Säulen verändern.
- *Show removable devices* entscheidet, ob neben der gemounteten Festplatten auch alle Wechseldatenträger aufgelistet werden. Wenn Sie die Funktion *Use fading colors* einschalten, wird in SVM ab der genutzen Prozentmarke die Farbe ausgeblendet. Wenn Ihr Laufwerk zu 27% voll ist, wird die Farbe von 27% zu 100% ausgeblendet. Ist Ihr Laufwerk zu 100% voll, wird die Farbe nicht ausgeblendet.
- *Draw horizontal bar* verändert das Aussehen von SVM in der *Deskbar*. Wenn Sie die Funktion einschalten, wird SVM eine große horizontale Säule anzeigen. Zusätzlich wird ein kleines Symbol angezeigt. Wenn Sie links oder rechts auf die Pfeile klicken, wechseln Sie das Laufwerk.
- *Draw volumes name* lässt sich nur aktivieren, wenn die Option *Draw horizontal bar* eingeschaltet ist. Wenn diese Funktion eingeschaltet ist, zeigt SVM den Laufwerksnamen in der horizontalen Säule an.
- Stellen Sie *Show hints* ein, um Tipps einzusehen.
- *Show with free space percent* und *Show with occupied space percent* sind nur verfügbar, wenn *Show hints* eingeschaltet ist. Sie können eine der beiden Funktionen aktivieren, um beim Darüberzeigen mit der Maus über ein Laufwerk entweder den freien oder den belegten Platz in Prozent angezeigt zu bekommen.
- *Warnings* lässt Sie entscheiden, wann das Programm Sie bei mangelndem Speicherplatz warnen soll. *Show warning when 25% full*, *Show warning when 50% full*, *Show warning when 75% full* und *Show warning when 95% full* sprechen für sich selbst. Wenn Sie eine der Optionen aktivieren, erhalten Sie eine Warnung, sobald die angegebene Prozentzahl überschritten ist.
- *Warn with window* und *Warn with hint* sind die Optionen dazu, wie Sie gewarnt werden wollen. Wenn Sie die Funktion *Warn with windows* aktivieren, wird ein ZETA-*Alarm*-Fenster angezeigt. Wenn Sie die Funktion *Warn with hint* aktivieren, wird der Tipp mit rotem Hintergrund und weißem Text angezeigt. *Warn with Hint* stört weniger den laufenden Betrieb, da es sich nicht in den Vordergrund drängt. *Turn on all warnings* und *Turn off all warnings* sind da, um alle Warnungen ein- oder abzuschalten.
- *Remove from Deskbar* entfernt das Programm aus der *Deskbar*. SVM wird nach einem Neustart erst wieder angezeigt, wenn Sie es aufrufen.

18.2 PhotoGrabber – Digitalkameras ansprechen

PhotoGrabber ist ein Programm, um die Bilder von Ihrer Digitalkamera auf dem Computer zu speichern. Die Benutzung von *PhotoGrabber* ist sehr einfach.

Starten Sie das Programm, und schließen Sie Ihre Digitalkamera an den Computer an. Stellen Sie die Kamera auf Wiedergabe, und schalten Sie sie ein. In *PhotoGrabber* können Sie unter *Datei/ Einstellungen* den Kameratyp auswählen. Sollte Ihr Modell nicht aufgelistet sein, wählen Sie den oberen Punkt *PTP* (Picture Transfer Protocol). PTP ist ein Standard zur Übertragung von Bildern auf den Computer, den sehr viele Digitalkameras unterstützen. Sie können außerdem zwischen *Typ 1* und *Typ 2* wählen. Hier müssen Sie ausprobieren, welcher Typ zu Ihrer Kamera passt.

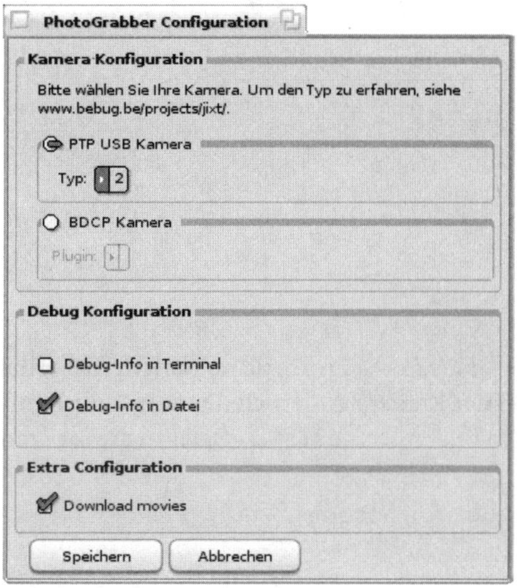

Abb. 18.3: Sehr viele Digitalkameras können Bilder per PTP an den Computer senden

Bei der Testkamera (Canon Digital Ixus i 4.0 MP) für das vorliegende Buch wurde der Typ 2 verwendet. Mit *Speichern* schließen Sie die Fenster, sobald Sie die Einstellungen vorgenommen haben. Die Dateien werden nun aufgelistet. Es wird eine Vorschau des Bilder angezeigt. Die Bilder befinden sich zu dem Zeitpunkt noch nicht auf der Festplatte Ihres Computers.

Wählen Sie nun die gewünschten Bilder aus, die Sie auf dem Computer speichern wollen. Klicken Sie mit gedrückter [↑]-Taste auf die Bilder, um mehrere zu markieren. Stellen Sie den Pfad ein, in dem die Bilder gespeichert werden sollen. Nach dem Markieren der gewünschten Bilder klicken Sie auf *Herunterladen*, um die Bilder lokal zu speichern.

Abb. 18.4: Markierte Bilder erhalten einen grauen Hintergrund

Danach beginnt das Herunterladen der Bilder. Sie sehen einen Fortschrittsbalken. Nach dem Herunterladen können Sie die Bilder unter *Extra/Löschen* von der Kamera entfernen. Eine spezielle Funktion unter *PhotoGrabber* ist die Möglichkeit, ausgewählte Bilder in eine HTML-Datei zu exportieren. Sie finden die *Export*-Funktion ebenfalls im Menü *Extra*.

Abb. 18.5: Hier möchten wir ein HTML-Dokument mit den ausgewählten Bildern erzeugen. Da ziemlich viele Bilder auf der Kamera sind, verwenden wir vier Spalten

Video 19

ZETA hat eine Auswahl von Anwendungen zum Abspielen und Bearbeiten von Videos sowie zum Umwandeln der Dateiformate an Board.

- *BeScreenCapture* – Schneiden Sie das Geschehen auf dem Deskop mit
- *DVD-Player* – Spielen Sie DVDs, Videos und Musik ab
- *Dvg* – Nehmen Sie Videos von der Firewire-Kamera auf
- *Media Player* – Spielen Sie Video und Musik ab
- *StampTV* – Schauen Sie TV über Ihre TV-Karte

19.1 BeScreenCapture – Schneiden Sie das Geschehen auf dem Desktop mit

Das ist eine Anwendung, die den Inhalt des Bildschirms aufnimmt und als »Film« abspeichert. Diese Anwendung ist geeignet, um Benutzern eine Einführung in Ihre Anwendung zu geben. Sie können die Aufnahme in jedem Filmformat abspeichern, das ZETA Ihnen zur Verfügung stellt. Das Programm benutzt *BDirectWindow* für minimalen CPU-Verbrauch. Die Frames werden sofort auf die Festplatte geschrieben.

Für das AVI-Dateiformat gibt es die folgenden Codecs zur Auswahl:

- DivX ;-) MPEG-4 Encoder (DIV3)
- DivX ;-) MPEG-4 Encoder (DIV4)
- DivX ;-) MPEG-4 Encoder (MP43)
- Cinepak Compression
- Indeo5 Video
- Motion-JPEG Compression
- Photo-JPEG Compression
- Raw Video

Wenn Sie QuickTime als Ihr Output-Format wählen, sind folgende Codecs verfügbar:

- Cinepak compression
- Indeo5 video
- Photo-JPEG compression

Natürlich sollten Sie beim Versenden einer Video-Datei auch an die Größe denken. Mit *BeScreen-Capture* können Sie diese auf drei verschiedenen Wegen einstellen.

- Als Erstes sollten Sie die Desktop-Auflösung verringern. Wenn Sie *BeScreenCapture* aktivieren, ist die Auflösung auf 320 × 200 gestellt. Diese Auflösung können Sie dann verändern.
- Sie können auch das Aufnahmefeld ändern. Per Voreinstellung nimmt *BeScreenCapture* den ganzen Bildschirm (*Whole Area*) auf. Sie können auch einen kleineren *Custom Area* (Teilbereich) verwenden.
- Die dritte Option manipuliert die Dateigröße. Sie können hier die Frames per Second einstellen.

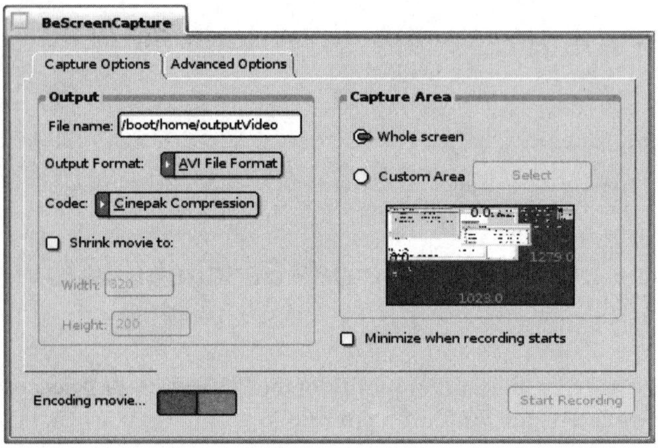

Abb. 19.1: Zeichnen Sie das Geschehen auf dem Bildschirm mit.
Hier wird der Mitschnitt gerade ins AVI-Format enkodiert

Per Voreinstellung sind hier zehn Frames eingestellt. Wenn Sie das aufgenommene Video nicht per E-Mail verschicken wollen, können Sie es auch in einer besseren Qualität aufnehmen. Bei der Einstellung der Frames sollten Sie bedenken, dass eine größere Frames-Anzahl auch mehr CPU-Leistung erfordert.

19.2 DVD-Player – Spielen Sie DVDs, Videos und Musik ab

ZETA kommt mit einem DVD-Player. Wenn Sie eine DVD einbinden möchten, starten Sie am besten den DVD-Player und ziehen das DVD-Symbol vom Desktop hinein und lassen es dort fallen. Sie können auch im Menü auf *Datei* klicken und dann die gewünschte DVD über *Volume öffnen* auswählen.

Abb. 19.2: Der DVD-Player spielt die meisten Video-Formate problemlos ab. Bei DVDs können Sie bequem zu einzelnen Titeln und Kapiteln navigieren

19.3 dvg – Nehmen Sie Videos von der Firewire-Kamera auf

dvg ist ein einfaches Aufnahmeprogramm und arbeitet mit PAL- sowie NTSC-Camcordern zusammen. Die Hardware-Anforderungen sind im Vergleich zu anderen Anwendungen recht hoch:

- Pentium III 450 oder höher
- 64 MB Arbeitsspeicher oder mehr
- Grafikkarte mit »Bitmap-Overlay«-Unterstützung (z. B. 3D Rage Pro Turbo oder G200/400)
- E-IDE ATA/33-Festplatte mit 5400 upm oder höher
- eine Firewire-Karte (1394), Karte (mit OHCI-Chipsatz)

Das Programm ist in zwei Bereiche geteilt: *Transport* und *Aufnahme.*

Im Bereich *Transport* können Sie den Camcorder steuern. Der andere Bereich steuert die Aufnahme. Um eine Dateiliste zu öffnen, klicken Sie auf das kleine Dreieck.

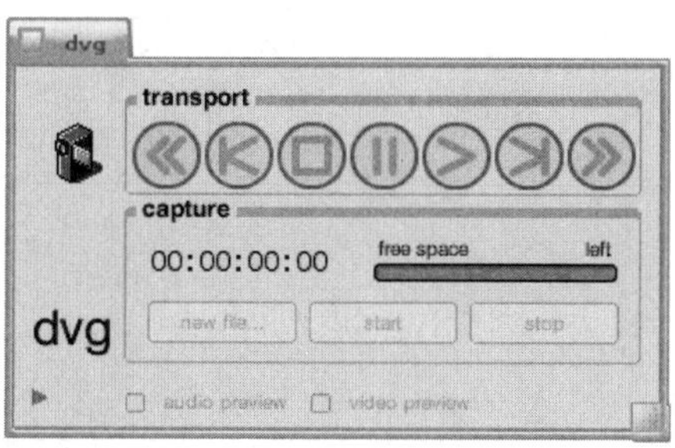

Abb. 19.3: Speichern Sie mit *dvg* Filme von der Firewire-Kamera auf den Computer

Im unteren Bereich können Sie über zwei Optionsfelder die Audio- und Video-Vorschau de- bzw. aktivieren.

19.4 Media Player – Spielen Sie Video und Musik ab

Der *Media Player* spielt eine Vielzahl an Audio- und Video-Dateien auf Ihrem Computer ab. Die Oberfläche besitzt die Standardkontrollflächen, die sowohl für Video als auch für Audio gelten: *Wiedergabe, Pause, Stop, Vorwärts, Rückwärts, Lautstärke* und *Stumm*. Zusätzlich sehen Sie eine Zeitleiste mit einem Regler, mit dem Sie den Zeitpunkt des Stückes einfach verändern können. Bei einer Veränderung wird ohne Verzögerung sofort an der gewünschten Stelle weitergespielt.

Der *Media Player* hat auch einige andere Schaltflächen: *Vollbild* für die Video-Wiedergabe, *Playlist öffnen* und *Aufnahme*. Wenn Sie eine Audio-Datei oder einen Stream abspielen, zeigt das Kontroll-Fenster das Format als Mono, Stereo oder 5.1. Der *Media Player* unterstützt AIFF, WAV, MP3 und AU-Audio-Dateien, MPEG, AVI, QuickTime und Indeo 5 Video-Dateien. Er ist in der Lage, Audio und Video per Stream zu verarbeiten. In der Zeit, in der Sie Dateien erstellen oder bearbeiten, können Sie eine der zahlreichen Internet-Radiostationen einschalten. Diese Server basieren auf dem *ShoutCast*-Format und nutzen das *PLS*-Dateiformat.

Frame Clipping – Bilder aus Videos ausschneiden

Eine Fähigkeit des *Media Players*, die Sie so schnell in keinem anderen Betriebssystem finden, ist das Speichern einzelne Frames direkt aus dem *Video*-Fenster. Drag & Drop haben Sie bereits kennen gelernt. Stellen Sie sich vor, Sie sehen in einem Film einen Moment, den Sie gerne als Bild hätten. Um die Szene als solche zu erhalten, müssen Sie lediglich mit der rechten Maustaste ein Bild aus dem laufenden Video herausziehen. Sie können beim Loslassen der Maustaste wählen, in welchem Format das Bild abgespeichert werden soll. Ziehen Sie den Frame (ein einzelnes Bild eines Videos) mit der linken Maustaste aus dem Fenster, wird dieser im *xpm*-Format abgelegt.

Abb. 19.4: Das *Video*-Fenster des *Media Players*

Tipp Klicken Sie einfach auf *Pause*, um den Film kurz anzuhalten und einen Frame herauszuziehen. Sie erhalten so leichter ein bestimmtes Bild.

19.5 stampTV – Fernsehen über TV-Karte

Diese TV-Anwendung erstellt ein Fernseh-Fenster auf dem Bildschirm. Um sie zu benutzen, benötigen Sie eine Video-Karte, die mit einem Gerät verbunden ist, das ein Videosignal sendet (Video-Rekorder, DVD-Player ...).

Die Einstellungen von *stampTV* sind dieselben wie die der Media-Einstellungen. *stampTV* beinhaltet ein paar weitere Funktionen: *fullscreen, overlay support, named presets, audio control, wheel support und complete keyboard control.*

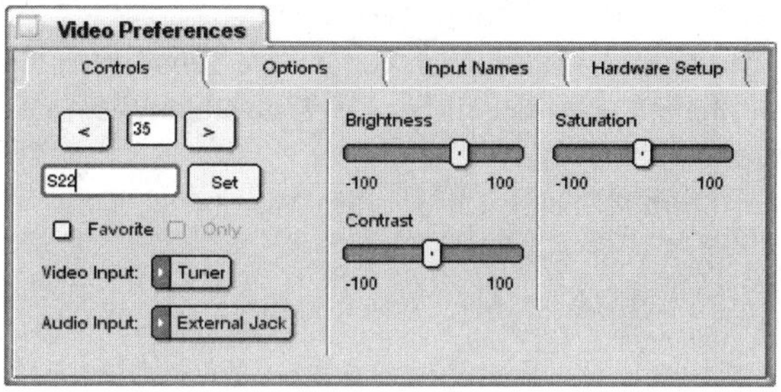

Abb. 19.5: Einstellungen zur TV-Karte

Was Sie im Menü einstellen können

Wenn *stampTV* gestartet wurde, können Sie mit einem Rechtsklick einfach in das Auswahlmenü gehen.

- *Channel* erlaubt Ihnen, den Kanal einzustellen, den Sie sehen wollen.
- *Next Channel* und *Previous Channel* lassen Sie einen Kanal weiter bzw. einen Kanal zurückschalten.
- *Presets*: Wir empfehlen, dass Sie eher Presets als *Channel* nutzen. Diese Funktion gibt Ihnen einen schnellen Zugriff zu den selbst benannten Kanalbeschreibungen.
- *Back to the Last Channel*: Diese Funktion ist besonders nützlich, wenn Sie zwischen zwei Kanälen wechseln wollen.
- *Video Preferences*: Um die Einstellungen der TV-Karte in ZETA zu ändern, benutzen Sie einfach *Medien-Einstellungen.*
- *Video Size*: Hier können Sie die beste von der Karte unterstützte Auflösung wählen.
- *Locked* (*Scale*) gibt Ihnen zwei verschiedene Möglichkeiten, das Verhalten des TV-Fensters zu bestimmen, wenn es verändert wird. Wenn die Funktion aktiviert wurde, wird *stampTV* den Video-Datenstrom der konstanten Größe weiterbeziehen, und die Bilder in Echtzeit dem Fenster anpassen. Das Ergebnis zeigt, dass die Bildqualität sich verringert und der Prozessor mehr arbeiten muss, wenn Sie kein Overlay auswählen. Auf der anderen Seite ist das Verändern der Größe schneller, und Sie können die Fenster beliebig verändern.

- *Full Screen Mode*: Sie sollten die Auflösung und die Wiederhohlfrequenz im Vollbildmodus einstellen. Die Videogröße wird in dem gewählten Modus automatisch so groß wie möglich.
- *Image Tuning*: Hiermit können Sie die Bildqualität einstellen. Sie haben direkte Einstellmöglichkeiten von Helligkeit, Kontrast und Farbe.
- *Audio*: Als Erstes ist das *Source*-Feld aktiviert. Es ist das *Line*- oder *Line out*-Feld. Das hängt von Ihrem System ab.
- *Mute* erlaubt Ihnen, die gewählte Quelle auf *Lautlos* zu stellen, während Ihnen *Volume* die Feineinstellung der Lautstärke erlaubt.
- Das *Volume Up*- und *Volume Down*-Feld erlaubt Ihnen die Lautstärkeeinstellung genauso wie per Tastatur: Nutzen Sie dafür die Pfeiltaste nach oben und nach unten.
- *Preferences*: Erlaubt Ihnen die Einstellungen über die aktivierten Geräte: *No Tab* wählen Sie, wenn das *stampTV*-Fenster einen Rahmen haben soll oder nicht. *On Top* wählen Sie, wenn das Fenster immer im Vordergrund bleiben soll.
- *Window cant be Moved Offscreen*: Hält das *stampTV*-Fenster immer im Monitor.
- *Occupy All Workspaces*: Stellt *stampTV* auf allen Workspaces dar.
- *Disable Screen Saver*: Untersagt ZETA, den Bildschirmschoner zwischendurch zu starten.

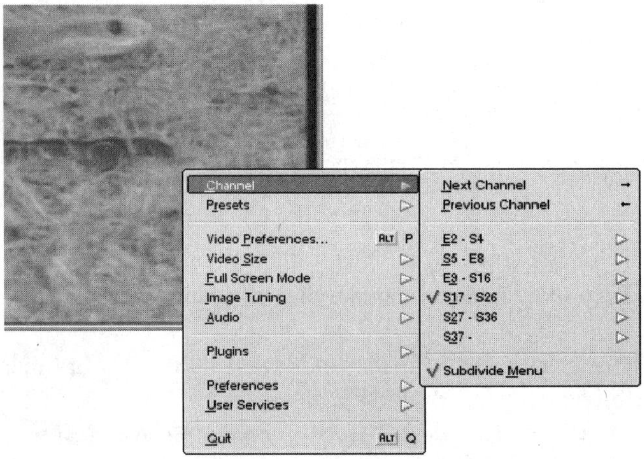

Abb. 19.6: Haben Sie *stampTV* konfiguriert, können Sie sehr einfach diverse Einstellungen vornehmen

Herunterladen und Installieren von Software

20

Sollten Sie unter ZETA weitere Software benötigen, so finden Sie ein Menge davon im Internet. Die deutsche Hauptseite zum Herunterladen von ZETA-Software ist *www.bezip.de*, die internationale Seite *www.bebits.com*. Die Seiten sind für Software für das BeOS erstellt worden, die meisten Anwendungen laufen aber auch unter ZETA. Achten Sie bei Software für das Netzwerk/Internet allerdings darauf, dass Sie die bone-Version herunterladen.

Wenn Sie passende Software gefunden haben, können Sie diese herunterladen. Wenn Sie *Firefox* oder *NetPositive* benutzen, erscheint beim Herunterladen einer Datei ein *Download-Manager.* Wenn der Download fertig ist, können Sie die Datei in */boot/home/Downloads* finden.

Zwei Paketformate

Für ZETA gibt es zwei Paketformate, die am häufigsten benutzt werden: *.pkg* (s. Seite 186) und *.zip*. Falls die Anwendung als *.pkg*-Datei vorliegt, öffnen Sie diese mit einem Doppelklick, sie wird dann mit *SoftwareValet* gestartet. *SoftwareValet* bietet eine einfache Schritt-für-Schritt-Installation für ZETA. Lesen Sie mehr zu diesem Programm im Kapitel *Anwendungen/Systemprogramme/SoftwareValet.*

Einige Dateien, die Sie herunterladen können, sind im *.zip*-Format. Das ist ein komprimiertes Dateiformat, das von nahezu allen Betriebssystemen genutzt wird. Es ermöglicht, große Dateien in Archive zu packen, die weit weniger Platz benötigen.

Um Anwendungen zu installieren, die gepackt sind, müssen diese zuerst mit dem *Expander* oder *Squeezer* entpackt werden. Wenn Sie das Archiv entpacken, entsteht üblicherweise ein Ordner, in dem die ausführbare Datei liegt. Wenn Sie die Datei doppelt anklicken und nichts passiert, starten Sie die Anwendung im *Terminal.* Es könnte sich um ein Shell-Programm handeln. Den Ordner des Programms kopieren Sie am besten nach */boot/home/apps* (diesen Ordner müssen Sie zunächst anlegen).

Software installieren, die nur als Quell-Code vorliegt

Sie können den Quell-Code kompilieren, um die Anwendung unter ZETA starten zu können. Das Werkzeug, das Sie dazu benötigen, ist *make*, es läuft im *Terminal. make* ist nicht der Compiler, sondern eher ein Programm, das den Compiler verwaltet. Durch *make* wird der GNU Compiler aufgerufen, der den Quell-Code kompiliert.

Das Terminal 21

Der Name *Terminal* stammt von den echten *Terminal*-Maschinen, die mit UNIX-Großrechnern verbunden waren. Jedes *Terminal* bestand damals aus einem Bildschirm für Ausgaben und einer Tastatur für Eingaben. Das ZETA-*Terminal* stellt diese Umgebung zur Verfügung. Es erlaubt Ihnen, Eingaben per Tastatur an den lokalen Computer (Ihren Computer) zu senden und das Resultat im *Terminal*-Fenster anzeigen zu lassen.

ZETA ist kein UNIX-basiertes Betriebssystem. Dieses häufige Missverständnis resultiert wahrscheinlich aus dem ZETA-*Terminal* (Bash) und den portierten GNU-Anwendungen, die dafür sorgen, dass man ZETA wie eine UNIX-Maschine bedienen kann, wenn man will. Zudem ist ZETA POSIX-zertifiziert, unterstützt also den grundlegenden UNIX- Standard.

Das *Terminal* ermöglicht den Zugriff auf die ZETA-Shell aus der grafischen Oberfläche heraus. Das *Terminal*-Programm (*ZETA/Software/Systemprogramme/Terminal*) ist im Lieferumfang als Bestandteil des Systems enthalten. Die Shell nimmt Befehle entgegen, die Sie eintippen, startet Programme, die Sie anfordern, und koordiniert prinzipiell alle Aktionen, die zwischen Ihnen und dem Betriebssystem stattfinden. Sie können mehrere *Terminals* starten, in denen jeweils unterschiedliche Dinge passieren. Die grafische Nutzerschnittstelle GUI gibt Ihnen Zugriff auf sehr viele ZETA- und UNIX-Befehle, aber eben nicht auf alle. Einige lassen sich nur über Texteingabe im *Terminal* ausführen.

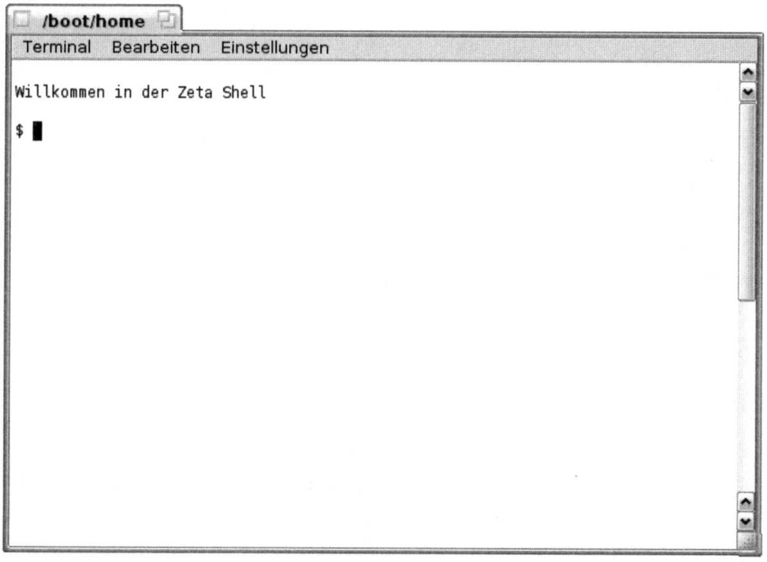

Abb. 21.1: Sobald Sie das *Terminal* gestartet haben, können Sie beginnen, Befehle auszuführen

21.1 Das Terminal-Fenster bedienen

Das *Terminal*-Fenster zeigt eine kleine Willkommensnachricht, darunter die Befehlsmarke (*Prompt*) und dahinter die blinkende Einfügemarke (*Cursor*). Hier können Sie Befehle per Tastatur eingeben. Die Shell zeigt Ihnen immer ein Prompt, um zu signalisieren, dass Sie einen Befehl eingeben können. Der Prompt endet normalerweise immer auf . Während Befehle abgearbeitet werden, verschwindet der Prompt für gewöhnlich und wird nach getaner Arbeit wieder angezeigt. Jeder Befehl repräsentiert den Namen eines UNIX- bzw. POSIX-Programms. Sobald Sie die [↵]-Taste drücken, nimmt die Shell die Eingabe an und startet das jeweilige Programm. Die Bash-Shell behält die Eingaben, die Sie vorher gesendet haben. Mit diesem Feature können Sie oft die häufig eingegebenen Befehle wiederherstellen. Nachdem Sie einige Befehle eingegeben haben, drücken Sie die [↑] -Taste auf Ihrer Tastatur. Wenn Sie einen Befehl auf diesem Weg erscheinen lassen, können Sie den Befehl vor dem Ausführen noch einmal editieren. Die [←] und [→]-Tasten bewegen den Cursor in der Befehlszeile zu den Punkt, an dem Sie die Änderung durchführen wollen.

Schließen können Sie das *Terminal* wie jedes andere Fenster auch, entweder mit der Tastenkombination [Alt]+[W], mit einem Mausklick über das Quadrat links im Fenster oder auch, indem Sie einfach `Exit` gefolgt von der [↵]-Taste eingeben.

21.2 Terminal: die wichtigsten Befehle

Das *Terminal* von ZETA ist weniger mit einem DOS-Fenster aus der Windows-Welt zu vergleichen, als mit der Shell in der Unix-Welt. Wenn Sie ein *Terminal*-Fenster öffnen, sieht das so aus:

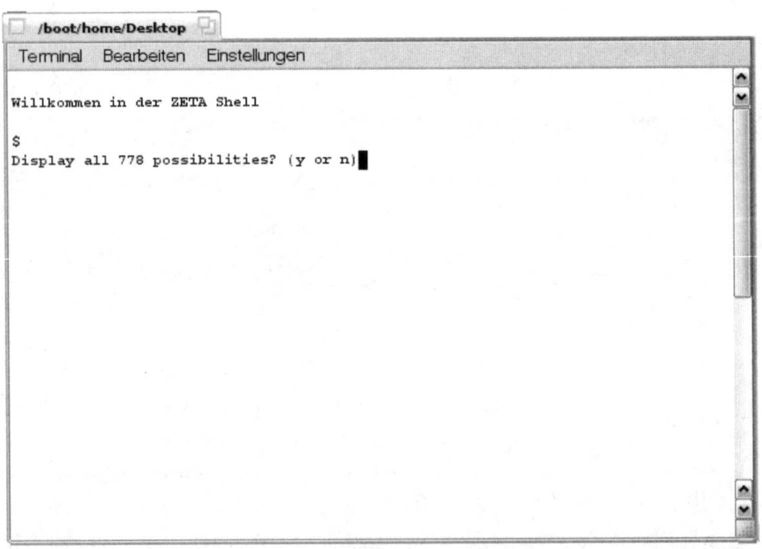

Abb. 21.2: Wenn Sie zweimal die [⇆] [-]-Taste drücken und mit [Y] bestätigen, werden alle verfügbaren Befehle angezeigt

Beispielbefehle:

- `date` – Zeigt das aktuelle Datum.
- `pwd` – Ausgabe des Verzeichnisses.
- `cd` – Verzeichnis wechseln.
- `ls` – Auflisten.
- `mv` – Verschieben.
- `cp` – Kopieren.
- `rm` – Entfernen.

Manche Befehle sind im *Terminal* bereits integriert. Sie müssen nicht als eigene ausführbare Dateien vorhanden sein. Dazu zählen das Starten und Stoppen von Befehlen, das Wiederholen von Befehlen sowie die Navigation durch das Dateisystem.

Gegenüber anderen Betriebssystemen hat ZETA einen wesentlichen Vorteil: Alle Applikationen lassen sich auch aus dem *Terminal* direkt starten, viele davon sogar mit einer direkten Parameterübergabe. *NetPositive* ist so ein Beispiel, ruft man

```
$ Netpositive http://www.yellowtab.de
```

aus dem *Terminal* auf, so wird automatisch der Browser und die gewünschte Website direkt geöffnet.

Schließen Sie das *Terminal*, wird auch die dementsprechend gestartete Anwendung geschlossen. Wollen Sie eine Anwendung allerdings über das *Terminal* hinaus weiterhin geöffnet halten, so geben Sie die Kommandozeile gefolgt von einem »&« ein:

```
$ Netpositive http://www.yellowtab.de &
```

Die Anwendung wird wie im Beispiel oben auch geöffnet und ein Wert wird übergeben:

```
$ NetPositive http://www.yellowtab.de &
67451
```

Dies ist die ID des Prozesses, die an den Prozessor übergeben wurde. Sie können sich alle Prozesse mit anzeigen lassen. Darauf gehen wir später aber etwas näher ein.

Warum aber sollte man diesen Weg gehen? Es wäre doch viel einfacher, einfach den Browser per Maus und Doppelklick zu öffnen und darin die URL einzugeben. Programme aus dem *Terminal* zu starten kann sehr informativ sein.

Eine Parameterübergabe ist sinnvoll, wenn auch das System dahinter die entsprechende Unterstützung bietet. ZETA ist ein solches Betriebssystem. Stellen Sie sich vor, Sie wollen wissen, was wirklich »hinter den Kulissen« passiert. Eine reine Fensterumgebung wird Ihnen hier kaum weiterhelfen, sofern Sie nicht alles in eine Textdatei loggen. Starten Sie das Programm allerdings aus dem *Terminal*, so werden Sie mit vielen wichtigen Informationen versorgt.

Bevor wir nun weiter ins Detail gehen, hier einige wichtige Hintergrundinformationen, die in Ihrem Wissens-Portfolio nicht fehlen sollten.

POSIX

ZETA versucht, sich so weit wie möglich an den POSIX-Standard zu halten. Dies hat den entscheidenden Vorteil, dass Anwender wie auch Entwickler aus der UNIX-Welt (BSD, Linux, Solaris...) sich sehr schnell zu recht finden können. Sie müssen daher unbedingt darauf achten, dass in den Befehlseingaben die Groß-/Kleinschreibung zu beachten ist. `Open` wäre ein anderer Befehl als `open`.

BASH

Die Shell ist die Basis für eine POSIX-Eingabe. Es gibt für POSIX-Eingaben verschiedene Shells: Korn, Bash und andere. yellowTAB stattet ZETA mit der BASH (*Born Again Shell*) aus. Wenn Sie wissen wollen, welche BASH Ihnen zur Verfügung steht, geben Sie im *Terminal* einfach

```
$sh --version
```

ein. Sie werden dann eine Information wie:

$ sh --version

GNU bash, version 3.00.0(10)-release (i586-pc-beos)

Copyright (C) 2004 Free Software Foundation, Inc.

erhalten. Je nachdem, welche Version von ZETA Sie verwenden, kann dies variieren.

Autovervollständigung

Ein weiterer Vorteil in ZETA ist die so genannte *Autovervollständigung*. Das bedeutet, dass Sie einen Befehl oder einen Pfad mit der [⇆]-Taste vervollständigen können. yellowTAB versucht, die Liste der Wörter, die vervollständigt werden können, ständig zu erweitern und zu optimieren. Sollten Sie selbst jedoch darin Änderungen vornehmen wollen, öffnen Sie unter */boot/beos/etc/bash_completion* die Datei *zeta_completion*. Dort können die entsprechenden Änderungen vorgenommen werden.

Kommandozeilen-Infos/Zeilenanfang

Im Gegensatz zu ZETA sind *Unix-Derivate* meistens Multi-User-Betriebssysteme. Da ist es sehr wichtig zu wissen, als welcher User man angemeldet ist. In der ZETA-Shell beginnen alle Zeilen mit einem `$`. Oftmals möchte man aber noch andere Informationen direkt bereitgestellt sehen, wie z. B. den Pfad, in dem man sich gerade befindet, oder den User, der tatsächlich angemeldet ist, die Uhrzeit, Datum usw.

Sie können das selbst anpassen, in dem Sie in */boot/beos/etc* die Datei *profile* öffnen. Gehen Sie an die Stelle `set the prompt`. `prompt` heißt der »Platzhalter«, der standardmäßig auf *$* eingestellt ist.

```
#
# set the prompt
#
PS1=\[\033]0;$PWD\a\]$
```

Sie können hier das $ durch beliebig andere Zeichen ersetzen.

Bash history

Wenn Sie Befehle im *Terminal* eingeben, werden diese Befehle in einem Cache gespeichert. Schließen Sie das *Terminal*, werden diese Befehle in eine Textdatei namens *.bash_history* in Ihrem *Home*-Ordner abgelegt. Existiert die Datei bereits, werden die neuen Befehle am Ende des Textes hinzugefügt. Wenn Sie nun ein *Terminal* starten, werden diese Befehle aus der Textdatei in den Cache geladen. Drücken Sie nun die [↑] -Taste, wird der letzte Befehl im *Terminal* eingefügt. Drücken Sie die Taste noch einmal, wird der vorletzte Befehl angezeigt, usw.

21.3 Unterschiede beim Starten eines Programms aus dem Terminal heraus oder über den Doppelklick

Starten Sie einmal den *Media Player* aus dem *Terminal*, und rufen Sie eine Radiostation auf. Sie werden sehen, dass das *Terminal* Informationen darüber gibt, was der *Media Player* gerade macht. Sie sehen, ob sich der *Media Player* mit einer Radiostation verbindet, ob er einen Zugang zulässt, welche IP sich dahinter befindet, Sie finden diverse Informationen über die Radiostation selbst, welcher Codec in welcher Bitrate geladen wird und vieles mehr. Nur ein geringer Teil dieser Informationen wird Ihnen in der GUI geboten. Warum ist das so? Nun, zunächst können Sie sicher sein, dass alle wichtigen Informationen auch in der GUI ausgegeben werden. Aber stellen Sie sich vor, Sie haben einmal Probleme mit dem Programm und müssen einem Entwickler wichtige Informationen zum *Debuggen* (Fehler suchen und bereinigen) zukommen lassen. Diese Informationen, die Sie dann aus dem *Terminal* erhalten, sind hier entscheidend.

Ein Entwickler baut an alle wichtigen Stellen einen `printf("..\n")` in sein Programm ein und übergibt darin Parameter, die im *Terminal* ausgegeben werden. Für ihn selbst ist dies unabdingbar, um seine Software sauber und stabil zu entwickeln.

open – ein sehr nützlicher Befehl

Wir haben nun erfahren, dass man eine Website mit *NetPositive* im *Terminal* starten kann. Aber sich zu merken, was man mit welchem Programm öffnen kann, bringt uns fast schon wieder in die Welt des Windows zurück, wo ein Anwender alle Endungen und Anwendungen kennen muss, um eine entsprechende Datei zu öffen. Hier kommt der Befehl `open` ins Spiel. Aufgrund der Tatsache, dass ZETA alles über MIME_TYPES regelt und Dateien »scannt«, bevor es diese lädt, lässt sich hier ein sehr großer Vorteil herausstellen. Der Befehl `open` macht nämlich genau das. Er scannt die Datei und durchsucht die Tabelle mit den MIME_TYPES. Darin steht, welche Datei mit welchen Programmen gestartet werden kann.

Eine HTML-Datei kann z. B. mit *NetPositve, FireFox, Pe, StyledEdit, Globe* oder anderen Anwendungen geöffnet werden. In dieser MIME_TYPES-Tabelle ist all dies eingetragen, daneben auch die dafür bevorzugte Anwendung.

Geben Sie also nun z. B.:

```
$ open http://www.yellowtab.de
```

ein.

So erkennt *open*, dass es sich hier um eine Internetadresse handelt. Er prüft, welches Programm dafür als Präferenz hinterlegt ist, öffnet wie im Beispiel ganz oben den Browser und geht direkt zu dieser Website. Interessant wird es, wenn Sie nicht wissen, um welchen Dateitypen es sich handelt! Sie haben z. B. ein PDF-Dokument, aber der Name der Datei ist *yellowTAB.wav*. Unter Windows würde nun der *Media Player* geöffnet werden, und Sie würden mit der Information versorgt, dass die Datei kein gültiges Format besitzt. Geben Sie im *Terminal* ein:

```
$ open yellowTAB.wav
```

Open scannt nun diese Datei, erkennt, dass es sich hierbei um ein PDF-Dokument handelt und startet BePDF mit der Datei.

21.4 Welche Befehle bietet die ZETA-Shell an?

Es gibt drei Ordner in ZETA, in denen ausführbare Tools (*binaries*) abgelegt werden.

- Die Shell-Tools/Tools, die mit ZETA direkt ausgeliefert werden. Sie finden diese in:
  /boot/beos/bin
- Die Shell-Tools/Tools, die für Entwickler wichtig sind. Sie finden diese in:
  /boot/develop/bin
- Die Shell-Tools/Tools, die Ihnen von Drittanbietern bereitgestellt werden. Sie finden diese in:
  /boot/home/config/bin

Wollen Sie sich eine Übersicht über alle möglichen ausführbaren Programme verschaffen, dann öffnen Sie ein *Terminal* und drücken zweimal kurz hintereinander die [Tab]-Taste, dann erscheint:

```
$
Display all 768 possibilities? (y or n)
```

Geben Sie y ein, und eine Liste mit allen Befehlen wird angezeigt.

Sie werden feststellen, das nicht nur die Befehle aus den drei vorher genannten Ordnern aufgelistet werden, sondern auch diverse Anwendungen wie *NetPositive, CDBurner, 3dmiX* usw. Wie das zustande kommt, ist recht einfach. ZETA hat einen Order mit dem Namen */boot/apps*. Darin befinden sich die Untergruppen der verschiedenen Arten von Anwendungen. Einige dieser Anwendungen sind so wichtig, dass sie auch nach */boot/beos/apps* verlinkt oder direkt dort abgelegt werden. Alle Anwendungen, die sich dann in */boot/beos/apps* befinden, werden in diese Auflistung aufgenommen.

Da ZETA aber immer weniger mit diesem Ordner arbeitet, er deswegen auch in den kommenden Versionen wegfallen wird, hat yellowTAB den Befehl `open` (wie oben beschrieben) eingebaut.

Geht Ihnen die Ausgabe über das *Terminal* zu schnell, können Sie den Inhalt einer *Terminal*-Ausgabe auch »umleiten«. Dies ist ein weiterer Vorteil, den Sie in einer Shell-Umgebung haben.

Geben Sie de folgenden Befehl ein:

```
$ tail -f /boot/var/log/syslog
```

Sie sehen dann eine Zeile nach der anderen; langsam füllt sich das *Terminal*. Doch irgendwann wird die oberste Zeile jeweils abgeschnitten. So kann es für Sie wichtig sein diese Informationen permanent zu speichern, damit Sie diese später auf genaue Inhalte durchsuchen können. Geben Sie dazu

```
$ tail -f /boot/var/log/syslog >> /boot/home/syslog
```

ein. Alle Informationen, die vorher im *Terminal* erschienen sind, werden nun direkt in einer Datei abgelegt, in */boot/home* mit dem Namen *syslog*. Dies wird solange fortgesetzt, bis Sie den Vorgang beenden. Es ist ein Unterschied, ob Sie »>>« oder »>« eingeben.

- Geben Sie `$ tail -f /boot/var/log/syslog>/boot/home/syslog` ein, so wird jede neue Zeile zu der alten Datei hinzugefügt. Dabei wird die letzte Zeile gesucht und nach dieser wird begonnen, weiterzuschreiben.
- Geben Sie `$ tail -f /boot/var/log/syslog >/boot/home/syslog` ein, so wird die Datei jedes Mal von neuem angelegt und die alte gelöscht.

Jeder Befehl liefert neben den Basisoptionen auch gewisse Sonderfunktionen. Niemand erwartet von Ihnen, dass Sie die alle kennen. Wir könnten dieses Buch nun mit vielen Seiten Informationen füllen, die es schon im gedruckten Format, als HTML auf unzähligen Webseiten, als Kurzreferenzen usw. gibt.

Um diese Informationen zu sehen, gibt es mehrere Wege.

- Bei Befehlen, die speziell für ZETA geschrieben wurden, geben Sie den Befehl ohne Parameter ein, und drücken Sie dann die [↵]-Taste. Es wird nun angezeigt, welche Parameter Sie verwenden können.

  Beispiel:

  ```
  $ open
  usage: open <file or url or application signature>...
  ```
- Befehle, die aus der Unix-Welt kommen, geben die Parameter über *`--help`* aus:

Beispiel:

```
$ version --help
usage: version [OPTION] FILNAME [FILENAME2, ...]
Returns the version of a file.

        -h, --help              this usage message
        -l, --long              print long version information of
                                FILENAME
        -n, --numerical         print in numerical mode
                               (Major miDdle miNor Variety Internal)
        -s, --system            print system version instead of app
                                version
        --version               print version information for this
                                command
```

Nun können Sie den Befehl mit diesen Parametern erweitern:

```
$ version --version
ZETA
```

Dies gilt allerdings ausschließlich für Befehle und nicht für Anwendungen, die in */boot/beos"apps* abgelegt sind.

21.5 Befehle kombinieren

Sie können mittels »pipe« Befehle kombinieren. Dazu benötigen Sie das Symbol »|«.

```
find . -type f | p4 -x - edit
```

Hier wird ein Dateityp gesucht. Ist dieser gefunden, so wird der Wert automatisch an die Option nach dem »|« übergeben. Dort wird dann die Weiterverarbeitung vorgenommen. Sie können auch einen oder mehrere weitere Arbeitsschritte einbauen:

```
find . -type d -name "obj*" -prune -o -name "*.d" -prune -o -type f -
print -o -type l -print | p4 -x - -s files | grep -F "error: " | sed -e
s/error: //
```

Hier sind es nun vier Schritte, die durchlaufen werden.

1. `find . -type d -name "obj*" -prune -o -name „*.d“ -prune -o -type f -print -o -type l -print`
2. `p4 -x - -s files`
3. `grep -F "error: "`
4. `sed -e s/error: //`

Erst nach dem letzten `pipe` wird die Ausgabe im *Terminal* durchgeführt.

21.6 Skripten ausführen, die nicht per Doppelklick ausführbar sind

ZETA ist sehr mächtig, wenn es darum geht, etwas zu automatisieren. Dazu nimmt man Skripten. Es gibt unter anderem die Möglichkeit, Skripten mit *Python, Perl, PHO* und anderen Sprachen zu erzeugen. Wir wollen uns hier nur auf die BASH beschränken.

Zunächst unterscheidet man zwischen ausführbaren und nicht ausführbaren Skripten. Erkennen können Sie das, wenn Sie ein Skript aufrufen und nichts passiert. Ist ein Skript ausführbar und in einen der *bin*-Ordner hinterlegt, so wird es automatisch in die Befehlsauflistung aufgenommen. Außerdem wird es in die *Autovervollständigung* aufgenommen.

Der Befehl `ls` bewirkt soweit dasselbe, bietet aber unterschiedliche Parameter an wie `dir`. Wie Sie die Parameter erfahren, wissen Sie ja bereits.

Wenn Sie `dir/ls` über das *Terminal* aufrufen, werden Sie feststellen, dass Dateien, die mit ».« anfangen, nicht aufgelistet werden, z. B. *.profile* in */boot/home*.

Um den Status eines Skriptes zu sehen, können Sie `ls` oder `dir` eingeben:

```
$ dir
-rwxr-xr-x  1 baron users  3697 Jan 14 07:14 install.ikis.sh*
-rw-r--r--  1  baron users   901 Jan 30 15:58 profile
```

Hinter `install.ikis.sh*` haben Sie das »*« gesehen. Dies bedeutet, dass ein Skript ausführbar ist. Bei `profile` fehlt dieses. Um dieses `install.ikis.sh*` aufzurufen, geben Sie `install` ein und drücken die [Tab]-Taste. Der Name wird dann automatisch vervollständigt. Dann drücken Sie die [↵]-Taste, und das Skript wird gestartet. Ist es nun nicht ausführbar, gibt es mehrere Möglichkeiten, dieses trotzdem auszuführen.

Angezeigt wurde Ihnen der Status durch `dir` bzw. `ls`:

```
rwxr-xr-x
```

`r` wird hier dreimal wiederholt, da es drei User geben kann: Anwender, Gruppe, Andere. Das ist gekennzeichnet durch:

- `r = read` (Lesen)
- `w = write` (Schreiben)
- `x = executable` (Ausführbar)

Dies wird jeweils für jede einzelne Datei angezeigt. In unserem Skript bedeutet das also, dass alle lesen können, da alle drei das »r« besitzen. Schreiben kann nur der Anwender, da er das »w« besitzt. Ausführbar ist es wieder für alle drei, da jeweils das »x« aufgeführt ist.

Um den Status von *Ausführbar* auf *Nicht-ausführbar* zu ändern, geben Sie Folgendes ein:

```
$ chmod -x install.ikis.sh
```

Nun ist die Datei nicht mehr ausführbar. Das »-x« bedeutet, dass das Attribut »x« entfernt wurde. Umgekehrt würde »+« bedeuten, dass ein Attribut hinzugefügt wird.

21.7 Ein Skript analysieren

Es gibt sehr viele Bücher über die Shell. Daher wollen wir auch hier nur auf ein kleines Skript eingehen und dieses gemeinsam mit Ihnen analysieren.

Die Aufgabenstellung

Wir hatten beim Umstieg von ZETA Neo auf ZETA R1 die Ordnerstruktur in der *Deskbar* geändert. Wenn wir Software in einer Gruppe entwickeln, nutzen wir im Regelfall einen Server, auf den wir alles gemeinsam hochladen. Bei yellowTAB wird die Software vom gleichnamigen Hersteller *Perforce* verwendet. Die Befehle dazu werden mit »p4« abgekürzt.

Beispiel:

Früher war der Ordner, in dem die Links dafür abgelegt wurden */boot/home/config/be/...* Wir wollten daraus nun aber */boot/home/config/ZetaMenu/...* werden lassen.

Dies bedeutete folgende Arbeitsschritte für jede einzelne gezippte Datei, die sich in unserem Sourcetree befindet:

1. Die *Zip*-Datei in *Squeezer* öffnen.
   Prüfen, ob sich eine Verknüpfung an besagter Stelle in der *Deskbar* befindet.
2. p4 (dem Perforce Server) muss mitgeteilt werden, dass die Datei nun bearbeitet werden soll, und er öffnet diese dafür.
3. Wenn ja, dann soll ein temporärer Ordner angelegt werden, um die Datei zu entpacken.
4. Die Verknüpfung soll gelöscht werden.
5. Eine neue Verknüpfung soll angelegt werden.
6. Die Datei muss wieder gepackt (*gezippt*) werden.
7. Die Datei soll wieder auf den Server hochgeladen werden.

Die Tatsache, dass wir in unseren Sourcetree in etwa 400 Zip-Dateien haben, machte diese Einzelschritte zu einer enormen Aufgabe, die Tage oder gar Wochen verschlingen würde. Genau hier wird auch schnell klar, warum ein *Terminal*, die Shell und die Shell-Skripten so viel wert sind.

Um all diese Schritte nicht immer und immer wieder ausführen zu müssen, haben wir ein Skript namens *fixmenulinks* geschrieben und dieses in */boot/home/config/bin* abgelegt:

```
#!/bin/sh

for zipfile in $@; do

                has=$(unzip -l $zipfile | grep home/config/be)
```

```
                workdir=__fixmenulinkpath__

                if [ "x$has" != "x" ]; then
                        mkdir $workdir
                        unzip $zipfile -d $workdir
                        cd $workdir
                        mv home/config/be home/config/ZetaMenu
                        zip -9ry $zipfile *
                        mv $zipfile ../$zipfile
                        cd ..
                        rm -rf $workdir
                        p4 edit $zipfile
                        p4 submit $zipfile
                else
                        echo "$zipfile not changed, no home/
                        config/be dir."
                fi
done
```

Um das Skript auszuführen, ist es nun nur noch notwendig, folgende Eingabe im *Terminal* in dem Ordner einzugeben, wo sich die *Zip*-Dateien befinden:

```
fixmenulinks *.zip
```

Ja, Sie haben richtig gelesen, das ist alles! Das Skript nimmt sich nun Zip-Archiv für Zip-Archiv in dem Ordner vor und geht die Punkte 1-8, die wir oben aufgeführt haben, durch.

Damit Sie das Skript richtig verstehen, lassen Sie es uns im Einzelnen analysieren. Dazu wollen wir Zeile für Zeile des Skriptes durchlaufen:

1. Der Präprozessor muss die Information bekommen, dass es sich um ein Shell-Skript handelt:
   `#!/bin/sh`
2. Da wir alle Zip-Archive in dem Ordner auf einmal durcharbeiten wollen, müssen wir eine Schleife (*for*) und einen Platzhalter ($@) einbauen. *zipfile* ist dabei ein Name für eine Variable:
   `for zipfile in $@; do`
3. In der Variablen `has` wollen wir ein *Zip*-Archiv durchforsten, dazu nutzen wir `unzip -1`. Den Namen des Archivs erhalten wir durch die vorher angelegte Variable `zipfile`. Erinnern Sie sich noch an `pipe : |`? Die Inhaltsangabe des *Zip*-Archivs wird an `grep` übergeben und dort nach genau diesem Ordnernamen *home/config/be* gesucht:
   `has=$(unzip -l $zipfile | grep home/config/be)`
4. Um die Datei bei Bedarf zu entpacken, muss ein Arbeitsverzeichnis angelegt werden:
   `workdir=__fixmenulinkpath__`

5 Sollte sich im `$has` herausstellen, dass der Ordner *home/config/be* vorhanden ist, so wird der Rumpf der Funktion aufgerufen:

```
if [ "x$has" != "x" ]; then
```

6 Ein Verzeichnis mit dem Namen "*__fixmenulinkpath__*" wird erstellt.

```
mkdir $workdir
```

(Noch eine Anmerkung dazu, warum wir hier einen Platzhalter verwenden: Oft wiederkehrende Namen können auch einmal falsch geschrieben werden, der Teufel steckt bekanntlich im Detail. Dadurch, dass wir ein `$workdir` angelegt und einen Ordnernamen als Wert hinterlegt haben, kann hier zumindest nichts mehr passieren):

7 Das *Zip*-Archiv wird dorthin entpackt:

```
unzip $zipfile -d $workdir
```

8 Es wird in diesen Ordner gewechselt.

```
cd $workdir
```

9 Die Verknüpfung soll der neuen Struktur der *Deskbar* angepasst werden:

```
mv home/config/be home/config/ZetaMenu
```

10 Das *Zip*-Archiv wird wieder gepackt:

```
zip -9ry $zipfile *
```

11 Das *Zip*-Archiv wird in den darüber geordneten Ordner verschoben:

```
mv $zipfile ../$zipfile
```

12 In den Ordner des Zip-Archivs wird gewechselt mit:

```
cd ..
```

13 Das *workdir* wird wieder gelöscht (auch rekursiv und auch, wenn es NICHT leer sein sollte (`-rf`)):

```
rm -rf $workdir
```

14 Das *Zip*-Archiv soll nun im Ordner auf dem Server als *zu bearbeiten* gemeldet werden:

```
p4 edit $zipfile
```

15 Das geänderte *Zip*-Archiv wird nun auf den Server geladen:

```
p4 submit $zipfile
```

16 Sollte das *Zip*-Archiv keinen Ordner in der *Deskbar* haben, so ist es auch nicht notwendig, es zu bearbeiten. Es wird also hierher gesprungen:

```
else
```

17 Meldung ausgeben, dass das *Zip*-Archiv nicht bearbeitet werden muss:

```
echo "$zipfile not changed, no home/
config/be dir."
```

18 Die if-Schleife beenden:

```
fi
```

(19) Skript beenden:

```
done
```

Sie sehen, dass viele Teilschritte in einem Skript sehr gut aufgehoben sind und dadurch auch die Fehlerquote erheblich verringert werden kann.

21.8 Eigene Shell-Befehle erstellen

Obwohl es so viele Shell-Befehle und Tools gibt, kommt es auch immer wieder vor, dass man genau das, was man sucht, nicht finden kann. Oft sind es auch banale Befehle, die man immer wieder ausführen muss. Auch hier möchte ich ein kleines Beispiel aus der Praxis geben. In ZETA können Sie in */boot/home* eine Datei mit dem Namen *.profile* anlegen. Sie fragen sich nun vielleicht, woher Sie das noch kennen? Richtig, wir haben *profile* schon weiter oben behandelt. Das Tolle an ZETA ist aber, dass Sie diese vorhandenen Dateien durch eigene erweitern können, ohne die Originaldateien überhaupt zu berühren. Dazu legen wir eine Datei in */boot/home* an. Bleiben wir dazu am besten bei unserem Beispiel weiter oben.

Vorarbeiten

Bevor wir anfangen, müssen wir zunächst mit `p4 edit DATEINAME` die Dateien den Editiermodus versetzen. Dann bearbeiten wir diese, und mit `p4 submit DATEINAME` laden wir die geänderte Datei dann wieder auf den Server. Neue Dateien, die wir erzeugt haben, fügen wir mit `p4 add DATEINAME` in den Sourcetree auf dem Server ein. Jeder andere in der Entwicklergruppe erhält eine E-Mail und kann dann mit `p4 sync` die geänderten und neuen Dateien in seinen lokalen Sourcetree einbinden und das Programm selbst kompilieren. Schnell stellt man aber fest, dass eine Datei, die der Entwickler auf der anderen Seite neu angelegt hat, vergessen wurde und der Ärger bzw. Frust ist vorprogrammiert. Um das zu verhindern, nutzen wir folgenden Befehl:

```
find . -type d -name "obj*" -prune -o -name "*.d" -prune -o -type f -
print -o -type l -print | p4 -x - -s files | grep -F "error: " | sed -e
s/error: //
<eeee>
```

Diesen muss der Entwickler also immer eingeben, wenn er mit seiner Arbeit fertig ist, damit er sicher stellen kann, dass auch alles wirklich auf den Server hochgeladen wurde. Um aber diese Befehlskette nicht immer wieder aufs Neue eingeben zu müssen, haben wir in *.profile* Folgendes eingefügt:

```
function pnit()
{
      find . -type d -name "obj*" -prune -o -name "*.d" -prune -o -type
f -print -o -type l -print | p4 -x - -s files | grep -F "error: " | sed
-e s/error: //
}
```

Wir haben uns also eine Funktion mit dem Namen *pnit()* angelegt. Wenn der Entwickler also in Zukunft seine Sources überprüfen möchte, ruft er nur noch *pnit* im *Terminal* in besagtem Ordner auf und erhält alle gewünschten Informationen.

21.9 Wichtige Terminal-Befehle

Nun kommen wir zu *Terminal*-Befehlen, die oft von großem Nutzen sein können.

Der Befehl cat

`cat`: Gibt den Inhalt der Datei auf dem Monitor aus.

Der Befehl `cat` stammt vom Wort *concatenate* (verbinden, verknüpfen) und kann unter anderem den Inhalt einer Datei anzeigen.

`cat [OPTION] [FILE]...`

Beschreibung: Gibt den Inhalt der Datei aus.

`-A, --show-all`	Genauso wie `-vET`.
`-b, --number-nonblank`	Gibt zusätzlich die Zeilen an.
`-e`	Ggenauso wie `-vE`.
`-E, --show-ends`	Zeigt $ am Ende jeder Zeile.
`-n, --number`	Nummeriert alle Zeilen.
`-s, --squeeze-blank`	Zeigt max. eine Leerzeile hintereinander an.
`-t`	Genauso wie `-vT`.
`-T, --show-tabs`	Zeigt den Tabstopp als ^ an.
`-u`	(Ignoriert).
`--help`	Zeigt die Hilfe und beendet das Programm-Display this help and exit.
`--version`	Zeigt die Versionsinformation an und beendet das Programm.

Ohne Angabe einer Datei zeigt der Befehl das eingegebene noch einmal an.

Der *cat*-Befehl zeigt Ihnen nicht nur die Datei, sondern kann mehrere Dateien auf einmal ausgeben. Natürlich wird dann die Ausgabe sehr groß. Große *Zip*-Dateien sind oft im Internet, in Form von kleinen *Zip*-Dateien verfügbar. Sie können *cat* auch benutzen, um die kleinen *Zip*-Dateien wieder zu einer großen Datei zusammenzufügen: *cat file1.zip file2.zip file3.zip > file.zip.*

Der Befehl cp

`cp`: Dateien und Verzeichnisse kopieren.

Sie können im *Terminal* Dateien und Verzeichnisse mit dem *cp*-Befehl kopieren:

`cp [OPTION]` ... Quelldatei... Zieldatei.

`cp [OPTION]` ... Quelldatei ... Zielverzeichnis.

Als *Option* können Sie folgende Parameter übergeben:

`-a, --archie`	Genauso wie `-dpr`.
`-b, --backup`	Vor dem Löschen ein Backup anlegen.
`-d, --no-deference`	Links mit einbeziehen.
`-f, --force`	Entpacke Dateien ohne nachzufragen, wenn Dateien mit demselben Namen bereits vorhanden sind.
`-i, --interactive`	Frage nach, bevor vorhandene Dateien überschrieben werden.
`-l, --link`	Verlinke die Dateien beim Kopieren.
`-p, --preserve`	Sichere die Attribute wenn möglich.
`-P, --parents`	Kopiere auch die Unterverzeichnisse.
`-r, --recursive`	Kopiert Ordner rekursiv.
`-s, --symbolic-link`	Erstelle Verknüpfung anstatt zu kopieren
`-u, --update copy`	Datei wird nur kopiert, wenn sie aktueller ist als die Datei, die überschrieben werden soll.
`-v, --verbose`	Dokumentiere den Vorgang.
`-V, --version-control=WORD`	Überspringe die Kontrollfunktion.
`-x, --one-file-system`	Benutze dieses Dateisystem.
`--help`	Zeige diese Hilfe an.
`--version`	Zeige die Version an.

Der Befehl ls

: Dateien anzeigen.

Der Befehl `ls` zeigt den Inhalt des Verzeichnisses an:

`ls [OPTION]`

`-A`: Bringt `ls` dazu, versteckte Dateien anzuzeigen. Der Befehl zeigt sonst nur die normalen Dateien an.

`-F`: Bringt `ls` dazu, die Dateien gesondert auszugeben. Ein »/« nach dem Dateinamen steht für ein Verzeichnis, und das »*« steht für eine Datei.

`-AF`: So können Sie beide Befehle gleichzeitig ausführen lassen.

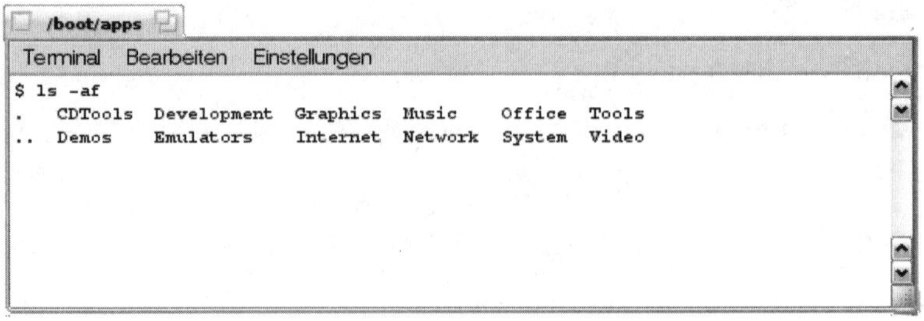

Der Befehl mail

`mail`: Versenden Sie ein E-Mail aus der Kommandozeile:

```
mail [argument1] [argument2]
```

Um eine E-Mail an eine oder mehrere Personen zu versenden, muss `mail` mit der E-Mail-Adresse als Argumente eingegeben werden:

```
mail username@host.domain
```

Der `mail`-Befehl antwortet Ihnen, indem Sie nun den Betreff eingeben können. Geben Sie den Betreff ein, und drücken Sie die [↵]-Taste.

Nun müssen Sie die volle Nachricht schreiben (den eigentlichen Text). Da dies eine sehr einfache Shell-Anwendung ist, müssen Sie am Ende jeder Zeile die [↵]-Taste drücken. Es gibt keinen Zeilenumbruch. Wenn Sie mit der E-Mail fertig sind, drücken Sie die Punkttaste (.) und danach die [↵]-Taste. Sie dürfen also nur zum Schluss der Mail einen Punkt setzen.

Der Befehl make

Mit `make` können Sie Anwendungen kompilieren.

Sie können jegliche Anwendungen unter ZETA laufen lassen, wenn Sie die Software selbst kompilieren. Das Programm heißt *make* und wird im *Terminal* gestartet. *make* ist nicht der eigentliche Compiler, sondern eher ein Programm, das den Vorgang des Kompilierens verwaltet. *make* heißt der GNU C compiler (*gcc*), um den Quell-Code zu kompilieren.

Der Prozess vom Quell-Code bis zur ausführbaren Anwendungen wurde standardisiert.

Starten Sie das *Terminal*-Programm, und gehen Sie mit dem Befehl `cd` in das Verzeichnis des Quell-Codes . Schreiben Sie nun:

```
./configure
make
make install
make clean
```

Mit diesem Programm können Sie die meisten Source-Pakete kompilieren und installieren.

Configure bereitet das *makefile* für den Vorgang vor. Nicht jede im Quell-Code vorliegende Anwendung hat eine *Configure*-Datei. Ein Vorteil von *make* ist, dass es das Programm nicht kompiliert, wenn bereits eine aktuellere Version auf dem Computer fertig ist. Der Befehl `make install` nutzt die Angaben im *makefile*, um das Programm in dem Verzeichnis zu installieren, in dem Sie es ausführen. Der Befehl `make clean` entfernt alle Dateien, die für die komplexeren Anwendungen erstellt wurden und nun nicht mehr benötigt werden.

Der Befehl md5sum

Der Befehl berechnet und überprüft den MD5 (*message digest 5*). Der Algorithmus nimmt als Eingang eine Nachricht und produziert als Ergebnis einen 128-Bit-»Fingerabdruck« oder *message digest.*

Mit `md5sum` wird die momentane MD5-Summe der Datei mit einer bekannten früheren Summe verglichen. So kann man feststellen, ob die Datei verändert oder beschädigt wurde:

```
md5sum [OPTION] [Datei]...
md5sum [OPTION] --check [Datei]
```

`-b, --binary:`	Lies die Datei im Binär-Modus (Voreinstellung in DOS/Windows).
`-c, --check:`	Überprüfe die MD5-Prüfzimmer.
`-t, --text:`	Lies die Datei im Textmodus (Voreinstellung).
`-status:`	Gib keine Meldung aus, wenn der Status erfolgreich ist.
`-w, --warm:`	Warnt bei falscher MD5-Prüfzimmer.
`--help:`	Zeigt diesen Text an.
`--version:`	Zeigt die Version an.

Die Ziffern werden in RFC 1321 berechnet.

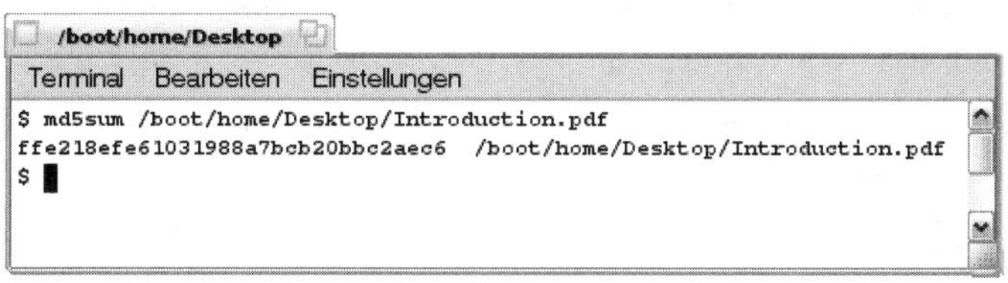

Abb. 21.3: Hier wurde die md5-Summe eines PDF-Dokuments ausgerechnet

Der Befehl pwd (print working directory)

`pwd`: Gib das Verzeichnis aus.

Wenn Sie das *Terminal* fragen möchten, in welchem Ordner Sie sich befinden, sollten Sie den Befehl `pwd` benutzen: Beim Start des *Terminals* ist Ihr Verzeichnis */boot/home*. Das *Terminal* geht davon aus, dass Ihr Arbeitsverzeichnis das *Home*-Verzeichnis ist. Um in ein anderes Verzeichnis zu wechseln, benutzten Sie den `cd_Ordner-` (*change directory*) Befehl mit dem gewünschtem Verzeichnis.

Der Befehl rendersvg

```
rendersvg - svg to png
```

rendersvg ist eine kleine Shell-Anwendung, mit der Sie Bilder vom *SVG*-Format ins *PNG*-Format konvertieren können. Dieses Werkzeug wurde für die meisten Anwendungssymbole in diesem Handbuch verwendet. Zuerst müssen Sie den Programmnamen und die Optionen eingeben.

Folgende Optionen sind verfügbar:

```
rendersvg [svg-Datei] [Breite] [Höhe] [Ausgabedatei]
```

Die *png*-Dateien werden automatisch im aktuellen Ordner gespeichert. Sie können allerdings bei `[Ausgabedatei]` auch einen Pfad mit angeben, z. B. */boot/home/Desktop/Ausgabedatei.png*

Der Befehl telnet

`telnet` ist die älteste, aber weniger sichere Möglichkeit, sich aus der Ferne mit einem Rechner zu verbinden. Dieser Befehl erlaubt es, sich mit diesem Protokoll mit einem anderen Host zu verbinden. yellowTAB warnt davor, das Programm *telnet* für sichere Verbindungen zu nutzen, weil es die Daten nicht verschlüsselt. Alles, was Sie eingeben (Usernamen und Passwort), kann von anderen Nutzern mitgeschnitten werden. Sie sollten das Programm nur verwenden, wenn sich beide Rechner hinter einer Firewall befinden oder beide Rechner komplett vom Internet getrennt sind.

Um sich in ein System einzuwählen, benutzen Sie den Befehl `telnet` zusammen mit dem Domain-Namen bzw. der IP-Adresse des Systems, in dem Sie sich einloggen wollen:

```
$telnet 192.168.1.199
```

Nachdem Sie sich in ein fernes System eingeloggt haben, können Sie die Befehle eingeben, die allerdings nur auf dem fernen System ausgeführt werden.

Wenn Sie eingeloggt sind, schauen Sie auf den Host-Namen. Dieser gibt das System an, in dem Sie sich befinden; das wird immer angezeigt.

Der Befehl wget

`wget` ist ein Befehl, der im *Terminal* ausgeführt, einzelne Webseiten per ftp und http herunterladen kann. Dieses Programm funktioniert auch auf langsamen und instabilen Verbindungen und läuft im Hintergrund. Diese Vorteile zeichnen das Programm für die Sicherung Ihrer Webseite aus. Um einen Download zu starten, geben Sie einfach den Befehl `wget` und die URL ein.

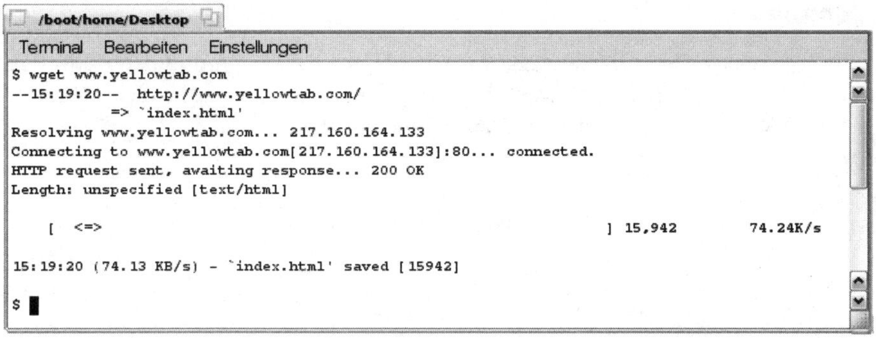

Abb. 21.4: Hier wurde die *index.html*-Seite der yellowTAB-Homepage heruntergeladen

Beispiel:

`wget http://www.beforever.com` lädt die Frontseite herunter. Wenn Sie die rekursive Option wählen (`wget -r http://www.beforever.com`), können Sie alle Unterseiten und Bilder herunterladen. Beachten Sie, dass der Download komplexer Seiten sehr groß sein kann und viel Speicherplatz auf Ihrer Festplatte einnimmt. `wget` erstellt ein Verzeichnis, das so heißt wie die URL, sodass Sie mehrere Webseiten laden können, ohne dass es zu Doppelungen kommen kann. `wget` beinhaltet mehrere Optionen, wie etwa das Einstellen des Benutzernamens und des Passworts für den Zugang zu Homepages, die Tiefenbegrenzung der Verzeichnis-Downloads und vieles mehr.

Der Befehl zip

`zip`: Gepackte Dateien erstellen.

Um eine *Zip*-Datei zu erstellen, geben Sie im *Terminal* einfach `zip` gefolgt von dem Namen des zukünftigen Archivs und anschließend den Dateien an, die in das Archiv gepackt werden sollen:

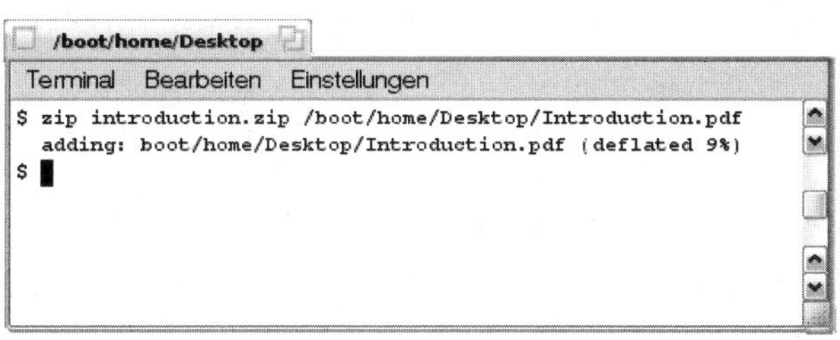

Die Parameter der Funktion `zip` erhalten Sie, wenn Sie `zip` eingeben und dann die [↵]-Taste drücken.

> **Info** Sie können Namen von Dateien und Verzeichnissen ganz bequem per Drag & Drop hinzufügen, in dem Sie die entsprechende Datei/den Ordner in das *Terminal* ziehen.

Der Befehl ifconfig

Dieser Befehl zeigt Ihnen aktuelle Informationen zu Ihren Netzwerkgeräten und deren Konfigurationen an. Sie ersehen daraus die IP-Adresse (*inet addr:*), die Mac-Adresse des Gerätes (*HWaddr:*), den MTU-Wert sowie gesendete und empfangene Pakete.

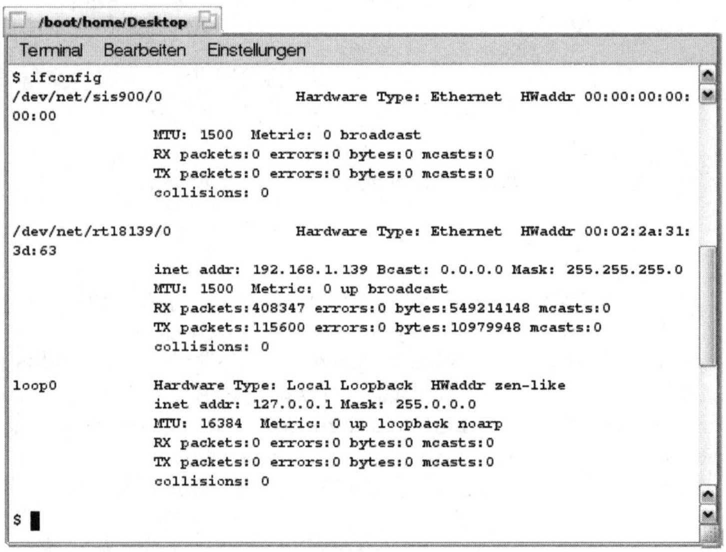

Abb. 21.5: In diesem Rechner befinden sich eine SiS900- und eine Realtek8139-Netzwerkkarte. Die Realtek-Karte ist momentan in Betrieb

loop0 wird immer erscheinen, auch wenn Sie keine Netzwerkgeräte eingebaut haben. Es wird vom Netzwerk-Stack zur Verfügung gestellt.

Der Befehl dhconfig

Mit `dhconfig` können Sie einem Gerät über das *Terminal* die DHCP-Eigenschaft zuweisen:

```
$ dhconfig /dev/net/via-rhine/0 on
```

Das Netzwerkgerät muss natürlich an den jeweiligen Stand angepasst werden.

Geben Sie nur `dhconfig` ein, so werden alle Netzwerkgeräte aufgelistet inklusive der Information, ob für das jeweilige Gerät DHCP aktiviert ist oder nicht.

Der Befehl tail

Der Befehl `tail` gibt die letzten zehn Zeilen einer Datei aus. Dabei ist es egal, um welche Art von Datei es sich handelt. Allerdings ist der Befehl am sinnvollsten, wenn man ihn mit einer Textdatei verwendet. Ein wichtiger Parameter für `tail` ist `-f`: So sehen Sie die Änderungen, die an der

Textdatei stattfinden live im *Terminal*. Der Befehl wird oft genutzt, um die *syslog*-Datei zu verfolgen. Damit eine *syslog*-Datei ausgegeben wird, muss man diese in der *Kernel-Settings*-Datei aktivieren.

Öffnen Sie die Datei *kernel* im Verzeichnis */boot/home/config/settings/kernel/drivers*. Suchen Sie die Zeile `syslog_debug_output true`, und entfernen Sie das Rautezeichen vor der Zeile. Ab dem nächsten Neustart werden Systeminformationen im Verzeichnis */boot/var/log* in einer Textdatei namens *syslog* gespeichert. Um nun immer auf dem Laufenden zu sein, was in diese Datei geschrieben wird, öffnen Sie ein *Terminal*, und rufen Sie folgenden Befehl auf:

```
$ tail -f /boot/var/log/syslog
```

Jedes Mal, wenn ZETA ab nun etwas in diese *syslog*-Datei ausgibt, erscheinen die Veränderungen auch im *Terminal*. Wollen Sie diese Ausgabe beenden, drücken Sie die Tastenkombination [Strg]+[C]. Der Befehl wird vor allem von Entwicklern sehr geschätzt.

Der Befehl ftp

Auch vom *Terminal* aus können Sie auf einen ftp-Server zugreifen. Sie können einfach `ftp` gefolgt vom Server-Namen (Domain oder IP-Adresse) eingeben. Als Nächstes werden Sie dazu aufgefordert, einen Benutzernamen einzugeben; danach wird das Passwort abgefragt. Haben Sie beides korrekt eingegeben, sind Sie mit dem Server verbunden:

$ ftp www.meinedomain.com

Connected to www.meinedomain.com.

220 FTP Server ready.

Name (www.meinedomain.com:baron): max_mustermann

331 Password required for max_mustermann.

Password:230 User max_mustermann logged in.

Remote system type is UNIX.

Using binary mode to transfer files.

Nun können Sie auf dem Server mit denselben Befehlen wie im *Terminal* navigieren. Wenn Sie `help` eingeben und die [↵]-Taste drücken, werden alle gültigen Befehle angezeigt. Mit `cd` wechseln Sie beispielsweise das Verzeichnis auf dem Server, mit `lcd` (*locale change directory*) wechseln Sie den lokalen Pfad.

Sie können nun Dateien auf den Server laden oder Dateien von dort herunterladen. Mit dem Befehl `bin` setzen Sie die Übertragungsmethode auf *Binäre Übertragung*.

Mit dem Befehl `get` gefolgt vom gewünschten Dateinamen wird die Datei vom Server in den aktuellen Pfad geladen (den aktuellen Pfad sehen Sie in der Fensterleiste des *Terminals*).

Mit `put` gefolgt vom Namen der hochzuladenden Datei wird eine Datei auf den Server geladen.

Mit `delete` können Sie Dateien löschen, mit `mkdir` Verzeichnisse anlegen (Ordner erstellen).

Geben Sie `status` gefolgt von der [↵]-Taste ein, erhalten Sie eine Zusammenfassung darüber, welche Einstellungen die Verbindung gerade besitzt.

Um die Verbindung zum Server wieder zu trennen, geben Sie `bye` oder `disconnect` ein, und drücken Sie die [↵]-Taste.

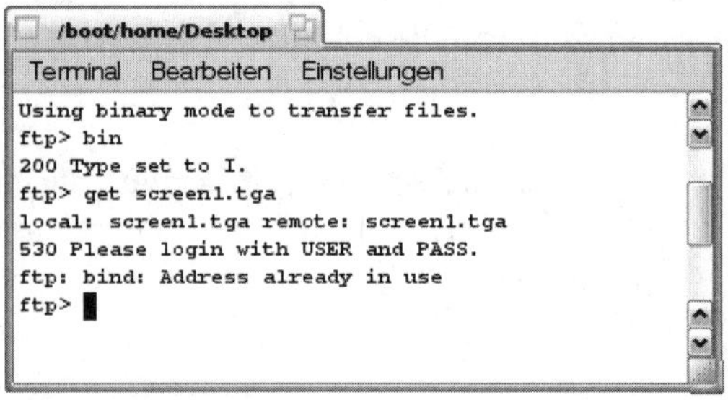

Abb. 21.6: Hier wurde versucht, eine Datei namens *screen1.tga* vom Remote-Rechner herunterzuladen

Der Befehl clear

Dieser Befehl setzt den Eingabe-Cursor wieder an den oberen Rand des *Terminals*, wenn Sie den gesamten Inhalt des *Terminals* löschen wollen.

Der Befehl listattr

Der Befehl `listattr` listet die Attribute einer Datei auf. Sie können die Attribute über das *Terminal* natürlich auch verändern, d. h. neue Attribute hinzufügen (`addattr`) und Attribute löschen (`rmattr`).

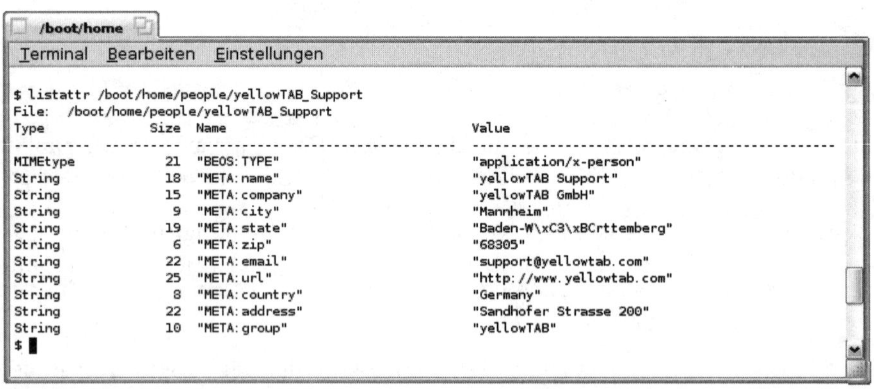

Abb. 21.7: Hier sehen Sie die Attribute einer *People*-Datei

21.10 vi: Ein Texteditor im Terminal

Vollbild-Texteditoren wie *vi*, *Emacs* und *Pico* geben Ihnen die Möglichkeit, Dateien und Programm-Code oder Textdateien zu erstellen und zu bearbeiten.

Starten von vi

Sie können *vi* je nach Verwendungszweck auf verschiedene Arten vom *Terminal* aus starten.

Eine neue Datei erzeugen

Davon ausgehend, dass Sie ein neues Dokument, *new-text*, erstellen wollen und dann Text darin eingeben wollen, geben Sie in der Shell Prompt ein:

```
$ vi new-document
```

vi entdeckt, dass das Dokument (die Datei) nicht existiert und erstellt eine neue Datei und legt einen Pufferspeicher für die Texteingabe an. Um zu signalisieren, dass die Datei leer ist, zeigt *vi* Tilde-Zeichen (~) am linken Bildschirmrand an.

Abb. 21.8: Liebhaber des *Terminals* können ihre Texte auch dort verfassen

Eine bestehende Datei öffnen

Gehen wir davon aus, dass Sie bereits ein Dokument, *old-document*, erzeugt und gespeichert haben. Nun wollen Sie das Dokument erneut öffnen und bearbeiten. Geben Sie im Shell Prompt ein:

```
$vi old-document
```

vi findet das existierende Dokument und öffnet es.

Mit den vi-Modi arbeiten

vi kennt drei verschiedene »Betriebsmodi«: *Edit mode* (Bearbeiten), *Insert mode* (Einfügen) und *Colon mode* (Doppelpunkt -> Befehlsmodus).

Edit (bearbeiten)

vi startet im *Edit Mode*. Dieser Modus erlaubt das Bewegen des Cursors mit den Cursor-Tasten und das Editieren des Textes. Zudem können Sie in den *Insert Mode* wechseln, um Texte zu schreiben. Sie können den *Edit Mode* jederzeit beenden, indem Sie die [Esc]-Taste drücken.

Insert (Einfügen)

Der Einfügen-Modus (*Insert*) setzt den Cursor an eine gewünschte Position im Text. Um in den *Insert Mode* zu gelangen, drücken Sie im *Edit Mode* die Taste [I].

Geben Sie nun Ihren Text ein. Wenn Sie einen Fehler machen, können Sie mit [←] oder [Esc] den Cursor zurückbewegen. Schreiben Sie den Text nun neu. Ist der Fehler in einer anderen Zeile, drücken Sie einfach [Esc], um den *Edit Mode* aufzurufen. Setzen Sie den Cursor an die gewünschte Position, und gehen Sie zurück in den *Insert Mode.*

Hier einige Befehle, um vom *Edit-* in den *Insert Mode* zu gelangen:

- `i` - Einfügen vor dem Cursor.
- `I` - Einfügen am Anfang der aktuellen Zeile.
- `a` - Einfügen hinter dem Cursor.
- `A` - Einfügen am Ende der aktuellen Zeile.
- `o` - Neue Zeile unter der aktuellen.
- `O` - Neue Zeile über der aktuellen.

21.11 Colon Mode (Befehlsmodus)

Der Befehlsmodus heißt Doppelpunkt-Modus (*Colon Mode*), weil er durch die Eingabe eines Doppelpunktes im *Edit Mode* aktiviert wird. Sobald Sie den Doppelpunkt eingeben, erscheint unten im Fenster eine Befehlszeile, angeführt vom Doppelpunkt. Schreiben Sie den Befehl direkt hinter den Doppelpunkt, und bestätigen Sie mit der [↵]-Taste . Einige nützliche Befehle sind z. B.:

- `:w -` Schreibt den aktuellen Text in die geöffnete Datei (Speichern).
- `:w filename -` Schreibt den aktuellen Text in einen anderen Dateinamen (Speichern unter).
- `:r -` Liest den Inhalt der aktuellen Datei in den Speicher (Erneut laden).
- `:r filename -` Liest den Inhalt der Datei *filename* (Dateinamen angeben) in den Speicher.
- `:q! -` Beendet *vi*, ohne die Änderungen am Dokument zu sichern.
- `:wq -` Speichert die Änderungen in die Datei und beendet *vi*.

- `:e filename` - Schließt die aktuelle Datei und öffnet die Datei *filename*.
- `:e #` - Schließt die aktuelle Datei und öffnet die zuletzt davor benutzte.
- Schnelles Beenden erreichen Sie durch `Quick Quit (ZZ)`.
- Wenn Sie *vi* ganz schnell beenden wollen, drücken Sie im *Edit Mode* zweimal auf die [+]-Taste. Die Datei wird gespeichert und *vi* beendet.

Cursor bewegen

Im *Edit Mode* können Sie außer den Cursor-Tasten noch folgende Zeichen und Buchstaben benutzen:

- `h` - Ein Zeichen nach links.
- `j` - Eine Zeile nach unten.
- `k` - Eine Zeile nach oben.
- `l` - Ein Zeichen nach rechts.
- `b` - Anfang des vorigen Wortes.
- `e` - Ende des nächsten Wortes.
- `w` - Anfang des nächsten Wortes.
- `{` - Einen Absatz zurück.
- `}` - Einen Absatz vor.
- `^` - Gehe zum ersten Zeichen dieser Zeile.
- `$` - Gehe zum letzten Zeichen dieser Zeile.
- `[+d` - Eine halbe Seite vorwärts (nach unten).
- `[+u` - Eine halbe Seite rückwärts (nach oben).
- `[+f` - Eine Seite vorwärts.
- `[+b` - Eine Seite rückwärts.
- `G` - Gehe zum Ende der Datei (des Textes).
- `1G` - Gehe zur ersten Zeile der Datei.
- `nG` - Gehe zu Zeile n der Datei (n = Zahl eingeben).

Zusätzliche Befehle für den Edit Mode

Hier einige Befehle, die die Arbeit mit *vi* schneller und effizienter gestalten:

- Zeichen löschen: `x`, `X`
  Um das Zeichen an der Stelle des Cursor zu löschen, drücken Sie `x`.
  Um das Zeichen links vom Cursor zu löschen, drücken Sie `X`.
- Zeichen wiederherstellen: `u`, `U`
  Um das letzte gelöschte Zeichen wiederherzustellen, drücken Sie `u`. Um alle Änderungen an der aktuellen Zeile zurückzunehmen, drücken Sie `U`.
- Text ersetzen: `r`, `R`
  Um ein einzelnes Zeichen auf der Cursor-Position zu ersetzen, drücken Sie `r`, und geben Sie das neue Zeichen ein. *vi* kehrt sofort in den *Edit Mode* zurück.

Um einen Teil der aktuellen Textzeile zu ersetzen, positionieren Sie den Cursor auf das ersten Zeichen, das Sie ändern wollen, und drücken Sie `R`. *vi* befindet sich nun im *Strike-Through*-Modus (Durchstreichen): Der vorhandene Text wird vom neuen einfach überschrieben. Wenn Sie das Ende der Zeile erreichen oder ESC drücken, sind Sie wieder im *Edit Mode*. Sie können auch ganze Wörter effizient automatisch ersetzen, siehe »Suchen und Ersetzen«.

- Text verändern: `c`
  Der *c*- (*change*) Befehl erlaubt es Ihnen, einen ganzen Textblock mit der Tastatur zu markieren und durch einen neuen Text zu ersetzen.
  Positionieren Sie den Cursor auf dem ersten Zeichen des Textblocks, der ersetzt werden soll. Tippen Sie `C` gefolgt von einem *vi text string definition code* (siehe »Einen String definieren«) ein, zum Beispiel `W` um bis zum Ende des Wortes zu markieren.
  vi ersetzt das letzte Zeichen durch ein $-Zeichen (das bei Programmiersprachen sehr oft als Abkürzung für String benutzt wird). Sie können nun den neuen Textteil (die »Zeichenkette«, den String) eingeben. Wenn der neue Text länger als der alte ist, wechselt *vi* in den *Insert Mode*, sobald Sie das $-Zeichen erreichen.
- Text löschen: `d`
  Mit dem `D`- (*delete*) Befehl können Sie einen Textblock mit der Tastatur markieren und dann aus der Datei löschen. Positionieren Sie den Cursor auf dem ersten Zeichen des Textblocks, der ersetzt werden soll. Tippen Sie `D` gefolgt von einem *vi text string definition code* (siehe »Einen String definieren«) ein. Zum Beispiel `W`, um bis zum Ende des Wortes zu markieren. *vi* verschiebt den Textblock in einen Widerrufenspeicher (*Undo Buffer*). Sie können den Text an dieser Stelle wieder einfügen, indem Sie den `U`- (*undo*) Befehl eingeben, oder Sie bewegen den Cursor an eine andere Stelle im Text, an der der Inhalt des Widerrufenspeichers (der gelöschte Textblock) erscheinen soll und drücken `P` (siehe »Cut, Copy und Paste Funktion«).

Cut-, Copy- und Paste-Funktionen

vi erlaubt das Löschen (*delete* bzw. *cut*) oder Kopieren (*copy* bzw. *yank*) eines Textblocks, der dann im Widerrufenspeicher (*Undo Buffer*) landet. Sie können anschließend den Cursor an einer beliebigen Stelle im Text platzieren und den Inhalt des Undo Buffers dort einfügen (*paste*). Der Text, den Sie mit *delete* oder *yank* in diesen Pufferspeicher legen, bleibt auch nach dem Einfügen erhalten, und zwar solange, bis Sie etwas Neues hier hineinlegen.

- Text ausschneiden (*delete*): `d`
  Siehe »Text löschen: d«
- Text kopieren (*yanking*): `y`
  Wenn Sie einen Textblock *yanken* (kopieren), legt *vi* diesen in den Undo Buffer, und der Textblock bleibt trotzdem im Text erhalten. Ideal, wenn Sie Textstellen mehrfach einsetzen wollen. Positionieren Sie den Cursor auf dem ersten Zeichen des Textblocks, der kopiert werden soll. Tippen Sie `y` gefolgt von einem *vi text string definition code* (siehe »Einen String definieren«) ein, um etwa bis zum Ende des Wortes zu markieren. *vi* kopiert den Textteil nun in den Undo Buffer.
- Text einfügen (*pasting*): `P`
  Mit dem `P`- (*paste*) Befehl können Sie den Inhalt des Undo Buffers an einer beliebigen Stelle

im Text einsetzen. Um den Befehl zu benutzen, löschen oder kopieren Sie zunächst einen Textblock (siehe oben). Als Nächstes bewegen Sie den Cursor an die gewünschte Stelle im Text und tippen `P` ein. *vi* kopiert nun den Inhalt des Undo Buffers an die gewählte Position.

Einen String definieren

Die Befehle *delete, yank* und *change* folgen alle demselben Befehlsaufbau:

```
[n] befehl objekt
```

Wobei einen optionalen Zähler darstellt. Der Befehl repräsentiert den normalen Einbuchstabenbefehl und Objekt ist ein Schlüssel, der *vi* sagt, welcher Textteil gemeint ist. Objektschlüssel und deren Bedeutung:

`w` – Wort

- (Von der Cursor-Position bis zum Anfang des Satzes.
-) Von der Cursor-Position bis zum Ende des Satzes.
- { Von der Cursor-Position bis zum Absatzbeginn.
- } Von der Cursor-Position bis zum Absatzende.
- ^ Von der Cursor-Position bis zum ersten Zeichen in der Zeile, das kein Leerzeichen ist.
- $ Vom Cursor bis zum Ende der Zeile.

Zusätzlich gilt: `dd` Löscht die aktuelle Zeile.

- `yy` Kopiert die aktuelle Zeile.
- `cc` Ändert die aktuelle Zeile.

Hier einige Beispiele, die Ihnen helfen, *vi*-Befehle zu lernen:

- `dw` Lösche das Wort.
- `2dw` Lösche die nächsten 2 Wörter.
- `3cw` Ändere die nächsten 3 Wörter.
- `y( yank` Kopiere alles vom Cursor bis zum Anfang des Satzes.
- `c) change` Ändere alles vom Cursor bis zum Ende des Satzes.
- `d{ delete` Lösche alles vom Cursor bis zum Absatzbeginn.
- `y} yank` Alles vom Cursor bis zum Absatzende.
- `c^ change` Alles vom Cursor bis zum Anfang der Zeile.
- `d$ delete` Alles vom Cursor bis zum Zeilenende.
- `5dd` Lösche die nächsten 5 Zeilen.
- `3yw` Kopiere die nächsten 3 Worte.
- `10x` Lösche die nächsten 10 Zeichen links vom Cursor.

Merke: *vi* betrachtet einen Satz als Text, der auf einen Punkt (.), ein Fragezeichen (?) oder ein Semikolon (;) endet und von einer neuen Zeile oder zwei Leerzeichen gefolgt wird. Er betrachtet einen Absatz als Folge mehrerer Zeilen, denen eine Leerzeile folgt.

Nach einem Textteil (»Zeichenkette«, String) suchen

vi erlaubt die Eingabe eines Strings, nach dem in Ihrem Text gesucht werden soll. Gehen wir davon aus, dass Sie Ihren Text nach dem Wort *Boyband* durchsuchen wollen.

Tippen Sie im *Edit Mode* einen Slash (/) ein. Eine Eingabemarke erscheint am unteren Bildschirm- (*Terminal-*) Rand. Geben Sie dort *Boyband* ein, und drücken Sie die [↵]-Taste. *vi* bleibt mit dem Cursor auf dem Anfang des ersten Treffers stehen (falls *vi* den Suchbegriff findet). Sie können nun `n` drücken, um zum nächsten Treffer zu gelangen oder einen neuen Suchbegriff eingeben.

vi umfasst folgende Suchbefehle:

- `/x` Ab Cursor vorwärts nach x (Suchbegriff) suchen.
- `?x` Ab Cursor rückwärts nach x suchen.
- `n` Nächsten Treffer anzeigen (vorwärts).
- `N` Letzten Treffer anzeigen (rückwärts).

Die folgenden Sonderzeichen werden als so genannte Wild-Cards oder Jokerzeichen gebraucht, die Ihnen eine höhere Effizienz beim Suchen ermöglichen.

- `.` Finde jedes einzelne Zeichen. Zum Beispiel würde der Suchbegriff `m . t` folgende Treffer bringen: »Montag«, »Mittag« und »Mittwoch«.
- `*` Finde jeden verwendeten Begriff. Dies würde z. B. beim Suchbegriff `hall*` folgende Treffer liefern: »Halle«, »Hallenplan«, »Hallentür«, »Hall« und »Halle mieten«.

Suchen und Ersetzen

Sie können *vi* dazu benutzen, Ihren Text zu durchsuchen und jeden Treffer durch einen anderen Text zu ersetzen. Wenn Sie also beispielsweise alle Treffer für »Windows« durch »ZETA« ersetzen möchten, geben Sie Folgendes ein:

```
:%s/windows/zeta
```

vi durchsucht die Datei nun nach »windows« und ersetzt sie durch »zeta«.

21.12 Das Terminal-Fenster schließen

Wenn Sie mit dem Benutzen des *Terminals* fertig sind, können Sie die Anwendung schließen. Tippen Sie dazu einfach den Befehl `exit` ein, oder drücken Sie [Alt]+[W]. Damit wird das *Terminal* geschlossen. Die Anwendung sollte nicht durch einen Klick auf die Schließen-Schaltfläche geschlossen werden. Damit werden die laufenden Befehle wie z. B. die Verbindung zu einem anderen PC nicht automatisch beendet.

Kommerzielle Software 22

In diesem Kapitel möchten wir Ihnen einige kommerzielle Programme für ZETA vorstellen. Zu *eXposer* haben wir einen umfangreicheren Bericht geschrieben, diesen finden Sie der Übersicht wegen im nächsten Kapitel.

- *Raycone Insite Constructor*
- *Squeezer*
- *Refraction*
- *Wonderbrush*
- *TuneTracker*
- *TunePrepper*
- *VEvent*

22.1 Raycone InSite Constructor – ein HTML-Editor

InSite Constructor ist ein HTML-Editor. Die Arbeit wird durch die farbliche Hervorhebung der HTML-Syntax enorm erleichtert. Funktionen wie das Einfügen vom HTML-Tags oder die Umwandlung von Sonderzeichen erleichtern die Arbeit zusätzlich. Damit sich Ihre HTML-Seite auch strikt an die Standards hält, wurde eine HTML-Überprüfung integriert. All diese Funktionen erleicherten die Arbeit, und Sie können sich auf das Wesentliche konzentrieren.

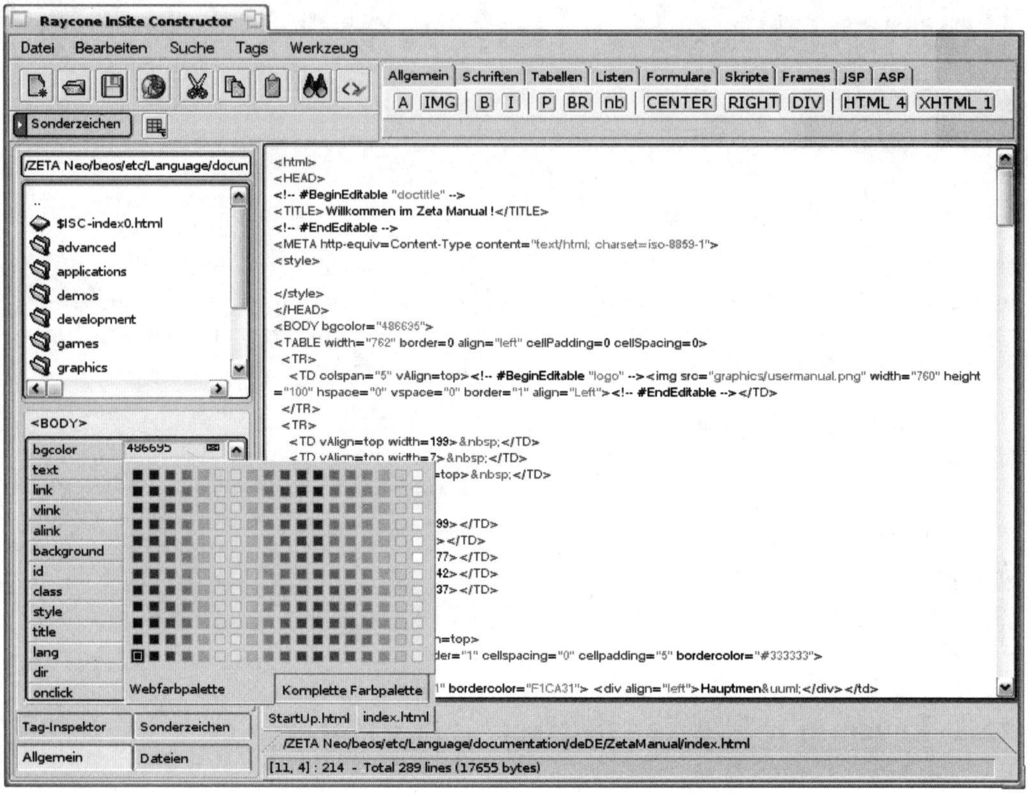

Abb. 22.1: Der HTML-Editor *InSite Constructor* macht das Erstellen von Websites zum Kinderspiel

Die Menüeinträge

- *Datei*: Hier können Dateien geöffnet oder gespeichert werden, außerdem erreichen Sie hier die Hilfe und das *Info*-Fenster.
- *Bearbeiten*: Stellt gewohnte Funktionen bereit, um Elemente auszuschneiden, zu kopieren usw. Sie können über dieses Menü auch die Einstellungen aufrufen.
- *Suche*: Enthält die *Suchen*- bzw. *Ersetzen*-Funktionen.
- *Tags*: In diesem Menü sind eine Vielzahl von HTML-Tags bereitgestellt. Durch Anklicken des Tags wird dieses automatisch an der Cursor-Position eingefügt.
- *Werkzeug*: Enthält folgende drei Werkzeuge: *Tabellenassistent* (erleichtert das Erstellen von Tabellen), *HTML-Überprüfung* (kontrolliert, ob Ihr HTML-Dokument den Standards entspricht) und *Sonderzeichen umwandeln* (wandelt alle Sonderzeichen wie ü, ö in die entsprechenden Tags um).

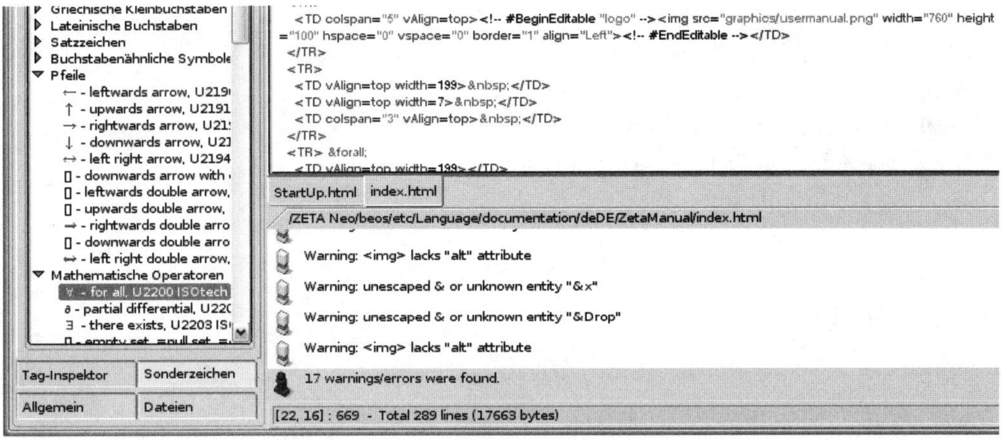

Abb. 22.2: Sie können die Syntax Ihres HTML–Dokuments überprüfen lassen und werden auf Fehler hingewiesen

Die Schaltflächenleiste

Oft benutzte Befehle sind auch schnell über die Schaltflächenleiste zu erreichen:

- *Neu*: Öffnet ein neues leeres Dokument.
- *Öffnen*: Öffnet das Dialogfeld, um eine Datei öffnen zu können.
- *Speichern*: Öffnet das Dialogfeld, um Ihre Datei abzuspeichern.
- *Vorschau*: Startet den voreingestellten Browser mit der Datei, die Sie gerade bearbeiten.
- *Ausschneiden*: Schneidet markierte Bereiche aus.
- *Kopieren*: Kopiert markierte Bereiche.
- *Einfügen*: Fügt den Inhalt der Zwischenablage ein.
- *Suchen*: Öffnet den *Suchen*-Dialog.
- *HTML-Überprüfung:* Startet die HTML-Überprüfung.
- *Sonderzeichen*: Hier können Sie aus einem Untermenü *Sonderzeichen*, die Sie verwenden möchten, einfach durch Anklicken auswählen.
- *Tabelle*: Fügt ein einfaches Tabellengerüst ein.

Die Werkzeugleiste

Sie enthält alle grundlegenden Befehle, die zum Erstellen einer HTML-Seite erforderlich sind, und ist in folgende Bereich unterteilt:

- *Allgemein:* Einfügen von Bildern, Links usw.
- *Schriften*: Überschriften, Schriftgrößen usw.

- *Tabellen*: Einfügen von Spalten, Zeilen usw.
- *Listen*: Enthält Befehle für Auflistungen.
- *Formulare*: Formularfelder, Optionsfelder usw.
- *Skripte*: Befehle für Skripten.
- *Frames*: Befehle zum Erstellen von Framesets.
- *JSP*: Fügt JSP-Befehle ein.
- *ASP*: Fügt ASP-Befehle ein.

Das Bedienfeld

Sie können das Bedienfeld in vier Modi schalten:

- *Tag-Inspektor*: Je nachdem, in welchem Bereich Sie arbeiten, zeigt er entsprechende Befehle an. Wenn Sie sich z. B. im Body einer HTML-Datei befinden, können Sie die Textfarbe per Mausklick festlegen.
- *Sonderzeichen*: Zeigt alle Sonderzeichen in übersichtlich sortierten Kategorien an.
- *Allgemein*: Kombination aus den Modi *Tag-Inspektor* und *Dateien*.
- *Dateien*: Ermöglicht schnelles Öffnen und Verlinken von Dateien.

22.2 Squeezer – mit komprimierten Dateien arbeiten

Squeezer ist ein kommerzielles Programm, das auch mit komprimierten Dateien arbeiten kann und mit ZETA ausgeliefert wird.

Mit *Squeezer* können Sie, weil es in den *Tracker* integriert werden kann, komfortabel und intuitiv komprimierte Dateien erstellen, verändern, betrachten und entpacken.

Wenn Sie *Squeezer* das erste Mal starten, werden Sie gefragt, ob das Programm die Standardanwendung für komprimierte Dateien werden soll. ZETA wird mit dem Expander als Standardanwendung für komprimierte Dateien ausgeliefert. Das können Sie jedoch nach Belieben ändern. Danach werden Sie auch noch gefragt, ob Sie *Squeezer* in den *Tracker* integrieren möchten.

Das *Squeezer*-Start-Fenster enthält vier Schaltflächen:

Abb. 22.3: Das Start-Fenster von *Squeezer*

Archive erstellen

Wenn Sie auf *Neu* klicken, können Sie die zu archivierenden Dateien, das Kompressionsformat und den Dateinamen auswählen.

Aktuell werden folgende Formate unterstützt:

- *.zip* = *Zip*-Archive
- *.tar* = *Tar*-Archive
- *.gz* = *GZip*-Archive
- *.tar.gz* oder *.tgz* = *Tar-GZip*-Archive
- *.tar.bz2* oder *.tbz2* = *Tar-BZip 2*-Archive
- *.rar* = *Rar*-Archive
- *.lha* oder *.lzh* = *Lha*-Archive

Archive betrachten

Klicken Sie auf *Öffnen,* und wählen Sie die gewünschte Datei aus. Unter *Öffne bisherige* finden Sie eine kleine Liste mit den bisher geöffneten Archiven.

Darüber hinaus speichert *Squeezer* in den Archiven noch zusätzliche Informationen wie die Fenstergröße und Position, Sortiermodus, Spaltenposition. So ist es möglich, bereits erstellte Archive im selben Layout öffnen zu können.

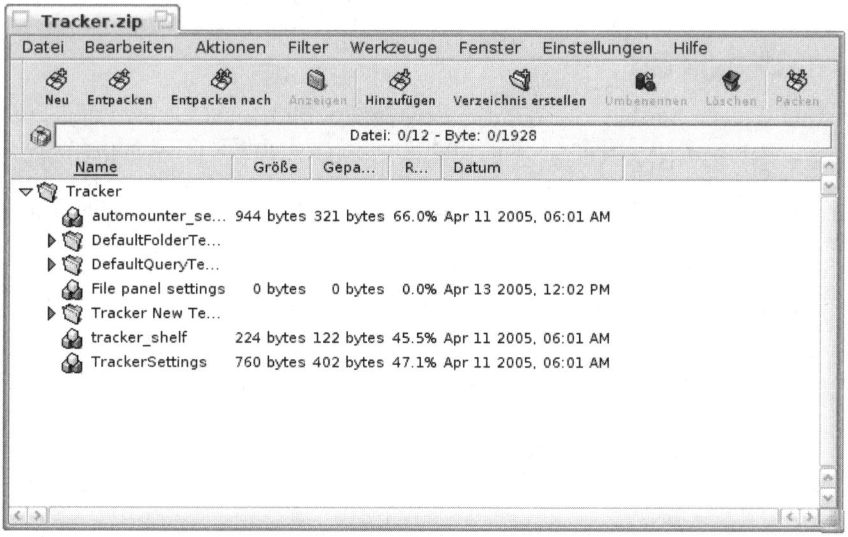

Abb. 22.4: Mit *Squeezer* können Sie auch einzelne Dateien entpacken bzw. aus dem Archiv heraus öffnen

Datensicherung

Sie können *Squeezer* auch als Datensicherungsprogramm benutzen.

Wenn Sie auf *Sicherung* klicken, können Sie in dem dann erscheinenden Fenster über die Schaltfläche *Pfad hinzufügen* Ihre Daten auswählen. Sie können die Dateien einfach per Drag & Drop in das Fenster ziehen.

Wenn Sie alle Dateien ausgewählt haben, klicken Sie auf *Sicherung*. Danach werden Sie nach dem Speicherort, Dateinamen und Kompressionsformat gefragt. Wenn Sie die Datensicherung gestartet haben, werden Sie durch einen Balken über den Fortschritt informiert.

Allgemeine Einstellungen

Standardmäßig werden alle Archive in den Ordner */boot/home/* abgelegt. Diesen Ordner wie auch die anderen Standardordner können Sie nach Ihren Bedürfnissen ändern.

Die Liste der zuletzt geöffneten Archive ist standardmäßig auf 10 gesetzt. Der Standardpacker ist ZIP. Dieser kann natürlich auch verändert werden.

Bei *Anzeigestatus im Archiv speichern* kann eingestellt werden, ob zusätzliche Informationen wie die Fensterposition usw. gespeichert werden sollen.

Unter *Beim Start von Squeezer* können Sie festlegen, was geschehen soll, wenn *Squeezer* gestartet wird.

Mit der letzten Option können Sie *Squeezer* in den *Tracker* integrieren.

Kompressionseinstellungen

Jedes Format hat seine eigenen Einstellungen. Mit der ersten Option können Sie den Pfad zum Kompressionstyp wählen (*zip, gzip, bzip2, rar, lha*) und mit der zweiten den Pfad zum Dekompressionstyp wählen. Bei Kompressionsgrad können Sie einstellen, wie stark die Dateien komprimiert werden sollen. Wenn Sie die Pfade so belassen, wie sie sind, werden Sie keine Probleme mit dem Entpacken/Packen von Dateien haben.

Tracker-Zusatzmodule

Wie oben bereits erwähnt wurde, fragt *Squeezer*, ob er sich in den *Tracker* integrieren soll. Wenn diese Option aktiviert ist, können Sie direkt über den *Tracker* Dateien komprimieren.

Die Werkzeugleiste

In der Werkzeugleiste finden Sie die wichtigsten Funktionen. Alle diese Optionen finden Sie außerdem in dem Menü *Aktion*.

Mit der ersten Schaltfläche *Neu* können Sie ein neues Archiv erstellen. Wenn Sie auf *Entpacken* klicken, wird das gerade geöffnete Archiv entpackt. Bei *Entpacken nach* können Sie den Zielordner auswählen.

Wenn Sie eine Datei markiert haben, können Sie die Schaltfläche *Anzeigen* benutzen. Dann wird die Datei mit ihrem Standardprogramm geöffnet.

Mit den Schaltflächen *Hinzufügen*, *Verzeichnis erstellen*, *Umbenennen* und *Löschen* verändern Sie entsprechend die Dateien im Archiv.

Sie können Dateien auch entpacken, indem Sie sie einfach per Drag & Drop in einen *Tracker*-Ordner ziehen.

Die Statusleiste

Der blaue Balken in der Liste zeigt Ihnen an, wie stark die markierte Datei komprimiert wurde.

Das kleine *Squeezer*-Symbol in der Statusleiste kann auch zum Entpacken benutzt werden. Markieren Sie die gewünschten Dateien, und ziehen Sie das *Squeezer*-Symbol in den Zielordner.

Die Listenansicht

Die Breite der Spalten können Sie einfach verändern, indem Sie den Mauspfeil links oder rechts von der Spalte positionieren und die Spalte dann mit gedrückter linker Maustaste auseinander ziehen.

Die Spaltenposition können Sie verändern, indem Sie die Spalte mit der Maus einfach an eine neue Position verschieben.

Sie können Dateien nach den Kategorien der Spalten sortieren. Klicken Sie dazu auf die entsprechende Spalte. Wenn Sie die Spalte mehrmals anklicken, können Sie zwischen *Aufwärts*, *Abwärts* und *Keine Sortierung* wechseln.

Wenn Sie einige Dateien markieren und danach die Ordner auf- oder zuklappen, bleiben die Einträge darin weiterhin markiert.

Das Kontextmenü

Wenn Sie mit der rechten Maus eine Datei anklicken, wird das Kontextmenü aufgerufen. Das Kontextmenü enthält folgende Optionen:

Ein/Aufklappen: Klappt den Ordner, in dem sich die Datei befinden, ein bzw. auf.

Auswählen/Nicht auswählen: Markiert die Datei oder hebt die Markierung auf. Diese Option gilt auch für in den Ordnern enthaltene Dateien.

Informationen über die Archivdatei:

Im Menü *Datei* können Sie auf *Archiv Info…* klicken und dann weitere Informationen über das Archiv erhalten.

22.3 Refraction – mit Leichtigkeit Fotos bearbeiten

Refraction ist ein High-End-Bildbearbeitungsprogramm, das wie so viele andere Programme auch von ZETAs Multimedia-Eigenschaften profitiert. *Refraction* bringt ein breites Spektrum von Funktionen mit. Es ist gleichermaßen für professionelles Grafikdesign wie auch für den Heimanwender geeignet.

Wenn Sie *Refraction* starten, werden Sie als Erstes nach der Bildgröße und einem Namen für das Bild gefragt. Wenn Sie die erforderlichen Daten eingegeben haben und fortfahren, sehen Sie zwei Fenster. Im linken Fenster ist die Werkzeugleiste enthalten, im anderen Fenster können Sie Ihr Bild bearbeiten. Im *Bildbearbeitungs*-Fenster finden Sie außerdem noch die Hauptmenüs. Das Werkzeug-Fenster enthält ein kleines Menü, in dem Sie zusätzliche Fenster, wie z. B. *Ebenen*- und *Zoom*-Fenster, einblenden können.

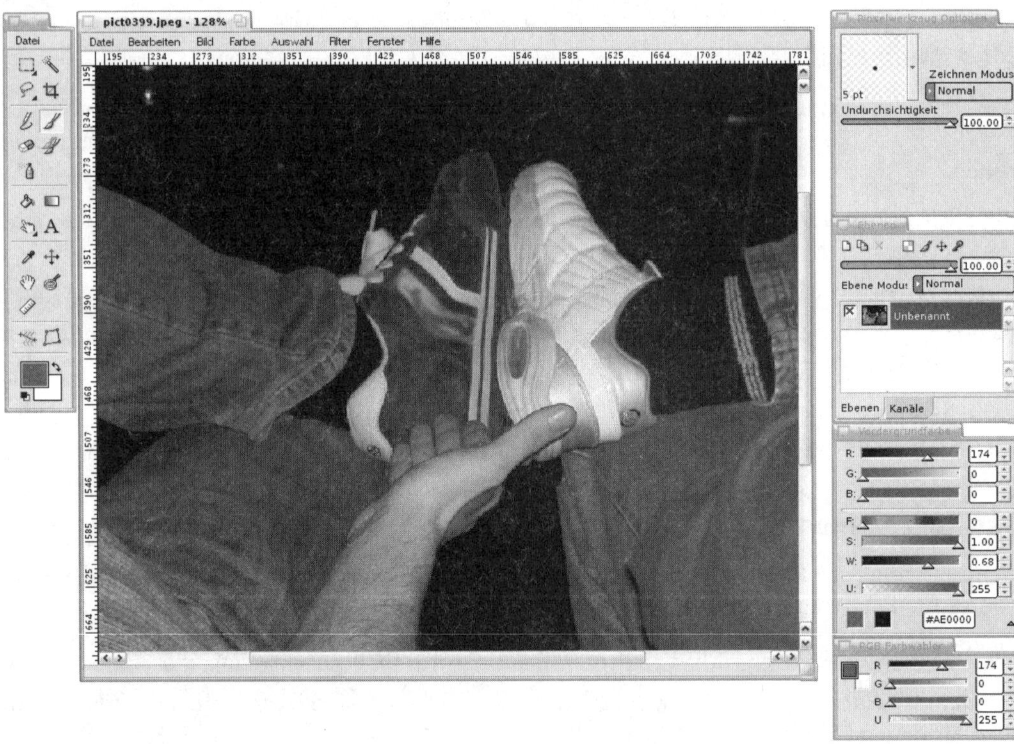

Abb. 22.5: *Refraction* ist ein professionelles Bildbearbeitungsprogramm. Bilder können im Handumdrehen manipuliert werden

Das Werkzeug-Fenster

Bei einigen Werkzeugen ist ein Buchstabe in eckigen Klammern angegeben. Durch Drücken des jeweiligen Buchstabens auf der Tastatur kann das Werkzeug aktiviert werden. Wenn Sie mit der rechten Maustaste auf bestimmte Werkzeuge klicken, können noch weitere Einstellungen vorgenommen werden.

- *Auswahlrechteck [M]:* Ermöglicht das Auswählen (Markieren) von Bildbereichen.
- *Zauberstab [W]:* Wählt Bereiche aufgrund der Farbe aus.
- *Freihandauswahl [L]:* Objekte können »freihändig« markiert werden. Dieses Werkzeug benötigen Sie, wenn z. B. nur entlang der Objektkontur markiert werden soll.
- *Aufnehmen-Werkzeug*: Mit dem Aufnehmen-Werkzeug kann ein Teil eines Bildes markiert werden, indem Sie doppelt auf den entsprechenden Bereich klicken.
- *Stift [P]:* Zeichnet Linien.
  Pinsel-Werkzeug [B]: Ähnlich wie das Stiftwerkzeug, jedoch kann man die Breite des Pinsels verändern.
- *Radierer [E]:* Radiert Bildteile weg.
- *Cloner [C]:* Ermöglicht das Clonen von Bildbereichen.
- *Farbspray [S]:* Bildet den Spray-Effekt nach.
- *Füllen [F]:* Geeignet, um komplette Flächen auszufüllen.
- *Verlauf-Werkzeug [G]:* Erzeugt Farbverläufe.
- *Retuschieren-Werkzeug [R]:* Damit können Sie z. B. Objekte wegretuschieren.
- *Text-Werkzeug [T]:* Damit können Sie Texte in Ihr Bild schreiben.
- *Farbwähler [D]:* Wählt eine Farbe aus dem Bild als Malfarbe.
- *Ebene bewegen [V]:* Kann Ebenen verschieben.
- *Hand-Werkzeug [H]:* Wenn Sie nur einen Ausschnitt Ihres Bildes sehen, können Sie das Bild mit dem Werkzeug einfach zur Seite schieben, um andere Bereiche sehen zu können.
- *Vergrößern [Z]:* Ermöglicht es, in das Bild hineinzuzoomen.
- *Meßwerkzeug:* Hier können Sie einen Strich zeichnen. Dessen Start- und Endkoordinaten, Länge und Winkel werden dann in der Statusleiste angezeigt.
- *Warp [I]:* Erzeugt eine Wölbung.
  Perspektive-Werkzeug: Verändert die Perspektive nach Belieben.
- *Vorder- und Hintergrundfarbe:* Wenn Sie beispielsweise den Stift benutzen, müssen Sie die linke Maustaste drücken, um mit der Vordergrundfarbe zu malen. Für die Hintergrundfarbe müssen Sie die rechte Maustaste benutzen. Die Farben können Sie ändern, indem Sie doppelt auf das Rechteck *Hintergrund-* oder *Vordergrundfarbe* klicken. Dann öffnet sich ein Fenster, in dem Sie eine beliebige Farbe auswählen können.

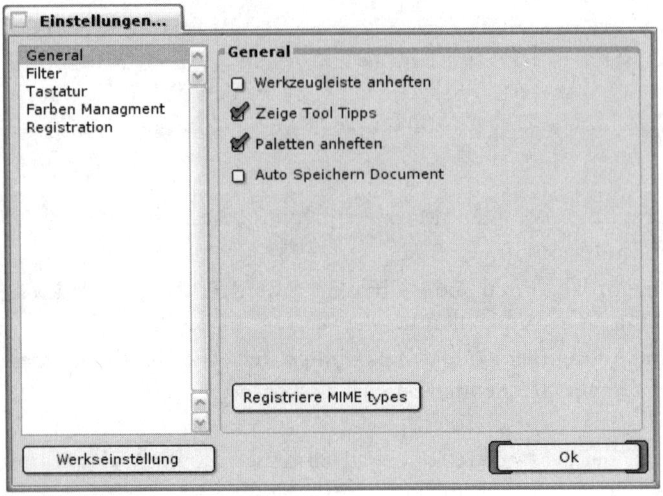

Abb. 22.6: *Refraction* lässt Sie die *Werkzeug*-Fenster, die sonst lose auf dem Desktop liegen, auch an das Haupt-Fenster haften

Das Bildbearbeitungs-Fenster

Am oberen und linken Rand sehen Sie ein Lineal, das Sie bei der Bildbearbeitung unterstützt. Ganz unten links in der Statusleiste wird der Zoom-Faktor in Prozenten angezeigt. Rechts in der Statusleiste werden die Koordinaten des Mauspfeils angezeigt. Noch weiter rechts daneben ist ein kleiner Balken, der Sie über den Fortschritt bestimmter Funktionen informiert.

Die Hauptmenüs

In den Hauptmenüs erreichen Sie die verschiedenen Funktionen und Einstellungsmöglichkeiten von *Refraction*. Wenn Sie sich häufig verwendete Shortcuts merken, können Sie Ihre Arbeitsweise beschleunigen.

- *Datei*: Hier können Dateien geöffnet, gespeichert, im- und exportiert werden.
- *Bearbeiten*: Dort können Sie Vorgänge wieder rückgängig machen und Bereiche eines Bildes ausschneiden, kopieren und einfügen.
- *Bild*: Hier können Sie Bilder drehen und kippen, Farbkanäle (rot, grün, blau) neu setzen sowie die Größe der Leinwand (der Fläche, auf der das Bild liegt) verändern.
- *Farbe*: Passen Sie hier die Farben Ihres Bildes an. Sie können den Kontrast, die Helligkeit und die Sättigung neu setzen.
- *Auswahl*: Unter Auswahl versteht man die Markierungsrahmen. Diese können z. B. vergrößert, verkleinert, gelöscht und anderweitig verändert werden.

- *Filter*: In diesem Menü finden Sie diverse Effektfilter, mit denen Sie Ihr Bild bearbeiten können.
- *Fenster*: Dort können Sie z. B. zwischen unterschiedlichen Fenstern wechseln oder den Vollbildmodus aktivieren.
- *Hilfe*: Im Menü Hilfe kann die Online-Hilfe aufgerufen und abgefragt werden, welche Version von *Refraction* benutzt wird.

22.4 WonderBrush – High-End-Vektorgrafiken erzeugen

WonderBrush ist ein großartiges, vektororientiertes Malprogramm und kombiniert leistungsfähige Funktionen und Werkzeuge mit einer intuitiv zu bedienenden Oberfläche.

Im *Haupt*-Fenster können Sie mehrere Bilder bzw. Grafiken gleichzeitig bearbeiten, die natürlich auch Ebenen enthalten können. Die Ebenen können dann wieder mehrere Objekte enthalten.

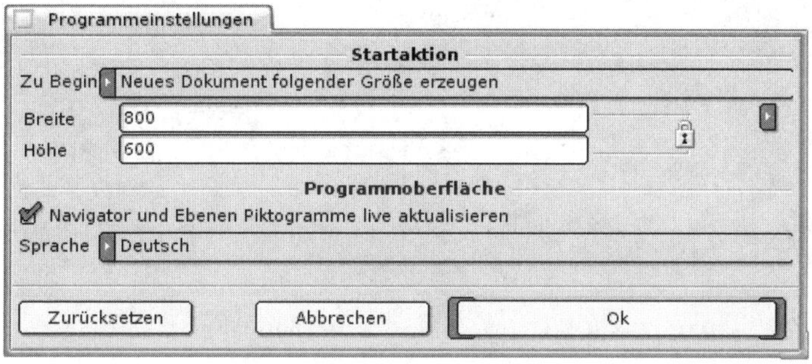

Abb. 22.7: Legen Sie das Verhalten von *WonderBrush* beim Starten fest

Im Menü *Datei* finden Sie die wichtigsten Funktionen, um Bilder zu öffnen, zu speichern oder zu drucken. Rechts daneben im Menü *Bearbeiten* können Sie Änderungen rückgängig machen und auch die *Einstellungen* aufrufen. Dort kann unter anderem die Sprache gewählt werden. Wenn Sie den Bildschirm bestmöglich ausnutzen wollen, empfiehlt es sich, den Vollbildmodus zu aktivieren. Sollten Sie mit *WonderBrush* noch nicht vertraut sein, empfiehlt es sich, die Option *Tipps einblenden* zu aktivieren. Wenn Sie dann mit dem Mauspfeil auf ein Werkzeug zeigen, wird kurz darauf dessen Funktion angezeigt.

Direkt unter den Menüs finden Sie noch die wichtigsten Funktionen aus dem *Datei*-Menü. Rechts daneben finden Sie *WonderBrushs* Werkzeuge. Wenn Sie ein Werkzeug aktivieren, können Sie im Bereich über den Werkzeugen die Einstellungen des Werkzeugs festlegen. Beim *Weichzeichner* z. B. können Deckkraft, Radius, Schärfe und Abstand eingestellt werden. Ganz rechts können Sie die *Malfarbe* auswählen. Die Werkzeuge können Sie auch mit einem Rechtsklick ins Bild auswählen, Sie müssen deshalb nicht immer in die Menüleiste klicken.

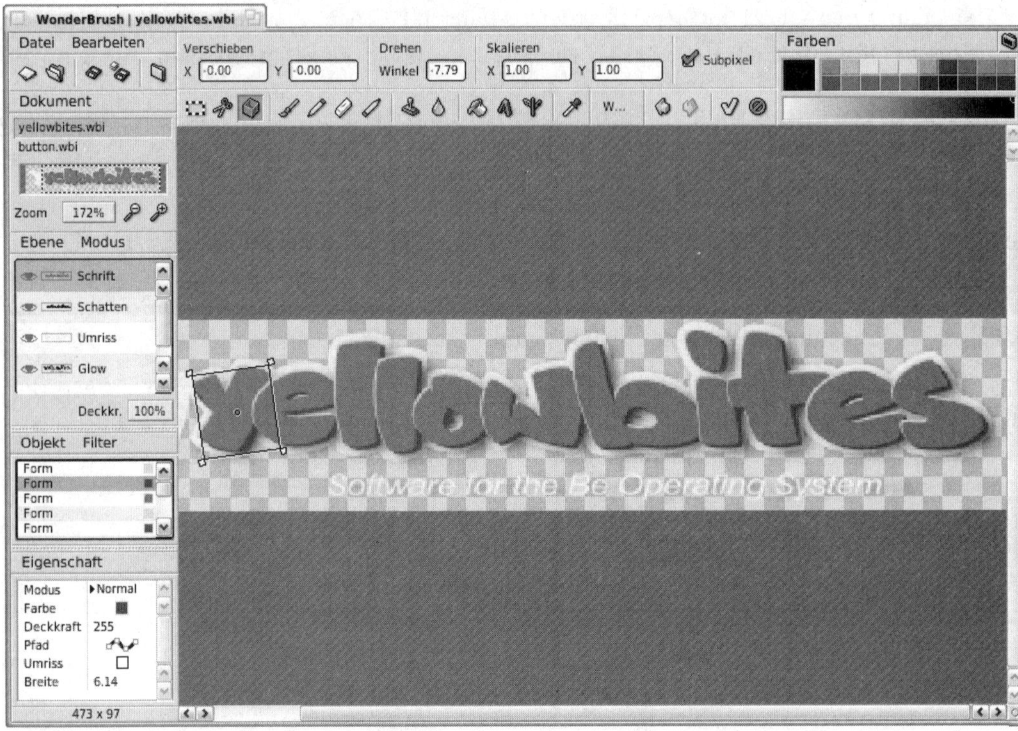

Abb. 22.8: Mit Wonderbrush können Sie verschiedene Objekte und Ebenen verwalten. Tutorials finden Sie auf der Website des Herstellers, *http://www.yellowbites.de*.

Links oben sehen Sie Ihr Bild in einer Miniaturansicht. Wenn Sie in Ihr Bild hineingezoomt haben, sehen Sie in der Miniaturansicht einen Rahmen. Er stellt den Bildausschnitt dar. Sie können den Rahmen an eine andere Stelle ziehen, um einen anderen Bildausschnitt sehen zu können. Darunter finden Sie Schaltflächen, um den Zoom-Faktor einzustellen. Benutzen Sie einfach die beiden Lupen, um hinein- bzw. herauszuzoomen. Wenn Sie auf die Prozentzahl klicken und die Maustaste dabei gedrückt halten, können Sie den Zoom stufenlos durch Bewegen des Schiebereglers einstellen.

Sollten Sie mehrere Bilder geöffnet haben, werden die Dateinamen über der Miniaturansicht angezeigt. Unter der Miniaturansicht werden die Ebenen angezeigt. Wie beim Zoom befindet sich auch hier ein Regler, mit dem Sie stufenlos die Deckkraft der Ebene einstellen können. In den Menüs *Ebene* und *Modus* können Sie beispielsweise einzelne Ebenen kopieren oder deren Kontrast einstellen.

Im Bereich darunter sehen Sie das *Objekt*-Fenster; wie auch bei den Ebenen, können Sie hier z. B. auch die Helligkeit oder den Kontrast ändern. Im *Eigenschaften*-Fenster können die Objekteigenschaften geändert werden.

Ganz unten sehen Sie die Koordinaten des Mauspfeils. Wenn der Mauspfeil außerhalb des Bildes ist, wird die Auflösung des Bildes angezeigt.

22.5 TuneTracker – die eigene Radiostation

Der *TuneTracker* ermöglicht Ihnen, eine komplette eigene Radiostation ins Leben zu rufen. Er ist sehr flexibel, einfach zu handhaben und erlaubt es, einfach preiswert Radiostationen (auch im Internet) zu betreiben.

TuneTracker kann für kommerzielles, privates Firmen-, Krankenhaus- oder auch Internet-Radio benutzt werden. Es ist übersichtlich zu bedienen. Nur die Bedienelemente, die Sie ja auch oft benötigen, sind auf den ersten Blick zu sehen.

Es ist egal, was für eine Radiostation Sie betreiben wollen, ob eher weniger oder mehr Musik, Nachrichten oder Live-Sendungen gespielt werden sollen. Das Programm, das später gesendet werden soll, wird über so genannte *Program Logs* zusammengestellt. Beispielsweise wird über einen Befehl im *Program Log* eine Überblendung eingeleitet.

TuneTracker beherrscht eine *TimeCorrect*-Funktion, die es ermöglicht, die Nachrichten auch wirklich zur vollen Stunde beginnen.

TuneTracker können Sie auch für öffentliche Ansprachen benutzen. *TuneTrackers* Anwendungsgebiete werden nur durch Ihre Fantasie eingegrenzt.

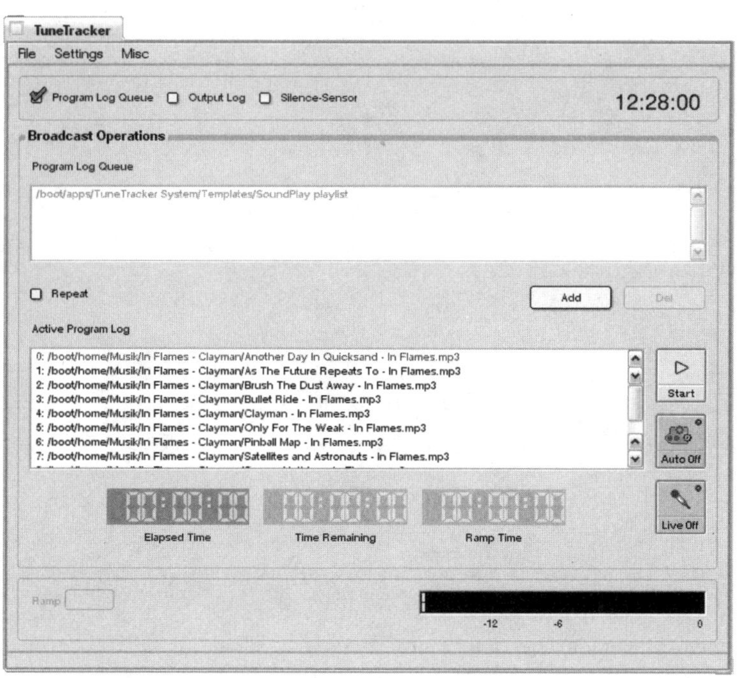

Abb. 22.9: Sehr übersichtlich und intuitiv präsentiert sich das Haupt-Fenster von *TuneTracker*

Zurzeit ist *TuneTracker 3* bei den Beta-Testern. Laut den Entwicklern wird diese Version eine komplette neue Oberfläche haben sowie das ZETA LocaleKit eingebaut haben.

22.6 TunePrepper – Aufbereiten von Audio-Dateien

Titel, die einfach von der CD »gerippt« und in das MP3-Format umgewandelt wurden, müssen erst noch normalisiert, die Pause am Anfang und Ende des Titels muss angepasst werden, außerdem müssen die Titelinformationen in die Attribute integriert werden. Diese ganzen Aufgaben erledigt der *TunePrepper* in einem Schritt.

Anstatt im MP3-Format können Sie die Musik natürlich auch in anderen Formaten speichern. Feineinstellungen der einzelnen Codecs lassen sich auch vornehmen.

Dieses leistungsfähige Programm ermöglicht Ihnen die sorgfältige Pflege Ihres wertvollen Musik-Archivs.

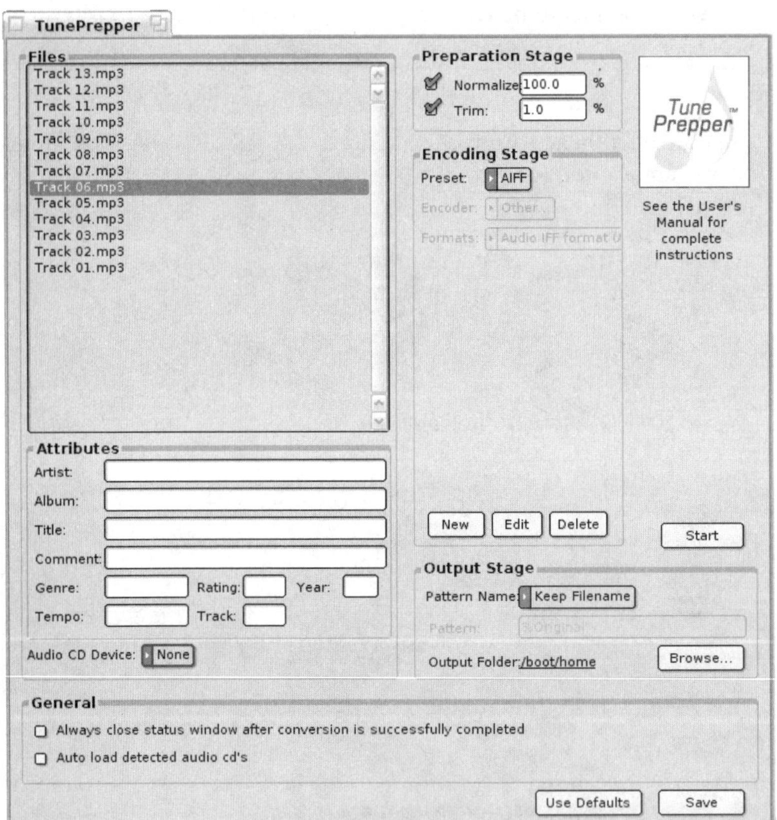

Abb. 22.10: *TunePrepper* ist hervorragend dazu geeignet, mp3-Dateien mit allen Attributen von einer CD zu erstellen

22.7 vEvent – Termin-Management im Griff

vEvent ist ein Terminverwaltungsprogramm und besteht aus zwei Teilen: Zunächst aus *vEvent* selbst, mit dem Termine angelegt werden, und dann *EventDesk;* diese Programmkomponente läuft permanent im Hintergrund und erinnert Sie an fällige Termine.

Einen Termin erstellen

Um einen Termin zu erstellen, müssen Sie zunächst *vEvent* starten. Es öffnet sich ein Fenster, in dem Sie einen neuen Termin erstellen können. Bei *Start und Ende* tragen Sie bitte die Start- und Endzeit des Termines ein. *Start* und *Ende* sind blau dargestellt und können angeklickt werden. Dann öffnet sich ein kleines Fenster, in dem Sie das Datum vereinfacht eingeben können. Wenn Sie z. B. auf *Monat* klicken, können Sie mit den kleinen Pfeilen diesen bestimmen. Alternativ können Sie auch das Scroll-Rad Ihrer Maus benutzen.

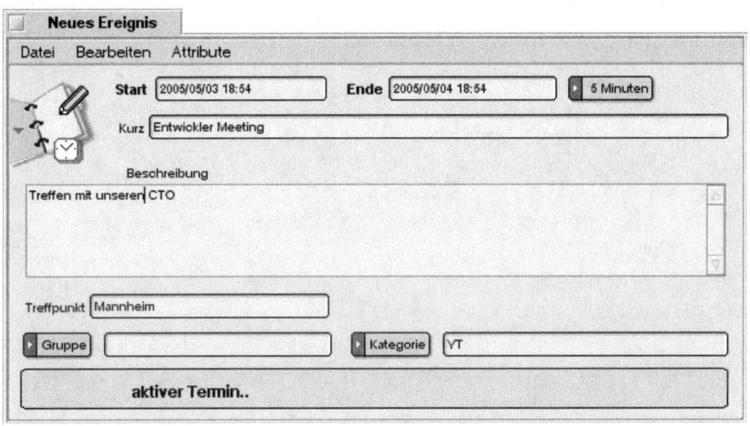

Abb. 22.11: Übersichtlich und intuitiv zeigt sich *vEvent* dem Benutzer

Unter *Alarm* können Sie einstellen, wann Sie an einen Termin erinnert werden wollen. Stellen Sie beispielsweise *5 Minuten* ein, werden Sie fünf Minuten vor dem Termin an diesen erinnert. Die Option *2 Tage* ist z. B. bei Geburtstagen sehr sinnvoll, so haben Sie noch genügend Zeit, sich darauf vorzubereiten. Wenn Sie *laut Regel* auswählen, kann der Termin täglich, wöchentlich, monatlich oder jährlich festgelegt werden.

Bei *Kurz* müssen Sie eine Kurzbeschreibung des Termines eingeben. Zum Beispiel: »Lindas Geburtstag«. Im Feld *Beschreibung* können Sie eine nähere Beschreibung des Termines eingeben, z. B.: »Lindas 35. Geburtstag, Geschenk besorgen nicht vergessen!« Sie können auch E-Mail-Adressen hinterlegen. Ziehen Sie dazu einfach die entsprechende *People*-Datei in das Beschreibungsfeld. Internet-Adressen wie z. B. *http://www.yellowTAB.de* können auch eingegeben werden. Der Vorteil dieser beiden Optionen ist, dass sich dann eine Schaltfläche in den Termin einbettet, mit der Sie die Internetadresse aufrufen oder eine E-Mail an die eingetragene Adresse verfassen können.

Bei *Treffpunkt* wird eingegeben, wo der Termin stattfindet. Außerdem können noch eine *Gruppe* und eine *Kategorie* festgelegt werden.

Wenn Sie alle erforderlichen Daten eingegeben haben, klicken Sie auf *Speichern* im *Datei*-Menü.

Links oben im Fenster befinden sich noch einige Schaltflächen. Wenn Sie auf die linke Seite des *Notizbuches* klicken, können Sie zur *Kalenderansicht* schalten. Durch einen Klick auf die rechte Seite öffnet sich Ihr *People*-Ordner. Wenn Sie auf den *Stift* klicken, können Sie sich Notizen machen und diese als Textdatei abspeichern. Wenn Sie auf die *Uhr* klicken, wird das Fenster zum Einstellen der Uhrzeit aufgerufen.

EventDesk – schneller Zugriff über die Deskbar

EventDesk ist das kleine Programm, das Sie an die Termine erinnert, das im Hintergrund läuft und sich in den Replikantenbereich der *Deskbar* integriert. Mit einem Rechtsklick auf das Symbol öffnet sich ein kleines Menü mit den Optionen. Nur wenn *EventDesk* geladen ist, entgehen Ihnen auch keine Termine. Deshalb wird empfohlen, die Option *Start via UserBootscript* zu aktivieren. Dann wird *EventDesk* bei jedem Systemstart automatisch gestartet.

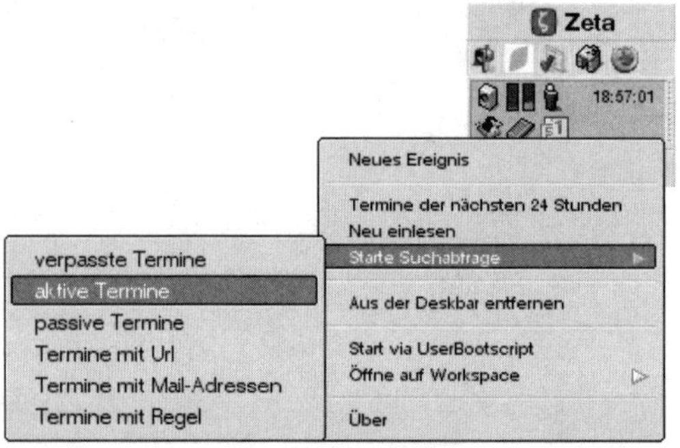

Abb. 22.12: Über die *Deskbar* haben Sie jederzeit Zugriff auf die Ereignisse. *EventDesk* überwacht darüber hinaus, dass Sie keinen Termin verpassen

Mit der Option *Neues Ereignis* können Sie einen neuen Termin erstellen. *Termine der nächsten 24 Stunden* zeigt Ihnen an, wie viele Termine Sie innerhalb der nächsten 24 Stunden noch vor sich haben. *Neu einlesen* überprüft, ob neue Termine vorliegen. In regelmäßigen Abständen wird diese Aktion automatisch durchgeführt. Gewöhnlich benötigen Sie diese Option nicht, nur wenn ein gerade angelegter Termin sofort übernommen werden soll. Die Option *Starte Suchanfrage* ermöglicht es, Termine nach bestimmten Kriterien anzuzeigen.

Aus der Deskbar entfernen beendet *EventDesk*.

eXposer – Animationen erstellen 23

Die Animations-Software *eXposer* von *yellowBites* profitiert von ZETAs hervorragenden Eigenschaften in den Bereichen Multimedia, Schnelligkeit und Stabilität. Bei der Entwicklung wurde der *eXposer* auf Schnelligkeit und Zuverlässigkeit optimiert.

Der *eXposer* hält eine Fülle an Funktionen für Sie bereit. Für den Anfang empfehlen wir, dass Sie im Menü *Hilfe* die Funktion *Tipps einblenden* aktivieren.

Das Haupt-Fenster von *eXposer* wird auch *X-Sheet*-Fenster genannt. Wie Sie sehen, ist *eXposer* in drei Bereiche unterteilt: *X-Sheet*-Fenster (links), *Vorschau*-Fenster (rechts oben) und die *Quelldatenliste* (rechts unten).

Abb. 23.1: Das Haupt-Fenster von *eXposer*

Am meisten werden Sie im *Haupt*-Fenster arbeiten. Das Prinzip von *eXposer* ist es, die Ausgangsdateien und die X-Sheet-Einträge zu trennen. Das *X-Sheet*-Fenster besteht aus drei Teilen: *X-Sheet, Vorschau* und *Quellen.*

23.1 X-Sheet

Das *X-Sheet*-Fenster arbeitet mit einer Tabelle, in der Verweise zu Ihren Quelldaten aufgelistet sind. Es werden Bild- und Tondaten unterstützt. Objekte aus der Quelldatenliste können einfach in den X-Sheet-Bereich gezogen werden. Jeder X-Sheet-Eintrag hat zwei Eigenschaften: Position und Dauer. Alle Aktionen, die Sie direkt im *X-Sheet*-Fenster ausführen, beeinflussen eine dieser Eigenschaften.

Um schnelles Arbeiten zu ermöglichen, lassen sich alle Aktionen mit einem Mausklick erledigen.

Durch Klicken mit der linken Maustaste können verschiedene Aufgaben erledigt werden. Wenn Sie ein Objekt anklicken, wird es markiert, und die Markierung aller anderen wird aufgehoben. Wenn Sie die Taste gedrückt halten, können Sie das markierte Objekt verschieben.

Auf der linken Seite ist die *Frame-Leiste* zu sehen. Dort kann, wie schon beschrieben wurde, der Start- und Endpunkt Ihrer Animation festgelegt werden. Ihre Animation kann dann in einer Schleife zwischen den beiden Punkten abgespielt werden. Mit dem Optionsfeld *Mitrollen* kann eingestellt werden, dass die Liste dem aktuell abgespielten Frame folgt. In der *Frame-Leiste* kann auch ein Frame per Hand ausgewählt werden, dessen Inhalt wird dann im *Vorschau*-Fenster angezeigt.

Jeder *Level* (Spur, Ebene) kann ausgewählt werden und wird dann dunkel hervorgehoben. *Levels* können aus- und eingeschaltet, umbenannt oder gelöscht werden. Ein Doppelklick auf einen *Level* markiert alle seine Objekte.

Das *X-Sheet*-Fenster lässt sich auch mit der Tastatur bedienen. Hier sind einige Tastenkombinationen aufgelistet:

- [ ]: Startet oder stoppt die Wiedergabe der Animation.
- [1] - [9]: Ermöglicht die Eingabe der Objektlänge per Hand.
- [+] / [-]: Verlängert bzw. verkürzt die Länge eines Objekts.
- [S] / [E]: Bewegt den Cursor zum Anfang bzw. zum Ende eines Frames.
- [Pos1] / [Ende]: Bewegt den Cursor zum Anfang bzw. zum Ende eines Levels.
- [↑] / [↑]: Scrollt die X-Sheet-Liste hoch bzw. herunter.
- [Entf] / [←]: Entfernt das markierte Objekt.

23.2 Mit dem X-Sheet arbeiten

Das Konzept des X-Sheets ist sehr einfach. Sie arbeiten dort mit den Einzelbildern der Animation und den einzelnen Tonstücken.

1. X-Sheet erstellen, wenn die Bilder bereits auf der Festplatte sind

Laden Sie als Erstes die Frames in den *eXposer*, die Sie in das X-Sheet einfügen wollen. Öffnen Sie dazu mit dem *Tracker* den Ordner, der diese Dateien enthält, und ziehen Sie die Dateien in die entsprechende Bilder- oder Audio-Liste.

Wenn die Dateien in der Liste erscheinen, können sie in das X-Sheet gezogen werden. Beim Ziehen in das X-Sheet erscheint eine rote Markierung, die die Einfügeposition anzeigt. Wenn diese Markierung nicht erscheint, befinden Sie sich außerhalb des X-Sheets.

In einem leeren X-Sheet sehen Sie normalerweise zwei Level (Ebenen), einen für Bilder und den anderen für Töne. Quelldaten können Sie entweder in einen schon existierenden Level oder in einen freien Bereich ziehen. Im letzteren Fall wird automatisch ein neuer Level erstellt. Im Menü *Level* können Sie auch eigenständig einen Level (Spur, Ebene) neu anlegen oder löschen.

2. X-Sheet mit einer noch zu digitalisierenden Animation erstellen

Im unteren Bereich des Programms finden Sie eine Schaltfläche mit dem Namen *Aufnehmen*. Das *Aufnahme*-Fenster können Sie nur öffnen, wenn Sie die entsprechende Video-Hardware besitzen. Sie darf auch nicht gleichzeitig von einer anderen Software verwendet werden.

Das *Aufnahme*-Fenster besteht aus dem *Vorschau*-Fenster und einigen Steuerungselementen. Im Menü *Video/Einstellungen* können Sie Ihr Videogerät konfigurieren. Dort kann (falls mehrere Geräte vorhanden sind) der Eingang gewählt bzw. die Helligkeit individuell eingestellt werden. Um ein Video-Signal aufzunehmen, geben Sie in das Textfeld *Ordner* ein existierendes Verzeichnis und im Feld darunter einen Dateinamen ein. Im Feld daneben können Sie eingeben, wie weit gezählt werden soll. Dadurch werden die Dateien fortlaufend numeriert.

Die aufgenommenen Bilder erscheinen dann auch im *X-Sheet*-Fenster und können wie oben beschrieben weiterverarbeitet werden.

Objekt-Dauer

Die Anzeigedauer der Objekte im X-Sheet kann eingestellt werden. Bewegen Sie dazu den Mauspfeil an die untere Kante des Objektes, und ziehen Sie es einfach nach unten in die Länge. Die Länge können Sie auch verändern, wenn Sie das Objekt mit der linken Maustaste anklicken und dann ziehen. Dabei ist es egal, wo Sie das Objekt anklicken. Wenn Sie den Anfang eines Objektes verändern wollen, ziehen Sie einfach die obere Kante bis an die gewünschte Position.

Wenn Sie die Länge eines Objektes ändern, wird normalerweise auch die Position des nachfolgenden Objektes verschoben. Es ist aber auch möglich, die Position der folgenden Objekte beizubehalten. Allerdings dürfen sich zwischen den Objekten keine Lücken befinden. Wenn Sie zum Verschieben das Tastenrad Ihrer Maus benutzen, wird das nachfolgende Objekt nicht mit verschoben. Auf diese Weise können Sie Bilder unterschiedlich lange anzeigen lassen.

Objekte markieren

Sie können die Objekte im X-Sheet auch bearbeiten. Dazu müssen Sie sie markieren. Wenn Sie eins anklicken, wird es markiert. Alle Funktionen aus den *Bearbeiten*- und *Werkzeuge*-Menüs gelten ausnahmslos nur für markierte Objekte. Markieren Sie ein Objekt in einem anderen Level, wird die vorherige Markierung aufgehoben. Mehrere fortlaufende Objekte können durch Drücken der [↑]-Taste markiert werden. Wollen Sie mehrere Einzelobjekte markieren, drücken Sie die linke [⊞]-Taste. Um Markierungen aufzuheben, klicken Sie einfach auf eine beliebige freie Stelle im X-Sheet.

Objekte anordnen

Die Objekte können auf simple Weise mit der Maus angeordnet werden. Ziehen Sie ein oder mehrere Objekte einfach an die neue Position. Dort leuchtet dann eine rote Markierung auf. Sobald die Maustaste losgelassen wird, ist das Objekt dort abgelegt. Mit dieser Methode wird das Objekt an eine neue Position verschoben. Wenn Sie ein Objekt an eine neue Position kopieren wollen, halten Sie beim Verschieben die [⇧]-Taste gedrückt.

Sie können *eXposer* auch mit der Tastatur bedienen. Dazu muss der X-Sheet-Bereich aktiv sein. Dazu klicken Sie nur einmal in ein X-Sheet, und es ist aktiv. Sie können auch mehrmals die [⇆]-Taste drücken, um den X-Sheet-Bereich zu aktivieren. In ZETA wird das durch einen kleine farbige Umrandung dargestellt. Mit den Cursor-Tasten können Sie dann innerhalb der Animation navigieren. Mit den Tasten [Pos1] und [Ende] gelangen Sie an den Anfang bzw. an das Ende der Animation.

Mit der [Entf]-Taste können Sie markierte Objekte löschen. Wenn ein anderer Bereich aktiv ist, kann es passieren, dass Sie versehentlich etwas Falsches löschen. Mit den gewohnten Tastenkombinationen [Alt]-[X], [Alt]-[C] und [Alt]-[V] können Sie Objekte ausschneiden, kopieren und einfügen. Mit den [+] und [-]-Tasten des Nummernblocks können Sie die Länge markierte Objekte verändern.

23.3 Quelldatenliste

Der Sinn dieser Liste besteht darin, alle Dateien (Objekte), die für die Animation verwendet werden, zu verwalten. Wenn ein Objekt mehrmals in Ihrer Animation vorkommt, muss es trotzdem nur einmal in die Liste geladen werden. Im *X-Sheet*-Fenster kann ein Objekt der Quelldatenliste beliebig oft enthalten sein. Neue Objekte (Dateien) können Sie einfach per Drag & Drop in die Liste ziehen. Die Dateien werden dann automatisch in die entsprechende Bild- oder Tonliste sortiert.

Jede Bilddatei, die Ihr System unterstützt, kann geladen werden; Tondateien, die in Video-Dateien eingebettet sind, normale .WAV-, .AIFF- und .MP3-Dateien.

Wenn der *eXposer* Bilder lädt, werden diese in Graustufen umgewandelt und in den Arbeitsspeicher gelegt. Dadurch wird verhindert, dass beim Abspielen durch eine langsame Festplatte Bilder übersprungen werden müssen. Tondaten werden wiederum direkt von der Festplatte abgespielt.

In der Liste sind spezielle Objekte enthalten, die im X-Sheet als Platzhalter dienen. Wenn Sie *Abstand* zwischen zwei Objekten brauchen, fügen Sie dort einfach einen Platzhalter ein. Das Objekt *Empty* ist durchsichtig und produziert einen schwarzen Hintergrund, falls kein anderes Objekt parallel in einem anderen Level vorhanden ist.

Die Schaltflächen haben folgende Bedeutungen:

- *Aufnehmen (Bilder)*: Startet das Aufnahmemodul, um Bilder von Video-Hardware aufzunehmen.
- *Aufzeichnen (Töne)*: Startet den *Sound Recorder* (s. Seite 251), der bei ZETA bereits vorinstalliert ist.
- *Alle*: Markiert alle, bis auf die speziellen (und Platzhalter-) Objekte.
- *Keine*: Hebt die Markierung auf.
- *Unbenutzte*: Markiert alle Objekte, die nicht im X-Sheet verwendet werden.
- *Löschen*: Löscht die markierten Objekte.

23.4 Animationen abspielen

Am linken Rand sehen Sie eine Bildleiste mit einer grünen und einer roten Markierung. Diese zeigen den Beginn und das Ende Ihrer Animation an. Durch einen Klick mit der rechten Maustaste in die linke Hälfte der Bilder setzen Sie den Startpunkt und mit dem in die rechte Hälfte den Endpunkt. Betätigen Sie anschließend den Abspielknopf unterhalb des Vorschaubildes.

Programmieren unter ZETA: Eine Einführung

24

Wie Sie möglicherweise bereits wissen, bedeutet Programmieren unter ZETA, dass mit Funktionsprozessen umgegangen werden muss. Aber lassen Sie sich nicht verunsichern, die durchdachte API von ZETA macht Ihnen dies so einfach wie möglich. Das Ganze ist in einem Framework aufgebaut und in leicht verständlichen Kits wie dem Application-, dem Interface- oder dem Storage-Kit organisiert. Diese Klassen wurden in C++ geschrieben. Sie werden im Allgemeinen in ZETA auch mit C++ programmieren (es ist auch möglich, eine Python-Entwicklungsumgebung zu erhalten, das wird hier jedoch nicht behandelt). Aus diesem Grund setzt diese Einführung grundlegende Erfahrungen in C++ und deren Konzepte voraus. Um Ihnen die Grundlagen der API besser verständlich zu machen, werden Sie nun Schritt-für-Schritt am Beispiel eines einfachen Texteditors, der nur die vorhandenen Funktionen der ZETA-API benutzt an diese herangeführt.

24.1 Grafische Anwendungen erstellen

Jede grafische Anwendung in ZETA muss mit dem BApplication-Objekt beginnen. Dieses Objekt stellt die Kommunikation zum *app_server* und zum *registrar* her. Wenn Ihre Anwendung nur Zugriff auf den *registrar* (z. B. BRoster) und keine Fenster oder anderen grafischen Elemente benötigt, müssen Sie nicht zwingend ein BApplication erzeugen. Sie können das Objekt dann dynamisch erzeugen, um auf Funktionen zuzugreifen, die Sie eventuell benötigen. Durch diese Methode werden weitere System-Ressourcen geschont. Momentan ist die Anzahl der Prozesse im *app_server* auf 192 limitiert (wird in einem zukünftigen Release angehoben). Jedes Anwendungsobjekt resultiert normalerweise in einem zusammengefassten Prozess des *app_server.* Auf jeden Fall werden in der virtuellen Funktion *ReadyToRun ()* die meisten der möglichen Aktionen durchgeführt. Diese Funktion wird dann aufgerufen, wenn sicher davon ausgegangen werden kann, dass das Anwendungsobjekt vollständig konstruiert wurde. Sie sind nun dazu in der Lage, weitere Dinge wie Fenster zu erzeugen oder auf System-Ressourcen zuzugreifen. Eine gängige Methode ist, sich eine eigene abgeleitete Klasse von BApplication zu erstellen, die die systemeigene Funktion überschreibt und es so ermöglicht, weitere vorbereitende Schritte zu erledigen. In unserem Beispiel wird dort das Anwendungs-Fenster erzeugt.

```
void
EditorApp::ReadyToRun()
{
            BRect frameRect;
            // check if we have a window rect from the previous session
            if (fPrefs.FindRect("WindowRect", &frameRect) != B_OK)
                {
                                // if not, create a default
                                BScreen screen;
                                frameRect = screen.Frame();
                                frameRect.InsetBySelf
                                (frameRect.Width()/4.0,
                                frameRect.Height()/4.0);

                }
                BWindow *win (new BWindow(frameRect, "Editor",
                B_DOCUMENT_WINDOW,
                                B_ASYNCHRONOUS_CONTROLS |
                                B_QUIT_ON_WINDOW_CLOSE));

                // construct the menu bar
                BMenuBar *bar = new BMenuBar(BRect(0, 0,
                frameRect.Width(),frameRect.Height()), "appBar");

                BMenu *fileMenu = new BMenu(_T(skMenuFile));
                fileMenu->AddItem(new BMenuItem(_T(skMenuFileNew),
                new BMessage(kNewFile), N));
                fileMenu->AddItem(new BMenuItem(_T
                (skMenuFileOpen), new BMessage(kOpenFile), O));
                fileMenu->AddItem(new BMenuItem
                (_T(skMenuFileSave), new BMessage(kSaveFile), S));
                fileMenu->AddSeparatorItem();
                fileMenu->AddItem(new BMenuItem
                (_T(skMenuFileQuit), new Message
                (B_QUIT_REQUESTED), Q));

                bar->AddItem(fileMenu);
                BMenu *editMenu = new BMenu(_T(skMenuEdit));
                editMenu->AddItem(new BMenuItem(_T(skMenuEditCut),
                new BMessage(B_CUT), X));
                editMenu->AddItem(new BMenuItem
                (_T(skMenuEditCopy), new BMessage(B_COPY), C));
                editMenu->AddItem(new BMenuItem
                (_T(skMenuEditPaste), new BMessage(B_PASTE), V));
```

```
            editMenu->AddItem(new BMenuItem
            (_T(skMenuEditSelAll), new BMessage(B_SELECT_ALL), A));

            bar->AddItem(editMenu);
            win->AddChild(bar);
            // add the view
            BRect viewRect (win->Bounds().InsetByCopy(1,1));
            viewRect.top = bar->Frame().bottom + 1;
            viewRect.right -= B_V_SCROLL_BAR_WIDTH;
            EditorView *view = new EditorView(viewRect);

            win->AddChild(new BScrollView("scroller", view,
            B_FOLLOW_ALL_SIDES, 0, false, true));
            fileMenu->SetTargetForItems(view);
            editMenu->SetTargetForItems(view);
            win->Show();
}
```

Der erste Schritt in unserem Beispiel ist das Erstellen eines Rechteckes, das die Position und Größe des Fensters auf dem Monitor beschreibt. Das geschieht hier durch die Benutzung der vorhandenen BRect-Klasse. Außerdem ist es möglich, die letzte Fensterposition über das BappPrefs-Objekt zu speichern und abzurufen. Weitere Details dazu werden später erläutert. Wenn unsere Anwendung zum ersten Mal gestartet wird, kann natürlich noch keine letzte Fensterposition abgerufen werden. Deshalb fragen wir die Bildschirmgröße durch das BScreen-Objekt ab, teilen die Größe durch 4 und nehmen das Ergebnis als Standardgröße für das Fenster. Das Ergebnis ist ein angemessen großes Fenster, egal welche Auflösung der Benutzer eingestellt hat, das zentriert dargestellt wird. Als Nächstes erstellen wir das tatsächliche Fensterobjekt, das auf dem Rechteck basiert, das wir eben erstellt haben. Das Rechteck ist in Koordinaten spezifiziert, die die linke obere (0,0) Ecke als Bezugspunkt benutzen. Das Koordinatensystem ist einem herkömmlichen Koordinatensystems sehr ähnlich, nur die Y-Achse ist umgedreht. Bei zunehmenden Y-Koordinaten verschiebt sich die Position weiter nach unten. In diesem bestimmten Fall ist das »Eltern«-Koordinatensystem das des Bildschirms, sodass die Koordinaten nicht von der Fensterecke, sondern von der Bildschirmecke ausgehen. In anderen Fällen, wenn z. B. ein neuer *View* einem bestehenden Fenster oder einem vorhandenen *View* hinzugefügt wird, stellt der Bezugspunkt die linke obere Ecke des vorhergehenden Objektes dar. Die verbleibenden Parameter legen den Titel, Typ und die Flags fest. Das B_ASYNCHRONOUS_CONTROLS-Flag wird benutzt, um bestimmte Ereignisse asynchron abzuarbeiten. Aus Gründen der Kompatibilität ist das Flag standardmäßig deaktiviert, sollte jedoch in neuen Anwendungen immer gesetzt werden.

B_QUIT_ON_WINDOW_CLOSE beendet die Anwendung, wenn das Fenster geschlossen wird; dies drückt auch schon der Name dieses Flags aus. Mit dieser Funktion muss bei unserem Texteditor vorsichtig umgegangen werden, weil er nur ein einzelnes Fenster benutzt. Jetzt haben wir unser Fenster erstellt und beginnen nun damit, die Bedienungselemente einzubauen. Das wird durch verschiedene abgeleitete Klassen der Interface-Klasse BView realisiert. Diese Klasse erledigt einfache Aufgaben der Benutzeroberfläche (z. B. Grafik, Maus / Tastatureingaben) und ist das Einzige, was Sie einem Fenster hinzufügen können. Zuerst erstellen wir durch BMenuBar eine Menüleiste, die in den meisten Anwendungen benutzt wird. Wie Sie sehen können, ist es hier nicht so wichtig, die richtigen Abmessungen anzugeben, weil die Menüleiste automatisch auf die richtige Größe eingestellt wird. Wenn die Menüleiste in ein Fenster eingefügt wird, ist ihre Standardposition links oben, es sei denn, dies wird explizit über den `resize_to_fit constructor`-Parameter eingestellt, dass dies bei Ihrer Menüleiste anders ist. Letztere Option ist nur nötig, wenn Sie spezielle Menüs erstellen möchten, die nicht durch das BMenuField abgedeckt werden. In jedem Fall wird dann die Menüleiste mit Einträgen bestückt, die die grundlegenden Befehle enthalten. Ein sehr interessanter Punkt ist das *_T()*-Makro, das für die Namen der einzelnen Menüs, Schaltflächen etc. genutzt wird. Das Makro erlaubt es, das vorhandene Lokalisierungs-Kit (erweitert *be_locale.GetString()*) zu benutzen, um Ihre Anwendung auf einfachen Weg mehrsprachig zu gestalten. Jedem Menüeintrag wird ein BMessage-Objekt mitgegeben. Dieses Objekt stellt die Basis von ZETAs Nachrichtensystem dar und ist ein gewöhnlicher Datencontainer. Daten beliebiger Komplexität können dort abgelegt und zu anderen geeigneten Objekten gesendet werden. Die mitgegebene Nachricht wird vom Menüeintrag automatisch versendet, wenn der entsprechende Eintrag in der Menüleiste angeklickt wird. Beachten Sie dabei, dass die Nachricht auf dem Heap erzeugt wird und das Objekt sich selbst darum kümmert, die erzeugte Nachricht zu löschen. Dies wird in den meisten Objekten von ZETA so gehandhabt. Es gibt natürlich auch einige Ausnahmen, diese sind dann aber entsprechend dokumentiert.

BTextView

Der letzte übergebene Parameter ist das Tastaturkürzel, mit dem der Menüeintrag erreicht werden kann. Beachten Sie auch, dass Sie einen Separator zu dem Menü hinzufügen können, um eine bessere Einteilung und größere Übersicht zu schaffen. Nachdem wir nun alle Menüpunkte erzeugt haben, fügen wir diese der Menüleiste hinzu. Jetzt sind wir soweit, dass wir den eigentlichen *View* für die Textverarbeitung erstellen können. Um unser Beispiel nicht zu stark verkomplizieren zu müssen, benutzen wir dazu eine im Interface Kit vorhandene Klasse, die BTextView-Klasse. Sie stellt uns schon alle wichtigen Funktionalitäten wie das Kopieren von markiertem Text, das Ausschneiden oder Löschen zur Verfügung. Sie wird auch dazu benutzt, um das Speichern und Laden von Dokumenten durchzuführen. Theoretisch haben wir uns so auch eine einfache Möglichkeit geschaffen, um mehr als ein Fenster für den Editor zu benutzen. In der Folge werden Sie sicher feststellen, dass wir den BTextView nicht direkt in das Fenster einhängen, sondern ihn einem BScrollView zuweisen. Dieser BScrollView übernimmt für uns die Arbeit, den BTextView mit Bildlaufleisten auszustatten und ihn dann in die richtigen Proportionen zu bringen. Nachdem wir nun diesen BScrollView dem Fenster hinzugefügt haben, setzen wir noch das Ziel der Menüeintrage, an das sie ihre Nachrichten senden müssen.

Das BAppPrefs-Objekt

Ein Aspekt, der noch nicht erklärt wurde, ist das BAppPrefs-Objekt, das zum Speichern und Laden der Fensterposition benutzt wurde. Dies wird aktuell im Konstruktor und Destruktor erledigt und zwar wie nachstehend beschrieben:

```
static const char *skAppSig
      = "application/x-vnd.yT-ExEditor";

EditorApp::EditorApp()
   : BApplication(skAppSig)
{
   fPrefs.Load();
}

EditorApp::~EditorApp()
{
   fPrefs.Save();
}
```

Standardmäßig benutzt das BappPrefs-Objekt die Anwendungssignatur, um eine Datei beim Texteditor zu speichern. Jede Anwendung in ZETA hat eine für die Anwendung einmalige Signatur, die benutzt wird, um das Programm zu identifizieren. Das kann sehr weitreichend genutzt werden, zum Beispiel, um den Pfad zu ermitteln oder um zwischen verschiedenen Anwendungen zu kommunizieren.

EditorView

Der *EditorView* selbst führt die meiste Arbeit des Editors aus. Er erbt die grundlegenden Funktionen zum Bearbeiten von Text von der vorhandenen Interface-Klasse BTextView. Das einzige, was wir ihm noch hinzufügen müssen, ist die Möglichkeit, den geschriebenen Text zu speichern oder ein Dokument zu laden. Um feststellen zu können, ob das Dokument gespeichert werden muss, benutzen wir einen einfachen Algorithmus. Wir nehmen einfach an, dass wenn eine Taste gedrückt wurde, auch der Inhalt des Dokumentes geändert wurde und wir speichern müssen. Dies wird implementiert, indem wir die KeyDown-Funktion des BTextView überschreiben:

```
void
EditorView::KeyDown(const char *_bytes, int32 _numBytes)
{
   inherited::KeyDown(_bytes, _numBytes);
   fDirty = true;
}
```

Die KeyDown()-Funktion ist eine virtuelle Funktion, die wie oben beschrieben vom BTextView zur Verfügung gestellt wird, und die aufgerufen wird, wenn eine Taste gedrückt wird. Beachten Sie hier wieder, dass diese Funktion nur aufgerufen wird, wenn eine Taste gedrückt wird, die auch in einem sichtbaren Zeichen auf dem Bildschirm resultiert. So führt das Drücken der Taste [Strg], [↑] oder [Alt] nicht zu einem Aufruf dieser Funktion. In unserer Funktion geben wir zuerst das Ereignis zurück an die Funktion der Elternklasse und setzen nur ein Flag, um uns zu merken, dass eine Taste gedrückt wurde. Auf dieses Flag wird dann überprüft, wenn ein Menüpunkt ausgelöst wird, der zu einer Dateioperation wie Speichern führt. All diese Ereignisse werden wie folgt behandelt:

```
void
EditorView::MessageReceived(BMessage *_msg)
{
   switch (_msg->what)
   {
      case kNewFile:
      {
         if (HandleDirtyCase())
         {
            SetText("");
         }
         break;
      }

      case kOpenFile:
      {
         entry_ref openRef;
         BFilePanel *openPanel (NULL);
         if (_msg->FindRef("refs", &openRef) == B_OK)
         {
            if (_msg->FindPointer("source", reinterpret_cast<void **>
            (&openPanel)) == B_OK)
            {
               delete openPanel;
            }
            BFile file (&openRef, B_READ_ONLY);
            if (file.InitCheck() == B_OK)
            {
               off_t fileSize (0LL);
               if (file.GetSize(&fileSize) == B_OK)
               {
                  char buffer[fileSize + 1];
                  if (file.Read(buffer, fileSize) != fileSize)
                  {
                                       // read error occurred
```

```
                }
                else
                {
                                    buffer[fileSize] = \0;
                                    SetText(buffer);
                }
            }
            file.Unset();
        }
    }
    else if (HandleDirtyCase())
    {
        openPanel = new BFilePanel(B_OPEN_PANEL, new BMessenger(this),
            NULL, 0, false, new BMessage(kOpenFile), NULL, true);
        openPanel->Show();
    }
    break;
}

case kSaveFile:
{
    entry_ref saveRef;
    BFilePanel *savePanel (NULL);
    if (_msg->FindRef("refs", &saveRef) == B_OK)
    {
        if (_msg->FindPointer("source", reinterpret_cast<void **>
        (&savePanel)) == B_OK)
            delete savePanel;
        }
        BFile saveFile(&saveRef, B_WRITE_ONLY | B_CREATE_FILE |
        B_ERASE_FILE);
        if (saveFile.InitCheck() == B_OK)
        {
            {
            if (saveFile.Write(Text(), TextLength()) != TextLength())
                // incomplete write, something went wrong
            }
            else
            {
                fDirty = false;
            }
            saveFile.Unset();
        }
    }
```

```
            else
            {
                savePanel = new BFilePanel(B_SAVE_PANEL, new BMessenger(this),
                    NULL, 0, false, new BMessage(kSaveFile), NULL, true);
                savePanel->Show();
            }
            break;
        }

        case B_QUIT_REQUESTED:
        {
            if (HandleDirtyCase())
            {
                Window()->Quit();
            }
            break;
        }

        default:
        {
            inherited::MessageReceived(_msg);
            break;
        }
    }
}
```

Die *MessageReceived()*-Funktion ist das Herz der Nachrichtenbehandlungsfunktion in ZETA. Jede Nachricht, die ein Objekt erhält, führt automatisch zu einem Aufruf dieser Funktion. In ihr wird in einem *switch case* der *what code* der Nachricht abgefragt und anhand dessen der entsprechende Programmabschnitt ausgeführt.

```
bool
EditorView::HandleDirtyCase()
{   bool handled (false);
    if (fDirty)
    {
        BAlert *alert (new BAlert(_T("Save?"), _T("The current file has
        modifications that have not been saved. Do you wish to save your
        changes?"), _T("Cancel"), _T("Discard"), _T("Save")));
        int32 result (alert->Go());

        switch(result)
        {
            case 0:
            {
```

```
                // cancel so do nothing
                break;
            }

            case 1:
            {
                // discard
                fDirty = false;
                handled = true;
                break;
            }

            case 2:
            {
                BMessenger(this).SendMessage(kSaveFile);
                break;
            }

            default:
            {
                // we should not be here
                TRESPASS();
                break;
            }
        }
    }
    else
    {
        handled = true;
    }

    return handled;
}
```

In der oben beschriebenen Funktion wird weiterhin Gebrauch von einer anderen ZETA-eigenen Interface-Klasse gemacht. Es handelt sich dabei um die BAlert-Klasse. Dieses Objekt zeigt bei seinem Aufruf je nach Ausführung ein Fenster mit bis zu drei Schaltflächen an. Es kann genutzt werden, um eine einfache Hinweisnachricht anzuzeigen, aber auch, um eine Frage-Antwort-Funktion zu übernehmen. Dies wird in unserem Beispiel genutzt. Der parameterlose Aufruf der Funktion *Go()* signalisiert, dass wir das Fenster synchron aufrufen und das Programm erst fortgesetzt werden kann, wenn eine Schaltfläche betätigt wurde. Dies wird nicht immer benötigt, und so stellt diese Klasse auch einen asynchronen Aufruf zur Verfügung. Dazu muss aber ein Parameter übergeben werden, damit BAlert weiß, wohin es die Antwort, die durch das Betätigen einer Schaltfläche entsteht, zu senden hat.

Die MessageReceived()-Funktion

Kehren wir aber noch einmal zur *MessageReceived()*-Funktion zurück, in der wir auf verschiedene Art und Weise auf Nachrichten reagieren. So erfragen wir z. B. beim Laden und Speichern mit Hilfe eines BfilePanel-Objektes den Pfad zu einer Datei oder den Pfad, in dem wir das Dokument speichern wollen. Dieses Objekt stellt das von vielen anderen Betriebssystemen her bekannte Fenster zur Verfügung, mit dem Sie Dateien laden oder speichern können. Egal für welchen Zweck es benutzt wird, nachdem der Benutzer seine Auswahl getroffen hat, löscht sich dieses Fenster vom Bildschirm und sendet die vorgesehene Nachricht an die Anwendung. Auch fügt es noch eine zusätzliche Information zu dieser Nachricht hinzu. Dabei handelt es sich um ein oder mehrere *refs*-Informationen, die ein *entry_ref* enthalten, das auf den entsprechenden Eintrag verweist. Diese hinzugefügte Struktur kann für verschiedene sinnvolle Arbeiten genutzt werden, wir benutzen sie aber hier, um BFile zu erzeugen. Dies vereinfacht die Handhabung von Dateioperationen. Sie basieren auf den von der Posix-API bekannten Funktionen und lehnen sich auch semantisch an diese an. Sollten wir eine Nachricht nicht behandeln wollen oder sie für unwichtig für unser Programm halten, reichen wir sie an das Elternobjekt weiter.

Lokalisieren mit dem ZETA Locale-Kit 25

25.1 Einführung

Unter Lokalisierung versteht man die Anpassung von Betriebssystemen und Anwendungen an die jeweilige Landessprache und deren Eigenheiten. Eigenheiten sind z. B. Datums-, Uhrzeit- und Zahlenformate.

Vor einigen Jahren waren Betriebssysteme und Anwendungen ausschließlich in englischer Sprache verfügbar. Eine Weile danach wurden für die wichtigsten Weltsprachen angepasste Versionen von Betriebssystemen und Anwendungen bereitgestellt. Eine Auswirkung davon war unter anderem, dass z. B. auf einer deutschen Version eines Betriebssystems nur die deutschen Versionen der Anwendungen installiert werden konnten. Daraus resultierte, dass Anwendungen, die nicht für eine bestimmte Landessprache portiert wurden, auch nicht oder nur mit Einschränkungen eingesetzt werden konnten.

Eine weitere Variante ist, dass jede einzelne Anwendung die Sprachen selbstständig verwaltet. Jede einzelne Anwendung muss dann beim Wechsel zu einer anderen Sprache separat konfiguriert werden.

25.2 Technische Informationen zum LocaleKit

ZETA handhabt die Lokalisierung auf einem flexiblen Weg, der einerseits Unterstützung durch das Betriebssystem bereitstellt, aber auch den Anwendern die Möglichkeiten für eigene Anpassungen lässt.

Unter ZETA werden die Spracheinstellungen zentral durch den Locale Server verwaltet. Die Anwendungen erhalten über die bereitgestellte Schnittstelle des LocaleKit alle benötigten Informationen. Die Sprachdateien selbst liegen als normale Textdateien vor. Der Anwender kann sich diese Dateien selbst anpassen, z. B. seine eigene Sprache erzeugen.

25.3 Sprache auswählen

Die Systemsprache wird über die *Systemeinstellungen/Sprache* gewählt. Die Systemeinstellungen befinden sich im ZETA-Menü unter *Einstellungen.*

Die Sprachdateien werden vom System hierarchisch verwaltet. Die zuletzt geladenen Wörter überlagern schon vorhandene Übersetzungen. Wörter, die in den Systemdateien schon vorhanden sind, sollten deshalb nicht noch einmal in einer Sprachdatei auftauchen. Die selbst erstellten Sprachdateien sollten immer mit den vom System mitgelieferten Sprachdateien abgeglichen werden.

Pfade für die Sprachdateien

Es gibt drei verschiedene offizielle Verzeichnisse, in denen die Sprachdateien abgelegt werden sollten. Diese Verzeichnisse werden vom *Locale Server* selbständig durchsucht:

- */boot/beos/etc/Language/Dictionaries*
- */boot/home/config/Language/Dictionaries*
- *<Anwendung>/Language/Dictionaries*

Dateiendungen

Damit der *Locale Server* die richtige Auswahl an Sprachdateien treffen kann, sind die Dateien mit einer definierten Kennung in der Dateiendung gekennzeichnet. Die Dateiendung setzt sich aus einer Länder- und Sprachenkennung zusammen. Die Länderkennung orientiert sich an dem ISO3166-Standard [ISO1] und die Spracherkennung an dem ISO639-Standard [ISO2] mit zwei Buchstaben.

Ein Dateiname sieht zum Beispiel folgendermaßen aus:

Dateiname.xxXX

- xx Ist die Sprachenkennung und wird in kleinen Buchstaben geschrieben.
- XX Ist die Länderkennung und wird in großen Buchstaben geschrieben.

- Argentina.esAR
- Belarus.beBY
- Bulgaria.bgBG
- Deutsch.deDE
- English.enUK
- English.enUS
- Estonia.etEE

...

Durch diese Kennzeichnung gibt es kaum eine Einschränkung, auch nicht für die Erstellung regionaler Sprachdateien wie z. B. Deutsch mit Bayrisch, Platt oder Schwäbisch.

Dateiaufbau

Der Aufbau der Sprachdateien ist relativ einfach gehalten. Die Dateien liegen im Textformat vor. Eine Sprachdatei enthält einen Kopf (*Header*). Im Header sind nur Kommentare enthalten, die nicht ausgewertet werden. Auf den Header folgt die Liste der lokalisierten Wörter und Sätze.

Die Dateien können Kommentare enthalten, die mit einem # beginnen. Begriffe und Sätze, die aus mehren Wörtern bestehen, sind in Anführungszeichen zu setzen. Eine Sprachdatei muss mit einer Leerzeile abgeschlossen werden. Leerzeilen können in der Datei vorkommen.

25.4 Lokalisierung für den Anwendungsübersetzer

Für eine Anwendung ist in der Regel mindestens eine Sprachdatei vorhanden, die als Basis für weitere Sprachdateien genutzt werden kann. In der ersten Spalte stehen die Schlüsselwörter und Sätze, die auf keinen Fall geändert werden dürfen. Die zweite Spalte enthält die Übersetzung in die gewünschte Sprache.

25.5 Erstellung einer gültigen Sprachdatei

Für die Erstellung und Bearbeitung einer Sprachdatei wird die Verwendung des Editors *StyledEdit* (s. Seite 288) empfohlen. Innerhalb der Sprachdateien können alle Zeichen eines Unicode-Zeichensatzes verwendet werden. Es ist also möglich, die unterschiedlichsten Schriftzeichen zu verwenden. Dies ist auch nötig, da die Schlüsselworte immer in englischer Sprache vorliegen. Für eine japanische Übersetzung müssen deshalb lateinische Buchstaben und japanische Symbole gemeinsam verwendet werden.

Texttypen

Bei der Lokalisierung sind mehrere Anwendungsfälle zu beachten. Statische Texte (z. B. in Menüs und auf Schaltflächen), Texte mit variablen Textteilen (z. B. Infotexte, Fehlermeldungen, Statusmeldungen) und mehrzeilige Texte (z. B. Hilfetexte, Dokumentation, Tool-Tips usw....).

Beispiele für statische Texte:

»Open«	»Öffnen«
»Save«	»Speichern«
»Quit«	»Beenden«
»New Window«	»Neues Fenster«

Beispiel für Texte mit variablen Textteilen:

»Copy NUM files to directory DIRECTORY«	»Kopiere NUM Dateien in das Verzeichnis DIRECTORY«
»ERROR detected in LINE«	»ERROR gefunden in LINE«

Wobei NUM, DIRECTORY, ERROR und LINE Platzhalter sind, die innerhalb der Anwendung ersetzt werden. Die Reihenfolge der Platzhalter kann innerhalb eines Satzes beliebig geändert werden. Die Schreibweise des Platzhalters selbst darf nicht geändert oder übersetzt werden!

Beispiel für mehrzeilige Texte:

```
_key="help_text"
_value="Hier kann ein beliebig langer Text stehen, der auch Zeilenumbrüche enthalten kann.
Zum Einsatz kommt dieser Texttyp z. B. bei Erläuterungstexten."
```

"help_text" ist das Schlüsselwort und wird nicht übersetzt. Der Text hinter _value wird in die jeweilige Sprache übersetzt.

Textlänge beachten bei nicht dynamischer Benutzerschnittstelle

Im allgemeinen muss bei der Übersetzung nicht auf die Länge des Textes geachtet werden, da sich die Anwendungen auf die unterschiedlichen Textlängen einstellen. Hat der Entwickler der Anwendung nicht sauber gearbeitet, hat dies hässliche Darstellungsfehler in der grafischen Benutzerschnittstelle (GUI) zur Folge. Dieses äußert sich in nicht vollständig sichtbaren Texten, oder GUI-Elemente überdecken andere GUI-Elemente. In diesem Fall ist der übersetzte Text in der Länge anzupassen, damit das Layout der Anwendung nicht zerrissen wird.

Beispieldatei

Dies ist die deutsche Sprachdatei einer Anwendung, die Bestandteil von ZETA ist:

```
# Best viewed with Swis721 BT at 10 pt.

# Locale file for Magnify.



# Magnify menu
»About Magnify«             »Über Magnify«
»Help«                      »Hilfe«
»Save image«                »Speichere Bild«
»Copy image«                »Kopiere Bild«
»Hide/show info«            »Info An/Aus«
»Add a crosshair«           »Fadenkreuz hinzufügen«
»Remove a crosshair«        »Fadenkreuz entfernen«
»Hide/show grid«            »Gitter An/Aus«
»Freeze/unfreeze image«     »Bild einfrieren An/Aus«
»Make square«               »Quadratische Proportion des Fensters«
»Decrease window size«      »Verkleinere Fenstergröße«
```

»Increase window size«	»Vergrößere Fenstergröße«
»Decrease pixel size«	»Verkleinere Pixelgröße«
»Increase pixel size«	»Vergrößere Pixelgröße«
# Command line	
»usage: magnify [size] (magnify size × size pixels)\n«	»usage: Magnify [Größe] (magnify Größe × Pixelgröße)\n«
»size must be > 4 and a multiple of 4\n«	»Größe muss > 4 und eine Vielfaches von 4 sein\n«
»magnify: size must be a multiple of 4\n«	»magnify: Größe muss eine Vielfaches von 4 sein\n«
# Other	
»Magnify help«	»Magnify Hilfe«

»Magnify!\n\n©2003 yellowTAB\n©2002 OBOS\n©1999 Be Inc.\n\nNow with even more features, recompiled for OpenBeOS and localized for ZETA.«
»Magnify!\n\n©2003 yellowTAB\n©2002 OBOS\n©1999 Be Inc.\n\nNow with even more features, recompiled for OpenBeOS and localized for ZETA.«

Weitere Informationen im Web

Auf unserer Website *www.yellowtab.de* finden Sie weitere Informationen zum LocaleKit. Das Tutorial »How To Use ZETAs Fantastic LocaleKit« erreicht man unter *http://www.yellowtab.de/developers/index.php?kit=locale&tutorial=intro*.

25.6 Tipps und Tricks zur Erstellung einer Sprachdatei

Am besten geht man bei der Erstellung einer neuen Sprachdatei vor, indem man an einer Kopie einer vorhandenen Sprachdatei arbeitet. Für jede Anwendung sollte immer mindestens eine Sprachdatei vorhanden sein. Sollte das nicht der Fall sein, muss Kontakt zum Entwickler der Anwendung aufgenommen werden. Bei der Kopie wird als Nächstes die Dateiendung angepasst. Nach der Anpassung des Headers beginnt man mit der Übersetzung der Texte in der zweiten Spalte. Die erste Spalte darf nicht verändert werden, das diese die Schlüsselwörter enthält. Multiline-Text ist über mehrere Zeilen verteilt. Darauf muss geachtet werden. Ist die Übersetzung abgeschlossen, sollte überprüft werden, ob sie sich stimmig zur Anwendung verhält.

25.7 Lokalisierung für Programmierer

Für die Software-Entwickler sieht die Sache ein wenig anders aus. Denn hier wird die Lokalisierung von einer anderen Seite aus betrachtet. Natürlich bleibt dem Entwickler die Erstellung zumindest einer Sprachdatei, wie beschrieben, nicht erspart.

Die Texte im Programm-Code sollten in englischer Sprache eingefügt werden. Diese Texte dienen gleichzeitig als Schlüsselwörter. Es kann auch jede andere Sprache verwendet werden, was aber eine Erschwernis für die Übersetzung in andere Sprachen darstellen kann. Von kryptischen Schlüsselwörtern, wie z. B. MENU_FILE_ENTRY_1, sollte man auch absehen. Falls die Sprachdateien einmal nicht geladen werden können, werden diese Bezeichner in der grafischen Benutzerschnittstelle angezeigt, was die Bedienung der Anwendung erschwert oder gar unmöglich macht.

LocaleKit-Klassen

Das LocaleKit besteht aus mehren C++-Klassen, auf die nachfolgend genauer eingegangen wird. Die Klassen ermöglichen eine komfortable Handhabung der Lokalisierung.

Um das LocaleKit in eigenen Anwendungen benutzen zu können, muss die Header-Datei *locale/Locale.h* in den Programm-Code eingefügt und gegen die Bibliothek *libzeta.so* gelinkt werden.

BLocale

Die Klasse BLocale ist das Herzstück des LocaleKits. Eine Instanz der Klasse BLocale wird erzeugt, wenn gegen die Bibliothek *libzeta.so* gelinkt wird. Es wird durch locale.h eine globale Referenz mit dem Namen *be_locale* auf die Instanz von BLocale bereitgestellt.

Über die Instanz von BLocale erhält man Zugriff auf die Sprachdateien. Abgefragt werden kann der Sprachenname in der langen und kurzen Version.

```
BString GetLanguageName(const char* ShortName = NULL);
BString GetLanguageShortName(const char* LongName = NULL);
```

Die Liste der verfügbaren Sprachen kann abgefragt werden mit

```
void GetAvailableLanguages(BStringList& List);
```

Die Sprache kann neu gesetzt werden. Übergeben wird der lange Name der Sprache.

```
void SetLanguage(const char* LanguageName);
```

Wurden die Sprachdateien aktualisiert, können diese neu eingelesen werden mit

```
void RefreshDictionaries();
```

Mit der folgenden Methode wird eine Sprachdatei geladen. Der Aufruf sollte erfolgen, bevor die Anwendung zum ersten Mal auf die Übersetzungstabellen zugreift.

```
void LoadLanguageFile(const char* FileBasePath);
```

Die folgenden Methoden geben die landestypischen Einstellungen für das Datumsformat, das Währungszeichen, den Dezimal-Trenner und den Tausender-Trenner zurück.

- `constchar*GetDateFormatString();`
- `constchar*GetDateString();`
- `constBString&GetDateBString();`
- `constBString&GetDateFormatBString();`
- `constchar*GetMoneySymbol();`
- `constchar*GetDecimalSymbol();`
- `constchar*GetThousandsSeparator();`

BParamable

Diese Klasse dient der Manipulation vorhandener Einträge in der Sprachtabelle. Wird in einem Text ein variabler Wert benötigt, befindet sich an der Stelle im Text ein Platzhalter. Das Austauschen des Platzhalters wird mit der Methode

- `BParamable& Replace(const char* This, const char* WithThis);`

aus dieser Klasse bewerkstelligt. Weiter hinten im Beispielprogramm (s. Seite 372) wird die Verwendung der Methode ersichtlich.

BFormatter

Mit der Klasse BFormatter ist es möglich, einem Zahlenwert in ein definiertes Ausgabeformat zu überführen. Der *Formatstring* orientiert sich am Formatsyntax der C-Funktion *sprintf()*.

Die Funktionalität lässt sich sehr gut im Zusammenhang mit der Replace-Methode der Klasse BParamable einsetzen. Die Verwendung wird im Beispielprogramm (s. Seite 372) ersichtlich.

BLanguageNotifier

Die Klasse BLanguageNotifier wird eingesetzt, damit Komponenten der grafischen Benutzerschnittstelle automatisch auf einen Wechsel der Sprachen reagieren können. Der BLanguageNotifier wird in die Klasse, die benachrichtigt werden soll, eingebunden. Diese Klasse empfängt dann die Message B_LANGUAGE_CHANGED und kann die entsprechenden Aktionen für den Wechsel der Sprache ausführen. Mit der Methode

```
void SetTo(BHandler* Handler);
```

wird die Komponente mit dem BLanguageNotifier verbunden.

25.8 LocaleKit in Programme einbinden

Nachdem die wichtigsten Klassen des Locale-Kit bekannt sind, wird nun beschrieben, wie das Locale-Kit in eine Anwendung eingebaut wird. Vorher werden aber noch ein paar Makros beschrieben, die in der Klasse BLocale definiert sind. Diese Makros bedeuten eine Erleichterung bei der Lokalisierung.

- Das Makro *_T()* kapselt einen statischenText und liefert einen übersetzten Text zurück.
- Das Makro *_TPS()* kapselt einen Text mit Platzhaltern und liefert einen übersetzten Text zurück.
- Das Makro *_TCBS()* kapselt einen statischenText und liefert einen übersetzten Text als BString zurück.
- Das Makro *_TBS()* konvertiert einen C-String in einen BString.

Der Einsatz des Makros erhöht die Übersichtlichkeit gegenüber dem Aufruf der eigentlichen Methoden erheblich.

Der erste Schritt bei der Lokalisierung ist das Einbinden des Headers `<locale/Locale.h>` in die Programmdateien. Als Nächstes muss über die Methode `be_locale.LoadLanguageFile` (*Dictionaries/Programmname*) veranlasst werden, dass die Sprachdateien geladen werden, die zu der Anwendung gehören. Nun sind die Texte mit den Makros zu kapseln. Die gekapselten Texte müssen unverändert in der Sprachdatei vermerkt werden. Diese Texte dienen nun als Schlüsseltexte für die Suche nach den übersetzten Texten in der Sprachtabelle.

Ein Beispielprogramm

Das Beispielprogramm zeigt in Grundzügen den Einsatz der LocaleKits in einer Anwendung.

```
#include <locale/Locale.h>       // ZETA Locale-Kit
#include <locale/Formatter.h>    // Der BFormatter ermöglicht es,
                                 // Zahlen in Text umzuformatieren.
int main()
{
     string name;
     int  age;
     //   Laden der Sprachdatei.
     be_locale.LoadLanguageFile("Dictionaries/Programname" );

     // Einfacher statischer Text.
     // Dieser Text muss auch als Schluesseltext in der
     // Sprachdatei stehen!
     cout << _T("Hello World") << " ";
     // Text mit Platzhaltern zum Ersetzen von veraenderlichem
```

```
// Text. Der Text muss genau so in die Sprachdatei
// uebernommen werden! Die Anzahl der Platzhalter
// unterliegt keiner Begrenzung.
char name = "Fred";
int  age= 66;
cout << _TPS("Hello NAME. You are AGE years old!").
     Replace( "NAME", name ).
     Replace( "AGE", BFormatter("%ld", (uint16)age) )
     << endl;
// Mehrzeiliger Text (multi line).
cout << _T("copyright_text") << endl;
return 0;
```

25.9 Live Support

Unter dem Begriff Live Support versteht man das Umschalten der Sprache bei laufender Anwendung. Das ist jedoch nichts Besonderes, da viele Anwendungen diese Funktionalität bereitstellen. Das Besondere beim LocaleKit ist jedoch, dass ZETA der Anwendung mitteilen kann, wenn die Systemsprache gewechselt wird. Das bedeutet, beim Sprachwechsel in den Systemeinstellungen werden nicht nur die Systemkomponenten wie *Tracker*- und *ZETA*-Menü lokalisiert, sondern auch die Anwendungen, die den Live Support des LocaleKits unterstützen.

Beim Wechsel der Sprache sendet der *locale_server* eine BMessage vom Typ B_LANGUAGE_CHANGED an alle laufenden Anwendungen. Die Nachricht (*Message*) wird in der Methode `MessageReceived()` der Klasse BWindow ausgewertet. Trifft eine B_LANGUAGE_CHANGED-Nachricht ein, müssen als nächste Aktion alle Texte neu gesetzt werden. Benutzt eine Anwendung z. B. einen BButton, dann muss die Aufschrift der Schaltfläche aktualisiert werden.

```
swtich( Message->what )
{
          case B_LANGUAGE_CHANGED:
               FindView("mybutton")->SetLabel(_T"Quit");
               break;
          ...
```

Wenn eigene Komponenten für die grafische Benutzerschnittstelle erstellt werden und diese von BHandler erben (das ist bei einem BControl der Fall), kann diese Komponente mit Hilfe der BlanguageNotifier-Klasse ebenfalls diese B_LANGUAGE_CHANGED-Message empfangen. An der Beispielklasse TSpiffyKeenCustomWidget kann man sehen, wie die Vorgehensweise ist.

```
class TSpiffyKeenCustomWidget : public BControl
{
        public:
            virtual void AttachedToWindow()
            {
                BControl::AttachedToWindow();
                fNotify.SetTo(this);
            }
            virtual void MessageReceived(BMessage* Message)
            {
                swtich( Message->what )
                {
                case B_LANGUAGE_CHANGED:
                // Change your strings, etc, here.
                break;
                default:
                BControl::MessageReceived(Message);
                break;
                }
            }
        private:
            BLanguageNotifierfNotify;
};
```

Mit diesem Verfahren ist es z. B. möglich, einen BButton so zu erweitern, dass dieser selbstständig eine Aktualisierung der Sprache durchführt, wenn eine Umstellung der Sprache erfolgt.

Stichwortverzeichnis

H

I

J

K

L

M

N

O

P

Q

R

S

Z